中山革命在香港

在香港

（1895——1925）

序言

　　莫世祥教授的力作《中山革命在香港（1895-1925）》，即將由香港三聯書店出版，這是向辛亥革命一百周年奉獻的一份厚禮。

　　作者在前言中有一段話：「對於孫中山在世期間領導的中國革命運動，中國內地的歷史著作曾經稱之為舊民主主義革命，以區別於中國共產黨領導的新民主主義革命。並且以 1919 年的五四運動，作為區分這兩種革命的分界線。即 1919 年五四運動之後，就只有新民主主義革命。這種一刀切的敍述框架，在 20 世紀 90 年代以後，已經被中國內地新出的歷史著作所放棄。」其實，作者本人就是最早突破這種陳舊框架的先驅者之一，而其代表性的著作就是在博士學位論文基礎上撰寫的《護法運動史》。

　　早在 20 多年以前，作者就在《護法運動史》一書中，通過自己的大量實證研究，論述所謂舊民主主義革命並未隨著辛亥革命以後的一系列失敗而驟然宣告結束，反而在五四運動中得到延續與復蘇。所以我在當時就充分肯定這種敢於創新的學術膽識，明確指出《護法運動史》出版的意義已經超過護法運動史自身的範圍，它將為整個中國近代史的研究提供新的視角與視野。

　　時隔 20 多年，我們在作者的新著中仍可看出他持續革故鼎新的努力。我想，他現在把孫中山領導的跨越 19、20 兩個世紀的革命運動，乾脆概括為「中山革命」，大概也正是為了糾正過去以五四運動為絕對界標，把舊民主主義革命與新民主主義革命截然兩分的偏頗。「中山革命」自有其歷史主體，宏觀把握，縱橫論析，揮灑自如，遂成為這本新著的風格特點。

　　「中山革命」與香港關係十分密切，在香港的活動尤為豐富多彩。孫

中山在香港完成了自己的西醫學業，1895年在香港建立了興中會總機關。只是由於策劃廣州起義失敗，才被迫長期離開香港，直到1911年12月下旬才經由香港回國。1905年在東京成立的同盟會，仍然以香港為推動革命的海外基地。而在其後成立的中華革命黨和中國國民黨，也始終以香港作為反袁、護國、護法等歷次革命運動的重要依託。香港為中國培育出一代革命偉人，並且成為中國革命的主要策源地。把香港視為近代自由民主思想的搖籃與辛亥革命的源頭之一，已成為多數學者的共識，而且並非言過其實。世祥長期在廣州、深圳執教，對香港研究興味特濃。從深圳大學退休以後，又應聘到香港樹仁大學工作，正好可以結合文獻鑽研與實地觀察為一體，更為深刻地認知香港，特別是認知孫中山與香港的歷史。以辛亥革命史資深學者身分，在香港潛心撰寫《中山革命在香港（1895-1925）》，可謂正得其所。

喜逢辛亥百年大慶，但我從去年以來，中外各地盛情邀約太多，自覺已經「被消費」殆盡，心力頗為交瘁。作者索序，付梓期迫，只能略綴數語以應，尚祈著、編、讀者鑑諒！

章開沅
辛卯盛夏於武漢桂子山麓

目錄

第三章｜共和革命的潮流　143

第六章　| 國民革命的初瀾　375

前言

在近代，只有一座城市，憑藉其剛剛形成的連接中外政治、經濟、文化的優勢，成為推動中國繼美國之後創建世界上第二個民主共和國的革命策源地。

這座城市，就是香港。

在中國，只有一個人，通過其鍥而不捨的奮鬥和領袖群倫的感召力，最終喚起香港各界愛國人士，共同將已經被清朝割讓給英國進行殖民統治的香港，與中國內地興起的共和革命運動緊密連結在一起。

這個人，就是中國民主革命的先行者——孫文，即孫中山。

孫文（1866-1925），出生於廣東香山縣（今中山市）翠亨村。幼名帝象，成年後定名文，故其函電、文告多自署孫文。孫文初字日新，1886 年師從區鳳墀學習國文，遵囑改為「逸仙」（Yat-sen）。此後，他在英文的函電與著述中，多自稱孫逸仙（Sun Yat-sen），此名號遂流行於海外。

至於「孫中山」的來歷，則有兩段典故：1897 年，孫文流亡日本橫濱，投宿旅館時，陪同他的日本友人平山周記起方才經過中山侯爵邸宅，便在旅館登記名簿上，寫上「中山」二字，孫文「忽奪筆自署『樵』，曰：是中國山樵之意也。」[1] 從此，「中山」稱謂逐漸流行。其後，最先將「中山」作為名號，與「孫」姓連結在一起的人，是清末在內地最早譯介孫中山反清事蹟的章士釗。他回憶說：「顧吾貿貿然以『中山』綴於『孫』下，

---

[1] 據平山周致中國國民黨黨史會函，轉引自莊政：〈孫文學說名字號考述〉，《近代史資料》總98 號，北京：中國社會科學院出版社，1999，第 251 頁。

而牽連讀之曰：孫中山。始也，廣眾話言；繼而連章記載。大抵如此稱謂，自信不疑。頃之一呼百諾，習慣自然。孫中山、孫中山云云，遂成先生之姓氏定型，終無與易。」[2] 1912 年中華民國成立以後，孫中山的稱謂在中國廣為流行，其中包含時人避免對孫文直呼其名而表達的敬意。

不過，當代有史家反對在歷史著作中繼續使用約定俗成的「孫中山」稱謂。有學者從語法上提出質疑，認為「中山」是日本的姓氏，不應和中國的姓氏「孫」相連。對此，台灣學者李雲漢反駁說：孫中山當初在「中山」二字下加一「樵」字，寓中國山樵之意，並不認「中山」是日本姓。[3]

資深美籍華人學者唐德剛則從史料依據上提出質疑。他在所著《晚清七十年·論孫文思想發展的階段性》中說：「『孫中山』之名為今日世俗所通用。但是被稱為『中山先生』的這位先生本人，卻一輩子未嘗自稱為孫中山。」「所以我們今日用中山之名來為他開個紀念會，固無不可，但是史家正式執筆為他紀事或作傳，則該用他的本名『孫文』，不該用『孫中山』了。」

有道是「智者千慮，必有一失」。唐德剛誤認為孫中山「一輩子未嘗自稱為孫中山」的說法，失誤於太過武斷。實際上，孫中山在清末期間，不止一次地在其本人發出的信函上自署「中山」（Chung San）。[4] 既然孫中山自己都使用過「中山」的稱謂，本書及其他歷史著作自然也就可以延續民國以來形成的習慣，尊稱其為「孫中山」。

---

[2]　章士釗：〈疏《黃帝魂》〉，《辛亥革命回憶錄》第 1 集，北京：中華書局，1962，第 243 頁。

[3]　參見〈中華民國開國史〉，《孫中山先生與近代中國學術討論集》第 2 冊，台灣：孫中山先生與近代中國學術討論集編輯委員會，1985 年 12 月，第 23 頁。

[4]　見《孫中山全集》第 1 卷，北京：中華書局，1981，第 480、482-485 頁等。

青年時代的孫中山在香港接受何啟、胡禮垣等人的君憲革新思想的政治啟蒙，由此而奠定日後他在日本完整提出共和革命主張和三民主義思想的最早基石。從革新是革命的先導這一歷史演進規律來說，孫中山的革命思想最先起源於香港。

1895 年，已經在香港完成中學與大學的孫中山，將其於 1894 年在美國檀香山創立的中國第一個反清革命組織——興中會遷到香港，聯合先前由香港華人知識精英創立的中國近代第一個愛國政治團體——輔仁文社，合組興中會總會。隨即在廣州發動第一次武裝起義，拉開興中會反清起義的序幕。1905 年，孫中山等人在日本東京創立中國同盟會，香港從此成為革命黨人策動內地共和革命的海外基地。1911 年辛亥革命推翻清王朝、創立中華民國，孫中山其後建立的中華革命黨和中國國民黨繼續立足香港，推動內地開展反對軍閥獨裁、捍衛民國共和的革命運動，從而促使香港始終和民國初期的南方革命中心——廣州保持緊密的政治聯動。

對於孫中山在世期間領導的中國革命運動，中國內地的歷史著作曾經稱之為舊民主主義革命，以區別於中國共產黨領導的新民主主義革命，並且以 1919 年的五四運動，作為區分這兩種革命的分界線。即 1919 年五四運動之後，就只有新民主主義革命。這種一刀切的敘述框架，在 20 世紀 90 年代以後，已經被中國內地新出的歷史著作所放棄。

有鑑於此，本書另以「中山革命」的概念，概述孫中山在 1895 至 1925 年間領導中國革命運動的全個過程。其中包括辛亥革命、「二次革命」、護國運動（孫中山稱之為「三次革命」）、護法運動（孫中山稱之為「四次革命」），以及國民革命的初起階段。

本書取名《中山革命在香港（1895-1925）》，敘述清末民初期間孫中山及其創立的興中會、同盟會、中華革命黨、中國國民黨在香港持續推進中國革命的 30 年歷程，研究孫中山及其部屬在香港堅持革命活動的重大事件與運作機制，揭示孫中山與香港知識精英、華人富商、勞工階層、學生

群體以及港英政府的關係演進，展現孫中山革命思想的形成、發展軌跡及其在香港的迴響。

　　香港及中外史學界已經出版和發表眾多研究辛亥革命在香港的中英文論著，本書因此深受裨益。本書或有「一得之見」的是：延續前輩學者未盡的研究，詳細探討孫中山、楊衢雲、謝纘泰等興中會要員對於君憲革新和共和革命的政見，揭示興中會曾經在君憲革新和共和革命的二元選項中，最終作出擇一決定的政治轉變。此外，本書還較為詳細地敘述同盟會在香港的革命、宣傳和籌款活動及其與香港政府的博弈，香港商人資助歷次革命的狀況，以及孫中山在清末民初四次遭到港府頒令禁止入境之後，仍然設法進入或途經香港，指導在港革命黨人開展活動等情形。

　　民國成立以後，香港是否還繼續保持先前作為中國革命海外基地的地位？孫中山創立的中華革命黨和中國國民黨如何在香港開展活動？香港與後來成為國民革命中心的廣州關係如何？中山革命在香港的社會基礎發生甚麼變化？對於這些問題，至今的香港史書都極少涉及。本書依據前人較少利用的檔案和報刊等史料，一一展開論述，以期拾遺補闕。

　　26 年前，即 1985 年，筆者有幸師從華中師範大學校長章開沅教授，攻讀中國近現代史專業的歷史學博士學位，得以濡染章門學派利用檔案、報刊等翔實史料，客觀揭示歷史真相的學風，從而為本書的研究和寫作積累資料，奠定基礎。在此，謹向尊敬的開沅師致以由衷的謝忱！

　　將近 20 年前，即 20 世紀 90 年代初，筆者有幸獲得香港中文大學歷史系主任吳倫霓霞教授的邀請，到該系作學術訪問研究，開始進行香港史的入門研討。90 年代中，筆者還有幸應邀到香港大學亞洲研究中心作學術訪問研究，隨後得到香港大學歷史系主任陳劉潔貞教授的指點。這兩位女教授於香港史研究建樹良多，依靠她們的指點和幫助，筆者才得以開始探究香港的歷史和現狀的學術旅程。在此，謹向她們表示衷心的感謝。

　　13 年前，即 1998 年，筆者離開執教 10 年的廣州暨南大學，轉而任教

於深圳大學，並將研究的視野從歷史轉向現實。4年前，即 2007 年，筆者應聘香港樹仁大學，重執歷史學舊業。竊以為此種經歷，可謂對歷史學的離異與回歸，有助於從更加超脫的角度，反省過往的歷史。

本書在寫作過程中，得到香港珠海書院文學院院長胡春惠教授的指教；得到香港同事周子峰博士慷慨提供積累多年的大批歷史資料；得到重慶王晶女士和她的父親撥冗複印並郵寄史料；得到廣州學友王傑、桑兵的啟發，以及深圳朋友蔡惠堯的贈書。在此，一併向他們表示衷心的感謝。

最後，還應該感謝三聯書店（香港）有限公司，依靠他們及時的編輯和出版，本書才能呈現在讀者面前。

莫世祥　撰於深圳梅林與香港寶馬山

2011 年 5 月 18 日

第一章 | **君憲革新的濫觴**

第一節 君憲主張泛香江

香港開埠後的社會變遷

　　古代的香港，原本只是珠江口外的一座普通島嶼。分居在島上各處村莊的數千居民，隸屬中國廣東省新安縣管轄，向來過著自給自足、與世無爭的捕魚、農耕生活。

　　然而，歷史的巨變，卻使香港在近代東、西方文明的衝突與交融中，擔當起越來越重要的中介角色。

　　1841 年 1 月 25 日，英國侵華遠征軍在發動第一次中英鴉片戰爭之初，佔領香港島。英國人隨即在港島實施殖民統治，並且強迫戰敗的清政府在 1842 年 8 月簽訂第一個喪權辱國的不平等條約——《南京條約》，將港島「給予大英國君主暨後世襲主位者常遠據守主掌，任便立法治理」。 1860 年 10 月，在第二次鴉片戰爭中再遭慘敗的清政府被迫簽訂中英《北京條約》，承諾將九龍半島今界限街以南的領土割讓給英國，「歸英屬香港界內」。1898 年 6 月，英國進而強迫清政府簽訂中英《展拓香港界址專條》，將今新界土地租讓給英國，「以九十九年為限期」。至此，今香港地區完全處於港英政府的殖民統治之下。

　　港英政府的殖民統治，給香港華人帶來眾多的屈辱和苦難。

　　港英政府推行的自由港政策及其帶來的西方文明，卻促使香港迅速走向城市化和商業化，從而煥發出前所未有的蓬勃生機。

　　1841 年 6 月 7 日，英國駐華商務總監義律宣佈香港為自由港，實行全面開放、自由貿易。從此，自由港政策成為香港政府始終貫徹執行的根本經濟政策，由此吸引中外的船舶、貨物、資金、勞力源源不斷地進出香港，

使香港很快發展成為遠東地區自由開放程度最高、經濟活力最強的國際商港。從 19 世紀 60 年代下半葉開始，香港就以免徵進出口關稅的自由港優勢，逐步取代苛捐雜稅盛行的廣州，成為華南進出口貨物的分配中心。[1] 19 世紀 90 年代初，「廣州貿易區自然是完全從香港獲得外國商品，它的產品也是由香港運往海外」。[2] 19 世紀末，香港已經和新崛起的上海一起，共同成為連接中國、沿海水路貿易終端與國際遠洋貿易起點的兩大樞紐港城市。

近代香港經濟地位的躍升，既得助於港英政府自由港政策的推動，又得力於廣東居民勞力、資金的大量湧入。隨著香港開埠後政局穩定、經濟發展，飽受內地戰亂和清朝苛政之苦的廣東居民，遂將毗鄰的香港視為趨安圖利的世外桃源。他們陸續到香港謀生創業，致使華人在香港總人口中始終佔 95% 以上，其中廣東人又一直在居港華人中佔 90%，香港華人社會因此成為以廣東人為主體的移民社會。1851 年，香港島僅有華人 3 萬餘人。1861 年增加到 11.64 萬人。1891 年，香港及南九龍地區的華人增加到 21.09 萬人。1901 年，香港地區的華人增加到 27.45 萬人。

隨著大批廣東人來港謀生，原來活躍在華南一帶的清朝民間秘密結社——三合會也將其活動的範圍擴展到香港。三合會最初以「反清復明」為職志，後來變成下層民眾互助互濟的結義團體，因而在初到香港謀生的華人當中產生巨大的感召力。據香港政府官員估計，1847 年，約有四分之三的香港華人男子在三合會各堂口宣誓入會。到 19 世紀末，香港三合會雖然備受香港政府壓制而長期處於秘密活動狀態，但其成員仍然佔香港華人

[1] 歐德理（E. J. Eitel）：《歐西於中土：從初期到 1882 年的香港歷史》（*Europe in China, the History of Hong Kong from the Beginning to the Year 1882*），1895 年香港出版；英國牛津大學出版社，1983 年再版，第 459 頁。

[2] 張富強等編譯：《粵海關十年報告》，廣州：廣州出版社，1993，第 9 頁。

成年男性人口的三分之一。[3] 三合會在華人中的持續影響力及其反對清朝統治的志向，使其能夠成為中國近代民主革命初起階段的依靠力量之一。

「粵人本以行賈居奇為尚，錐刀之徒，逐利而至，故貿易殊廣。」[4] 在香港自由港的政策環境下，廣東人擅長貿易的特質得以充分發揮。19 世紀 50 年代起，廣東一些行商和殷實之家因避戰禍，攜資來港，開設經營內地土特產品出口貿易的南北行和經營北美華僑商貨貿易的金山莊等商行，獲利頗豐。19 世紀 70、80 年代，華商開始取代西商而成為香港最大的業主，在香港首富中逐漸取得絕對的多數。[5] 華人富商為了提高自身社會地位和幫助在港同鄉桑梓，陸續牽頭組織獲得香港政府批准成立的各種華人社團，分別負責華人社會的街坊治安、慈善福利以及協調同行、同鄉利益等事宜。這些合法的華人社團，逐漸擔負起處於非法狀態下的三合會難以承擔的引導華人社會在港生存發展的使命。華商經濟實力的增強與華人社團的公開活動，為日後中國民主革命在香港的起源與發展準備著經濟支持的力量和活動掩護的空間。

香港開埠以後，西式教育和近代新聞出版事業隨之呈現從無到有的明顯進展。早期的西式學校最先由教會創辦，其後香港政府興辦官立學校，推廣西式世俗教育。這些新式學校起初保留有中國儒家典籍的教學內容，但著重講授的卻是西方自然科學和社會文化知識，因而有助於華人學生開拓視野、增長新知。香港開埠後陸續出版的各種中、英文報刊，及時報導中外時局的風雲變幻，發表針砭時弊的政治評論，形成關注中華危亡、圖

---

[3]　萊斯布里奇（H. J. Lethbridge）：《香港的穩定與變化》（*Hong Kong: Stability and Change*），香港：1978，第 54 頁；斯坦頓（W. Standon）《三合會或天地會》（*The Triad Society or Heaven and Earth Association*），香港：1990，第 28 頁。

[4]　王韜：《漫遊隨錄》卷一，長沙：嶽麓書社，1985，第 65 頁。

[5]　安德葛（G. B. Endacott）：《香港史》（*A History of Hong Kong*），第 2 版，1973，第 195 頁。

謀救治良策的輿論氛圍。新式教育與報刊傳媒的發展，培育和鍛煉著開眼看世界、熱心救中華的新一代香港知識精英。他們當中的佼佼者將成為日後在香港鼓蕩中國民主革命初瀾的領頭人。

　　近代香港的社會變遷，積聚起推動中國變革的能量。

　　不過，歷史循序漸進的特性，卻首先安排接受英國式君主立憲制度影響的香港華人知識精英，進入倡導君憲方案以拯救中國的改革歷程。

王韜的君憲主張

　　在香港，乃至在中國，最早倡議君主立憲救國方案的人，是晚清時期著名的報刊政論家王韜。

　　王韜（1828-1897），原名利賓，字蘭卿，江蘇蘇州人。1849 至 1862 年，在上海墨海書館（London Missionary Society Press）擔任中文編輯，協助該館創辦人麥都思（Walter Henry Medhurst, 1796-1857）等英國傳教士，將《聖經》等基督教書籍及西方科技文化著作翻譯成中文。1861 年，王韜曾經隨同英國傳教士艾約瑟（Joseph Edkins, 1823-1905）等人，到太平天國首都天京（南京）遊歷。

　　1862 年，王韜因被懷疑以化名稟帖向太平軍獻進攻上海之策，遭到清朝官府的通緝，被迫藏匿於英國駐上海領事館，達 4 個多月之久。同年 10 月，王韜避難香港，從此改名為韜，字仲弢，號紫銓，別號弢園老人、天南遯叟。經麥都思推薦，王韜受聘於香港英華書院院長理雅各（James Legge, 1814-1897），協助理雅各將儒家經籍翻譯成英文。此外，還兼任華文報刊《香港近事編錄》的撰寫與編務工作。1867 年 12 月，王韜應理雅各邀請，去英國繼續從事助譯工作。其間，曾到牛津大學，用漢語演講中西交流；還曾遊歷法國、俄國等歐洲國家。1870 年 2 月，王韜返回香港。次年，他和當時擔任香港英華書院印務所監理的黃勝（1827-1902）一起，合資買下

▌ 王韜

該書院的印刷設備，創辦中華印務總局，以活體鉛字印行中西書籍。1874年2月，王韜在香港創辦中文報刊《循環日報》，由中華印務總局印刷。他親任該報主筆，在此後10年間，陸續發表上千篇時政評論，其中大多屬於呼籲中國變法自強的政論。《循環日報》因此成為中國第一家倡言變法維新主張的報刊，受到關注時局的各界讀者乃至清朝洋務派部分官員的器重。1879年，王韜出遊日本。1882年，王韜選取他在《循環日報》發表的政論精華，編成《弢園文錄外編》十二卷，結集出版。1884年，王韜得到清朝洋務派領袖李鴻章的默許，離開香港，返回上海定居，成為當地中文報刊《申報》的重要撰稿人。

王韜長期居住於華洋滙聚的香港，並曾遊歷英、法、俄、日等國，對中國和外國列強之間存在的政治、經濟、文化等方面的巨大落差，有設身的感受與深刻的反省。香港遠比內地自由開放的輿論出版環境，使他可以盡情地將其所思所想，化成篇篇政論，刊諸報端，而毋須擔憂重蹈清朝官府先前羅織的文字獄。因此，與同時期主張以引入西方軍事裝備和工業技藝的洋務運動來救治中國危亡的內地維新思想家相比，王韜在香港更能夠放膽直言，率先提出較為深入地改革中國政治、經濟與文化制度的主張。

其中，最為驚世駭俗的，就是提出中國應該實行君民共主的政制改革主張。

　　王韜認為，中國從秦始皇建立君主專制的國家制度以來，君臣關係、官民關係都一直形成下情難以上達的「隔閡之局」，處於其間的官僚乘機欺上瞞下、中飽私囊，由此造成歷代官場的腐敗與僵化，國家積弱不振的內在弊端就長期植根於此。他在〈重民下〉一文中分析說：中國自遠古堯、舜、禹「三代以上，君與民近而世治；三代以下，君與民日遠，而治道遂不古若。至於尊君卑臣，則自秦制始。於是堂廉高深，輿情隔閡，民之視君如仰天然，九閽之遠，誰得而叩之！雖疾痛慘怛，不得而知也；雖哀號呼籲，不得而聞也。災歉頻仍，賑施詔下，或蠲免租稅，或撥幣撫恤，官府徒視為具文，吏胥又從而侵蝕，其得以實惠均沾者，十不逮一。天高聽遠，果孰得而告之？」「夫設官本以治民，今則徒以殃民；不知立官以衛民，徒知剝民以奉官。」為了清除官場流弊，實現國治民安，王韜主張重振秦帝制以前「君與民近而世治」的遺風：「善為治者，貴在求民之隱，達民之情。民以為不便者，不必行；民以為不可者，不必強；察其痾癢，而煦其疾痛。民之與官，有如子弟之與父兄，則境無不治矣。古者里有塾，黨有庠，鄉有校，讀法懸書，月必一舉。苟有不洽於民情者，民皆得而言之。上無私政，則下無私議。以是親民之官，其為政不敢大拂乎民心，誠恐一為眾人所不許，則不能保其身家，是雖三代以下而猶有古風焉。」

　　王韜的主張，直指改革中國兩千多年來的君主專制制度的政治目標。其立論的依據，既來自中國遠古三代「君與民近而世治」的美好傳說，也來自西方列強通過政治制度改革而強國富民、稱霸世界的現實借鑑。他在〈重民下〉一文，著重介紹列強分別實行的君主、民主與君民共主等三種政體，說：「泰西之立國有三：一曰君主之國，一曰民主之國，一曰君民共主之國。」「一人主治於上而百執事萬姓奔走於下，令出而必行，言出而莫違，此君主也。國家有事，下之議院，眾以為可行則行，不可則止，統領但總其大成而已，此民主也。朝廷有兵刑禮樂賞罰諸大政，必集眾於上下議院，君可而民否，

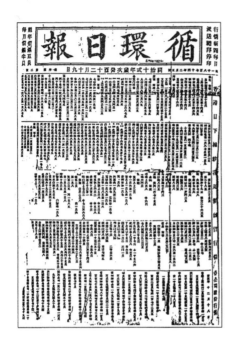

不能行；民可而君否，亦不能行也；必君民意見相同，而後可頒之於遠近，此君民共主也。」

　　比較這三種政體的利弊，王韜認為，實行君主制，必須對君主提出嚴格的要求，只有像堯、舜那樣的賢君，才能保證國家的長治久安；實行民主制，則容易造成法律多變的流弊；實行君民共主，才能避免君主與民主這兩種政制的弊端，符合「民惟邦本，本固邦寧」的中國遠古政治遺訓；英國因為實行君民共主的完美政制，才成為西方列強之首。他說：「君為主，則必堯、舜之君在上，而後可久安長治；民為主，則法制多紛更，心志難專一，究其極，不無流弊；惟君民共治，上下相通，民隱得以上達，君惠亦得以下逮，都俞吁咈，猶有中國三代以上之遺意焉。」「苟得君主於上，而民主於下，則上下之交固，君民之份親矣，內可以無亂，外可以無侮，而國本有若苞桑磐石焉。由此而擴充之，富強之效亦無不基於此矣。泰西

諸國，以英為巨擘，而英國政治之美，實為泰西諸國所聞風向慕，則以君民上下之間互相聯絡之效也。」[6]

王韜所說的君民共主，也稱君民共治，指的就是君主立憲政體，其運作的關鍵為議會政治，這又是長期處於君主專制統治下的中國人聞所未聞的新鮮事。王韜因此多次撰文，介紹歐洲國家的議會制度，稱讚其足可與中國遠古三代的政制相媲美。他在〈紀英國政治〉一文說：「英國之所恃者，在上下之情通，君民之份親，本固邦寧，雖久不變。」「國家中有大事，則集議於上下議院，必眾議僉同，然後舉行。如有軍政之政，則必遍詢於國中，眾欲戰則戰，眾欲止則止，故兵非妄動，而眾心成城也。」「其政治之美，駸駸乎可與中國上古比隆焉。其以富強雄視諸國，不亦宜哉！」[7]

王韜不僅推崇英國等西方國家實行的君主立憲制，而且主張中國亟應仿效西法，實行君民共治，以便上下一心，自強禦侮。1880 年，當中、俄兩國即將在新疆爆發戰爭之際，王韜致函友人，說：「歐洲諸邦，土地不如中國，人民不如中國，然而能橫於天下者，在乎上下一心，君民共治。我中國民人為四大洲之最，乃獨欺藐於強鄰悍敵，則由上下之交不通，君民之份不親，一人秉權於上，而百姓不得參議於下也。誠如西國之法，行之於天下，天下之民其孰不起而環衛我中國？」「今我朝廷誠能與眾民共政事，同憂樂，並治天下，開誠佈公，相見以天，責躬罪己，與之更始，撤堂簾之高遠，忘殿陛之尊嚴，除無謂之忌諱，行非常之拔擢，將見眾民激勵一生，其氣磅薄乎罔外，復何有乎俄人？」「《書》有之曰：民惟邦本，本固邦寧。誠使中國千萬人之心合為一心，可使制梃以撻俄人矣。而我中國自強之道，亦不外乎是耳。」[8]

---

[6]　王韜：《弢園文錄外編》，瀋陽：遼寧人民出版社，1991，第 35-36 頁。

[7]　王韜：《弢園文錄外編》，瀋陽：遼寧人民出版社，1991，第 156-158 頁。

[8]　王韜：〈與方銘山觀察〉，《弢園尺牘》，北京：中華書局，1959，第 170 頁。

王韜倡議的中國應該改行君民共主的政治改革主張，給 19 世紀 70、80 年代的中國維新思潮增添了前所未聞的改革國家政治制度的激越呼聲，在香港乃至內地的知識界都產生深遠的影響。他創用的「君民共主」概念，隨之成為君主立憲思想在中國濫觴時期的常用術語。他懷抱的中國亟應進行君憲改革的驚世主張，也由在香港接踵而起的兩位維新思想家通過著書立說，加以公開弘揚。

何啟、胡禮垣的君憲主張

繼王韜之後，在香港向中國內地系統而深入地傳播君主立憲救國主張的維新思想家，是何啟和胡禮垣。

何啟（1859-1914），廣東南海人，原名何神啟，字沃生。其父何進善（1817-1871，又名福堂）是英國基督教倫敦傳道會的香港牧師，因此何啟也受洗於香港，成為基督教道濟會堂的會友。1870 年，何啟入讀位於中環歌賦街的中央書院（後改名皇仁書院）。1872 年，到英國留學。1875 年 9 月，進入蘇格蘭的鴨巴甸大學（University of Aberdeen）學醫。1879 年畢業，取得醫學士及外科碩士（M.B.C.M）的資格，並通過倫敦皇家外科學院的考試，取得院士資格。此後，又就讀倫敦四大法學院之一的林肯法學院（Lincoln's Inn）。1881 年畢業後，成為大律師。同年，與英國下議院議員約翰·獲根（John Walkden）的女兒雅麗絲（Alice Walkden）成婚。1882 年，何啟攜妻回到香港，一面行醫，一面從事律師工作。1887 年初，何啟為紀念在 1884 年去世的亡妻雅麗氏，捐資在上環荷李活道興建雅麗氏醫院（Alice Memorial Hospital），由倫敦傳道會經管，向貧窮華人提供免費西醫治療。同年 10 月，他繼而創立香港西醫書院（Hong Kong College of Medicine for Chinese），招收華人學生，以雅麗氏醫院作為教學實習醫院。何啟親任西醫書院的教師，並擔任該校的名譽秘書。何啟的貢獻受到香港

■ 何啟 ■ 胡禮垣

政府的器重，先後獲委任為太平紳士（1882）、公共衛生委員會非官守委員（1886-1896）、立法局議員（1890-1914），因而成為香港華人社會的一位領袖。

　　基於對英國政治、法律制度以及醫學、科學進展的長期瞭解與深切認同，何啟將此作為他關注和評論中國時局變幻的切入點與參照物。1887 年起，何啟陸續在香港英文報刊《德臣西報》（*China Mail*）上發表多篇政論文章，批評清朝統治者的治國弊政，呼籲中國盡快改革原有的政治制度與社會制度，通過變法，彰顯民權，實現國家的獨立自強和國民的富庶自治。何啟向來以英文寫作，他的這些政論文章就由多年摯友胡禮垣陸續翻譯成中文，轉載於香港及內地的中文報刊。

　　胡禮垣（1847-1916），廣東三水人，字榮懋，號翼南，晚號逍遙遊客。其父獻祥原在廣東經商，19 世紀 50 年代因戰亂而攜帶家人遷居香港。1862年，胡禮垣就讀於剛成立的中央書院。1872 年，在該校畢業後，留校任教兩年。其間，他結識王韜，在王韜創辦的《循環日報》兼任翻譯，與王韜成為知交。1885 年，他與滙豐銀行買辦、好友羅鶴朋合資創辦《粵報》，

因經營不善，未及一年便結業，旋往東南亞地區經商。1894 年春，中日甲午戰爭即將爆發，中國駐日使節奉命返國。胡禮垣時在日本，獲推舉「權攝」中國駐日本神戶領事。他親睹日本經過明治維新，建立君主立憲制度，實現國力強盛，進而在甲午戰爭中擊敗中國，雄霸東亞，感慨良多，痛感中國亟應變法圖強。1895 年，他返回香港，一面與何啟等人痛論國事，一面發奮著述，加入推動中國維新變法的思想先驅者行列。

1900 年，何啟和胡禮垣將兩人合作完成的多篇政論文章彙輯成書，取名《新政真詮》，在香港出版。次年，上海格致新報館予以重印。於是，何、胡兩人的維新變法政見進一步在中國內地廣為流傳。

《新政真詮》共收錄 9 篇文章，即〈曾論書後〉（1887）、〈新政論議〉（1895）、〈新政始基〉（1898）、〈康說書後〉（1898）、〈新政安行〉（1898）、〈勸學篇書後〉（1899）、〈新政變通〉（1899）、〈前總序〉（1899）、〈後總序〉（1900）。據香港當代學者李金強考證，該書雖為何胡兩人合署，但由何啟以英文寫成而由胡禮垣翻譯並增添自己見解的，似僅有開頭兩篇〈曾論書後〉及〈新政論議〉；其餘五篇，即「從諸友之言，廣何君之意而作」的〈新政始基〉、「因與吾友翼南商榷而成」的〈新政安行〉、「取其全書（指《勸學篇》——引者），節節辯之」的〈勸學篇書後〉、「因復為此篇以附之於後」的〈新政變通〉等，幾乎都是胡禮垣作為主要作者而寫成的，何啟只是提出討論意見的參與者。[9] 晚清人陸廷昌所撰《胡翼南先生事略》則稱：胡禮垣鑑於當時倡議中國變法的著述「所論皆新政之建設，雖有規模，尚無基礎，乃著〈新政始基〉、〈新政安行〉、〈新政變通〉」三文，「補所未備」。[10]

---

[9]　參見李金強：〈胡禮垣與戊戌維新〉，《書生報國》，福州：福建教育出版社，2001，第57-62 頁。

[10]　陸廷昌：〈胡翼南先生事略〉，《胡翼南先生全集》（一），香港胡氏後人重印，1983。

《新政真詮》一書，展現出何、胡二人在戊戌變法前後試圖指引中國變法新政的雄偉抱負。他們以英國、日本的君主立憲制度和西方政治觀念，規劃中國政治制度改革的藍圖和國強民富的經濟發展路向，批評清朝統治者以洋務運動維護君主專制式的「學西法，錯在不學其心，但學其法」，終至「徒法不能自行」。[11] 與同時期中國內地的維新思想家著述相比，《新政真詮》在中國近代思想史稱得上是一座開創性的里程碑。當代中國學者鄭大華指出，該書在中國最早提出社會公平的思想，最早系統宣傳西方的社會契約論和天賦人權思想，最早要求自由辦報和言論自由，最早主張採納英國式的君主立憲政治制度。[12]

　　與王韜一樣，何啟、胡禮垣在倡導中國應該進行君主立憲政治改革的時候，也強調中國早在遠古時期的堯、舜、禹三代，就實行過君民共主的君憲制度，可是自從秦王朝建立君主專制以來，中國一直處於君民離心、上下暌隔的困境，到頭來只能任由實行君憲制度而強盛起來的英、日等國列強欺凌。故此，中國要自強，就要「復古」，即恢復遠古三代的君民共主制度。這種將西方國家的君憲制度，稱之為中國古已有之的「西學中源」說辭，既是晚清時期的維新思想家自信中國傳統文化優越於西方的表現，也是他們據以化解保守勢力反對改變祖宗之法的策略。

　　不過，與王韜不一樣的是，何、胡二人的君憲主張，還立論於西方的天賦人權與社會公平等政治學說，從而形成溯源於中國遠古三代傳說、建構於「公平」與「民權」等西方政治觀念、頗具中西合璧色彩的理論特色。

　　在以「公平」理念宣示中國應該創設議會政治的變法目標方面，何、胡二人明確主張「開議院以布公平」。他們認為：「公與平者，即國之基址

---

[11]　〈新政真詮例言〉，《胡翼南先生全集》（一），香港胡氏後人重印，1983。

[12]　參見鄭大華：《晚清思想史》，長沙：湖南師範大學出版社，2005，第 189 頁。

也。公者，無私之謂也；平者，無偏之謂也。公則明，明則以庶民之心為心，而君民無二心矣；平則順，順則以庶民之事為事，而君民無二事矣。」可是，自秦朝實行君主專制以後，「今者中國，政則有私而無公也，令則有偏而無平也。庶民如子，而君上薄之，不啻如奴賤也；官吏如虎，而君上縱之，不啻如鷹犬也」。要糾正君主專制導致君民離心、國家危難的局面，就要開設議院，公平施政。「天下，公器也；國事，公事也。公器公用，公事公辦，自無不妥，此選議員、開議院之謂也。」「自古亂之所生，由於民心之不服；民心之不服，由於政令之不平。」如果開議院，「使民自議其政，自成其令，是人人皆得如願相償，從心所欲也，何不服之有？」[13]

在以「民權」理念構建符合中國傳統文化思維的近代君憲制度與議會政治方面，何、胡二人的立論是：「一切之權，皆本天然。天不自為也，以其權付之於民，而天視自民視，天聽自民聽，天聽自民聰，天明自民明。加以民之所欲，天必從之，是天下之權，惟民是主。然民亦不自為也，選立君上以行其權，是謂長民。」故此，可以說：「民權者，授之於天。」「而天子之權，得諸庶民。」中國在遠古三代就實行過民權，但自秦王朝建立君主專制之後，一直中斷至今。「中國民權之說，堯舜三代無不率循。」「自秦而後，其理頓晦，二千年於茲，未能復矣。」「自民權之理不明，於是君民解體，上下離心。」[14] 何、胡進而強調，近代中國內憂外患，亟應大張民權，而「民權之復，首在設議院，立議員」，建立君民共主的議院政治。他們寫道：「今之中國，貧弱極矣，外侮日亟，內訌滋深。思欲挽回而匡救之者，惟有大張民權之說，同好惡，使人得盡其言；布公平，使民得共其利。

---

[13] 〈曾論書後〉、〈新政論議〉，《胡翼南先生全集》，台北：文海出版社，1976，第229-230、376-377頁。

[14] 〈新政真詮〉五編，卷十八，〈勸學篇書後‧正權篇辯〉二、三、十五、十一，《胡翼南先生全集》（一），香港胡氏後人重印，1983。

民志定，則反側靖；民心結，則外患消。此實眼前急務也。」「人人有權，其國必興；人人無權，其國必廢。此理如日月經天，江河行地，古今不易，遐邇無殊。議院者，合人人之權以為興國之用者也。」「是故庶民者，國君之所先也；議院者，朝廷之所重也。」「若民權之理明，議院之法立，則中華雄強，百姓興盛，朝野一德，上下同心。」[15]

　　當時，中國內地主張維新變法的思想家以及洋務派的一些官員也建議開議院，不過他們的目標只是建立「下情上達」的諮詢機構，並不動搖原有的君主專制。何、胡二人設計的議院制度，卻是建立一個體現民權天授、能夠制衡地方官府乃至朝廷君主的立法機關，由此實現真正的君民共主。他們提議：在縣、府、省三級，分別開設地方議院，每級公舉議員 60 名，「凡男子二十歲以上，除喑啞盲聾以及殘疾者外，其人能讀書明理者，則予以公舉之權」。至於中央議院，則由「各省議員一年一次會於都會，開院議事，以宰輔為主席。議畢，各員將本省來歲應行之事，如公項出入、選取人員等件，記明畫押，公奏主上，御筆書名，以為奉行之據。如有未洽，則再議、再奏，務期盡善而止」。議員不僅負有向官府反映民情之責，而且還有監督政府施行良政之權。如果議員出現分歧意見，則按照少數服從多數的原則予以處理。「地方之利弊，民情之好惡，皆藉議員以達於官。興革之事，官有所欲為，則謀之於議員；議員有所欲為，亦謀之於官。」「官與議員意合，然後定其從違也。從違既定，乃由縣詳府，府議員意合，則由府詳省。省議員意合，則詳於君，君意合，則書名頒行；意不合，則令其再議。若事有不能衷於一是者，則視議員中可之者之人數多寡，而以人多者為是，所謂從眾也。推之，凡軍國大政，其權雖出於君上，而度支、轉餉，其議先詢諸庶民。」何、胡

---

[15]　沈雲龍主編：〈近代中國史料叢刊續編第二十七輯〉，《胡翼南先生全集》影印本，台北：文海出版社，1976，第 989、1006、1017、1019、1041 頁。

兩人強調：議院擁有制衡政府的權力，政治才能夠公平運行。「政府所令，議員得駁；議院所定，朝廷得散。此政府自有政府之權，議院自有議院之權也。政府之權，非以議院之權較之，則不知其平；議院之權，非以政府之權較之，亦不知其平也。惟兩兩相較，而其平出焉。」[16]

　　何啟、胡禮垣在公平和民權基礎上設計的中國議院制度，目的是改革兩千多年的君主專制弊政，而不是取消君主制度。他們認為：「橫覽天下，自古至今，治國者惟有君主、民主以及君民共主而已。」在君主、民主與君民共主這三種政治制度當中，他們嚮往的是以彰顯民權的議院政治匡正君主專制弊端的君民共主，即君主立憲制度。因此，他們在《新政真詮‧後總序》中申明：「民權之國與民主之國略異，民權者，其國之君仍世襲其位；民主者，其國之君由民選立，以幾年為期。吾言民權者，謂欲使中國之君世代相承，踐天位於勿替，非民主國之謂也。」[17]

　　何啟、胡禮垣雖然主張中國改行彰顯民權的君主立憲制度，可是鑑於君主專制已經造成「中國之民性多溫良習成，隱忍苟可，將就了事，必以毋動為高」，因此首先將實行民權的希望寄託在君主身上，在《新政真詮‧前總序》中強調：「欲復民權，須由君上。」[18]

　　1900 年 6 月，東南各省督撫拒絕執行慈禧太后假借光緒皇帝名義發佈的向列強宣戰的諭旨，並與各國駐滬領事簽署《東南互保章程》，清朝中央政府與地方政府的關係出現重大裂痕。何、胡二人鑑於當朝君主已經成為慈禧太后玩弄的傀儡，轉而將推行變法新政的希望寄託到各省督撫身上。

---

[16]　〈新政論議〉，《胡翼南先生全集》，第 350-351、354-355 頁；〈勸學篇書後‧正權篇辯〉，《胡翼南先生全集》，台北：文海出版社，1976，第 1016 頁。

[17]　《胡翼南先生全集》，第 375、1007 頁。

[18]　《胡翼南先生全集》，第 115 頁。

他們在《新政真詮·後總序》中，轉而倡導各省自治的民權觀，向統領各省軍政要務的督撫詮釋忠君愛國的新定義，申明忠君就要「格君」，即糾正君主的過失；愛國就要「弔民」，即安撫、愛護老百姓。「格君弔民」的辦法，就是擺脫保守勢力掌控的中央集權，實行各省自治。他們寫道：「忠君者，莫若一格其君心之非，一正君而天下定矣；愛國者，莫若一慰其民之望，一弔民而百姓安矣。」「格君弔民，其法安在？曰：在省省各自為治。」「必以土著之人治本地之事，斯為平允得宜。」「以縣治鄉，不若以鄉自治之為得也。以府治縣，不若以縣自治之為得也。以省治府，不若以府自治為得也。以京師治各省，不若各省自治之為得也。」「故今之督撫不忠則已，忠則必行新政，以保其君；不仁則已，仁則必行新政，以惠其民；不愛身家、不顧名位則已，苟愛身家而顧名位，則必行新政以為己。撥亂反治之機，惟督撫行之最敏捷；旋乾轉坤之手，惟督撫運之最靈。此誠不可失之時也。且夫各省分治，合之而為國，即歷來之治，何一不然？」[19]

何、胡二人以議院民權制衡君主專制、以各省自治制衡中央集權的君民共主主張，在 19 世紀末湧現的中國維新思潮當中，屬於最為激越高昂的浪濤，閃現出準革命的叛逆色彩，因而在香港乃至東南沿海城市的新式知識階層中產生振聾發聵般的啟蒙性影響。更為難能可貴的是，何、胡二人不僅是創立新說的維新思想家，而且還是身體力行的社會改革家。他們積極參與和支持最先興起於香港的中國革新運動，並且促使在這一運動初起之際就帶有他們倡導的君民共主的思想印記。

---

[19]　《胡翼南先生全集》，第 183、188、199 頁。

第二節 輔仁文社成立

輔仁文社的性質與主張

19 世紀 90 年代，王韜、何啟、胡禮垣等維新思想家在香港倡導的革新中國的思想主張，逐漸在本地的華人知識階層引發共鳴。一些志同道合者陸續組團結社，講求西學，議論時政，探討改革之路。

1892 年 3 月 13 日，由楊衢雲、謝纘泰等華人白領人士組成的輔仁文社，在香港上環的結志街百子里一號二樓正式成立。在這棟樓宇的三樓，還有中央書院（1894 年改名皇仁書院）教師陸敬科組織的「Iu Kui Club」。[20]這兩個知識精英團體同處一棟樓宇，其領導者與骨幹成員又多屬曾經就讀中央書院的校友，從物以類聚、人以群分的角度揣測，這兩個團體的最初宗旨意趣應有頗多相通之處。不過，三年之後，輔仁文社的領導者與孫中山等人合組興中會香港總部，掀起以武裝起義改造中國的革新運動，從而使後人認可輔仁文社是中國近代革命史上最先出現的愛國政治團體。至於曾經與其並存的「Iu Kui Club」，由於缺乏更多的史料記載，其事蹟已無從知曉。

1924 年，參與創立輔仁文社的謝纘泰用英文寫成《中華民國革命秘史》

---

[20] 謝纘泰：《中華民國革命秘史》英文版，香港：南華早報有限公司，1924，第 8 頁。該書中譯本誤將「Iu Kui Club」譯作『陸佳俱樂部』」，見《孫中山與辛亥革命史料專輯》，廣州：廣東人民出版社，1981，第 293 頁。此前，有學者將「Iu Kui Club」譯作「硯居俱樂部」，見王興瑞：〈清季輔仁文社與革命運動的關係〉，《史學雜誌》創刊號，重慶：1945，第 35 頁。該文承蒙王晶及其父親惠贈複印件，謹此鳴謝。

楊衢雲、謝纘泰的事蹟將於下文述及。陸敬科（1863-1945）後來棄教經商，1908 年又棄商從政，在廣州捐獲「候補道臺」官銜，從事外交翻譯工作；民國初期，在國民黨執政的廣東政府擔任外交官。

一書，交由香港英文報刊《南華早報》出版發行。該書封面除英文之外，當中還有上下兩行中文字，上行是：「中華民國革命秘史」，下行是「開平纘泰謝聖安著」。「開平」是其祖籍，「纘泰」是其生前自用名，「聖安」是其字號。該書主要依據作者的日記，敘述其在清末民初期間的活動，並且首次披露他知道的有關輔仁文社和興中會在香港活動的情形，因而具有珍貴的史料價值。不過，謝纘泰對孫中山早有不滿，對自己參與策動反清起義的事蹟又評價過高，因而在書中有意貶孫（中山）褒楊（衢雲），這恰與孫中山的密友陳少白讚揚孫中山革命事蹟的著述形成鮮明對照。無怪乎當代澳大利亞學者黃宇和在「考證過謝纘泰的寫作」之後，「覺得他吹噓的本領絲毫不亞於陳少白」。[21] 有鑑於此，後人需要辨析謝纘泰以「革命總部」（Revolutionary Headquarters）界定輔仁文社性質的說法是否屬實。[22]

質諸當時知情人的事後著述，可以看到否定輔仁文社是革命組織的觀點。陳少白在回憶興中會事蹟的文章中稱：輔仁文社「研究學業，蓋一變相之俱樂部也」。[23] 少年時就開始參加興中會活動的馮自由亦在著述中稱：「輔仁文社為香港僑商有志者所組織之小俱樂部。」「以開通民智、討論時事為宗旨，是為港僑設立新學團體之先河。」「此社內容僅在多購新學書報，以開通民智，尚未含有政治上之激烈性質。然是時風氣仍極閉塞，聞者僉以洋化二字譏之，且時不免香港警吏之窺伺也。」[24] 陳、馮兩人皆以「俱樂部」定位輔仁文社，正好說明該社與同在一棟樓宇的「Iu Kui Club」是同氣相聚。從兩人憶述中，可知該團體是香港華人白領最先成立的研習新

[21]　黃宇和：《中山先生與英國》，台北：台灣學生書局，2005，第 196 頁。

[22]　該說法見謝纘泰：《中華民國革命秘史》英文版，第 8 頁；又見該書中譯本，載《孫中山與辛亥革命史料專輯》，廣州：廣東人民出版社，1981，第 293 頁。

[23]　陳少白：〈興中會革命別錄‧楊衢雲之略史〉，中國近代史資料叢刊：《辛亥革命》：第 1 冊，上海人民出版社，1957，第 76 頁。

[24]　馮自由：《中國革命運動二十六年組織史》，上海：商務印書館，1948，第 7 頁。

學、開通民智和討論時事的聯誼組織之一,「尚未含有政治上之激烈性質」。據當代香港學者吳倫霓霞研究,輔仁文社「購置有關新學的書報,供社員閱讀。亦偶有舉行公開會談,所談論者有『戒纏足說』、『西洋火炮』等題目,都是以『砥礪品行』、『開啟民智』為宗旨」。[25]

一個組織的宗旨和綱領,是展現該組織性質的標幟。要深入探討輔仁文社的性質,就需要研究其宣示和奉行的主張。謝纘泰在《中華民國革命秘史》中稱:輔仁文社的座右銘,是用拉丁文寫的「盡心愛國」(Ducit Amor Patriae)。20世紀80年代初,美籍華人學者薛君度將其獲得的輔仁文社兩份原始文獻,交由廣州中山大學青年學者賀躍夫撰文發表,從而使後人得以直接瞭解該社的原本主張。

其中一份是《輔仁文社序》,全文是:「六合以人為貴,而人之貴,貴〔貴〕明道也。道本無影無形,循乎道而事事悉歸於正者,則曰理。是則理之不可須臾離也,明矣。人欲明道達理,必先內修心性,外盡倫常。而朋友乃五倫中之一,審是,友道其容緩乎?友道求,則相與以成道者,友助其切切也。一曰扶危濟困,異姓何殊同脈。二曰勸善規過,益不啻嚴師。三曰切磋琢磨,學識均能增益。能盡乎此,則聲應氣求,自當行乎道而應乎理焉。茲我同志七人,以為此社,名曰輔仁文社,但願同心同德,有始有終,恪守社義,歷久不渝其載,是為至要。」

另外一份是輔仁文社的社綱,共六條,均由英文寫成,翻譯成中文是:「一、磨礪人格,臻於至善;二、不得沉溺於當世之惡習;三、為未來中國青年作表率;四、以多途增進中外文、武兩種學識;五、精通西學;六、以愛國者自勵,努力掃除吾國出現之乖誤。」

---

[25] 吳倫霓霞:〈孫中山早期革命運動與香港〉,《孫中山研究論叢》第3集,廣州:中山大學學報編輯部,1985,第73頁。

賀躍夫評論說：「從《輔仁文社序》及社綱，絲毫也看不出輔仁文社有甚麼反清革命傾向。」[26] 的確，這些文獻只涉及友道聯誼、研習新學、修身勵志、革除時弊，若與三年後明確表達革新中國政見的香港興中會宣言作一比較，更可證謝纘泰所稱輔仁文社為「革命總部」的說法，不過是溢美之詞。

然而，輔仁文社「以愛國者自勵」，致力增進中外文武知識，精通西學，以便「努力掃除吾國出現之乖誤」，這種關注祖國命運的情懷與活動，在當時香港乃至中國伏案營生的職業白領中已屬開風氣之先，由此即可認定輔仁文社是香港最早出現的愛國政治團體。其於政治層面的先驅意義，尚不在於導向革命（Revolution），而在於體現革新（Reform）。這不僅表現為輔仁文社立志以新學革除中國時弊，而且還表現為其領導者之一的謝纘泰在 1903 年策動洪全福廣州起義時仍然堅持「君民共主」的奮鬥目標。[27] 兩者都程度不同地表明，何啟、胡禮垣揮筆鼓蕩的君憲革新主張已經溢出思想家的書齋，沁入香港知識界與白領精英的心田。

輔仁文社的成員

1955 年，楊衢雲的堂弟楊拔凡在〈楊衢雲家傳〉一文中，回憶其曾在謝纘泰家見過輔仁文社印製的結盟蘭譜，「蘭譜用中英文鉛字打印」，「以蘭譜內結盟兄弟為基幹社員，余則相知友輩」。[28] 可惜，這份蘭譜未能流傳至今，遂使後人只能依據其他史料記載，間接考證該社的成員人數。

謝纘泰在《中華民國革命秘史》中稱：他曾在中央書院內外結交 16 個

[26] 轉引自賀躍夫：〈輔仁文社與興中會關係辨析〉，陳勝粦主編：《孫中山與辛亥革命史研究：慶賀陳錫祺先生九十華誕論文集》，廣州：中山大學出版社，2001，第 24 頁。

[27] 詳見本書第二章第四節的〈謝纘泰與洪全福起義〉部分。

[28] 楊衢雲紀念特輯編輯委員會：《百年英烈：楊衢雲紀念特輯》（非賣品），香港：2000，第 3 頁。

朋友，其中得其信任並知其秘密的首要者，是楊衢雲、陳芬、周超（昭）岳、黃國瑜、羅文玉、劉燕賓等 6 人。在輔仁文社成立之前，他們秘密聚會的地點有：位於海傍道中由劉燕賓擔任船務主任的炳記船務行、楊衢雲擔任船務主任的輪船招商局、沙宣洋行買辦胡幹芝開設的幹記船務行，以及位於永勝街 11 號的謝纘泰住所。[29]

馮自由根據這一敘述，在《革命逸史》、《中國革命運動二十六年組織史》等著述中稱，輔仁文社由楊衢雲、謝纘泰等 17 或 16 名成員組成。其後相關的史書或延續此說，或籠統稱有 10 餘人。

但是，謝纘泰並未指明其所說的 16 人都是輔仁文社成員。本書前引《輔仁文社序》卻明示：「茲我同志七人，以為此社。」可見，該社創立時的成員並非 17 人，而是只有 7 人，即謝纘泰及其信任之楊、陳、周、黃、羅、劉等。此後，輔仁文社是否吸收新成員而加至 17 人或 10 餘人？史無記載，無法稽考。

至於輔仁文社成員的姓名，馮自由在其著述中，除確認上述楊、謝、陳、周、黃、羅、劉等 7 人外，還將溫宗堯、胡幹芝列為輔仁文社成員。[30] 1892 年結識楊衢雲的尤列，則在〈楊衢雲略史〉一文中說：「港中學友何汝明、溫德，及謝纘泰、劉燕賓、溫宗堯、周昭岳、胡幹之諸君，公與之最交稔。而公則與謝、劉諸君同組輔仁文社。」[31] 香港學者吳倫霓霞因此認為：輔仁文社成員至今可考姓名者，只有 12 人。她依據中央書院（後稱皇仁書院）的校刊《黃龍報》等資料，將該 12 人的簡況表列如下：[32]

---

[29]　謝纘泰：《中華民國革命秘史》英文版，第 7 頁。

[30]　馮自由：《中華民國開國前革命史》上編，上海書店，1990 年重印版，第 6 頁。

[31]　尤列：〈楊衢雲略史〉（1927），《廣東文物》卷六，轉引自《百年英烈：楊衢雲紀念特輯》，第 17 頁。

[32]　吳倫霓霞：〈孫中山早期革命運動與香港〉，《孫中山研究論叢》第 3 集，第 72-73 頁。

姓名	籍貫	出身學校	職業
楊衢雲	福建海澄	聖保羅書院	招商局書記、沙宣洋行副經理
謝纘泰	廣東開平	中央書院	香港工務局書記
陸敬科	廣東南海	中央書院	中央書院教員
黃國瑜	不詳	中央書院	政府翻譯
溫宗堯	廣東新寧	中央書院	中央書院教員
羅文玉	廣東順德	中央書院	聖若瑟書院教員
胡幹之	廣東番禺	聖保羅書院	沙宣洋行買辦
何汝明	廣東香山	聖保羅書院	聖保羅書院教員
劉燕賓	不詳	聖若瑟書院	炳記船務行書記
溫　德	不詳	中央書院	政府翻譯
陳　芬	不詳	中央書院	政府翻譯
周昭岳	廣東南海	中央書院	商人

　　不過，筆者認為，上述 12 人當中，陸敬科不可能是輔仁文社成員，因為謝纘泰稱其組織的是「Iu Kui Club」，與輔仁文社並存於同一棟樓宇；而且，馮自由與尤列的著述都不曾將陸列為輔仁文社成員。此外，何汝明、溫德也不可能是輔仁文社成員，尤列的〈楊衢雲略史〉雖稱兩人是楊衢雲的「港中學友」，但未將其列入輔仁文社。後來，馮自由也參照尤列此文，稱：「先是港中學友，如何汝明、溫德、謝纘泰、劉燕賓、周昭岳、胡幹之等，公與之最交稔，因與謝、劉數人同組織輔仁文社。」[33] 馮同樣也將何、溫兩人，隔離於謝、劉等輔仁文社成員之外。

---

[33]　馮自由：〈興中會首任會長楊衢雲補述〉，《革命逸史》第 5 集，北京：中華書局，1981 年重印本，第 8 頁。

其實，相比於陸、何、溫三人未獲史料證實的情形，另有一人可能是輔仁文社的成員。他就是署名於輔仁文社的第一部中文香港史書——《香港雜記》的作者陳鏸勳。果如是，則輔仁文社成員迄今可確認者，僅有 10 人，即創社成員楊衢雲、謝纘泰、陳芬、周昭岳、黃國瑜、羅文玉、劉燕賓等 7 人，新增成員溫宗堯、胡幹之（芝）和陳鏸勳等 3 人。流傳至今的「輔仁文社光復會員庚寅年合照」，裏面也正好是 10 名成員的合影。[34]

茲擇其成員中與後來重大史事相關聯者，逐一簡介其生平事蹟：

楊衢雲（1861-1901），幼名合吉，字肇春，號衢雲，祖籍福建海澄縣霞陽村。先祖曾任廣東新興縣署理知縣，後棄官出洋謀生。其父名清水，出生於馬來西亞檳榔嶼，16 歲返回福建原籍，5 年後到香港，曾任港府輔政司文案，後從事航海工作，晚年設館教授英文。楊衢雲在 14 歲時，到香港鐸也船廠當機械學徒工，不幸傷右手中三指，於是改習英文，就讀聖保羅書院。畢業後，在聖約翰書院擔任英文教員，後到招商局任書記（船務主任），旋到沙宣洋行任副經理。「其為人仁厚和藹，急公好義，尤富愛國思想。以性好任俠，嘗從拳師習技擊術，雅有心得。」「見國人之受外人欺凌者，輒抱不平。」「器宇軒昂，推誠接物，一見知為長者。每議論國家大計，恒義形於色。」[35] 1892 年春，輔仁文社成立，楊衢雲時年 31 歲，是成員中年紀最長者，遂獲推為社長。

---

[34] 1927 年 8 月 6 日，香港《華僑日報》〈圖畫特刊〉刊載謝纘泰提供的 5 張照片和 1900 年孫中山就追悼楊衢雲事致謝纘泰函的影印件。不過，該〈特刊〉的文字說明多有失誤。如稱楊衢雲被害於「庚子年十一月十二日」，應為「庚子年十一月二十日」。此外，「輔仁文社光復會員庚寅年合照」，庚寅年即 1890 年，另注明當時成員 16 人。惟本書前引謝纘泰：《中華民國革命秘史》稱，輔仁文社成立於 1892 年，謝曾結交 16 個朋友，其中獲其信任者僅 6 人。

[35] 馮自由：《中華民國開國前革命史》上編，第 5-6 頁；〈楊衢雲事略〉，《革命逸史》初集，第 4 頁；〈興中會首任會長楊衢雲補述〉，《革命逸史》第 5 集，第 8 頁。

同年秋，楊衢雲還結識熱心議論中國革新時務的一群香港知識精英。當時，輔仁文社成員羅文玉在上環的壽而康酒樓舉行婚宴，除邀請輔仁文社成員參加之外，還邀請剛考取香港政務司署書記職務的尤列一同參加。尤列（1866-1936），別字少紈，廣東順德人。17 歲加入秘密會社洪門，萌發反清復明之志。任職香港後，在上環的歌賦街楊耀記商號，與該商號的少東主楊鶴齡以及正在香港西醫書院讀書的孫中山和陳少白一起，議論中國政事，肆言造反，人稱「四大寇」。據尤列憶述：在那次婚宴舉行之前，他與楊衢雲縱談時務，得知其先祖因讀記載清兵屠殺漢人的野史而棄官出洋謀生之後，說：「得之矣！君嘗發揮者，政治之改革耳。乃先祖讀史棄官之意，君知之乎？」楊問：「何如？」尤說：「不有種族問題在耶？棄官者，不為滿清奴也。」楊豁然醒悟，說：「我亦得之矣，如夢初覺矣！」席散後，楊衢雲送尤列回楊耀記商號，見到住在該處的孫中山，相談甚歡，「由是朝夕常至，至則抵掌而談，達旦不倦」。[36] 當時，尤列、孫中山等「四

▌ 輔仁文社 10 名成員合影。前排右起第三、第四人是楊衢雲、謝纘泰。

---

[36]　尤列：〈楊衢雲略史〉，《廣東文物》卷六。

大寇」時常議論的是推翻滿清統治、恢復漢族地位的「種族問題」，楊衢雲先前關注的則是「政治之改革」，雙方坦誠交換政見，不僅建立起友誼，而且埋下日後聯手掀起革新中國運動的契機。

謝纘泰（1872-1938），譜名贊泰，文獻資料多稱纘泰，字聖安，號康如，祖籍廣東開平縣，出生於澳洲悉尼。其父名日昌，在澳洲經商數十年，開有泰益號商店。謝纘泰 16 歲時，隨父移居香港，就讀於中央書院，畢業後在香港政府工務局任文員。由於其父曾加入洪門，謝纘泰從小受到反清復漢的思想影響。他在《中華民國革命秘史》中不無誇耀地說：他在中央書院讀書時就意識到，是時候籌組有數百萬人參加的革新運動，以便將篡政的滿洲韃靼人驅逐出中國。可是，馮自由卻認為，即便在輔仁文社成立之後，謝纘泰「以其時風氣閉塞，未敢公言造反抗清，僅與少數友好秘密商談而已」。[37]

楊、謝二人的後來事蹟，將在本書以後的相應章節中敘述。

輔仁文社成員中，介入內地政事最廣、後來竟成為歷史丑角者，是溫宗堯。溫宗堯（1876-1946），字欽甫，祖籍廣東新寧（今台山）。曾就讀於香港中央書院，並加入輔仁文社，後赴美國留學。1895 年加入興中會。1897 年任教天津北洋大學堂，後返回香港，任皇仁書院（原名中央書院）英文教員。1900 年擔任響應康有為「保皇勤王」號召的自立軍駐滬外交代表。清末新政期間，任職於廣東等內地的洋務、外交機關。民國初年，參與組建統一黨、國民公黨，後加入國民黨。1938 年出任日本扶植的漢奸政權「中華民國維新政府」立法院院長。1940 年日本扶持汪精衛在南京組織偽「國民政府」之後，溫出任司法院院長。1945 年 10 月，溫因漢奸罪行被國民政府逮捕，次年判處無期徒刑，同年病死獄中。

輔仁文社成員中，最早著書立說而又最先公開表明自居該社身分者，

---

[37]　〈老興中會員謝纘泰〉，《革命逸史》第 2 集，第 22 頁。

是陳鏸勳。陳鏸勳，字曉雲，祖籍廣東南海，生年不詳。1894年（光緒甲午年）初秋，他撰成《香港雜記》一書，交由香港中華印務總局刊印。該書是近代中國人撰寫的第一部香港史專著，現存珍本藏於香港大學圖書館，為香港中華印務總局仿聚珍版，線裝，內文共48頁，約3萬多字。書中還稱內附香港各處地圖共15幅，惟此附圖均未見傳於今世。該書「自序」標明：「陳鏸勳自序於香港輔仁文社。」這不僅表明陳氏作序時的空間位置，而且說明完稿時的身分認同，應屬其為輔仁文社成員的表白。

從「自序」中，還可知陳氏「肄業香江」，通曉中、英文。鑑於香港「地界中西」，「人雜華洋」，「不識時務者處此，拘迂成性，執滯鮮通，不合人情，不宜土俗」，他於是利用工餘時間，收集有關香港歷史、地理與社會現狀的各種資料，「隨事留心，有聞必錄，復涉獵西文」，還摘譯英國人沙拔《平日所記》，終於寫成《香港雜記》一書，「一以便入世者知所趨，一以備觀風者知所訪」。[38] 陳鏸勳所說的寫作宗旨與寫作經歷，符合輔仁文社研習西學、謀求革新的社綱。該書沿用中國的傳統舊例，以抬寫格式尊稱中國的朝廷及皇帝，而以「夷」、「外國皇后」及「英廷」貶稱管治香港的英國，反映出作者及輔仁文社成員固有的中華民族情結，結果受到香港政府副華民政務司的指責，要求不准再用「夷」的貶稱，並且同樣需用抬寫來尊稱英皇及英廷。於是，書末的「更正」，就給後人留下早期香港政府實行出版審查的見證。[39]

至於陳鏸勳後來的身世，據當代香港收藏家鄭寶鴻的研究：1895年，陳作為文咸西街42號的濟安洋面保險有限公司司理人，登報公開招股；並以陳曉雲名義，與譚子剛合作出版《保險須知》一書。1901年，陳又擔任

---

[38] 陳鏸勳著、莫世祥校注：《香港雜記・外二種》，廣州：暨南大學出版社，1996，第3頁。

[39] 陳鏸勳著、莫世祥校注：《香港雜記・外二種》，第93頁。

萬益置業公司、廣運輪船公司、咸北輪船公司的司理人。1904年任東華醫院總理，1906年初逝世。」[40]

縱觀輔仁文社成員的履歷，可知他們都是肄業於香港名校，隨後任職於商、政、學界中的白領人士，其中尤以商、政兩界人士居多。通曉中、英文，使他們最先瞭解西方政治革新的時代趨勢，從而激起改革中國的政治熱情。穩定而優厚的收入，卻使他們中的多數人不願放棄既有的工作和地位，在革新的道路上走得更久更遠。這就是輔仁文社能開中國新學團體之先河，卻未能獨自建樹更多革新業績的內在因由。

第三節 孫中山的早期政見

就學香港形成的政見

迴蕩在香港知識精英階層的革新中國主張，最終催化出日後在革新、乃至革命的道路上走得更遠、更久的領袖人物孫中山。

孫中山（1866-1925），譜名德明，幼名帝象，其後改取單名：文。初字日新，後改為逸仙。1895年因反清起義而被迫流亡海外之後，化名中山樵、高野長雄、中山二郎等。「孫文」是其署名的常用稱謂，「孫逸仙」（Sun Yat-sen）常用於海外交往；「孫中山」則是華人對他的尊稱。

---

[40]　轉引自楊國雄：《香港身世：文字本拼圖》，香港各界文化促進會，2009，第12頁。

1866 年 11 月 12 日（農曆十月初六），孫中山出生於廣東香山縣翠亨村的一個農耕之家。少年時，曾聽老人講述起源於廣東花縣的太平天國起義故事，印象深刻，埋下將來仿效造反的潛意識。

　　1879 年，他隨母親從澳門乘輪船前往美國夏威夷，投奔在那裏經營農場和商店的大哥孫眉。他初出國門，「始見輪舟之奇，滄海之闊，自是有慕西學之心，窮天地之想。」[41] 抵達夏威夷後，他曾在大哥的商店幫工，旋以「帝象」（Tai Cheong）之名，於同年 9 月到英國聖公會在火奴魯魯主辦的意奧蘭尼學校（Iolani School）入讀初中。1882 年夏季畢業時，英語語法考試名列第二。在畢業典禮上，當時的夏威夷國王卡拉卡瓦（David Kalakaua）親自向孫頒發獎品。隨後，他又以「帝象」（Tai Chu）之名，到美國公理會與長老會合辦的奧阿厚書院（Oahu College）繼續升學。但半年之後，孫眉不滿其有意受洗成為基督教徒，寫信告知父親，要將其送回國。孫中山只好中斷學業，在 1883 午 7 月返回家鄉翠亨村。

　　在夏威夷將近 4 年的教會學校學習生涯中，孫中山不僅第一次接受基督教的薰陶，而且第一次感受當時夏威夷王國實行的英國式君主立憲制度與中國清王朝君主專制制度之間存在的政治反差，他由此萌發改革中國的志向。後來，他重臨夏威夷，對當地記者說；「這是我的夏威夷。我在這裏長大和受教育。我在這裏看到一個現代化、文明的政府，使我知道這樣的政府（對人民）意味著甚麼。」[42] 1912 年中華民國成立後，他在廣州演講中又憶述就學夏威夷對其思想的影響：「憶吾幼年，從學村塾，僅識

---

[41]　孫中山：〈覆翟理斯函〉，《孫中山全集》第 1 卷，北京：中華書局，1981，第 47 頁。

[42]　馬克生：《孫中山在夏威夷：活動和追隨者》，北京：世界知識出版社，2003，第 5、8、10 頁。孫中山在 1879 至 1883 年就學夏威夷之後，還在 1884 年 11 月至 1885 年 4 月、1894 年 10 月至 1895 年 1 月、1896 年 1 月至同年 6 月、1903 年 9 月至 1904 年 4 月、1910 年 3 月至同年 5 月重臨該地。

之無。不數年得至檀香山，就傅西校，見其教法之善，遠勝吾鄉。故每課暇，輒與同國同學諸人，相談衷曲，而改良祖國、拯救同群之願，於是乎生。」[43]

1883 年 11 月，孫中山憑藉夏威夷聖公會主教的介紹信，以「日新」之名，入讀香港聖公會在西營盤設立的拔萃書院（Diocesan Home and Orphanage）。1883 年底或 1884 年初，他在必列啫士街（Bridges Street）的公理會佈道所——綱紀慎會堂，接受美國傳教士喜嘉理牧師（Rev. Charles Hager, 1840-1917）的洗禮，正式信奉基督教。他還介紹朋友陸皓東和唐雄接受喜嘉理的施洗，加入教會，並一度引領喜嘉理等外國傳教士到澳門、香山一帶傳教。

1884 年 4 月，孫中山以「帝象」之名，入讀位於歌賦街的中央書院，1886 年畢業。經喜嘉理推薦，他入讀美國傳教士創辦的廣州博濟醫院。其間，他認識該院醫生尹文楷及其外父區鳳墀（1847-1914）。區的國學根底深厚，曾應聘到柏林大學擔任漢語教師，時為倫敦傳道會廣州傳教站的傳道人。孫於是拜區為師，學習國文，並根據其提議，改字號「日新」為「逸仙」。與此同時，他還和同學鄭士良結為摯友。鄭士良（1863-1901），號弼臣，祖籍廣東歸善縣淡水墟（今屬惠州市惠陽區）。鄭少習武術，與粵東三合會多有來往。孫與區、鄭兩人的交誼，埋下日後藉助教會和會黨力量進行革新運動的機緣。

1887 年 10 月初，孫中山在區鳳墀推薦下，入讀何啟等人剛剛創辦的香港西醫書院，開始大學習醫的生涯，「在那裏度過一生歡樂的五年」。[44]他「專心致意於學業，勤懇異常，日間則研習科學與醫術，夜間攻讀中文，

---

[43]　孫中山：〈在廣州嶺南學堂的演說〉，《孫中山全集》第 2 卷，北京：中華書局，1982，第 359 頁。

[44]　孫中山：〈我的回憶〉，《孫中山全集》第 1 卷，北京：中華書局，1981，第 547 頁。

▌ 1883 年的孫中山

而於各學科之專家與同學，皆折節下問，故能慎思明辨，多所創獲。」[45]
經過 5 年的刻苦學習，他終於以最佳的成績，與同學江英華一起，成為西醫
書院僅有的兩位首屆畢業生。

　　1892 年 7 月 23 日下午，西醫書院舉行首屆畢業典禮，港督羅便臣（Sir.
William Robinson，任期：1891–1898）等政府官員應邀出席。羅便臣親自
向孫、江二人頒授畢業證書，並向在西醫書院 11 門科目考試中取得優異成
績的學生頒發獎品。當日，香港英文報刊《德臣西報》以整版篇幅，詳細
報導此次畢業典禮的盛況。其中，報導孫逸仙獲得成績優異獎的科目及獎
品共有三項，分別是醫學，獎品是丹納與米多（Tanner and Meadow）合著
的《嬰幼童疾病》；產科，獎品是紐曼（Newman）所著《腎臟外科》；衛
生與公共健康學，獎品是鮑爾比（Bowlby）所著《神經損傷與疾病治療》。

　　當晚，西醫書院在太平山頂的柯士甸山酒店舉行首屆畢業生晚宴，教

---

[45]　羅香林：《國父之大學時代》，重慶：獨立出版社，1945，第 39 頁。

務長康德黎（Dr. James Cantlie）主持，港督羅便臣等港府官員應邀出席。兩天後，《德臣西報》再度以整版篇幅報導此次晚宴的盛況。據該報報導，港督在致辭中說：「除了今晚站在我們大家面前的兩位尊貴的學生典範之外，政府還將襄助西醫書院培養出更多的合格畢業生。」隨後，孫逸仙致答謝詞，說：「我所想要說是，感謝所有在座嘉賓接受我的祝酒，不僅為我們自己，而且為所有在香港的人們，祝願母校成功！」[46]這兩則報導構成香港報刊第一次向世人報告有關孫中山的消息，從中展現的是學業優異、謙恭達禮的青年才俊形象。

孫中山的學友則在後來的回憶中，更多地講述孫在大學期間反叛清朝統治的政治傾向。今人從相關史學著作與傳媒宣傳中知曉的典型事例，就是孫中山與學友陳少白、尤列、楊鶴齡等 4 人，時常聚會，抨擊國事，肆言反清，人稱「四大寇」。孫中山因為喜歡談論太平天國起義的領袖洪秀全，還被同學起一綽號，稱其為「洪秀全」。[47]

這些憶述，印證孫中山在晚年自述其就學香港時便立志革命的言論。1919 年春夏間，孫中山在《孫文學說》第八章〈有志竟成〉中寫道：「予與陳、尤、楊三人常住香港，昕夕往還，所談者莫不為革命之言論，所懷者莫不為革命之思想，所研究者莫不為革命之問題。四人相依甚密，非談革命則無以為歡，數年如一日。故港澳間之戚友交遊，皆呼予等為『四大寇』。此為予革命言論之時代也。」[48]1923 年 2 月，孫中山在香港大學發表演講，重申其「革命思想係從香港得來」。他說，當年在香港讀書時，感覺香港的衛生、治安比內地好，因而反省「何以香港歸英國掌管，即佈

---

[46]　譯自香港《德臣西報》1892 年 7 月 23、25 日相關報導。

[47]　羅香林：《國父之大學時代》，第 79 頁。

[48]　《孫中山全集》第 6 卷，北京：中華書局，1985，第 229 頁。

置得如此妥當？」「又見香港腐敗事尚少，而中國內地之腐敗竟習以為常，牢不可破。」「此等腐敗情形，激發我革命之思想。」[49]

可是，孫中山稱其在香港就學時就倡言革命的說法，與謝纘泰以「革命總部」稱呼輔仁文社一樣，都不過是拔高過往事蹟的溢美之辭。熟知晚清革命歷史的馮自由，在〈革命二字之由來〉一文中說：在 1895 年以前，「中國革命黨人向未採用『革命』二字為名稱」，「黨人均沿用『造反』或『起義』、『光復』等名詞」。他還在《興中會組織史》中說：「英文革命 Revolution 一詞，舊譯為『造反』。」[50]

當代旅美中國學者陳建華進而以縝密的考證，指出：「孫中山自己對於『革命』一詞的使用，實際上頗為保守。從現存文字資料來看，約自 1903

1888 年，孫中山在香港西醫書院學習時與友人合影。前排左起為楊鶴齡、孫中山、陳少白、尢列，人稱「四大寇」。後排為關心焉（景良）。

[49]　郝盛潮主編：《孫中山集外集補編》，上海人民出版社，1994，第 315 頁。

[50]　馮自由：《革命逸史》初集，第 1 頁；《革命逸史》第 4 集，第 6 頁。

年年底，『革命』開始在他的公開演講及私函中頻頻出現，儘管他早已萌發革命思想，以及在此前數年間，『革命』一詞也不斷在中外談話或報導中出現。」他分析說，孫中山之所以遲至1903年底才公開使用「革命」一詞，來表述反清排滿、創建共和的政治主張，一方面是因為「在傳統語境裏，『革命』與『成則為王，敗則為寇』的政治文化是連在一起的。無論是造反還是政變，只是推翻舊皇朝的，才能為『革命』加冕。對於叛亂者而言，自稱『造反』即含有自定的合法性，但未成功之前便稱『革命』，乃不可思議之事。」另一方面是因為「1895年前後孫中山在香港期間，西方傳教士及其對待『革命』的保守姿態，給孫中山使用『革命』一詞造成重重阻撓」。因此，「孫中山在1895至1897年期間的一系列談話或書面陳述，都口口聲聲強調的是『改革』」。[51]

其實，從孫中山就學香港期間接受的思想影響及其本人的回應，可知其當時的政治取向尚非主張革命，而只是主張改革，或曰革新。這種取向是他先前就學夏威夷時萌發的「改良祖國」志願的自然發展。

孫中山在港就學期間，除專業學習之外，首先接受的是基督教救世教義的薰陶。他17歲在港受洗入教，就讀中央書院之後，常到香港基督教華人自理會創辦的道濟會堂，聽王煜初牧師傳道。其後就讀的西醫書院，由香港倫敦傳道會創辦。書院的東鄰，就是位於荷李活道75號的道濟會堂，孫因此繼續和該會堂的教友多有往來。1891年3月27日，正在西醫書院讀四年級的孫中山，參加由40多名教友組織的教友少年會成立聚會，會後撰成〈教友少年會紀事〉一文，發表在上海廣學會於同年出版的《中西教會報》上，署名「後學孫日新」。孫中山在文中介紹說：教友少年會所在地名叫「培

---

[51] 陳建華：《革命的現代性：中國革命話語考論》，上海古籍出版社，2000，第106、109、112-113、133-134頁。

道書室」，內有圖書、玩器、講席、琴台，作為「公暇茶餘談道論文之地」，晚間則邀請外籍教友傳道，「蓋以聯絡教眾子弟，使毋荒其道心，而漸墮乎流俗，而措吾教於磐石之固也」。他基於衛教的立場，批評「某文人，某職道，其幼固從游於教中而虔心向道者，乃一旦顯達，則隨俗毀譽，忌道如仇」。有些「教中子弟與惡少交遊，以致流入邪途而不悟。父兄雖作道幹城，而子弟之邪淫莫挽，斯可慨矣」。他申明：「夫人不能無交遊也，朱赤墨黑默移於不覺，習焉成性，善惡斯分，少年交遊，詎可不慎哉！」「此會之設，所以杜漸防微，消邪偽於無形，培道德於有基；集俊秀於一室，交遊盡屬淳良。」並建議「各省少年教友亦有仿而行之」。[52] 這是迄今發現的孫中山首次署名發表的文章，它反映出青年孫中山虔誠信教、護教的赤子之心。教友少年會和次年成立的輔仁文社一樣，都是香港華人知識精英基於不同的理念而組合起來的聯誼團體。基督教信奉的平等、自由、博愛、和平的理念，是潛移默化地解構中國君主專制制度及其觀念形態的精神消融劑。孫中山因此獲得「改良祖國」的普世價值，並且結識一批有志於攜手發動中國革新運動的教友。為孫中山施洗的喜嘉理憶述說：「當是時，先生（指孫中山）始倡言中國之亟宜革新，而密籌實行革新之計劃，中國牧師及其同道，聞其緒論，皆秘密與之結合，共謀進行。」[53]

孫中山就讀西醫書院期間，還直接受到何啟、康德黎等師長倡導君主立憲等維新主張的影響。1887 年 2 月 8 日，香港英文報刊《德臣西報》轉載清朝原駐英、法、俄等國公使曾紀澤在英國倫敦發表的《中國先睡後醒論》，宣稱中國經過練兵製械的洋務運動，已經從先前的睡夢中覺醒，只要沿著軍事近代化的國策繼續發展，中國將成為穩固的國家。4 月，何啟在《德

---

[52]　轉引自陳建明：〈孫中山早期的一篇佚文——《教友少年會紀事》〉，北京：《近代史研究》，1987 年第 3 期。

[53]　轉引自馮自由：《革命逸史》第 2 集，第 14-15 頁。

臣西報》上發表〈中國之睡與醒──與曾侯商榷〉（*"China: the Sleeping and the Awaking, a Replay to Marquis Tseng"*），反駁曾紀澤等清朝官員陶醉於洋務運動成就而不思進行政治體制改革的觀點。同年 6、7 月間，胡禮垣將此文翻譯成中文，並闡發己見，更名〈曾論書後〉，予以刊行。該文歷數清政府沉迷於洋務運動局部改革而引發的種種弊端，指出中國其實還昏睡在君主專制的政治困局之中：「今者中國，政則有私而無公也；今則有偏而無平也；庶民如子，而君上薄之不啻如奴隸也；官吏如虎，而君上縱之不啻如鷹犬也。」該文進而闡述君民關係的新觀點：「民之於君為更貴，以有民，不患其無君；而有君，獨患其無民也。」「民之於君為尤先，以有民，然後可有君；無君，必先以無民也」。「國之所以自立者，非君之能自立也，民立之也；國之所以能興者，非君之所以能自興也，民興之也。」「為君者，其職在於保民，使民為之立國也；其事在於利民，使民為之興國也。」這種新觀點，正是何啟、胡禮垣等人主張以「君民共主」改革中國君主專制的立論所在。該文於是強調，要促成君民同心，就要變法維新，公平治國，這才是中國覺醒的出路，否則就是請來古代聖賢執政，也難得民心。「當今之世，而不變今之法，雖使堯舜臨朝，禹皋佐績，仲由慎諾，公綽無私，加以管晏之才，蘇張之辯，亦無以決疑徵信，大得於民。」「國有公平，然後得民信；先得民信，然後得民心；先得民心，然後得民力；先得民力，然後可以養民和，先得養民和，然後可以平外患。」「君民相維，上下一德，更張丕變，咸與維新，庶可有益於民生。」[54] 1894 年，何啟開始撰寫《新政論議》，首次提出「行選舉」、「設議院」的主張，進一步完善其君憲改革的構想。

何啟「大概是孫中山所接觸到的，企圖按西方的方式使中國現代化的

---

[54]　〈曾論書後〉，《胡翼南先生全集》，第 229-230、265、270、280、287、291-292 頁。

人們中的第一人」。[55]孫中山在西醫書院聆聽何啟授課之餘，自然會聽到何啟講述其倡議中國進行君主立憲改革的主張。何啟的女婿傅秉常後來回憶說，民國成立後，孫中山「時常談起受何啟教益之種種，自謂其革新思想頗受何啟之啟發」。「何啟嘗著《新政論議》一書，批評清廷者也。總理（孫中山）自謂其學生時代之思想受此書之影響不少」。[56]

與此同時，同樣受到孫中山敬重的英國人康德黎，也以其維護英國君主立憲制度的立場，努力說服正在求學的孫中山放棄更為激進的共和政見。康德黎後來寫道：「最初的時候，我和內子與孫討論到共和團體時，我本人常加以反對。生於『王冠德謨克拉西』（Crown Democracy）治下（指英國）的我們，想不到比之較好的政體，也就勸孫依樣畫葫蘆了。經過好幾次的長談，想使孫回轉他的念頭，但漸漸地一年一年的過去，我們也就覺得帝政在中國是終不可能的了。」[57]這則敘述表明，康德黎夫婦有過幾次勸說孫中山接受君主立憲革新方案的長談，只是隨著孫中山日後一年復一年地開展反清革命，他們才放棄這種勸說。

孫中山學友陸燦的一則回憶，較為典型地展示青年孫中山在君主立憲主張影響下產生醫人不如醫國的轉變。他說：「孫逸仙博士認為，設法使慈禧太后為他的臣民做些好事，比行醫更有用處。他告訴他的一個朋友說：『如果我做醫生，我一次只能治好一個病人；如果我幫助中國獲得解放，我能同時治好四萬萬人！』」[58]迄今流行的關於孫中山因為意識到醫人不如醫國而走上革命之路的說法，多源自這則回憶。但是，這些說法卻迴避

---

[55] 史扶鄰（Harold Z. Schiffrin）《孫中山與中國革命的起源》（*Sun Yat-sen and the Origins of the Chinese Revolution*）（中譯本），北京：中國社會科學出版社，1981，第 18 頁。

[56] 沈雲龍等主編：《傅秉常先生訪問記錄》，台北：中央研究院近代史所口述歷史叢書，1993，第 10 頁。

[57] 康得黎夫婦著、鄭啟中等譯：《孫逸仙與新中國》（*Sun Yat-sen and the Awakening of China*），上海：民智書局，1930，第 160 頁。

[58] 陸燦：《我所瞭解的孫逸仙》（中譯本），北京：中國和平出版社，1986，第 14 頁。

▌ 康德黎

陸燦回憶的前半段內容，即習醫時期的孫中山曾經認為遊說當政的慈禧太后行善，比行醫更有用處，因而才有醫人不如醫國的念頭。

　　孫中山就學香港期間，煥發出青年人天馬行空地探求救國濟世方案的激情。其時的政見折射可謂色彩斑斕：既有與同輩暢談反清造反的叛逆言論，又有在師長影響下萌發遊說清朝當政者的棄醫從政衝動。兩者的最終走向可謂南轅北轍，但在其初始階段卻混沌地包容在「改良祖國」的同一志願中。兩者的最後擇一決定，只能根據環境和時勢的變化，在嘗試性的先後實踐中逐步完成。接踵而來的史實表明，孫中山首先嘗試的，是上書官宦而不是叛逆造反。美國學者史扶鄰（Harold Z. Schiffrin）透切地揭示出其中的原因：「作為一個接受了幾乎全部西方教育的人和一個現代醫學潛在的先行者，孫中山所具備的條件使他將更多地求助於支持清王朝的改良主義者，而不是更多地求助於三合會。他在香港的經歷使他認識到這兩種可能的選擇。這使他對中國問題有了一個更廣闊的看法，同時也給了他這樣的希望：即他可以致力於改革而不必一定要做一個造反者。」[59]

---

[59]　史扶鄰：《孫中山與中國革命的起源》（中譯本），第 21 頁。

兩次上書

19世紀90年代上半期，孫中山在維新思潮推動下，兩次上書清朝官宦，開始其「改良祖國」的嘗試。

1890年，孫中山在香港西醫書院就讀二年級。他利用假期返鄉的機會，上書正在家鄉養病的原清朝駐美國使臣鄭藻如。鄭藻如（1824-1894），香山縣濠頭鄉人，1869年擔任上海江南製造局幫辦，不久即總理局務，成為清朝洋務運動的重要技術官僚。1881年，他出任中國駐美國、西班牙、秘魯三國使臣，因堅持反對美國排華法案而獲好評。1886年，因半身不遂，告休返鄉，依然關注地方新政。孫中山因此向他提出三項革新建議：一是鼓勵農民組織興農之會，推廣種植技術；二是設立勸誡吸食鴉片的機構，以免鴉片貽禍民眾；三是設立興學之會，多設學校，培育人才。孫中山將這些建議稱為「小以試之一邑」的「孫某策略」，籲請鄭出面提倡，以祈一倡百和，利鄉益國。[60] 可惜，由於史無記載，後人已無從知曉鄭藻如對孫中山的首次上書作何回應。

孫的首次上書不談政治，而是主張興農、戒煙、興學。這或許讓讚許他在就學期間就立志革命的論者多少感到尷尬。其實，孫作為出身傳統農耕之家的大學生，首先關注桑梓與談論農事，乃是題中應有之義。不僅如此，他在此時還將發展新式農業，視為「改良祖國」的維新要務之一。他撰成〈農功〉一文，建議中國仿效「泰西農政」，即仿行西方國家發展農業的各項措施，得到鄭藻如的同里宗兄鄭觀應的賞識。

鄭觀應（1842-1921），字正翔，號陶齋，廣東香山縣三鄉人。曾任上海英商葆順洋行買辦，其後參與創辦英商太古輪船公司。1882年出任上

---

[60]   孫中山：〈致鄭藻如書〉，《孫中山全集》第1卷，第1-3頁。

■ 鄭觀應

海輪船招商局幫辦，旋任總辦，成為清朝洋務運動的又一重要技術官僚。1885 年 1 月途經香港時，因涉及太古洋行巨款虧空案，被拘留 5 個月，後隱居澳門達 5 年。其間潛心撰寫倡議中國變法維新並與列強展開「商戰」的《盛世危言》一書，並將孫中山所撰〈農功〉一文，加以修改潤色，輯入該書。該書於 1893 年刊行，成為中國近代維新思想的又一本代表著作。書中註明〈農功〉一文是「吾邑孫翠溪西醫」所作，遂使孫中山就學香港時撰寫的又一篇著述流傳於世。

〈農功〉一文，是孫中山在上書鄭藻如時提出的興農之策的延伸和補充。不同的是，〈農功〉一文的末尾，終於從議論農事擴展到抨擊時政，表露出孫中山對清朝虐民吏治的反感和憤懣：「蓋天生民，而立之君；朝廷之設官，以為民也。今之悍然民上者，其視民之去來生死，如秦人視越人之肥瘠然，何怪天下流亡滿目，盜賊載途也。以農為經，以商為緯，本末備具，巨細畢晐，是即強兵富國之先聲，治國平天下之樞紐也。」[61] 這

---

[61]　《孫中山全集》第 1 卷，第 6 頁。

則引文的前一句話所述民、君、官三者關係，與何啟、胡禮垣《曾論書後》所論理應民先君後、但君卻縱官虐民的觀點同出一轍；後一句話所述農商為強國之本，也與鄭觀應及何、胡等維新思想家的主張一致。可見孫中山就學香港期間發表的革新主張，都源自何、胡、鄭等維新思想家的影響。

1892 年 7 月，孫中山與同學江英華畢業於香港西醫書院。據江憶述：「香港總督羅便臣曾馳書北京英公使，托英公使轉商於北洋大臣李鴻章，謂總理（孫中山）與余兩人識優學良，能耐勞苦，請予任用。李覆書羅便臣總督云：可來京候缺，每人暫給月俸五十元，並欲授吾二人『欽命五品軍牌』。」「吾二人遂攜康德黎師往省（廣州）。轉商兩廣總督領牌，然後晉京，以免惹清政府之忌。詎總督衙門諸多為難，欲吾二人填寫三代履歷等等，方准領牌。總理（孫）氣怒而返港，余亦勸其莫輕易進京，以免身危。遂不果。」「此事外人知之者絕鮮，總理亦不喜對人言。」[62]

孫中山不甘忍受官場刁難，自斷晉京謀職的前程。1892 年秋，他在澳門開業行醫，雖然醫術頗獲好評，卻受到葡萄牙同行的排擠，只好於 1894 年春遷到廣州洗基，另設東西藥局，繼續行醫。醫人之餘，孫中山也繼續其醫國的嘗試。他與昔日師長區鳳墀，以及友人尤列、陸皓東、鄭士良、程耀宸、程奎光、程璧光、魏友琴等，常在廣州雙門底聖教書樓後進禮拜堂以及廣雅書局內的南園抗風軒議論時政。同年，孫在抗風軒提議成立團體，以「驅除韃虜、恢復華夏」為宗旨，得到眾人的贊同，惟當時未及制定團體的名稱。次日，尤列到香港，將此事告知楊衢雲，楊亦表贊成。[63] 此次抗風軒聚會，成為兩年後孫中山正式創立反清政治組織——興中會的前奏。

[62] 鄭子瑜：〈總理老同學江英華醫師訪問記〉，香港：《華僑日報》1940 年 1 月 26 日，轉引自吳相湘《孫逸仙先生傳》，台北：遠東圖書公司，1982，第 89 頁。

[63] 尤列：〈楊衢雲略史〉（1927），《廣東文物》卷六；又見〈興中會首任會長楊衢雲補述〉，《革命逸史》第 5 集，第 9 頁。

不過，孫仍然對上書清朝權貴籲請維新改良懷抱希望。這次上書的對象，是清朝洋務運動的領袖人物之一、直隸總督兼北洋大臣李鴻章（1823-1901）。李曾應香港西醫書院邀請，擔任該院贊助人；孫是該院首屆的唯一兩位畢業生之一，曾獲港督轉託英國駐華公使向李推薦。因此，孫將向李上書作為其棄醫從政的首要嘗試。

　　1894 年初，孫中山放棄廣州醫務，回到家鄉翠亨村，專心撰寫上李鴻章書。隨後輾轉請託，利用各種關係，試圖打開謁見李鴻章的通道。於是，在廣州、香山、澳門等地官場、商界小有名氣的前山海防同知魏恒，致書李鴻章的心腹部屬盛宣懷的堂兄盛宙懷，請其轉薦孫中山與盛宣懷會晤。同年 2 月，孫與學友陸皓東抵達上海，拜訪寓居上海的鄭觀應。鄭隨即給正在天津輔佐李鴻章的盛宣懷直接寫信，讚孫「少年英俊」，「留心西學，有志農桑生殖之要術」，「其志不可謂不高，其說亦頗切近，而非若狂士之大言欺世者比」，請盛接見，並助其謁見李鴻章，「一白其胸中之素蘊」。[64]擔任上海格致書院院長的王韜，也親自幫孫修改潤色其草擬的上李鴻章書，並且致函李鴻章幕府的洋務文案羅豐祿，請其助孫見李。鄭、王兩位著名維新思想家的鼎力推薦，增強孫中山謁見李鴻章、訴說自身抱負的決心。6 月下旬，他和陸皓東二人抵達天津。盛宣懷接閱魏、鄭等人的推薦信，隨即呈函李鴻章，介紹孫中山往見。不料，中日甲午戰爭的陰雲開始籠罩東北亞地區，李身為清朝重臣，正忙於處理外交軍務，無意接見尚還藉藉無名的孫中山，只讓人發給孫一張出國興農籌款的護照。孫中山希望藉上書以遊說權貴的活動碰壁撞板了。

---

[64]　沈渭濱：〈一八九四年孫中山謁見李鴻章一事的新資料〉，《辛亥革命史叢刊》第一輯，北京：中華書局，1980；戈止義：〈對《一八九四年孫中山謁見李鴻章一事的新資料》之補正〉，上海：《學術月刊》，1982 年第 8 期。

同年年底，上海《萬國公報》第 69、70 冊連載一篇注明「廣東香山來稿」的〈上李傅相書〉，為世人留下青年孫中山勸諫洋務運動領導者李鴻章的書面陳詞。孫在文中指出：「歐洲富強之本，不盡在於船堅炮利、壘固兵強，而在於人能盡其才，地能盡其利，物能盡其用，貨能暢其流——此四事者，富強之大經，治國之大本也。我國家欲恢擴宏圖，勤求遠略，仿行西法以籌自強，而不急於此四者，徒為堅船利炮之是務，是捨本而圖末也。」孫認為，在此四事之中，「農政之興，尤為今日之急務」。因此，他打算到法國「考究農桑新法」，順道去各國「觀其農事」，如果李鴻章有意興辦農政，他回國後將考察內地、新疆、關外等處，「盡仿西法，招民開墾，集商舉辦」，希望李鴻章「有以玉成其志」。[65]

　　孫中山兩次上書的議論重點都是興辦農政，而不是政治革新。從這個意義上說，他的兩次上書，與何啟、胡禮垣、鄭觀應、王韜等維新思想家倡議進行君主立憲政制改革的激進文章相比較，顯得溫和得多。這或許是他想先從自己熟悉的農事談起，獲得權貴接見之後，再相機密談敏感的政治話題。雖然歷史上的孫中山從未獲得李鴻章的接見，可是歷史研究者卻喜歡依據不同的思路，揣測接見後可能發生的事情。相信孫此時已經立志革命的論者認為：「孫中山求見李鴻章，志在『一白其胸中之素蘊』，請他參加造反。如果志不在此……為了一見中堂大人，大家忙了好一陣，有甚麼意義呢？但事實上無論是孫中山本人，或是鄭觀應，或是盛宣懷，都很謹慎從事，不像是為個人謀出路，而像是辦一件軍國大事。」[66]認為孫中山此舉仍屬試圖進入清朝體制內推動改革的論者，則作戲劇性的假設：如果李鴻章讓孫中山「擔任了秘書或是別的甚麼職務，他很可能變成另一

---

[65]　孫中山：〈上李鴻章書〉，《孫中山全集》第 1 卷，第 8、17-18 頁。

[66]　黎澍：〈孫中山上書李鴻章事蹟考辨〉，北京：《歷史研究》，1988 年第 3 期。

個人，有另一番經歷了。」[67]

　　要理解孫中山上書李鴻章的緣由與結局，需要聆聽他在兩年後發表《倫敦蒙難記》一書時訴說的心聲：「中國現行之政治，可以數語賅括之曰：無論為朝廷之事，為國民之事，甚至為地方之事，百姓均無發言或與聞之權。」「中國睡夢之深，至於此極，以維新之機苟非發之自上，殆無可望。」「所以偏重於請願上書等方法，冀九重之或一垂聽，政府之或一奮起也。」由此可見，孫之上書，即使暗中涉及政治，也還處於如同何啟、胡禮垣、鄭觀應、王韜等人主張維新改良的君憲革新階段，並不是要策反李鴻章，更不會投靠他以謀取一官半職。然而，冷酷的現實卻粉碎孫中山及其同伴的和平改革希望。他們「於是憮然長歎，知和平之法無可復施。然望治之心愈堅，要求之念愈切，積漸而知和平之手段不得不稍易以強迫」。[68] 既然勸說權貴自上而下地推動維新改良的和平嘗試終成泡影，孫中山不得不轉而進行以下犯上的造反準備，實踐其先前與友人時常議論的排滿興漢的反清主張。近代中國的歷史隨之展現依靠武力反抗來推動政治革新的激越篇章。

---

[67]　美國學者費正清等人曾提出這一假設，轉引自史扶鄰：《孫中山與中國革命的起源》（中譯本），北京：中國社會科學出版社，1985，第 33 頁。

[68]　孫中山：〈倫敦蒙難記〉，《孫中山全集》第 1 集，第 50、52 頁。據澳大利亞學者黃宇和考證，《倫敦蒙難記》一書實為康德黎所作。康將孫描述成「向皇上獻政改之策，建議建立起一個立憲政府」的改革者，以便爭取英國輿論的同情（見黃宇和：《孫逸仙倫敦蒙難真相》，上海書店出版社，2004，第 169-170、174 頁）。不過，書中所述孫及其同伴的事蹟及心理變化，應該源自孫的口述，因此可以作為分析孫早期政見的依據。

第二章 | 造反舉義的嘗試

第一節 成立興中會

興中會成立及其章程

1894 年 6 月下旬，孫中山在天津求見李鴻章未果。7 月，孫中山與陸皓東遊歷北京、天津、武漢等地，瞭解內地形勢與民情。下旬，中日甲午戰爭爆發。同年秋，孫在上海登船，前往美國夏威夷群島的首府檀香山，「擬向舊日親友集資回國，實行反清復漢之義舉。」

他的造反意圖得到大哥孫眉的贊成，「願劃撥財產一部為助」。不過，「其時華僑風氣尚極閉塞」，聽到孫中山「有作亂謀反言論，咸謂足以破家滅族，雖親戚故舊亦多掩耳卻走」。孫「多方遊說，奔走逾月，僅得同志數十人。」[1]

同年 11 月的一天，孫中山與志同道合的 20 多名檀香山華僑，在檀香山組織近代中國的第一個反清政治團體——興中會。[2] 該會通過孫中山起草的《興中會章程》，選舉永和泰雜貨店的司理劉祥、中文報紙《隆記報》記者兼卑涉銀行（Bank of Bishop and Co., Ltd.）經理何寬，分別擔任該會

---

[1]　馮自由：〈興中會組織史〉，《革命逸史》第 4 集，第 3 頁。

[2]　檀香山興中會成立的具體日期已不可考。何寬存有興中會會員繳納會費的名冊，記載最早交費的日期是 1894 年 11 月 24 日（農曆十月廿七日），交費人僅何寬、李昌兩人。1955 年，中國國民黨在台灣明令規定這一天為興中會成立日期，一些史書因此採用此說。惟有學者從邏輯上推算，興中會成立的日期應稍早於 11 月 24 日；參見黃彥：〈興中會研究述評〉，《回顧與展望——國內外孫中山研究述評》，北京：中華書局，1986，第 309 頁。
此外，有學者試圖推翻 1894 年孫中山在檀香山創立興中會的結論。1990 年代擔任美國紐約市立研究圖書館中文部主任的朱正生力主此說，其論文〈也談孫中山與「興中會」〉，載北京：《近代史研究》，1993 年第 4 期。相關觀點還可參閱他與朱光復兩人合著的《興中會之謎初探：為紀念楊衢雲在香港成立輔仁文社一百週年而作》，中華文化服務社，1992。

的正、副主席。此後，陸續入會者增加到大約 130 人。根據該會章程，會員須繳納會底銀 5 元，此外該會還設有銀會股銀。到年底，「兩項所得不滿美金二千元」。孫中山見此數「不敷大舉之需，於是異常焦灼」。孫眉遂低價賤賣其養牧的部分牛群，會員鄧蔭南也變賣其農場，捐助孫中山。

1895 年 1 月下旬，孫中山攜帶募集的起義經費折合港幣 13,000 元，乘船返回香港。陸續跟隨他到香港舉義的檀香山華僑有鄧蔭南、宋居仁、夏百子、陳南、李杞、侯艾泉等人。

1 月 26 日，孫中山一行抵達香港。當晚，孫連夜乘船前往廣州，與陳少白磋商聯絡同道、設立機關、籌備舉義等事項。次日晚，兩人偕同返港，分頭聯絡各方友人，商組成立興中會總會，準備造反舉義。孫中山組會舉義以促進中國革新的計劃，得到楊衢雲、謝纘泰等輔仁文社主要成員的贊同，「且願取消舊社名義，為新團體成立之表示，於是孫、楊兩派遂於乙未正月廿七日（公曆 1895 年 2 月 21 日）合併為一，仍定名曰興中會。」香港興中會通過孫中山起草的章程，在中環士丹頓街 13 號設立活動會所，取名「乾亨行」，以避警探耳目。

興中會是後來在 1905 年成立並明確宣佈進行共和革命的中國同盟會的先驅組織之一，相關史書因此將興中會的性質界定為革命組織，其立論的依據是事後的相關憶述，即檀香山與香港的興中會會員在入會時，都舉右手向天宣誓「驅除韃虜，恢復中華，創立合眾政府，倘有貳心，神明鑑察。」[3]誓詞中的「驅除韃虜，恢復中華」，意為反清復漢；「創立合眾政府」，意為仿效美國革命、創立共和政府（英文共和 Republic，當時中譯為「合眾」）。如果這些事後憶述能夠為當年文獻所證實，則可以確認興中會從

[3]   馮自由：《中國革命運動二十六年組織史》，上海：商務印書館，1948，第 16、18 頁。

成立之日起，就是完整意義上的革命組織，其目標不僅反清，而且還要推翻帝制、創立共和。可惜，史學界迄今還未發現足資佐證的原始檔案文獻。因此，旅美華人學者薛君度早在 1961 年就撰文質疑這些憶述，認為「立誓詞一事是逐步發展起來的，而後人則據以推斷一開始就是如此」。此後，美國學者史扶鄰繼續在其專著中指出「這個誓詞未必是在香港提出的，而在夏威夷使用它就更加不可能了」。[4]

　　兩位前輩學者的質疑，使本書對興中會「革命」性質的論斷抱持審慎的態度。既然憶述資料的可靠性受到質疑，研究和比較留存至今的檀香山興中會與香港興中會的兩份章程，就成為研判興中會性質的唯一文獻依據。

　　如果將興中會的兩份章程與 10 年後明示革命、共和宗旨的同盟會總章等文獻相比較，可以明顯看出前者的書寫，使用的是隱晦實際政治意圖的曲筆，沒有表明推翻清朝、建立共和的意向。當事人馮自由對此解釋說：檀香山興中會章程「文中尚不便明言籌餉起兵字樣，以免會員有所戒懼。蓋其時華僑多不脫故鄉盧幕思想，惴惴於滿清所派公使、領事之借詞構陷也」；香港興中會章程「因避清、英二國官吏干涉，文中祇言救亡，仍未敢公然排滿及明示合眾政府之宗旨。」[5] 這種辯解反而會導向另一種研究思路的推演：既然興中會因為避險而在章程中諱言激烈的政治目標，它與後來敢於在章程文獻中揭櫫革命共和旗幟的同盟會相比較，其「革命」性質的顯示就略遜一籌。這種略遜一籌的「準革命」特色，其實正是孫中山與興中會主要成員從上書請願走向造反革新，並將逐漸轉向共和革命的演變軌跡的中途表現。

[4]　薛君度：《黃興與中國革命》（中譯本），長沙：湖南人民出版社，1980，第 36 頁；史扶鄰《孫中山與中國革命的起源》（中譯本），北京：中國社會科學出版社，1981。

[5]　馮自由：《中國革命運動二十六年組織史》，第 16 頁；《中華民國開國前革命史（上編）》，重慶：中國文化服務社，1944，第 7 頁。

這種漸趨激烈的演變色彩首先在香港興中會章程中顯示出來。該章程是孫中山在檀香山興中會章程的基礎上修改補充而成的。檀香山章程除引言外，列有章則九條；香港章程同樣先有引言，還將章則增加到十條。兩份章程均表明「振興中華，維持國體」的創會宗旨，其中「振興中華」的呼喚，迄今仍是激勵中華民族自立於世界民族之林的常用話語。

香港學者吳倫霓霞在對兩份章程進行比較研究之後，得出香港章程「顯然比檀香山的更為激進」的結論。她指出：首先，香港章程「對清廷的腐敗無能，民族在外侮下面臨的危機，都直接地用較強硬的辭句提出來」。強調中國積弱，已達「極矣」，斥責清政府「政治不修，綱紀敗壞，朝廷則鬻爵賣官，公行賄賂，官府則剝民刮地，暴過虎狼」；並且指出列強侵略造成的民族危機，已經達到「蠶食鯨吞，瓜分豆剖」的地步，因此號召有志之士「亟拯斯民於水火，切扶大廈之將傾，庶我子子孫孫，或免於奴隸於他族」。其次，檀香山章程僅對入會手續、會銀的收集調用、理事的組織及集會時間，作基本的規定；香港章程不僅對此「作比較詳細的交代，而且增加了宗旨及志向的說明，更比較明顯地譴責統治階級對改革的抵制」。「對於會員的招收，亦有較高的要求」，檀香山章程規定只需會友一人引薦保證，香港章程不但要有會友兩人薦引，而且要經會董「察其心地光明，確具忠義，有心愛戴中國，肯為父母邦竭力，維持中國以臻強盛之地，然後由董事帶之入會」。最後，「香港興中會章程雖然並沒有表示要建立何種政體，但在志向一項，提出了應辦之事」，包括「設報館以開風氣，立學校以育人才，興大利以厚民生，除積弊以培國脈」；還要求會員「講求興中良法，討論當今時事，考究各國政治」等。[6]

---

[6]　吳倫霓霞：〈興中會前期（1894-1900）孫中山革命運動與香港的關係〉，《中央研究院近代史研究所集刊》第 19 期，台北：中央研究院近代史研究所，1990，第 216-217 頁。

興中會兩份章程當中，容易引起後世學者質疑其「革命」性質的話語，是其創會宗旨「振興中華，維持國體」中的後半部分。有論者認為，「維持國體」的提法，表明「興中會的宗旨並沒有超出改良主義」。反對此觀點的論者則認為，「維持國體是指維持一個獨立國家的體制」；「所以孫中山才在章程中對『我中華受外國欺凌』而致『國體抑損』感到痛心」。[7]

　　其實，質諸清末民初流行的「國體」概念，其內涵不僅包括國家的獨立地位，更主要是指國家的政治體制，包括君主、民主（共和）以及介乎兩者之間的君民共主。[8]檀香山章程在提及「振興中華，維持國體」的宗旨之後，說：「蓋我中華受外國欺凌，已非一日。皆由內外隔絕，上下之情罔通，國體抑損而不知，子民受制而無告。」「茲特聯絡中外華人，創興是會，以申民志而扶國宗。」香港章程也接著說：「蓋中國今日政治日非，綱維日壞，強鄰輕侮百姓，其原皆由眾心不一，只圖目前之私，不顧長久大局，故特聯結四方賢才志士，切實講求當今富國強兵之學，化民為俗之經，力為推廣，曉諭愚蒙。務使舉國之人皆能通曉。」「群策群力，投大維艱，則中國雖危，無難救挽，所謂『民為邦本，本固邦寧』也。」[9]兩份章程都將對內申達民志、曉諭愚蒙、群策群力，作為破解上下罔通癥結以「維持國體」的路徑，這些溫和漸進的舉措，與何啟、胡禮垣、鄭觀應等維新思想家的革新主張有相通之處，因而給後世學者討論興中會「振興中華，維持國體」宗旨的內涵留下見解各異的迴旋空間。

　　不過，興中會章程畢竟是孫中山立志以造反舉義推動中國革新運動之

---

[7]　黃彥：〈興中會研究述評〉，《回顧與展望——國內外孫中山研究述評》，第309頁。

[8]　如1912年8月13日發表的《國民黨宣言》稱：「不必論國體之為君主、共和，政體之為專制、立憲」、「天相中國，帝制殄滅，既改國體為共和，變政體為立憲。」《孫中山全集》第2卷，北京：中華書局，1982，第396頁。

[9]　《孫中山全集》第1卷，第19、22頁。

後起草的，其中香港章程的籌款章則關於舉事成功後將給予參與者十倍回報的規定，透露出唯有變更政權才可能兌現的造反信息。章程規定：「本會所辦各事，事體重大，需款浩繁，故特設銀會以資巨集。」銀會「每股科銀十元」；「發給銀會股票」；「開會之日，每股可收回本利百元。此於公私皆有裨益，各友咸具愛國之誠，當踴躍從事」。章程還指出，此舉要比向清朝政府捐官鬻爵要好得多，「比之捐頂子、買翎枝，有去無還，迥隔天壤。且十可報百，萬可圖億，利莫大焉，機不可失也。」[10] 章程所指十倍兌現銀會股票的時間，是「開會之日」，這一天當然不可能是指銀會開張之時，而是暗喻「所辦各事」成功之後。而且，章程竟將其籌款與時人向清朝買官的行為相比較，明顯貶低後者而褒揚前者，可以說是造反之心顯露無遺。

香港興中會的組成

香港興中會是由孫中山及其友人與楊衢雲、謝纘泰等原輔仁文社主要成員合組而成的。關於興中會與輔仁文社的關係，謝纘泰回憶說：「1895年春天，楊衢雲跟我商量之後，我們就和孫逸仙醫生及其朋友攜手合作（joined hands），組織興中會革命黨。」[11] 這一說法顯示孫、謝兩派是平等合作，共組香港興中會。不過，國民黨史學界褒揚興中會革命事蹟之後，相關史書幾乎都採納馮自由憶述楊、謝等輔仁文社主要成員加入孫中山創建的興中會的說法。此後，作為對神化孫中山歷史敘事的強烈反彈，一些著述轉而提出香港興中會其實由輔仁文社改組產生的逆反觀

---

[10]　《孫中山全集》第 1 卷，第 23 頁。
[11]　謝纘泰：《中華民國革命秘史》英文版，第 8 頁。

點。[12] 可是，此類新觀點不僅有違孫中山倡設興中會、起草該會章程從而成為該會靈魂人物的事實，而且無法在香港興中會的人員構成與孫、楊兩派的實佔比例當中獲得立論的依據。

香港興中會的會員名冊在 1895 年廣州起義失敗時焚毀。香港學者吳倫霓霞依據各方史料，整理出迄今可以確認的會員名單，其中 1895 年入會 15 人，1899-1990 年入會 14 人。茲引錄如下：

1895 年入會者：

姓名	籍貫	出身
陳少白	廣東新會	早習經學，曾先後在廣州格致書院，香港西醫書院肄業，世稱「四大寇」之一，是孫中山早期革命活動最主力志士。
楊鶴齡	廣東香山	為孫中山同鄉，尤列同學。家富有，父業多在香港。「四大寇」聚談地方，即假其中一樓楊耀記舉行。
尤列	廣東順德	廣州算學館肄業，先任廣東輿圖局測繪生，後在香港華民司署任書記，為「四大寇」之一。
陸皓東	廣東香山	與孫中山同鄉及世交，上海電業學堂肄業。任職電報局。
區鳳墀	廣東南海	傳教士，嘗在柏林大學任漢文教授，在港為孫中山漢文老師，後任香港華民政務司署總書記。
楊衢雲	福建海澄	生於香港，聖保羅肄業，先後任教員、書記及洋行經理，輔仁文社創辦人。
謝纘泰	廣東開平	生於澳洲，年十六隨父回香港。中央書院肄業，輔仁文社始創者之一。任職香港工務局書記。
黃詠商	廣東香山	出身香港世家，立法局議員黃勝之子。肄業中央書院。
周昭岳	廣東南海	肄業中央書院，輔仁文社成員，商人。

---

[12] 前引朱正生：〈也談孫中山與「興中會」〉一文，提出興中會由輔仁文社改組而成的觀點。黃宇和進而認為兩者的關係，「是身為地頭蛇的輔仁文社把四大寇等吞了」，見其著《中山先生與英國》，台北：台灣學生書局，2005，第 219 頁。

姓名	籍貫	出身
余育之	廣東新寧	肄業中央書院,富商,香港愉園主人及銀號東主。
鄭士良	廣東歸善	曾肄業廣州禮賢會學校,後轉入博濟醫院附屬南華醫學堂與孫中山訂交,常談論國事。後在淡水墟開設藥房,成為附近地區三合會首領,孫從檀香山回港後,鄭亦應邀來港參議行事。
徐善亭	廣東香山	牙醫生
朱貴全	廣東香山	會黨,曾任香港船塢漆匠。
丘 四	廣東香山	會黨
吳子材	廣東潮州	會黨

1899-1990 年間入會者:

姓名	籍貫	出身
史堅如	廣東番禺	早習儒經,後肄業格致書院。
史古愚	廣東番禺	史堅如之兄,自澳門遷港,任職教員。
史憬然	廣東番禺	史堅如之妹,肄業廣州夏葛女醫學堂。
伍漢持	廣東台山	佛山英國恩斯坦西醫院肄業,在港行醫。
李紀堂	廣東新會	香港富商李陞之子,家財百萬,並任洋行買辦。
洪孝充	不詳	任《循環日報》記者,助理編輯。
江恭喜	廣東新安	大埔人,曾參與反對英人接收新界,會黨。
江維善	廣東新安	大埔人,肄業中央書院及天津北洋學堂,1899 年回港。
梁慕光	廣東博羅	商人,亦為會黨,為鄭士良得力助手。
鄧子瑜	廣東博羅	惠州一帶綠林會黨,為鄭士良左右手。
林海山	廣東博羅	惠州三合會首領之一。
曾捷夫	廣東歸善	三合會首領,助鄭士良聯絡會黨,非常得力。
曾儀卿	廣東歸善	三合會有力人士,在惠州一帶黨眾甚多。
蔡 堯	廣東新安	葆記(李陞)置業公司辦事員。

從上述名單可以看出香港興中會的組合特點：一是除楊衢雲祖籍福建之外，其餘都是廣東籍。會員幾乎全部由廣東人組成，是各地興中會的共同特色。二是成員中除會黨人士之外，大都在中國沿海城市接受過近代西式教育。三是成員職業以白領人士居多，其中商人 6 人，任職政府或洋行 5 人，教育、醫學、記者或傳教 6 人，學生 2 人，工人 1 人，其餘為會黨人士。[13]

　　上述名單還表明，在 1895 年入會的姓名可考的成員當中，原輔仁文社成員只有楊衢雲、謝纘泰、周昭岳等 3 人，加上楊衢雲介紹加入興中會的余育之，楊派可算有 4 人。素與孫中山友好者有陳少白、楊鶴齡、尢列、陸皓東、區鳳墀、鄭士良等 6 人，加上孫中山，孫派共 7 人。孫、楊兩派人數多寡明顯，遂使認為興中會由輔仁文社改組而來的觀點難以成立。

　　於是，持此類觀點的論者試圖誇大楊派的隊伍。有論者認為，黃詠商為輔仁文社成員，因而屬於楊派，甚至稱楊率領輔仁文社社員十餘人加入興中會。[14]此說缺乏史料佐證，不具說服力。還有論者將徐善亭、丘四、朱貴全等人劃入楊派，[15] 卻忽視這些人與孫中山的同鄉關係，其觀點同樣難以令人信服。至於 1899 年後的入會成員，僅由孫派鄭士良聯絡的會黨人士已居其半，孫派繼續保持人數明顯多於楊派的格局。

　　關於黃詠商在興中會的作用及其與孫、楊兩派的關係，馮自由撰寫〈黃詠商略歷〉說，孫中山籌組香港興中會時，曾與何啟商量有關法律問題，何啟於是介紹黃詠商與孫認識。黃詠商，其名又作永裏、詠裏、詠觴，

---

[13]　吳倫霓霞：《興中會前期（1894-1900）孫中山革命運動與香港的關係》。

[14]　稱輔仁文社有十餘人加入興中會之說，見眭雲章：《中華民國開國記》，台北：中央文物供應社，1968，第 38、136 頁。黃宇和：《中山先生與英國》第 213 頁進而稱，孫派只得 6 人，輔仁文社方面有數十人。可是，這些反其道而行之的說法，不僅未為當事人憶述所佐證，而且有違原輔仁文社多數成員並未參與興中會活動的事實。

[15]　袁鴻林：〈興中會時期的孫楊關係〉，《紀念辛亥革命七十周年青年學術討論會論文選》，北京：中華書局，1983，第 8 頁。

▋ 黃詠商

祖籍廣東香山，香港華人領袖、定例局（後稱立法局）非官守議員黃勝的次子。生年不詳，1895 年廣州起義失敗後數年病逝於澳門。他好讀《易經》，曾謂：「嘗言漢族已有否極泰來之象，清祚覆亡在即，吾人順天應人，此正其時也。」他購入中環士丹頓街 13 號，作為香港興中會的會所，定名「乾亨行」，取乾元奉行天命，其道乃亨之義。他加入興中會，大得會眾信任。[16] 他由何啟向孫推薦，即使不屬於孫派，也是孫、楊兩派都贊成的人物，不應劃入楊派。

據尤列憶述，香港興中會成立時，選舉黃詠商為會長。馮自由根據尤列回憶寫成的〈興中會首任會長楊衢雲補述〉，改稱眾推黃詠商為臨時主席，後來楊衢雲才接替黃詠商而出任會長。[17] 不過，質諸香港興中會章程，該會領袖應該稱作「總辦」，其副手稱「幫辦」。儘管尤、馮憶述的稱謂

---

[16] 《革命逸史》初集，第 6 頁。1895 年 10 月廣州起義失敗後，黃詠商匿居澳門，不久因病逝世。鄒魯：《中國國民黨史稿》，重慶：商務印書館，1944，第 14 頁；將黃詠商列為與楊衢雲、謝纘泰一起加入興中會的三名「輔仁文社份子」，此說未為謝纘泰、尤列、馮自由等熟知其事者的憶述所證實。

[17] 尤列：〈楊衢雲略史〉（1927），《廣東文物》中冊，香港：中國文化協進會，1941。馮自由根據尤列此文寫成〈興中會首任會長楊衢雲補述〉，載《革命逸史》第 5 集。

不同，卻都指出黃是該會的首位領導者，在孫、楊兩派中實際起著平衡的作用。這就證實謝纘泰所述孫、楊聯手合組香港興中會的記載，而且證謬香港興中會是由輔仁文社改組而成的臆斷。

第二節 乙未廣州之役

準備起義

1895 年 2 月 21 日香港興中會成立之後，隨即準備在毗鄰香港的廣東省城——廣州發動起義。這一年是農曆乙未年，這一事件在歷史上便稱為「乙未廣州之役」。

這年春天，清朝政府在中日甲午戰爭中遭受慘敗，象徵洋務運動輝煌成就的北洋艦隊全軍覆沒。日軍侵佔東北、山東等地，脅迫清政府締結喪權辱國的中日《馬關條約》。一向自稱為「天朝上國」的清王朝，竟然屈服於經過明治維新而迅速崛起的日本小國。頓時舉國震驚，籲求維新變法的呼聲勢如潮湧。正在北京參加科舉考試的廣東士人康有為、梁啟超和各省考生一起，相繼向朝廷上書請願，逐漸形成在清朝體制內推動光緒皇帝最終在 1898 年進行戊戌變法的維新力量。

在香港，決定發起體制外的造反行動來推動中國革新的興中會，加緊進行起義的各項準備工作。同年 3 月 13 日，黃詠商與楊衢雲、孫中山、謝纘泰一起，會商攻佔廣州的起義計劃，決定由孫中山在廣州直接統籌起義事宜，陳少白、鄭士良、陸皓東負責聯絡與招募會黨；黃詠商、楊衢雲在

香港統籌後方接濟事宜，謝纘泰負責聯絡香港報刊的對外宣傳。起義日期定於該年農曆九月初九重陽節（即 10 月 26 日），利用當天四鄉百姓出入省城拜掃祖墓的機會，趁機起事。

　　3 月 16 日，楊衢雲、孫中山和謝纘泰三人再次會商進攻廣州的計劃，並決定將陸皓東設計的青天白日旗，作為起義軍的旗幟，取代清朝的黃龍旗；請何啟起草起義宣言等英文文告；會見香港英文報刊《德臣西報》編輯黎德（Thomas H. Raid），黎德表示支持他們的行動。該報在此前後，接連發表文章，暗示廣州將發生革新運動，改革者將繼續對外國持開放態度，外國政府不應加以阻撓。其中，3 月 18 日發表的社論，根據「革新黨」（Reform Party）的救亡草案，指出「在政制方面，他們不打算成立一個共和國。將來的中央政府將以一位君主（Emperor）為國家元首」。「至於這位君主將會從過去哪個朝代的後人中挑選出來，則不是當前急務，留待將來再從長計議」。[18]

▌ 黃龍旗（左）、青天白日旗（右）

---

[18]　轉引自黃宇和：《中山先生與英國》，第 203 頁。晚清香港英文報紙的報名中譯，多取創報人的字音，加上「西報」的後綴而成。《德臣西報》（The China Mail）的譯名，取自創報人 Dixon 的字音；《士蔑西報》（Hong Kong Telegraph）的譯名，取自創報人 Smith 的字音。

同月 21 日，黃詠商、楊衢雲、孫中山、謝纘泰又在興中會會所，與《士蔑西報》（*Hong Kong Telegraph*）編輯鄧肯（Chesney Duncan）會晤，鄧肯也表示予以支持。

8 月 27 日，興中會基本完成各項起義準備工作，為避免機密洩露，遂將乾亨行關閉。同月 29 日，楊衢雲、謝纘泰、黃詠商、孫中山、陳少白、何啟和黎德在西營盤的杏花樓酒店聚會。何啟擔任發言人，講述起義後組織政府的政策。黎德表示盡力設法爭取英國政府與人民的同情和支持。[19]

同年 2 月起，孫中山一直來往香港、廣州兩地，籌措起義事項。他租用廣州雙門底王家祠內雲岡別墅，名義上用作籌組農學會，實際上作為籌備起義的秘密機關，就地吸收志同道合者成立興中會廣州分會，並由尤列、鄭士良等聯絡各地會黨，密謀起義。另在東門外鹹蝦欄張公館設立分機關，由陸皓東在此聯絡各方同志，製造炸彈。興中會員、基督教倫敦傳道會廣州站宣教師區鳳墀，為孫中山起草〈擬創立農學會徵求同志書〉，邀請廣東官紳署名贊助，借機籌款以作起義開支。該文起初以油印件散發，後來刊載於同年 10 月 6 日的廣州《中西日報》。雙門底聖教書樓的負責人左斗山和司事王質甫等傳教士，也隨之秘密加入興中會，參與起義籌備工作。其後，楊衢雲將起義武器偽裝成膠泥貨物，從香港貨運至廣州，所寫收貨人就是王質甫。

至於攻佔廣州的軍事部署，孫中山最初的計劃是：「以二十人進攻衙署，二三十人伏衝要以禦援軍，二三十人圍攻旗界（八旗兵營）。」可是，興中會「諸同志均以為人少力薄，冒險太甚」。謝纘泰因此在日記中寫道：「孫逸仙看來是一個輕率的莽漢，他願為自己的聲望而冒生命危險。他的提議遭到否決。他以為自己可以做任何事情，暢通無阻，紙上談兵！」「孫

---

[19]　謝纘泰：《中華民國革命秘史》英文版，第 8 頁。

將造反（revolution）置於腦海，念念不忘，言行怪異。他會走火入魔的。我不相信他能擔負領導運動的重任。人可以不計生死，但在行動時卻必須明白，領導人的生命不能輕易犧牲。我認為，孫希望每個人都聽從他，但這是不可能的，因為他的經歷表明，光靠他，就會冒風險。」於是，眾人決定改取「分道攻城」計劃，「約定日期，使各地民團會黨，分順德、香山、北江三路，會集羊城，同時舉事」。「並以除暴安良為口號，以紅帶纏臂為暗號」。[20]

籌集起義經費方面，黃詠商出售其在蘇杭街的一棟洋樓，得資 8,000 元，悉數捐作軍費。余育之是日昌銀號的東主，家住愉園。當時華人視謀反為大逆不道，避之唯恐不及。余育之卻慷慨捐助軍餉一萬數千元，密約楊衢雲、黃詠商等人到紅毛墳場交款。[21]

在興中會的起義密謀中，何啟「充當了孫中山和楊衢雲聯合力量的『幕後軍師』」。他沒有正式加入興中會，「但卻出席最高指揮部的會議，保證暗中給予支持」。「《德臣西報》與《士蔑西報》的兩位外籍編輯答應支持興中會的活動，無疑是由於何啟的影響」。[22]

與此同時，何啟還撰文宣傳革新中國的主張，為起義製造宣傳輿論。他草擬英文文稿，「條列新政要略」，寄給在日本的胡禮垣。胡將其翻譯成中文，並「增以己意」。兩人在 1895 年 3 月合力撰成中、英文的《新政論議》文稿，於 5 月下旬分別在《德臣西報》及其中文版《華字日報》上發表，隨後印成中文小冊子，在中國內地發行。胡禮垣在《新政論議序》中說，該文緣起於「中國此時改革之為，實有不容再緩者」，目的是「維君民，

---

[20]　起義計劃參見鄒魯：《中國國民黨史稿》，重慶：商務印書館，1944，第 657 頁。謝纘泰日記譯自其所著英文版《中華民國革命秘史》，第 4 頁。

[21]　馮自由：〈黃詠商略歷〉、〈余育之事略〉，《革命逸史》初集，第 6、45 頁。

[22]　史扶鄰：《孫中山與中國革命的起源》（中譯本），第 61 頁。

洽上下，服遠邇，致安和，絕危機，綏福祚。」該文提出「復古七事」與「因時九事」的全面革新綱領。復古七事是：擇百揆以協同寅；厚官祿以清賄賂；廢捐納以重名器；宏學校以育真才；昌文學以救名士；行選舉以同好惡；開議院以佈公平。因時九事是：開鐵路以振百為；廣輪舶以興商務；作庶務以阜民財；冊戶口以嚴捕逮；分職守以厘庶績；作陸兵以保疆土；復水軍以護商民；理國課以裕度支；宏日報以廣言路。何、胡兩人還首次在該文提出較諸內地維新思想家更加激進的開議院以建立君民共主政制的主張，倡議在中央和地方設立各級議院，分別監督朝廷和官府施政。[23] 顯然，何、胡二人的《新政論議》闡述的是君主立憲的政治革新主張。

接著，謝纘泰也在《德臣西報》發表敦促清朝進行憲政改革的請願信，信中言辭激烈，猶如最後通牒，吶喊出比何、胡二人更加激烈的君憲革新主張。5 月 30 日，該報發表〈中國之憲政改革——向皇帝請願〉（"Constitutional Reform in China: Petition to the Emperor"）一文，摘譯寫於本月 5 日的一封署名「大清帝國光緒皇帝忠實子民」的請願信。文章按語稱：「下列請願信可以視為革新黨的宣言，它已經通過總理衙門呈交光緒皇帝。」謝纘泰在 1924 年出版的《中華民國革命秘史》說，這封請願信是他寫的。信中宣佈大漢華冑洗脫奇恥大辱、恢復失去榮耀的時刻已經到來。批評清朝政府專制腐敗，不對百姓施以良法，反而恣意踐踏愚弄，禁止國人與西方先進文明國家攜手共進，百姓對世界形勢渾然無知，國家因此衰弱受辱。申明唯有仿行西法的革新，才能救治此癥結。呼籲實行憲政改革，開放言論自由；立即撤銷清朝強迫男人剃髮蓄辮的醜惡陋習。信中向光緒皇帝提出六項請求：一、宣佈憲政，全面進行有益之改革；二、裁撤所有庸官；三、頒旨廢除有辱人格的蓄辮陋習；四、頒旨禁止纏足陋習；五、頒旨禁

[23]　《胡翼南先生全集》，台北：文海出版社，1976，第 320-322 頁。

止吸食鴉片；六、頒旨實行自由辦報。請願信最後警告說：「倘若無視忠於皇上的卑賤而敢鋌而走險的子民心聲，他們將不得不顛覆大清王朝。」[24]

　　當何啟、胡禮垣、謝纘泰公開撰文、敦請清廷進行政治改革之時，孫中山在秘密尋求外國駐港領事援助反清起義的過程中，卻透露出興中會起義成功後可能建立共和政權的消息。1895 年 3 月 1 日，孫中山會見日本駐香港領事中川恒次郎，希望日本協助籌借槍炮 25,000 支、短槍 1,000 支。他還表示，尚未考慮起義成功後由誰出任「總統」。此後，他又幾度訪問日本駐港領事館，尋求軍事援助，但都遭到拒絕。中川恒次郎向日本政府報告他與孫中山密談的內情及其分析評論，其中提到：「如孫文等所言，使兩廣為獨立共和國之說，不過空中樓閣爾。」[25] 這是現存檔案史料中最早記述孫中山等人在籌備起義時憧憬建立共和政權的罕有記載，它顯示孫中山在上書李鴻章未果之後，已經決意與清朝體制決裂。雖然何啟、謝纘泰的撰文敦請清廷革新及其參與興中會的密謀造反活動，最終導向建立他們認同的君民共主政制的未來目標，但是孫中山已經考慮將建立共和政權作為未來目標的另一新選項。

　　興中會未來目標蘊含的這兩種選項，將在該會後來的活動中更加清晰地展示出來。就乙未廣州首義而言，則始終沒有公開顯露共和的目標。美國學者史扶鄰推測說：「很可能何啟對孫中山和楊衢雲施加了溫和的影響，說服他們推遲共和的目標，或者至少不讓外國人知道，因為一個激進的綱領可能使外國人不安。最重要的是，孫中山由於他的卑微的社會地位造成的政治上的孤立，需要他有靈活性。」[26]

---

[24]　譯自《德臣西報》，1895 年 5 月 30 日同題文。

[25]　《原敬關係文書》第 2 卷書翰篇，第 396 頁，轉引自段雲章《孫文與日本史事紀年》，廣州：廣東人民出版社，1996，第 10-12 頁。

[26]　史扶鄰：《孫中山與中國革命的起源》（中譯本），第 66 頁。

隨著起義日期臨近，興中會領導出現變動。據尢列憶述，9月30日（農曆八月十二日），黃詠商因「將有事於廣州」、「謙讓不遑」、「辭會長職」。眾人認為楊衢雲「才堪任之」，楊「亦不敢違眾而勉為其難」。馮自由補述其間出現的爭議，說當天開會議推舉會長，楊衢雲的好友謝纘泰堅持舉楊。鄭士良、陳少白等卻屬意孫中山。孫「深恐惹內部糾紛，故力勸鄭、陳等勿爭此虛名。結果會長一席卒為公（指楊衢雲）得。」在場的陳少白進而憶述此事的來龍去脈：在此之前，曾開過一個有七八人參加的會議，「一致通過舉孫逸仙當總統」。會後，孫準備前往廣州指揮，將「所有在香港的財政、軍隊等等交楊衢雲負責處理」。「隔了一天，楊衢雲忽然對孫先生說，可否把總統的地位讓給他，以後到省城，事情辦好了，再還給孫先生。」孫對此地位之爭感到痛心，鄭士良知道後說：「這是不能答應的，我一個人去對付他，我去殺他，非殺他不可。」陳少白勸阻說：「要是在香港出人命案，我們還能起事嗎？我們先去省城辦事，辦成功那就沒有問題了；辦不成功，隨便甚麼人做總統是沒有關係的。」孫於是在當晚再開聯席會議，「出席的人中，還有一個英國人和一個美國人（是化學師），是孫先生由檀香山約來的。在會議席上，孫先生就自己提出來，把總統的名義讓給楊衢雲。」[27]

當年，楊衢雲34歲，器宇軒昂，在香港擁有較為寬廣的人脈，還一度入住廣州雲岡別墅，和孫中山等人籌劃起義事宜。孫中山29歲，志向遠大，惟其地位、聲望遜楊一籌。何況起義在即，大局為重，孫中山及其朋友於是以退讓化解與楊派的矛盾，平息一場有可能因為興中會領導人更替而引發的內部衝突。起義部署因此得以正常進行。

---

[27] 尢列：〈楊衢雲略史〉，《廣東文物》中冊；馮自由：〈興中會首任會長楊衢雲補述〉，《革命逸史》第 5 集，第 10 頁；陳少白〈興中會革命史要〉，《辛亥革命資料叢刊》第 1 冊，第 30-31 頁。謝纘泰：《中華民國革命秘史》稱：1895 年 10 月 10 日，楊衢雲當選為臨時政府總統。

密謀敗露

　　廣州起義的日子即將來臨，部署分道攻城的指揮機關卻接連收到多路義軍無法準時到達的警訊。據孫中山、陳少白事後憶述，10月18日（農曆九月一日），孫中山帶領部分起義壯士潛入廣州城內，只等來自汕頭、西江和香港的三支會黨隊伍在10月26日重陽節會聚廣州，就舉行起義。不料，起義前夕，「忽有密電馳至」，稱汕頭、西江「兩軍中途被阻」。孫中山等人認為，「兩軍既不得進，則應援之勢已孤，即起事之謀已敗」。10月26日早上8點，孫又收到楊衢雲發來的密電，稱香港的起義隊伍要遲兩天才能抵達廣州。至此，預定的起義計劃變成泡影。

　　孫中山於是緊急遣散城內隊伍，並在當天下午2時急電楊衢雲：「貨不要來，以待後命。」[28]可是，楊在香港已將起義用的七箱軍火偽裝成貨物，裝上27日晚開往廣州的班輪。他擔心取回軍火，反而暴露機密，只好讓朱貴全、丘四帶領在香港招募的起義隊伍，乘上該艘班輪前往廣州，同時覆電孫中山：「接電太遲，貨已下船，請接。」

　　這時，廣東官府和香港政府已經從不同的渠道，陸續接獲廣州有人圖謀造反的消息。「先是，香港總督以有人在港招募隊伍入粵，恐於英國商務不利；而議政局紳韋葆山以廣東闈姓賭博，駁獲有彩金，恐事發大受損失，均將所聞電知粵督譚鍾麟，請其戒備。」南海縣巡勇管帶李家焯也將其「得諸道路所傳孫文舉義之事」，稟報兩廣總督譚鍾麟。不過，譚認為「現在承平，未必有人敢在省垣重地謀亂」，「孫文為教會中人，萬一錯誤，交涉隨之，反為所噬。」因此，他要李家焯不可魯莽從事。然而，重陽節前夕，

---

[28]　孫中山憶述見《孫中山全集》第1卷，第53-54、185、549頁；陳少白憶述見《辛亥革命資料叢刊》第1冊，第31頁。

廣州興中會會員朱淇負責起草起義的討滿檄文和安民告示，其兄朱湘擔心自己受株連，竟然叫人冒用朱淇名義，向李家焯自首告密。李立即將興中會的起義密謀報告譚鍾麟，譚於是派李家焯等帶領清兵採取緝捕行動。[29]

據《香港華字日報》轉引廣州《中西日報》的報導，10月26日重陽節當天，李家焯「查得省垣雙門底王家祠內雲岡別墅有孫文、即孫逸仙在內引誘匪徒，運籌畫策」，便率兵前往緝捕。不過，孫已撤離，清軍只捉到程准、陸皓東二人。隨後，清軍又在南關鹹蝦欄李公館捕獲3人，搜出隱藏的洋槍、子彈等軍火武器。經審訊，獲悉還有400多名「匪徒」將乘坐夜班輪船，從香港前來廣州。於是，28日清晨，李家焯派兵在靠泊省港班輪的火船埔頭，緝捕朱貴全、丘四等40多名「形跡可疑」者，其他則趁亂散去。[30]

興中會多方籌措的廣州首義一槍未發，就遭清軍緝拿而失敗。其原因在於起義隊伍只是臨時從會黨成員中招募而來，不僅沒有經過起碼的軍事訓練，許多人甚至不知道招募他們竟是要造反。據香港政府事後調查，10月初，香港警署已經獲悉三合會在港招募人員，準備回內地起事。同月27日，警署又獲線報稱，當晚有會眾400餘人乘船去廣州。經查問，據稱是朱貴全代沙宣洋行買辦替省城招募兵勇，每月餉銀10元。有位華籍警察與乘客一同登船，因此得知「當船離開香港後，朱貴全即告訴他們：在該輪上藏有小洋槍，待抵達省城後便將該批槍械分發各人，當首領下令便行事。其他招勇獲知此事後，很多認為他們是應政府招募而來的，拒絕參與剛向他們披露的計劃。」[31] 這支香港招募組合的起義隊伍，當中很多人居然以

[29]　鄧慕韓：〈國父乙未廣州舉義始末〉，《廣東文物特輯》，廣州：廣東文物編印委員會，1949，第4頁。韋葆山，即香港定例局（後稱立法局）非官守華人議員韋玉（1849-1921），字葆珊，又作葆山。

[30]　《香港華字日報》，1895年10月30日。

[31]　轉引自霍啟昌：〈幾種有關孫中山先生在港策進革命的香港史料試析〉，《回顧與展望——國內外孫中山研究述評》，北京：中華書局，1986，第447頁。

為真是去廣州充當官府的兵勇，因而拒絕參與興中會的造反活動，登岸後看見清兵查緝，就分頭逃散，稱之為烏合之眾，應不為過。

只有興中會的忠貞之士，才能在清軍緝捕中顯示堅毅不屈的造反氣概。重陽節當日，孫中山等人因為各路義軍未能按時抵達廣州而取消起義，秘密遣散先前潛伏在城內的起義隊伍。孫還不顧清軍在城內加強戒備，如約和區鳳墀一起，參加王煜初牧師的娶媳喜宴。得知清軍查抄興中會秘密機關之後，孫即告陳少白等人乘坐當晚班輪，返回香港避難。自己留在廣州，與鄭士良一起，處理善後事宜。據鄭士良憶述，孫親自燒毀興中會名冊和其他重要文書，督促部屬隱藏武器，然後與鄭一起換上苦力服裝，登上開往澳門的船隻，於 29 日輾轉抵達香港。後來，鄭對日本友人宮崎寅藏講述這段經歷，說：「我真的非常佩服孫先生的氣概、見識和度量。至於他的膽量，一直到（廣州起義）失敗當時的舉動，我才知道。」「他這種全身是膽的沉著，的確是難能可貴。我起初非常著急，並曾經想溜之大吉。但目見他泰然的舉動，而竟忘記了我本身的危險。」[32]

重陽節當天被捕的陸皓東，在寓所得知起義取消、清軍加緊戒嚴的消息，原本可以自行逃走。但他為了掩護同志，卻冒險返回雙門底的農學會起義機關，銷毀聯絡名冊及機密文件，不幸被清兵逮捕。他面對清朝官府的殘酷刑訊，揮筆寫下慷慨激昂的供詞，坦然訴說與孫中山立志排滿復漢的造反抱負：

吾姓陸名中桂，號皓東，香山翠微鄉人，年二十九歲。向居外處，今始返粵。與同鄉孫文同憤異族政府之腐敗專制、官吏之貪污庸懦、外人之

---

[32] 陳鵬仁：〈宮崎寅藏論孫中山與黃興〉，轉引自吳相湘：《孫逸仙先生傳》上冊，第 129-130 頁，台北：遠東圖書公司，1982，第 19 頁。

第二章 造反舉義的嘗試 － 81 －

陰謀窺伺。憑弔中原，荊榛滿目，每一念及，真不知涕淚之何從而至也。

居滬多年，碌碌無所就，乃由滬返粵，恰遇孫君，客寓過訪。遠別故人，風雨連床，暢談竟夕。吾方以外患之日迫，欲治其標；孫則主滿仇之必報，思治其本。連日辯駁，宗旨遂定。此為孫君與吾倡行排滿之始，蓋務求警醒黃魂，光復漢族。

無奈貪官污吏，劣紳腐儒，靦顏鮮恥，甘心事仇，不曰本朝深仁厚澤，則曰我輩踐土食毛。詎知滿清以建州賊種，入主中國，奪我土地，殺我祖宗，擄我子女玉帛，試思誰食誰之毛？誰踐誰之土？揚州十日，嘉定三屠，與夫兩王入粵，殘殺我漢人之歷史尤多，聞而知之，而謂此為恩澤乎？

要之今日非廢滅滿清，決不足光復漢族；非誅除漢奸，又不足以廢滅滿清。故吾等尤欲誅一二狗官，以為我漢人當頭一棒。今事雖不成，此心甚慰。但我可殺，而繼我而起者不可盡殺。公羊既歿，九世含冤；異人楚歸，吾說自驗。吾言盡矣，請速行刑。[33]

陸皓東被捕之後，孫中山專程去到美國駐香港領事館，「要求美國領事出面調停，他還找了陸皓東任職的電報公司出面作證，說他只是這個公司僱用的一個學生」，不會當真從事造反活動。於是，美國駐廣州領事親自到關押陸皓東的南海縣衙斡旋，並且說陸皓東「係耶穌教徒，向充任上海電報局翻譯員，絕非亂黨，伊可為之保證。」[34] 可是，清朝官員出示陸皓東的供詞，拒絕開釋。

11 月 7 日，兩廣總督譚鍾麟下令將興中會會員陸皓東、朱貴全、丘四押赴刑場處決。隨後，因參與起義密謀而被捕的興中會會員、廣東水師管

---

[33]　鄒魯：《中國國民黨史稿》，第 658-659 頁。

[34]　陸燦：《我所了解的孫逸仙》（中譯本），北京：中國和平出版社，1986，第 18 頁；《革命逸史》第 4 集，第 12 頁。

▌ 陸皓東

帶程奎光，被杖責 600 軍棍致死，其宗親、興中會會員程耀宸在獄中也被折磨致死。

　　為了推動中國的政治革新，興中會貢獻出第一批英勇捐軀的烈士。1918 年，孫中山在《孫文學說》第八章「有志竟成」中，將陸皓東讚譽為「中國有史以來為共和革命而犧牲者之第一人」。

港府放逐

　　廣州起義密謀敗露之後，香港中英文報刊在引述廣州消息來報導這一事件的過程中，揭發出三年前曾報導的西醫書院首屆優秀畢業生孫逸仙，正是策導發動這一事件的「匪首」，沙宣洋行經理楊衢雲則屬其「匪黨」。1895 年 10 月 30 日《香港華字日報》稱：「查得省垣雙門底王家祠內雲岡別墅，有孫文即孫逸仙在內引誘匪徒，運籌畫策。」11 月 1 日，該報又轉載上月 30 日南海、番禺官府聯銜發佈的四言體韻語告示：「現有匪首，名曰孫文。結有匪黨，曰楊衢雲。起意謀叛，擾亂省城。分遣黨羽，到處誘人⋯⋯嚴密查訪，派撥防營。果獲匪犯，朱丘陸程⋯⋯特此告示，剴切簡明。

去逆效順，其各凜遵。」

同日，兩廣總督譚鍾麟照會英國駐廣州領事，知照香港總督，要求引渡匿居香港的孫中山等 4 人。英方藉故清朝官府尚未確定這些人的罪名，未予理睬。

在這種情況下，孫中山難以在港繼續居留。康德黎建議他徵詢達尼斯律師（Mr. Dennis）的意見，律師認為宜先行離港，以免遭港府放逐。11 月 2 日，孫中山、陳少白、鄭士良三人乘坐日本貨船廣島丸離開香港，前往日本。從此，孫中山開始流亡海外的生涯。

孫中山一行離開香港的當天，《德臣西報》發表據說是該報駐廣州記者的一篇報導，指責孫中山應對廣州起義失敗負責。該報導說：「見過他的人，對他愛國的誠意都表示懷疑。所有認識他的人，對於這個考慮得如此周詳卻土崩瓦解得如此荒唐的密謀，都絲毫不會感到奇怪。在他的香港同志到達廣州之前的 20 個小時，他已經逃之夭夭，這算是甚麼首領？但由於他的頭顱已經不保，這對於他的追隨者和朋友來說，是個大解脫，因為他再沒法去纏他們了。」鑑於此報導深知起義失敗內情，有學者認為「可以初步鑑定該篇報導的作者是謝纘泰」。[35] 果真如此，此舉不啻將孫、楊兩派圍繞起義失敗責任而展開的爭執抱怨搶先公諸報端，於情於理，難稱仁智。誠然，孫中山確於香港隊伍抵達廣州前的 20 小時逃離廣州，但他畢竟是在清軍開展全城搜捕活動已達 20 多小時之後才逃離的。在此前後，謝纘泰一直安居香港，何必還要譏諷同道頭顱不保呢？

無論孫、楊兩派如何爭執，他們在清朝統治者的眼裏都已經成為謀反叛逆的「匪類」。12 月 2 日，清王朝頒佈上諭，稱：「匪首孫文、楊衢雲

---

[35] 〈廣州形勢〉，《德臣西報》，1895 年 11 月 2 日，轉引自黃宇和《中山先生與英國》，第 221-222、226 頁。

糾合黨類」、「潛謀不軌」，著譚鍾麟等「嚴密訪查，務將首犯迅速捕獲，以期消患未萌」。這是孫、楊姓名首次列入清廷諭旨之中，可見朝廷對於南粵出現謀反之事的重視。該諭旨規定以日行 400 里的速度，由驛馬從北京加急傳遞到廣州。同月 7 日，廣東官府發佈告示，懸賞緝拿「欽犯」。其中第一名是「孫文，即逸仙」，「花紅銀一千兩」；第五名是「楊衢雲」，同樣有「花紅銀一千兩」。兩人均為通緝人犯中的賞格最高者。[36]

楊衢雲與孫中山一起並列為清朝懸賞通緝的頭號「欽犯」，他只能和孫中山等人一樣，走上逃亡外國的旅程。同年 11 月 13 日，他離開香港，前

1895 年廣州起義失敗後清朝官府頒佈的通緝令

---

[36] 鄒魯：《中國國民黨史稿》，第 660 頁，誤將緝拿楊衢雲的賞銀寫成「一百兩」。吳相湘：《孫逸仙先生傳》上冊，第 133 頁，引據此說，誤稱孫楊賞格相差十倍。有些史書甚至以此貶低楊衢雲的地位。

往越南西貢，其後輾轉到達南非。

　　卻說孫中山一行乘坐日輪廣島丸，大約在 11 月 9 日或 10 日抵達日本神戶。陳少白後來回憶說，他們登岸之後，看見當地報紙赫然刊著「中國革命黨孫逸仙」的字樣，頓時醒悟：「我們從前的心理，以為要做皇帝才叫『革命』，我們的行動只算造反而已。自從見了這張報紙以後，就有『革命黨』三字的影像印在腦中了。」[37] 根據這一憶述，以往史書都說孫中山等人從此自稱革命黨，革命二字於是流行開來。不過，現代日本學者陳德仁、安井三吉經研究查實，當時日本報紙並未有此類報導。11 月 10 日《神戶又新日報》登載的相關文章是〈廣東暴徒巨魁之履歷及計劃〉，內中述及廣州重陽節起義密謀，但多屬道聽塗說，所述首謀者也不是孫逸仙，而是子虛烏有的「范某」。[38] 可見陳少白的憶述有誤。孫中山等人坦然自稱「革命黨」，以「革命」取代「造反」，還有待數年後的時勢變遷。

　　1896 年 3 月 4 日，香港政府根據 1882 年修訂的第八號放逐條例的第三條規定，下令驅逐孫中山出境，自當日起 5 年內禁止在港居留。[39] 該條例規定，凡在境內之外籍人民有擾害人民治安之嫌疑者，得下令驅逐出境。其中第三條規定：本港行政委員會得以命令禁止任何人之非在本港出世者或非屬於英國籍者在香港地方住居或入境，以不逾五年為限。同時被放逐 5 年的，還有楊衢雲、陳少白。[40]

　　這時，孫中山已經離開日本神戶，去到美國檀香山重整旗號，籌集經

---

[37]　陳少白：〈興中會革命史要〉，中國近代史資料叢刊：《辛亥革命》第 1 冊，上海人民出版社，2000，第 32 頁。

[38]　陳德仁、安井三吉：《孫文と神戶》，神戶：新聞出版，1985，第 31-36 頁。陳錫祺主編：《孫中山年譜長編》第 1 卷，北京：中華書局，1991，第 100 頁。

[39]　該驅逐令（解ност）複印件，見《孫中山紀念館展覽圖錄》，香港：孫中山紀念館，2006，第 124 頁。此後，港府還於 1902、1907 以及 1913 年，共 4 次對孫發出驅逐令。

[40]　馮自由：《革命逸史》第 4 集，第 13 頁。

費,組織部分興中會會員進行軍事訓練。4月,他遇見路過此地返回英國的尊敬師長康德黎。康德黎看見他已經剪去清朝統治者強迫漢人蓄留的長辮,兩人相約日後在倫敦相見。此後,孫中山前往美國舊金山,在當地組織興中會分會,繼而到芝加哥、紐約等地,向華僑宣傳反清主張。

1896年9月30日,孫中山乘船抵達英國利物浦,隨後前往倫敦,拜訪康德黎。10月11日,孫中山在路過清朝駐英國公使館時,被人誘入使館內,旋遭囚禁。康得黎聞訊,立即設法救援,英國報刊輿論也群起要求清使館立即釋放孫中山。10月23日,清使館在英國朝野壓力下被迫釋放孫中山。孫中山因此事件而成為英國輿論關注的熱點人物。次年初,康德黎根據他的口述,替他寫成英文傳記《倫敦蒙難記》(*Kidnapped in London*)一書,公開出版發行,進而開創孫中山作為中國革新運動領袖人物的國際聲望。[41]此後,孫中山在倫敦居留至次年7月初,其間常到大英博物館研讀各種書籍,吸納西方政治社會學說,為日後系統提出指導中國革命運動的三民主義理論奠定思想演進的基礎。

孫中山倫敦蒙難的事件,也在香港報刊引起波瀾。1896年11月26日,《德臣西報》以〈中國的革新〉為題,轉載日本英文《神戶記事報》刊載的〈心目中的革命者〉一文。該文以讚譽的口吻稱:「孫逸仙將很可能成為加載史冊的風雲人物,他就是近日倫敦清使館企圖綁架、並將以叛徒罪處死的那個人。」「當今對中國有深切瞭解而又具大無畏革命精神者,捨孫醫生外無他人。僅此勇氣就足以使整個民族復興。」「他中等身材,削瘦而結實,談鋒敏銳,具有中國人少見的坦率性格,談吐誠懇,機敏果斷,一經接

---

[41] 詳見黃宇和:《孫逸仙倫敦蒙難真相》,台北:聯經出版事業公司,1998。同書簡體字修訂版,北京:上海:世紀出版集團、上海書店,2004。該書還有英文版:*The Origins of an Heroic Image: Sun Yat-sen in London, 1896-1897*, Hong Kong: Oxford, New York: Oxford University Press, 1986.

▌ 1897 年春，康德黎為孫中山撰寫的英文
《倫敦蒙難記》一書。

觸就使人確信，他在各方面都是他自己民族中出類拔萃的人。雖然他有沉靜
的外表，如果命運對他公正的話，他遲早都會對中國產生深遠的影響。」

　　該文還評論 1895 年廣州首義失敗的責任，說：「毫無疑問，有相當多
支持這次舉事的人抱著不可告人的動機，因為在中國這種人太多了。他們
早在三月份就堅持要倉促舉事，當時雖然已經從檀香山、新加坡、澳大利
亞以及其他地方籌集到資金，但仍然缺乏合適的人選，武器亦準備不足，
幸虧更高明的意見佔了上風。要是更高明的意見在十月份亦能佔上風的話，
也許不至於那樣糟糕。」 黃宇和認為，該文作者極有可能是當時在神戶的
陳少白，「他似乎想達到雙重目的，一是樹立孫逸仙的英雄形象，二是攻
擊他過去的盟友。」

　　兩天後，《德臣西報》刊載一封「暫不奉告」姓名的讀者來信，反駁
說：「為了糾正最近因為孫逸仙醫生被倫敦清使館拘禁而造成的錯誤印象，

請允許我告訴您，革新派的領袖是楊衢雲，一位真金般高貴、白璧般無瑕的進步人士，一位徹底的愛國者和革新派人物。他被稱為護國公，孫逸仙醫生只不過是革新運動的組織者之一。」黃宇和估計，這封來信的作者有可能是謝纘泰。[42]

謝纘泰曾經寫道：「1896 年 10 月 12 日，黃詠商在強烈譴責孫逸仙醫生的無能時表示：『我將來決不與孫交往。』」[43]

讚孫抑楊或讚楊抑孫的分歧焦點，在於擁孫或擁楊擔任革新派的領袖。其實，古往今來，領袖人物的最終確立，全靠社會實踐的磨練與淘汰而成。就擔當挑戰大清王朝權威的造反、革新領袖而言，其眾望所歸的威信建樹，並非來自內部黨爭，而是來自失敗中重整旗鼓、屢敗屢戰的堅毅行動，以及激勵同道者奮起相隨、堅持抗爭的有力感召。在這一方面，孫中山在流亡海外過程中，經由倫敦蒙難事件而在國際輿論中呈現的中國革新領袖的風采，顯然比楊衢雲流亡到遠離世界政治中心的南非，在當地華人中秘密組建興中會分會，更加具有吸引中外輿論關注的號召力。

1897 年 8 月中旬，孫中山乘船來到日本，與同情和支持中國革新運動的日本友人宮崎滔天、平山周等人會晤，準備在廣東沿海地區再次發動反清起義。為了試探重返香港的可能性，孫致函香港政府輔政司駱克（J. H. Stewart Lockhart），說：「據若干可靠消息，由於我試圖把我那悲慘的同胞從韃靼的桎梏下解救出來，香港政府已剝奪了我的居留權利。」「請你告訴我，此事是否屬實？果真如此，我將訴諸英國公眾和文明世界。」[44]

---

[42]　轉引自黃宇和：《孫逸仙倫敦蒙難真相》，北京、上海：世紀出版集團、上海書店，2004，第 104-105 頁。

[43]　謝纘泰：《中華民國革命秘史》，第 9 頁。

[44]　《孫中山全集》第一卷，第 174 頁。

10月4日，駱克覆函孫中山，說：「本政府雅不願容許任何人在英屬香港地方組設策動機關，以為反叛或謀危害於素具友誼之鄰國。」「凡若所為，有礙鄰國邦交，自非本政府所能容許者。如先生貿然而來，足履斯土，則必遵照一八九六年所頒放逐先生出境命令辦理，而加先生以逮捕也。」

駱克的覆函，透露香港政府放逐孫中山的實際原因是避免「有礙鄰國邦交」，不肯將孫視為國際政治犯而加以容留，「所頒放逐出境命令亦非因關係港地治安而發，故當時報章評論、社會輿情，於政府辦理茲事，頗多非議」，「英國上下亦多以國際公法應當遵守，而表同情於孫先生」。1898年4月5日和7月18日，英國下議院議員戴維德（Michael David）兩度在眾議院質詢英國殖民大臣，要求說明放逐孫中山的理由，並詢問能否撤回放逐令。該大臣起初推諉不知情，後來乾脆辯稱：「按據理由，則在當地總督與行政委員會之意見，以孫氏於港地治安及秩序均有妨害之故」，此「為一地方之行政，似不必遽加干預」。[45]

儘管香港政府堅持放逐令，孫中山仍然毫不動搖地將香港作為他在中國內地再次發動反清起義的基地。1899年初夏，他派陳少白化名服部二郎，返回香港籌款、辦報；次年初，又派鄭士良返回家鄉廣東惠州，聯絡會黨，準備起義。

---

[45] 詳見《香港法例彙編》乙編，轉引自陸丹林：《革命史譚》，重慶：獨立出版社，1945年，第 6、9 頁。

第三節 「兩廣獨立」與庚子惠州起義

風雲際會

1898 年 3 月下旬，楊衢雲從報刊上得知孫中山在日本準備再次發動反清起義，便乘船離開南非。路過香港時帶上家眷，一起來到日本橫濱，與孫中山等人會合。

陳少白憶述孫、楊重逢情形，說：「孫先生請他到旁邊一間房內，把房門關了。我見這情形，不免有點著急，大約過半點多鐘，房門開了，他們兩個人出來。楊衢雲臉上看似很難過，我只得泛泛的敷衍他一回，他告辭去了。我就問孫先生同楊衢雲在房內的情形，孫說：『我當時真恨極了，我責問他當日的事情。我說：你要做總統，我就讓你做總統；你說要最後到廣州，我就讓你最後到廣州。你為甚麼到了時期，你自己不來？那還罷了，隨後我打電止你不來，隔一日，你又不多不少派了六百人來，把事情鬧糟了，消息洩露，人又被殺了。你得了消息，便一個人拚命跑掉，這算甚麼把戲？你好好把你的理由說來，不然，我是不能放過你的。』楊衢雲俯首無辭，最後說：『以前的事，是我一人之錯，現下聞得你籌得大款，從新做起，如此趕來，請你恕我前過，容我再來效力。』孫聽了又好笑，又好氣，見他如此認錯討饒，又如此愚昧可憐，只好作罷，放了他出來。」

於是，孫、楊重歸於好。楊在橫濱開設英文書館，安置家人，授徒為生，並和孫一起籌措反清起義。尤列憶述兩人和好情形，說：兩人「舊事重提，悲喜交集，有無量之感慨，遂籌商辦法，為共趨一致計，研究方略，

晨夕相依。」[46]

　　同年 6 月 11 日，康有為、梁啟超等維新派推動清朝光緒皇帝頒佈「明定國是」諭旨，宣佈進行維新變法。9 月 21 日，慈禧太后為首的后黨頑固勢力發動政變，囚禁光緒皇帝，體制內的「百日維新」運動隨之宣告失敗。這年是農曆戊戌年，康、梁維新派與帝黨合力推動的維新運動亦稱戊戌變法。

　　后黨政變前夕，康有為已經接獲光緒帝的詔書，著其火速離京，去上海辦報。9 月 20 日清晨，他離開北京，乘火車前往天津，然後登船經煙台去上海。第二天政變發生後，清朝政府通緝康、梁等維新人士。英國和日本則分別幫助康、梁擺脫清朝的追捕，流亡海外。其中，英國駐上海領事派人於 9 月 24 日在吳淞口營救康有為，派軍艦護送他乘船前往香港避難。9 月 29 日晚 11 時，康有為抵達香港，受到華人富商、時任加藤公司買辦的

▌ 1898 年，孫中山、楊衢雲與日本友人在橫濱合影。前排左起為安永東之助、楊衢雲、平山周、末永節、內田良平；中排左起為大原義剛、小山雄太郎、孫中山、清藤幸七郎、可兒長一；後排宮崎寅藏。

[46]　陳少白：〈興中會革命史要〉，中國近代史資料叢刊：《辛亥革命》第 1 冊，第 55-56 頁。尤列：〈楊衢雲略史〉（1927），《廣東文物》中冊，香港：中國文化協進會，1941。

何東（字曉生，1862-1956）與港府高級官員的歡迎。為了保障他的安全，港督安排他入住中環警署。7 天後，康移住何東家宅。10 月 19 日，他乘船前往日本，開始流亡外國的生涯，其眷屬與部分門生則繼續留住香港。

1899 年 10 月，康有為因母病，再度來港居留 3 個月之久，實際上是指揮其創建和領導的保皇會（又稱中國維新會），在內地發動擁戴光緒、討伐后黨的勤王之役。次年春，保皇會設立港澳總局，作為該會的常設執行機構，王覺任、徐勤先後擔任港澳總局的總辦。

面對同樣成為清朝通緝「欽犯」的康有為，英國當局派軍艦護送他來到香港，允許他安然進出和居留，從容整合港澳地區的保皇勢力。這表明香港政府先前以所謂「有礙鄰國邦交」和「妨害港地治安」的理由，放逐孫中山，不過是因人賞罰的託詞。

此時，矢志從體制外顛覆滿清統治的興中會在孫、楊和好的基礎上，相繼實現與本地三合會以及與內地各會黨組織的結盟。1899 年初夏，陳少白重返香港，在籌辦興中會機關報的同時，還設法與廣東三合會組織建立密切聯繫。從檀香山來港的興中會會員陳南，專門請嘉應州（今梅州市）三合會一位資格最老的龍頭首領來到香港，在陳少白家中為他舉行加盟入會的「開枱」儀式。按三合會規矩，會中職位最高的三位分別是：紅棍，掌刑罰；白扇，任軍師，有設計指揮之權；草鞋，負責傳遞和打探消息。在入會儀式上，龍頭首領宣佈陳少白為會中白扇，陳於是在三合會內扎下根基。

不過，廣東三合會與外省的哥老會等幫會組織卻缺乏聯絡，興中會要將造反革新運動推向全國，就需要與之結盟。正好這時已經在日本加入興中會的湖南長沙人畢永年（字松甫、松琥，1869-1902），先前與湖南哥老會首領多有交誼，自己也入會受封為龍頭。他是譚嗣同的好友，曾參與康有為等人的維新變法。戊戌變法失敗、譚嗣同等六君子被處死後，他立志反清，東渡日本，投奔孫中山，合謀策劃湘粵及長江沿岸各省的起義。

1898 年 11 月，孫中山派畢永年與日本志士平山周兩人，到湖南、湖北等地考察哥老會實力。兩人到湖南長沙、瀏陽、衡州等地，訪晤哥老會首領李雲彪、楊鴻鈞、李堃山、張堯卿等人，向他們介紹興中會宗旨與孫中山生平。孫中山因此決定滙合湘、鄂、粵三省會黨力量，同時發動起義。

1899 年 2 月，孫再派畢永年回湖南，聯絡哥老會首領，帶領他們到香港，與陳少白商議合作。同年 9 月，湖南會黨首領一行抵達香港，持畢永年介紹信，與陳少白聯繫，「微露合併三合、興中、哥老等三會以及共擁孫先生為首領的意思」。陳少白和孫中山派來廣東視察會黨情形的日本志士宮崎寅藏聞訊大喜，於是召開三會合併會議。

與會者共 12 人，其中哥老會首領 7 人，即騰龍山堂龍頭李雲彪、金龍山堂龍頭楊鴻鈞，以及其他山堂首領辜人傑、柳秉彝、李堃山、張堯卿、譚祖培，據說騰龍、金龍兩山堂在長江流域的會黨勢力中最大；此外，還有廣東三合會首領 2 人，即曾捷夫、鄭士良；興中會代表 3 人，即陳少白、畢永年、王質甫。與會者接受畢永年的提議，公推孫中山為總會長，會名忠和堂興漢會，決定以興中會「驅逐韃虜、恢復中華，創立合眾政府」的綱領為總會政綱，歃血盟誓，刻製印信，派人奉呈孫中山。

10 月 11 日晚上，宮崎寅藏在香港的日本飯館設宴招待。除先前與會者12 人外，還有 4 人加入。他吩咐飯館在每人面前擺一尾生鯉魚，自己先夾起生魚肉，說：「這是我國武士走上疆場時的禮節。現在諸位已將三會合而為一，行將一舉推翻滿虜，豈不也是要走上新戰場嗎？為甚麼不照我這樣吃呢？」於是大家歡呼，舉箸而食，乾杯敬酒，滿座陶然。

席間，眾人還為宮崎題詩作畫於短外衣上。王質甫詩曰：「英傑聚同堂，詩酒記離觴。從今分別去，戎馬莫倉皇。」陳少白詩曰：「溫溫其人，形影相倚。昔有書紳，今昧此意。」畢永年詩曰：「金石之交，生死不渝。至情所鍾，題此襟裙。」柳秉彝詩曰：「將相之才，英雄之質。至大至剛，惟吾獨識。」李權傑詩曰：「牡丹花伴一枝梅，富貴清閒在一堆。莫羨牡

丹真富貴，須知梅佔百花魁。」辜人傑詩曰：「負劍曾來海國遊，英豪相聚小勾留。驪歌一曲情何極，如此風光滿目愁。」張燦（堯卿）詩曰：「久聚難茶別，秋風咽大波。柔腸君最熱，離緒我偏多。恨積欲填海，心殷呼渡河。如膠交正好，此去意如何？」譚祖培詩曰：「天假奇緣幸識荊，話別愀然萬念生。感君厚意再相見，且將努力向前程。」[47]

會後，各會黨首領返回內地，準備舉事。陳少白與宮崎寅藏則於 11 月 9 日乘船抵達橫濱，向孫中山報告興漢會成立情形，並且呈上總會長印信。

興漢會是興中會聯合哥老會、三合會等會黨首領組成的較大規模而又較為鬆散的聯合反清組織。它使孫中山繼倫敦蒙難事件獲得國際聲望之後，又在內地會黨首領中建立起領袖群倫的威望。相形之下，楊衢雲在海內外的影響已遠遠遜色於孫中山。因此，楊讓位於孫，成為理所當然的事情。據尢列〈楊衢雲略史〉稱，1900 年 1 月（農曆己亥年十二月），楊衢雲「讓（興中會）會長於孫君（即孫中山），同志皆以為當然，贊成之」。

同月 15 日，楊攜帶家眷，乘船離開橫濱，24 日抵達香港。謝纘泰回憶說：「楊衢雲告訴我，孫逸仙醫師要求他辭去領導職務，由他接任，這使我很吃驚。他說：『不久前，我們險些分裂成兩派。一天，孫逸仙醫師告訴我，長江各省的哥老會推舉他為會長（President），他暗示不能有兩個會長，如果我不承認他的新地位，我就必須獨立行事。我向孫逸仙表明，我非常樂意辭去我的職務，並勸告他不要鼓勵分裂。我還告訴他，為了我們的事業，我始終願意犧牲自己的性命，更何況職務。我還告訴他，我不在乎推舉誰當會長，只要他能領導運動成功。孫先生要我問你是否贊成這一變動，承認他為會長。』」謝纘泰說：「為了防止分裂，我勸楊衢雲將會長讓給

---

[47]　宮崎滔天著，林啟彥改譯：《三十三年之夢》，廣州：花城出版社，1981，第 168、170-171 頁。陳少白：〈興中會革命史要〉，《辛亥革命》第 1 冊，第 61 頁，桑兵：《庚子勤王與晚清政局》，北京大學出版社，2004，第 158-159 頁。

孫逸仙醫師。」[48]

　　至此，興中會先前隱現的孫、楊領導權之爭終告結束，孫中山確立在該會的領導地位。

　　陳少白憶述，楊衢雲抵港後，曾將孫中山寫的一封信交給他，信中說：「衢雲願意回來幫忙，請照從前一樣，大家一塊辦事。」不過，孫還郵寄給陳一封信，吩咐：「外面細碎的事，可聽衢雲幫忙；機密事情，對於他應守秘密。」楊抵港後，安頓好家眷，便日日到香港興中會新設立的秘密機關——中國報報館，參與起義籌備工作，無論大事小事，都奔走不倦。[49]

　　隨後，謝纘泰、楊衢雲介紹香港富商李陞的第三子李紀堂加入興中會。李紀堂（1873-1943），又作李杞堂，名柏，又作北，祖籍廣東新會。1895年11月初，李任日本三菱洋行駐香港郵船分公司買辦，目睹孫中山等人乘坐日本貨輪流亡海外，心生敬意。此後，他因亡父分得益隆銀號等遺產，共值百餘萬，在當時已屬港中豪富。他加入興中會後，慷慨解囊，成為該會募集經費的主要支持者之一。

　　與此同時，興中會還積極推進與康、梁維新派及其組織保皇會的合作。雖然前者主張反清復漢，後者擁護光緒皇帝，可是兩者都主張革新中國，戊戌變法失敗後，康、梁及其組織的保皇會也與興中會一樣，同處在野反對黨的「叛逆」地位，因而雙方都有合作的需求，並且在日本舉行過孫中山、陳少白與梁啟超，以及陳少白與康有為的高層密談。就雙方在香港的洽商而言，1895年廣州起義失敗、孫楊流亡海外之後，就由謝纘泰與康有為及其弟弟康廣仁在1896至1897年間進行過密談。其後到1898年7月，康廣仁一直與謝纘泰有書信往來。戊戌變法失敗後，謝纘泰又致函康有為，

---

[48]　譯自謝纘泰：《中華民國革命秘史》，第16-17頁。

[49]　陳少白：〈興中會革命史要〉，《辛亥革命》第1冊，第65頁。

強調雙方合作的必要性。1899 年底，在日本與孫中山多有往來的梁啟超，聯合康門部分弟子，聯名寫信給陳少白，介紹他與時在香港的康有為會晤，會商合作事宜。可是，康只派在港三名弟子見陳少白，聲稱「千里神交，不必見面」，有話可由三人轉達。陳未能直接與康會晤，雙方的會商沒有取得實質性進展。

大約在 1900 年 1 月，梁啟超化名日本人，入住外國人居住的香港酒店，請陳少白前來密談合作事宜。梁啟超請陳少白和主持保皇會港澳總局的徐勤「把合作章程擬好，再等兩方面通過之後，好按著進行。梁啟超還有專函交代徐勤，然後離開香港」。不過，徐勤與康有為一樣，內心並不願意與興中會密切合作，因此香港興中會與保皇會港澳總局的「合作之說，只好作罷」。[50]

1900 年 1 月 24 日，清朝宣佈立端王載漪之子載儁為皇太子，以便預謀廢黜光緒皇帝。海內外輿論紛起反對這一廢立行動，加上慈禧太后因不滿於列強反對其準備廢黜光緒皇帝，允許宣佈「扶清滅洋」的義和團公開活動，燒毀教堂，搗毀鐵路等洋物，加劇與列強在華勢力的衝突，致使京津地區陷入混亂狀態，這就給興中會和保皇會在長江以南地區發動大規模的武裝起義造成有利的時機。

4 月 28 日，梁啟超致函孫中山，建議他根據形勢變化，改取勤王策略，以便雙方合作。該信函稱：「自去年歲杪廢立事起，全國人心楝動奮發，熱力驟增數倍，望勤王之師，如大旱之望雨。今若乘此機會用此名號，真乃事半功倍。此實我二人相別以來，事勢一大變遷也。」「夫倒滿洲以興民政，公義也；而借勤王以興民政，則今日之時勢最相宜者也。古人曰：『雖有智慧，不如乘勢』，弟以為宜稍變通矣。草創既定，舉皇上為總統，

---

[50]　陳少白：〈興中會革命史要〉，《辛亥革命》第 1 冊，第 63-64 頁。

兩者兼全，成事正易，豈不甚善？何必故畫鴻溝，使彼此永遠不相合哉？弟甚敬兄之志，愛兄之才，故不惜更進一言，幸垂采之。」[51]

「種種跡象表明，孫中山很可能接受了梁啟超的建議，同意聯合大舉，使用『藉勤王以興民政』的方略」。[52]這將導致興中會後來發動起義的目標也和 1895 年廣州起義一樣，繼續包含君民共主與共和政制的兩種選項。

孫中山在領導興中會與保皇會洽商合作的同時，還在日本與清朝重臣李鴻章的幕僚劉學詢展開策略性的秘密聯絡，以便爭取有利於興中會再度舉義的契機。劉學詢（1855-1935），廣東香山人，因在廣州包攬闈姓賭博而成巨富。1895 年，孫中山在廣州籌措起義期間，組織農學會，以作掩護。劉學詢曾為該會資助人之一。1898 年「百日維新」期間，劉因貪贓枉法而遭康有為等維新派彈劾，革職罰款。戊戌變法失敗後，劉為報私仇，向朝廷請纓，捕殺康有為、梁啟超。1898 年 11 月，清廷賞給劉知府虛銜，讓他自籌經費，出洋「考察商務」。次年夏天，劉學詢抵達日本，與孫中山多有往來。孫希望通過與劉的接觸，獲取經費用於起義，進而策反劉乃至其上司李鴻章。劉則力圖破壞孫中山與康有為的兩派合作，甚至幻想招安孫中山，假手孫派，捕殺康有為。孫中山認為：「清政府在康有為公開致力於種種運動或採取恐嚇政府的手段之際，對他的黨派抱有嚴重警惕，並因而對我們黨派的注意逐漸放鬆，這在某種程度上正是我黨的幸事。」[53]孫、劉秘密聯絡，給興中會加緊籌措的起義增添可能與清朝漢族封疆大吏折衝樽俎的想像空間。

---

[51]　丁文江等：《梁啟超年譜長編》，上海人民出版社，1983，第 258 頁。

[52]　桑兵：《庚子勤王與晚清政局》，第 200 頁。

[53]　《孫中山全集》第 1 卷，第 188-189 頁。

密謀「兩廣獨立」

　　1900 年 6 月，慈禧太后挾持清王朝實施的排外倒退政策已經導致外患加劇、內政分崩的嚴重危機。清廷允許由北方農民組成的義和團合法開進北京城內，燒毀教堂，攻擊教民，清軍也在城內射殺德國駐華公使。英、法、德、美、日、俄、意、奧等國列強於是組織八國聯軍，攻佔天津大沽口，兵鋒直指北京城。6 月 21 日，慈禧指使清廷頒佈向列強宣戰的上諭。兩廣總督李鴻章認為此舉將惡化列強瓜分中國的形勢，斷然在兩天後宣佈這一上諭是「矯詔」、「亂命」，決定兩廣不予奉行。26 日，兩江總督劉坤一、湖廣總督張之洞進而與清朝已經視為宣戰國的列強簽訂「東南互保」章程，李鴻章隨即表示支持。至此，清朝中央政府與漢族洋務派督撫大員之間公開出現嚴重的政治分歧。

　　面對中國政局的急劇變化，何啟、胡禮垣在其緊急結集重印的《新政真詮‧後總序》中，呼籲「各省分治」、「必行新政，以保其君」。何啟還「以時勢緊急，瓜分之禍，瀕於眉睫，粵省如不亟於自保，絕不足以圖存。因向《中國日報》社長陳少白獻策」，主張興中會「與李鴻章合作救國，首先運動鴻章向滿清政府及各國宣告兩廣自主」。[54]

　　此時，孫中山明白，他自 1895 年廣州起義失敗後歷經數年重整旗鼓所等待的時機已經到來。根據形勢的變化，他決定在繼續策動反清起義的同時，爭取李鴻章等南方的漢族洋務派督撫宣佈獨立，推動南方各省組成共和聯邦，進而將共和政制推向全國。6 月上旬，孫中山在東京爭取外國援助時，曾向法國駐日公使和日本友人談及這一造反方略：即首先在兩廣起義，建立政權，繼而進逼湘、閩，「迫使這些省份的督撫參加或承認一個新的

---

[54]　馮自由：《革命逸史》第 4 集，第 88 頁。

南中國聯邦共和國」。「我們的最終目的，是要與華南人民商議，分割中華帝國的一部分，新建一個共和國」。日本人因此評論：「孫逸仙及其黨徒的目的，是以江蘇、廣東、廣西等華南六省為根據地，建立獨立的共和政體，逐漸向華北擴大勢力，以推翻愛新覺羅氏，聯合中國十八省創立一個東洋大共和國。」[55]

6 月 17 日，孫中山偕同先前來日本報告起義準備情形的楊衢雲、鄭士良，以及「奉日本陸軍參謀本部某將官之秘命，赴華南調查報導民情」的宮崎滔天、清藤幸七郎、內田良平等三名日本友人，從日本乘坐「煙迪斯」（Indus）號輪船，抵達香港海面。

當事人內田良平憶述孫中山此行的緣起，說：「兩廣總督李鴻章對維持廣東的治安深感危懼，他生怕孫中山、康有為率軍乘戰亂之際，相互提攜共同舉事。他預先對孫中山採取懷柔手段，以免與康有為一致行動。為此讓駐東京的公使向孫轉達李的意圖：『值此國家危難之際，願與孫氏會晤，共議匡救天下之策，務請來粵一行。』隨後又派遣特使前往。孫中山答稱：『擬先派代表赴廣東，然後可以考慮親自返粵的問題。』」馮自由則說，孫此行是因為收到劉學詢寫來的信，信中稱「李鴻章因北方拳亂，欲以粵省獨立，思得足下為助，請速來粵協同進行」。當時孫中山正策劃在廣東發動起義，「頗不信李鴻章能具此魄力，然此舉設使有成，亦大局之福，故亦不妨一試。」[56]

當事人謝纘泰憶述孫中山一行抵港後的行動，說：「楊衢雲、孫逸仙醫師、陳少白、張壽波、平山周和我在『煙迪斯』號旁邊的一艘舢板上，開

---

[55]　轉引自《孫中山年譜編》上，第 207 頁；《孫中山全集》第 1 卷第 189 頁；李吉奎：《孫中山與日本》，廣州：廣東人民出版社，1996，第 95 頁。

[56]　內田良平著、丁賢俊譯：〈中國革命〉，《近代史資料》總 66 號，北京：中國社會科學出版社，1987，第 45 頁；馮自由：〈劉學詢與革命黨之關係〉，《革命逸史》初集，第 77 頁。

了一小時的會議。」「楊衢雲和孫逸仙博士向我們保證，日本政府支援我們。
決定積極行動，不再拖延。楊衢雲留在香港，孫逸仙博士繼續前往海峽殖民
地。」與會的張壽波，是康有為的弟子，他作為保皇會的代表參加此次會晤，
顯示香港興中會與保皇會有一定的合作。不過，謝稱孫中山在會後前往海
峽殖民地（新加坡），此說不確。孫的既定旅程首先是前往越南西貢，擬
拜會法國駐越南總督，並與當地華僑聯絡，探討以越南為基地，策動雲南、
廣西起義的可能性，然後才去新加坡，與在該處的康有為磋商合作。謝又稱：
「在他們抵達香港的當天，兩廣總督李鴻章企圖誘捕楊衢雲和孫逸仙醫師。
邀請他們到廣州炮艦『安瀾號』上開會，但是日本友人及時警告，綁架預
謀並未得逞。」[57] 此說也不確。為預防不測，孫中山已決定讓隨行的宮崎
滔天等三名日本人，代表他前往廣州，因此他和楊衢雲本來就不會登上李
鴻章派來迎接的炮艦，以免被清軍控制。謝纘泰憶述當日孫中山行蹤的這
兩則記錄，竟然都有失誤，表明他已不再深知孫的決策。

至於當日會議的決定，馮自由補述說：會議決定鄭士良率黃福、黃耀廷、
黃江喜等赴惠州，準備發動：史堅如、鄧蔭南赴廣州，組織起事及暗殺機關，
以資策應：楊衢雲、陳少白、李紀堂在港擔任接濟餉械事務。[58]

至於去廣州交涉的情形，內田良平憶述說：當天，他們三位日本人乘
坐清軍炮艦，駛入廣州，隨即被引進劉學詢的宅邸。宮崎滔天向劉提出兩
點要求：一、對孫中山所定的罪名應予特赦，保障他的生命安全；二、希
望給予貸款十萬兩。劉說：「貴方的意見將馬上回稟總督。至於貸款十萬
兩的事，學詢可以辦理，明天即可在香港面交五萬兩，其餘部分容後送上。」

---

[57]　譯自謝纘泰：《中華民國革命秘史》，第 19 頁。

[58]　馮自由：《中華民國開國前革命史》上編，上海：上海書店，1990 年影印版，第 90-91 頁。

劉設宴招待宮崎等人，席間有軍官傳達李鴻章的答覆：「關於對孫中山的生命保障，我不僅要向三位日本人士保證，而且要奏請西太后予以特赦。對於三位日本人士的盡力襄助也將一併上奏，所以，需要得到三位的照片。」於是宮崎等人連夜乘炮艦返抵香港，在照相館拍照。次日午後，劉學詢的兒子送來貸款五萬兩，並留在香港取照片。[59]

顯然，李鴻章方面對於來自孫中山方面的要求，無論是真心還是假意，都比 5 年前拒不理睬孫中山上書的做法，有了正面的回應。這就鼓舞在香港試圖藉助港督權威來促成「兩廣獨立」的何啟等人。港督卜力（Sir Henry A. Blake，任期：1898-1903）在去外地休假之後，於 7 月 2 日回到香港。當天，他就根據他和孫中山都信任的一位「中國紳士」（很可能是何啟）提供的情況，首次向英國殖民大臣張伯倫報告：反清排滿起義於一兩周內在湖南和南方爆發，造反者並不排外，而且希望在取得一些勝利之後獲得英國的保護。李鴻章「正在向這個運動賣弄風情，謠傳他想自立為王或是總統」，因而允許劉學詢和孫中山談判，英國應該準備維護它在長江和西江流域的權益。

7 月 9 日，清政府調任李鴻章為直隸總督兼北洋大臣，以備將來與列強議和之需。李鴻章因此失去據粵觀變的合法地位，廣東與香港的士紳於是競相挽留，呼籲其暫緩北行，留粵徐圖靖難勤王之計。

不久，興中會員、香港富商李陞之子李紀堂也根據孫中山的指示，面勸李鴻章留粵。多年之後，他回憶說：「總理有心要我運動李鴻章獨立。其時我方居父喪，遂至廣州由劉學詢介紹至督署見李鴻章。談及清廷政治如此腐敗，現在拳匪倡亂，西太后與光緒帝均已出走，你何不在廣州宣佈獨立，看將來如何？如果獨立，英政府可盡力援助。李鴻章答覆云：『我

---

[59]　內田良平：〈中國革命〉，《近代史資料》總 66 號，第 46 頁。

是清朝臣子，決不能做此事。你們青年有志之士，要好好幹，將來好做事。』」[60]

13 日，港督卜力得知孫中山一行從新加坡乘船前來香港，又發電報通知殖民地部大臣張伯倫，報告他知道的孫、李兩方密謀的進展：「李鴻章已與孫中山聯繫，以便和革新派合作。他邀請孫到廣州，如果革新派願意協助他維護和平，還計劃提供武器。他已經準備好進行適當的改革。如果清帝健在，他又奉有朝命，還希望革新派同意和他一起前往北京，不過革新派對此提出異議。如果皇帝駕崩，他將準備宣佈兩廣成立獨立政府。」「孫中山不打算去廣州，除非獲得實質性的保障，要麼獲得一大筆錢，要麼李鴻章派代表到香港會晤，設法與革新派達成協定。」「日本人在中國各地都十分活躍。如果李鴻章與革新派達成協定，華南將安然無恙。不過，無論革新派恪守甚麼原則，我都擔心任何大騷亂都會引發排外運動。」因此，卜力提議：「孫逸仙雖然已被香港放逐，可是如果他為了與李鴻章會晤而返回香港，最好不要妨礙他。」[61]

這一電報表明，由於時局危急，老謀深算的李鴻章設想過穩定華南政局的各種應急方案，其中包括在光緒帝遇害的非常情況下與孫中山合作，實行「兩廣獨立」。基於維護英國在長江和西江流域侵華權益的立場，卜力贊成兩廣出現脫離清廷對外「宣戰」體制而獨立的政權，為此甚至願意擱置對孫中山的放逐令，允許他在香港活動。次日，卜力要求英國駐廣州領事勸說李鴻章留在廣州，不要北上赴任；並還請求英國殖民地部同意在李鴻章乘取道香港北上時，將其拘留，以促成「兩廣獨立」。[62]

---

[60]　陳春生：〈訪問李紀堂先生筆錄〉，《辛亥革命史料選輯》上冊，長沙：湖南人民出版社，1981，第 39 頁。總理，指孫中山；拳匪，指義和團。

[61]　譯自英國殖民地部檔案 C.O.129/300，第 46、90 頁。

[62]　史扶鄰：《孫中山與中國革命的起源》，第 176 頁。

7月17日上午，孫中山一行因無法與康有為洽談合作事宜，被迫離開新加坡，乘日輪「佐渡號」泊靠香港九龍，等待李鴻章途經香港時與之會談。同日，與孫中山、何啟有聯繫的香港華人議員韋玉拜訪卜力，促其挽留李鴻章在粵主持大局。然而，就在這一天，卜力接到張伯倫的電報，禁止他拘留李鴻章或者採取任何強制手段來干擾其行動。當天晚上，李鴻章乘「安平輪」從廣州抵達香港海面。

　　18日清晨，孫中山將何啟與港督卜力密謀促成李鴻章「兩廣獨立」的計劃告訴宮崎滔天，並說：「清廷催李北上甚急且切。李無法推遲，今天將啟程北上。因此，太守（指港督）想在此處加以勸阻，約定今天十一點鐘和李秘密會晤。如果李願意中止此行，（太守）願意解除保安條例的限制，讓我上岸，共同密商。因此昨天半夜曾派人前來傳達此意，問我是否同意參加秘密會議。你對這事的意見究竟如何？」宮崎答道：「問題如果進展到秘密會議的程度，無論如何也得參加。將來的問題，就要靠你的智慧和手腕來決定了。」[63]

　　這天上午9時，李鴻章在港府組織的盛大歡迎儀式下登岸，隨即到港督府與卜力就時局問題舉行秘密會談，持續約兩個小時之久。[64] 從卜力事後的報告中，可以看出李鴻章在奉命北上途中，已經將其關注點從穩定兩廣政局，轉移到評估全國政權未來變動的問題上。他沒有提及與孫中山方面的聯繫，卻要求港督防止香港成為危害大清統治的基地。不過，「他感興趣的是，猜測在對中國未來的統治者的選擇問題上英國的意向如何。」英國殖民地部注意到李鴻章「不是不樂意當皇帝」。李鴻章自己則更關注

---

[63]　宮崎滔天：《三十三年之夢》，第214頁。

[64]　譯自〈李鴻章來訪〉（"Visit of Li Hung Chang"），《德臣西報》，1900年7月18日。

列強對於中國朝政走向的態度。[65] 與港督會晤後，李鴻章仍然決定次日繼續北上，前往上海之後，再伺機而動。

這天傍晚，孫中山獲悉李鴻章繼續北上的消息，扼腕之餘，連夜在船上召集會議。決定以鄭士良為主將，在惠州舉行起義；孫中山隨船前往日本，設法爭取日本提供武器等援助。起初，會議決定楊衢雲隨同鄭士良進入內地活動，孫中山抵達日本後，分別致函楊、鄭兩人，建議楊留在香港，負責聯絡華商，募集經費。

7 月 24 日，《德臣西報》以〈革新家孫逸仙及其活動〉為題，首次公開披露李鴻章與孫中山的秘密聯絡：「據最可靠的權威消息，大約一個月前，李鴻章在實施招安棘手敵人的典型中國政策的過程中，致電日本，邀請孫中山到廣州，以便可以和這位改革家就扭轉時局舉行會談。孫中山乘坐日本郵輪抵達香港碼頭，因放逐期尚未屆滿而沒有登岸。李鴻章的代表在船上拜會他，向他說明李鴻章希望在他幫助下實施的基本計劃。李希望這位

▌ 1900 年 7 月兩廣總督李鴻章
與香港總督卜力合影

---

[65] 1900 年 7 月 19 日卜力發電報予張伯倫，轉引自史扶鄰：《孫中山與中國革命的起源》（中譯本），第 178-179 頁。

改革家去到廣州，和他一起策劃舉兵北上，彈壓拳亂，使皇帝和太后擺脫頑固派的控制。萬一皇帝和太后不在人世，他建議孫中山幫助他建立兩廣的獨立自治（a separate principality）。」[66]

7月下旬孫中山抵達日本之後，並未放棄爭取漢族洋務派督撫以促其獨立的計劃，他認為這是較諸起義更為便捷的「平和手段」。8月上旬，他說：「多事之秋，清國南部各總督及進步的智慧人士在滿洲政府存在期間，應當維持秩序。但隨著時勢的變遷，相信他們遲早會和自己的意見相一致。」「作為平和手段來達到目的的方法，與持有這種意見的人會面，很有必要。只要沒有危險，也可與李鴻章會談。」[67] 8月14日，八國聯軍佔領北京，慈禧太后挾持光緒帝，輾轉逃往西安。孫中山決定冒險從日本乘船前往上海，設法會晤滯留當地的李鴻章。他相信「這樣料可使政治改革方案得以漸次施行」，聲明：「我並不抱任何危險激烈的企圖，而是考慮始終採取溫和的手段和方法。視情況還有最終赴北京的打算。」[68]

8月29日上午，孫中山與日本友人平山周等人從日本抵達上海。此時，宣示「東南互保」的湖廣總督張之洞，已經在漢口等地鎮壓保皇會密謀發動的自立軍「勤王」起義；兩江總督劉坤一也指示上海道嚴密緝捕孫中山等人。劉學詢因此「頻頻忠告孫，他的企圖不合事宜，勸其暫時設法停止」。[69] 在英、日兩國駐上海領事警告下，孫中山被迫於9月1日乘船離開上海，返回日本，與李鴻章會晤的期盼再度在嚴酷的事實面前破滅。

與此同時，孫中山與興中會主要成員在8月間向港督卜力的上書求援也

---

[66]　譯自《德臣西報》，1900年7月24日。

[67]　1900年8月10日日本神奈川縣知事周布公平致青木周藏外相函，轉引自李吉奎：《孫中山與日本》，廣州：廣東人民出版社，1996，第116頁注釋。

[68]　《孫中山全集》第1卷，第198頁。

[69]　《孫中山年譜長編》上冊，第237頁。

沒有得到回應。這份上書由陳少白等人起草，孫中山領銜，楊衢雲、謝纘泰、鄭士良、鄧蔭南、史堅如、李紀堂等人聯署，經何啟等人譯成英文之後，呈交卜力。書函希望英國襄助中國南方志士的「反正」義舉，「願藉殊勛，改造中國，則內無反側，外固邦交」。「否則各省華人望治之心切，過為失望，勢將自謀，禍變之來，殆難逆料」。書函為此提出平治章程六則：

一、「遷都於適中之地，如南京、漢口等處，擇而都之。」；

二、「於都內立一中央政府，以總其成；於各省立一自治政府，以資分理。所謂中央政府者，舉民望所歸之人為之首，統轄水陸各軍，宰理交涉事務。惟其主權仍在憲法權限之內，設立議會，由各省貢士若干名以充議員，以駐京公使為暫時顧問局員」；至於各省自治政府，由中央政府選派駐省總督，並設立省議會，議員暫由自治政府選擇，若干年後再歸民間選舉，並以各國總領事為省議會的暫時顧問局員。「所有該省之一切政治、徵收、正供，皆有全權自理」；「惟於年中所入之款，按額撥解中央政府，以為清洋債、供軍餉及宮中、府中費用」；

三、「公權利於天下」，與外國協議關稅，鐵路、礦產、船政、工商各業，分沾利權，保護教士；

四、「增添文武官俸」，內外各官，廩祿從豐，自能廉潔持躬，公忠體國；

五、「平其政刑」，大小訴訟仿歐美之法，立陪審人員，許律師代理，不以拷打取供；

六、「變科舉為專門之學」。[70]

---

[70] 《孫中山全集》第 1 卷，第 193-194 頁。

平治章程顯示出孫中山與興中會同寅共同憧憬的未來中國革新政權的藍圖，其主調與何啟、胡禮垣主張的君民共主立憲方案頗為相似。它規定各省歲入按額撥解中央政府，以供軍餉及「宮中、府中」使用。這裏的「宮中、府中」，是當時專指朝廷、官府的用語。因此，美國學者史扶鄰研究記錄這段歷史的檔案文獻之後說：香港「總督從未把它轉送倫敦，或是承認收到過它。」「這個聲明沒有明確宣佈共和體制，只是規定未來的政府首腦將是關心人民的願望而又受憲法約束的人。」關於中央與地方政府的組成及其與議會及外國關係的敘述，「所有這些全是從何啟以前的著作中搬過來」。[71]

這年 8 月初，港督卜力向英國殖民大臣張伯倫報告說，他曾向革新派（Reform Party）和保皇會建議，起草一份有許多中國人簽名的請願書，送給各國列強，表明他們的改革意願以及不會使用導致列強為難的任何行動。這樣，列強將「在沒有生命財產損失以及必然伴隨武裝起義而來的普遍混亂的情況下」，支持他們的要求。

9 月 20 日，卜力收到郵寄來的一份「具稟人中國公正維新為全中國去酷刑事」的中文請願書。文中批評清朝「為政以愚民為宗」，「惜新黨維新不善，新舊激變，而國家嫉惡維新之心亦日益甚」，「此後中國百姓必更苦矣，交涉之事必更難矣」。繼而呼籲：「今求各友邦切莫因此分我土地，以亂中國而種禍根。懇聯邦同心，共扶光緒皇帝復辟，力行新政，蘇我民困。若政府不從，則議舉現任督臣望重爵告者攝理國事。首舉者不允，則依次推及。並求友邦派員襄助議法，變六部之內政，改審民之律例，取法英日，君民共主，心無滿漢，事皆一體，以興我國家為中興之世。且襄助國帑出入有數，臣民共和。待國事平定，各友邦受職之員，一律告退。」文中解

---

[71]　史扶鄰：《孫中山與中國革命的起源》（中譯本），第 183-184 頁。

釋未能徵集簽名的原因：「壓於國法之暴，剿殺太甚，且禍及祖墳，事近野蠻，故皆韜光自晦。」但只要列強「飭各商埠領事造冊，頒發各口岸及海外官紳士商等簽名，且允保之，則素以公正存心而惡謀為不軌有乖維新正理者，方願簽名，共建共和昇平之世。」文末希望：「列邦本放奴之美舉，釋我數百兆人脫此暴虐野蠻之酷刑苛法。」落款時間是 1900 年 9 月。

同月 24 日，卜力將此中文請願書與英文翻譯件一起作為附件，呈報英國殖民地部大臣張伯倫，並陳述自己的意見，說：「我感覺，革新運動本質上是反滿，不過皇帝除外。他們宣稱對皇帝忠心耿耿。」「我從顯然可信的渠道得知，革新派正在準備大舉，以防革新問題在未來的談判中不被理睬。」[72]

美國學者史扶鄰指出：「這些寫請願書的人顯然不屬於康有為一派，因為他們批評 1898 年的改良派，說他們向保守派報仇比實行改革更感興趣。」「難道這是孫中山一派試圖遵照卜力上個月的建議，向列強遞交的一份要求進行干預的『有許多人簽名的請願書』嗎？文件的內容與這種可能性是並不矛盾的。」[73]

其實，若將平治章程與該請願書相比較，可以得出二者主張基本一致的結論。因為前者列舉的清政府「尚殘刑」等積弊，主張由各國的駐華公使、總領事分別擔任中央和省的議會的暫時顧問局員，訴訟仿照歐美之法等，都符合後者的相關主張。至於後者主張若列強不能要求清廷允許光緒皇帝復辟，就「舉現任督臣望重爵告者攝理國事」，這與當時何啟、胡禮垣在《新政真詮・後總序》中緊急呼籲各省督撫「格君弔民」，實行「各省分治」，和孫中山與興中會要員力圖策反李鴻章以實行「兩廣獨立」，以及 1903 年謝纘泰在策動洪全福起義時仍然主張先實行由攝政王主政的君民共主等，都可以說是路徑一致的。

---

[72]　1900 年 9 月卜力致張伯倫函及其中文附件，英國殖民地部檔案 C.O.129/301，第 51-52 頁。

[73]　《孫中山與中國革命的起源》（中譯本），第 185 頁。

只不過，請願書明確提出希望列強扶助光緒皇帝復辟，這顯然和興中會的政治主張有較大的偏離。究其原因，應是考慮到請願書要遞交給君主立憲政體的英國政府，提出維護光緒帝地位的主張容易獲得列強的同情；再加上當時興中會與保皇會存在相當程度的合作關係，「君民共主」成為溝通雙方政見的最大公約數。因此可以認為，請願書出自在港興中會成員或參與興中會活動的何啟、胡禮垣等人的手筆。書中描述未來目標時，一度使用「皇帝復辟」、「君民共主」的概念，兩度使用「共和」的概念，表明在書寫者的心目中，這些政治術語可以兼容地熔冶於一爐，儘管後人會將這些術語視為政治主張截然不同的標誌。請願書針對卜力的提議，反建議般地提出在外國使領館保護下進行中國官紳士商的簽名上書請願活動，反映出書寫者匿名自保的警覺和希望能以和平請願替代武力反抗的心願。不過，港英政府和列強都只想利用腐敗的清政府，維護和擴大侵華的權益。他們哪裏會顧及中國在野革新派的善良心願呢？

　　1900 年夏秋間，中國北方風雲驟變。由此引發的「兩廣獨立」密謀，曾經給孫中山和興中會帶來和平革新的希望。孫中山反覆追逐這一希望，他在七、八月間專程奔赴香港、上海兩地，設法會晤李鴻章。這不僅出自期盼漢族洋務派督撫政治轉向的幻想，還出自努力探索以和平手段創建共和、避免武力造反傷害國家元氣的善良願望。然而，儘管孫、李雙方的政治謀略有過因緣際會般的交滙，兩人的政治抱負卻存在根本對立的天壤之別。孫中山矢志反清排滿，敦勸李鴻章實現「兩廣獨立」，只是他最終走向共和的一個階段性目標。假如和平嘗試不能奏效，孫中山和興中會同寅將不得不繼續舉義造反。

　　可是，李鴻章卻要效忠清王朝，他允許幕僚劉學詢與孫中山密謀「兩廣獨立」，屬於招安懷柔「亂黨」以應付危局的非常舉措。除非光緒帝駕崩，否則他不會鋌而走險，實行與朝廷決裂的「兩廣獨立」。梁啟超後來評論說：「當是時，為李鴻章計者曰：擁兩廣自立，為亞細亞洲開一新政體，上也；

督兵北上，勤王剿拳，以謝萬國，中也；受命入京，投身虎口，行將為頑固黨所甘心，下也。雖然，第一義者，惟有非常之學識，非常之氣魄，乃能行之，李鴻章非其人也。彼當四十年前方壯之時，尚且不敢有破格之舉，況八十老翁安能語此？故為此言者，非能知李鴻章之為人也。第二義近似矣，然其時廣東實無一兵可用，且此舉亦涉嫌疑，萬一廷臣與李不相能者，加以稱兵犯闕之名，是騎虎而不能下也。李之衰甚矣，方日思苟且遷就，以保全身名，斯亦非其所能及也。雖然，彼固曾熟審於第三義，而又以自擇。彼知單騎入都之或有意外，故遲遲其行；彼知非破京城後，則和議彼不能成，故逗留上海，數月不發。」[74]

道不同，不相為謀。年輕的革新派領袖與衰老的洋務派領袖就這樣在歷史造就、稍縱即逝的難得交滙處分道揚鑣。次年 6 月，孫中山在答某西報記者問時，說：「中國革新，首要改革清朝，滅卻頑固官員，國政採用西法，乃於事有濟。光緒帝原屬精明之主，惟為壓力所制耳。我曾與美使臣同舟談及中國時局，據伊亦云光緒帝柔懦如小孩。然李傅相（指李鴻章）本是幹員，奈滿洲習氣太深，將來中國維新，似難望此老成碩輔左右贊襄必也。後輩繼起有人，乃可望紀綱獨振也。」[75] 這番話，應是對先前爭取李鴻章等洋務派督撫策略的否定和立志開拓革新之路的表白。

庚子惠州起義

密謀「兩廣獨立」與組織武裝起義，是孫中山和興中會同寅在 1900 年（農曆庚子年）文、武並舉的兩大行動。他們在與劉學詢以及港督卜力交

---

[74]　梁啟超：《李鴻章傳》，武漢：湖北人民出版社，2004，第 170 頁。

[75]　《香港華字日報》，1901 年 7 月 1 日。

鄭士良

涉的時候，常常強調起義風潮將興，藉以申明「兩廣獨立」的緊迫性；在
籌備武裝起義的過程中，則利用「兩廣獨立」的密謀以及對手的懷柔政策，
「因糧於敵」，贏取李鴻章方面提供的經費以及在香港籌款購械的空間。
一旦和平改制的上層路線受阻，聯合會黨武裝、進行武裝起義就成為唯一
的抉擇。庚子惠州起義因此在「兩廣獨立」密謀落空之後接踵而至。

惠州起義的聚義地在毗鄰香港、當時屬於惠州府歸善縣境內的三洲田
村寨（今深圳東部華僑城）。該處之所以成為興中會第二次反清起義的首
發地，有以下三方面的原因：

一是當地及毗鄰地區的三合會反清組織根深蒂固，興中會也與之建立
密切的聯繫，具備發動起義的組織準備和社會基礎。早在1897至1898年間，
孫中山與宮崎寅藏等日本友人談論中國革命計劃時，就表示將要選擇廣東惠
州府、潮州府等地發動起義，原因是：「其人民十居八九已入反清復明之會，
其人亦最強悍，官府不敢追究之。弟意此地亦可作起點之區。」[76] 孫中山

---

[76]　《孫中山全集》第 1 卷，第 183 頁。

的決策，應該是受到與其一起流亡日本的鄭士良的影響。鄭的祖籍就在歸善縣淡水壚（今屬惠州市惠陽區），鄭在加入興中會前，已是惠州三合會的首領之一。在鄭的影響、聯絡下，歸善、新安（今深圳市）等縣的三合會首領及骨幹成員陸續加入興中會。到 1900 年，歸善的黃福、曾捷夫、曾儀卿、羅生、林俠琴、廖和、唐皮、蔡景福、陳怡、黃楊、楊發；新安的黃耀庭、黃閣官、江恭喜、江維善、何崇飆、盧灶娘、蔡生；博羅的梁慕光、鄧子瑜、林海山、李植生、何松等 20 餘人都已加入興中會，成為當時興中會會黨成員中的主幹力量。[77] 他們統領的會眾隨之成為執行興中會起義計劃的武裝。

二是香港新界及毗鄰地區民眾反抗港英當局侵略以及清朝割地妥協的鬥爭，造就繼而發動反清起義的有利條件。1898 年港英當局以武力強租原屬廣東新安縣的新界地區，並於 1899 年一度佔領新安縣深圳墟，當地鄉紳曾經組織村民進行武裝抵抗。同年新安縣三合會首領鍾書雲發動會眾抗擊英軍之時，曾表明抗英反清志向：「既然皇帝已把我們的領土出租給英國人，那麼，我們弟兄們的義務，就是自己來守住它，招兵、收稅，全由我們自己來管理。能夠這樣做的人就是國家的主人。」[78] 因此，1900 年 1 月，孫中山對日本友人說：「廣東人仇恨英人佔領九龍，非常憤慨，各地富豪擁有民兵，購有槍械彈藥，其數量吾黨黨員已有調查，此種兵力及武器大可作起義之用。」[79]

三是三洲田位於毗鄰香港的大鵬灣畔群山之間，瀕臨大海，地勢險要，歷來為會黨嘯聚之地。當時，三洲田聚居有數十戶廖姓人家，約三四百人。此地距離海邊不到 5 英里，離香港新界沙頭角不到 10 英里，南抵新安縣界，

---

[77]　據馮自由：〈興中會會員人名事蹟考〉，《革命逸史》第 4 集。

[78]　轉引自史扶鄰：《孫中山與中國革命的起源》，第 109 頁。

[79]　轉引自段雲章：《孫文與日本史事編年》，廣州：廣東人民出版社，1996，第 74 頁。

東南與海豐縣毗連，西北與東莞縣接壤，往北則可通往歸善縣城與惠州府城，通過東江，還可到達 70 英里外的省會廣州。獨特的地理位置使之便於聚集起義力量，獲取來自香港的軍火接濟，因而成為孫中山與興中會計劃在粵東濱海鄉村發動起義的理想之地。

1900 年 1 月中旬，已經返回惠州活動的鄭士良再度到日本橫濱，開始與孫中山會商起義事宜。六、七月間，孫中山兩度乘船停泊香港海面，其間都曾與興中會同寅會商在廣東沿海籌措起義之事。

發動歸善及毗鄰各地的三合會參加起義，是組織起義的關鍵環節。由於各地會黨互不統屬，堂號分立，必須有聲望服眾的人出面號召，才能統合各方力量。於是，鄭士良「打電報到山打根，通知黃福和黃公喜帶人回來，說是準備舉旗造反。」[80]黃福原籍歸善，在粵東三合會首領中「最得人望」、「和鄭士良甚相得」。當時他正在今屬馬來西亞沙巴州的港口城市山打根創業謀生，接電後立即帶領部眾返國參與起義。「他一回來，各處堂號的『草鞋』都會圍集攏來，只要黃福發一個號令，真是如斯響應，無不唯唯照辦的。」[81]黃福加盟促進各地會黨的聚義。1900 年夏秋間，鄭士良、黃福、林俠琴、羅生、曾捷夫、黃耀庭、廖和等人在三洲田廖姓宗祠建立籌備起義的指揮部，後因廖姓耆老反對，遂遷往毗鄰的馬欄頭村羅生大屋。由於糧餉短缺，聚義三洲田的各地會黨分散寄居於馬欄頭等附近村寨，只留 80 人駐守三洲田大寨。

與此同時，興中會在港成員通過所設的「同義興松柏公司」，購置用

---

[80] 譯自 1900 年 11 月 21 日卜力致張伯倫電報所附〈江亞二供詞〉，英國殖民地部檔案 C.O.129/300，第 516 頁。按：江亞二與黃福一起返國參加起義，任鄭士良與黃福轄下的百人衛隊長，同時受僱於清朝官府監視此次起義，起義失敗後隨鄭、黃等人潛回香港，11 月初被香港當局拘留。〈江亞二供詞〉譯文，轉引自莫世祥：〈「兩廣獨立」與三洲田起義研究〉，中國史學會編：《辛亥革命與 20 世紀的中國》，北京：中央文獻出版社，2002，第 304-320 頁。

[81] 陳少白：〈興中會革命史要〉，《辛亥革命》第 1 冊，第 67 頁。

於起義的槍械彈藥、旗幟號衣，並向聚義會黨發放糧餉。鄭士良曾一次將400包炸藥、300支毛瑟來福槍和40箱彈藥，裝上一艘船，取道大鵬灣沙魚涌，運給聚義會黨。參與興中會活動的一些日本人和歐洲人也加入籌備起義的行列。9月12日，在李朗村傳教的外籍牧師致函港督卜力，報告歸善縣淡水墟的三合會準備在近期舉旗造反，有兩個日本人和3個歐洲人幫助造反者。卜力隨即轉告廣東官府，並表示如果需要，英軍可以保護該處教堂。[82]

9月28日，孫中山從日本抵達台灣，遊說日本駐台灣總督提供武器援助，並且傳令鄭士良：「即日發動，並改變原定計劃，不直逼省城，而先佔領沿海一帶地點，多集黨眾，以候予來乃進行攻取。」[83]

10月1日，鄭士良、黃福等起義領導人乘船離開香港，前往大鵬灣畔的鯊魚涌。同月3日，他們從沙魚涌沿陸路抵達毗鄰三洲田的馬欄頭村。那裏已經聚集準備起義的三合會會眾大約2,000人。其中，大約75%是來自歸善、惠州、博羅和海洋的客家人，其餘來自南海、番禺、東莞、新安、順德、香山、新會等地。[84] 鄭士良、黃福等領導人的到來，使眾人士氣大振。

清朝署理兩廣總督德壽獲悉興中會「亂黨」聚集會黨、再度圖謀起義的消息，立即派兵前來鎮壓。10月3日，水師提督何長清率軍從虎門進駐距離三洲田20英里的新安縣深圳墟，準備進攻三洲田。陸路提督鄧萬林坐鎮惠州府城，指揮清軍在歸善、東莞、海豐及鎮隆、淡水等地圍堵佈防。清軍前鋒進抵距離三洲田西南不到8英里的沙灣，哨騎及於黃岡，清軍巡船也沿海岸游弋。情勢危急，興中會必須立即舉義。

10月5日（農曆閏八月十二日），鄭士良等率會眾前往三洲田，與留守該地的近百名壯士會合。據香港報刊報導：當天下午4時，起義者在溪

---

[82]　譯自 1900 年 10 月 12 日卜力致張伯倫電報，英國殖民地部檔案 C.O.129/300，第 186 頁。

[83]　《孫中山全集》第 6 卷，第 234 頁。

[84]　譯自〈江亞二供詞〉。以下有關起義活動日程的敘述，凡未另註出處者，均引據此供詞。

涌附近正式聚會，以燒豬祭祀，舉旗誓師，宣佈起義。隨即將宣示起義宗旨和紀律的文告散佈、張貼於附近村寨和香港新界鄉村。[85] 此時，起義軍人數達 4,000 人，指揮建制也已組成。黃福任總兵大元帥，何祥任二元帥，黃耀庭、何崇飆、蔡景福等任元帥，黃公喜、陳怡等任先鋒。鄭士良、劉運榮任軍師，協調統籌一切。同日，在香港接應起義的謝續泰在日記中寫道：「鄭弼臣將軍在惠州升起了獨立的旗幟。《德臣西報》、《士蔑西報》及《香港日報》支持這次運動。」[86]

起義軍還致函香港英文報刊《孖剌西報》（*Hong Kong Daily Press*），稱：「某等並非團黨，乃大政治家、大會黨耳，即所謂義興會、天地會、三合會也。我等在家、在外之華人，俱欲發誓驅逐滿洲政府，獨立民權政體。我等在美洲檀香山、石叻、暹羅、越南、荷屬全島之有才會友，專候號約期舉事。我等本係中國之人，若成功之後，將來設立更革之事，開通中國，與天下通商。我等不恤流血，因天命所在。凡有國政大變更，必須用貴值而得。古史所載之事，將復見於今日。我等欲造反成三百年前所未竟之志。料英、美、日三國亦必守中立之義，且或資助之。一千八百六十二年時，英國借戈登於滿政府，已敗壞我等志向。戈登將軍之助滿政府，殊屬可惜，窒吾等之進步，英國之大政治家亦多憐惜之。戈登將軍甚至欲置李鴻章於死。我等極祈望將來不可再蹈此轍。某等敬求貴報重援。三尖石碑頓首。再者，各外國報請抄錄。」這則聲明以會黨、華僑的口吻，聲明起義宗旨是「驅逐滿洲政府，獨立民權政體」，這和興中會入會的誓詞「驅除韃虜，

---

[85] 譯自〈告示原由與舉旗造反〉（Origin of Manifesto and Raising Flag of Rebellion），《德臣西報》，1900 年 10 月 18 日。按：惠州起義日期歷來有三種說法，一說 10 月 5 日；一說 10 月 6 日；一說 10 月 8 日。後兩說的出入在於認定進攻沙灣日期的分歧。本書認為義軍既於 10 月 5 日在三洲田舉旗誓師、昭示起義，起義日期應據此釐定。

[86] 義軍領導職務據〈江亞二供詞〉及德壽奏報鎮壓起義摺整理；謝續泰日記見其《中華民國革命秘史》。「弼臣」為鄭士良的字號。

恢復中華，創立合眾政府」是一致的，顯示出起義是在興中會的領導下進行的。

不過，義軍當中也夾雜有響應保皇會「勤王」號召的會黨隊伍。據 10 月 14 日廣州報紙報導：「亂黨與深圳黨徒聯成一氣，旗上大書有康、梁、何、鄭、孫等字樣，及保洋滅滿字樣。」[87] 義軍高舉的領袖姓氏旗號，有「康（有為）、梁（啟超）、何（崇飆）、鄭（士良）、孫（文）」等，反映出興中會與保皇會聯合行動的色彩。義軍標幟「保洋滅滿」，明確與早前在北方宣佈「扶清滅洋」的義和團（即上文所指「團黨」）主張背道而馳。其中的「保洋」，當然不是保護列強的侵華權益，而是保護外國人與中國人的經濟、文化和宗教往來。

10 月 6 日早晨 7 時，黃福、鄭士良等統領義軍，攻佔清軍前鋒駐紮的沙灣，斃傷清軍數十人，繳獲全部武器。起義首戰告捷，義軍的動向備受關注。當時盛傳義軍將要乘勝西進，進取深圳墟，攻打新安縣城。新安、虎門的會黨首領江恭喜等人已經按計劃聚眾數千人，準備會合三洲田義軍，一起攻城；港英當局也聞訊派要員到深圳，觀察動靜。然而，此時鄭士良正好收到孫中山從台灣發來的電報，要求義軍取道東北，直趨福建廈門地區，以便就近從台灣獲得軍火款項接濟。於是，鄭士良「乃集眾於橫崗，改變方向」。[88] 當天義軍離開沙灣，經橫崗轉道向東北行進，於傍晚到達龍崗，與當地三合會首領陳廷及所部 1,000 人會合。此時，起義軍增加到 5,000 人。次日，義軍離開龍崗，向正北 50 里外的新墟（今屬惠陽市）進發，當晚在新墟宿營。

8 日清晨，義軍在新墟附近的打禾崗迎戰來自惠州的清軍，斃傷數十

[87]　轉引自〈南省大事記〉，香港：《中國旬報》，1900 年第 27 期。

[88]　陳春生：〈庚子惠州起義記〉，《辛亥革命》第 1 冊，第 237 頁。

人，繳獲 60 支來福槍、6 匹馬，俘虜 15 人。義軍隨即兵分兩路，一路於當晚進佔正北方的鎮隆，威逼惠州；義軍大營則從新墟向東北方的平潭挺進，途中曾有土豪率三四百名村民扼守關口，阻擋義軍前進，但義軍從後側發起攻擊，奪取關口通道，當天順利進取平潭。[89] 鄭士良、黃福親率的義軍大營在平潭駐紮兩晚之後，向東南方的白芒花轉移。12 至 13 日，義軍大營駐紮在白芒花。村民簞食壺漿，慰勞義軍；義軍則用錢購買取自村民的供應品。

10 月 8 至 13 日，三洲田義軍各部活躍於惠州東南數十里內的村鎮之間，累積小勝。14 日，義軍大營在向三角湖轉移過程中，與清軍提督劉邦盛、副將莫善積率領的 1,500 名清軍遭遇。義軍英勇反擊，斃敵 200 人，將 300 敵人趕入水中，迫使餘敵向 20 里外的惠州逃竄。是役，義軍繳獲 500 支來福槍、500 箱彈藥和 17 匹馬等，俘敵 40 多人，其中包括歸善縣縣丞杜鳳梧。俘虜中的 19 名湖南人被斬首，惠州籍的俘虜被剪去辮子，充當義軍的挑夫。

15 日，三洲田義軍在平潭、永湖、鎮隆等地與清軍展開激戰。博羅會黨首領梁慕光等人也起兵圍攻博羅城，惠州知府急令毀斷博羅至惠州的浮橋，以免各地義軍夾擊惠州。據報導，義軍曾分別利用平潭及馬鞍墟的蔗林，伏擊來犯的清軍。「廿二三日，會黨迫近惠州府城，在距城約二十里之馬鞍墟。該處遍野蔗林，會黨乃虛豎紅旗數面，飄拂林中。時提督鄧萬林株守城中，見賊勢逼近，乃率各營勇望蔗林進發，遙槍擊之。不料會黨分其黨羽，兩翼包抄而至，所用多無煙新槍，銳不可當。官軍抵禦不住，而各勇

---

[89] 參見〈江亞二供詞〉，1900 年 10 月 26 日卜力致張伯倫電報，英國殖民地部檔案 C.O.129/300，第 343 頁；陳春生〈庚子惠州起義記〉、張友仁等〈庚子惠州三洲田起義查訪錄〉，《廣東辛亥革命史料》，廣東人民出版社，1981。各資料所記戰績及作戰日期或有出入。

又皆新募，未經戰陣，槍炮器械亦鮮精良，相率棄械逃潰。」[90] 然而，由於清軍蜂擁而至，義軍各部最終放棄進攻惠州，陸續向東開拔，移師平山（今惠東縣）各村鎮。

16 日，撤離永湖的義軍遭遇淡水及惠州清軍共 5,000 人的截擊。該部義軍僅有上千人槍，卻大敗清軍，繳獲槍支五、六百，子彈數萬發，俘敵數百人。清軍提督鄧萬林中槍墮馬，狼狽而逃。同日，義軍大營從三角湖進抵楊花墟，候選訓導、士紳楊開第等率鄉親數百人加入起義軍，帶動三角湖至楊花墟之間各村村民主動向義軍提供給養。

18 日，義軍進抵崩崗墟，遭遇隔河清軍六、七千人的攔截。義軍依託高地，與清軍接戰。入夜，又以小隊襲敵。次日清晨起，雙方再度激戰數小時，清軍敗退，義軍因彈藥將罄，未便追擊，遂進至黃沙洋宿營。

19 日，義軍大營進駐三多祝，號令各方會眾，共約二萬人，分駐白沙等村落。此時，有蕭姓村莊結集村民、團練 3,000 人，依託圍牆、炮樓，抗禦義軍。義軍以陣亡 12 人的代價，攻入村內，斃敵上百人，焚燒房屋 200 間，繳獲 500 支土槍和 4 匹馬。義軍隨後搶掠該村，掠去上萬元和許多值錢的物品，義軍紀律開始鬆懈。

從當天到次日，義軍還與分別從惠州、廣州趕來的各路清軍展開激戰。都司吳祥達率哲字左、中、右營，分三路進攻三多祝、黃沙洋等地，副將莫善積督喜字營助戰。20 日上午 10 時至下午 2 時，義軍在離三多祝兩三里外的地方與清軍殊死決戰。清軍以野戰炮猛轟義軍陣地，義軍缺乏彈藥，被迫於下午 5 時開始退卻。清軍隨即於 21 日佔領三多祝和黃沙洋。是役，清軍傷亡慘重，義軍軍師劉運榮、元帥何崇飆等將領及部眾五六百人也英勇陣亡。與此同時，海豐會黨數千人，河源、和平兩縣會黨各千餘人，曾

---

[90] 〈廣東惠州亂事記〉，《中國旬報》，1900 年第 27 期。

分別進攻所在縣城，以共襄大義。但在各路清軍圍剿下，很快失敗了。

三洲田義軍進抵三多祝之時，日本友人山田良政從香港取道海豐，傳達孫中山在台灣的指示：「情勢突變，外援難期，即至廈門，亦恐徒勞。軍中之事，由司令自行決止。」[91] 這是因為孫中山在台灣爭取日本殖民當局援助的活動接連受挫，依靠日本朝野支持、從海外接濟起義軍的計劃最終成為泡影。

10月21日早上，起義軍大營被迫退往離三多祝10里外的雙金墟。其餘義軍約3,000人退往七石，與分駐該地及公平、稔山等地的數千海豐會黨武裝一道，繼續抗擊清軍。山田良政因迷途而被清軍捕獲，殺害於三多祝西墟門口。事後，孫中山多次對山田良政的犧牲表示懷念和哀悼，稱譽「此為外國義士為中國共和犧牲之第一人」。[92] 山田良政的同鄉、當時也在起義軍中的日本友人櫛引武四郎則和義軍一起突出重圍。後來，櫛引武四郎繼續參與孫中山領導的中國革命，1913年在「二次革命」中戰死於南京。

在清軍分割、圍剿下，鄭士良、黃福等人領導的義軍大營無法會合海豐的會黨武裝，被迫再度退往三多祝以南的平政墟。清軍悍將吳祥達窮追不捨，27日再敗義軍大營於黃埔。義軍被迫沿海岸退卻，打算渡海返回三洲田大寨，以圖再舉。於是在黃埔分兵西行，向大亞灣東岸的巽寮集結，謀攻平海。清軍調集水陸兵力，於同月30日搶先抵達平海。義軍轉往赤岸，列陣固守，與追剿而來的清軍展開激戰，損失極重，接應義軍的船隻也大多被清軍炮火擊毀。11月1日，鄭士良等人見事已無可為，遂遣散部眾，暫避香港。三洲田起義在歷經27天戰事之後，終告失敗。

鄭士良、黃福等義軍領導人從鹽州江乘船出海，於11月2日抵達香港。

---

[91]　宮崎滔天：《三十三年之夢》，第241頁。

[92]　《孫中山全集》第6卷，第235頁。

義軍餘部四、五百人也相繼流亡香港，旋轉往南洋等地避難。清軍隨即在惠州所轄各縣及新安、東莞等縣大肆搜捕參加起義的會黨骨幹，焚毀三洲田大寨及支持起義的村舍。數月間，各地被捕的起義骨幹成員達 500 多人，先後遇害。其中，歸善縣各村約 300 人，新安縣各村約 200 人。[93]

楊衢雲之死

惠州起義之時，興中會會員史堅如等人也在廣州加緊活動，響應起義。史堅如（1879-1900），原名文緯，字經如，出身官宦世家。先祖為浙江紹興人，後遷居廣東番禺。1899 年，史堅如經日本人原口聞一介紹，前往香港拜會陳少白等人，加入興中會。其後隨畢永年遊歷湘鄂，聯絡會黨；又赴日本東京，會晤孫中山。1900 年惠州起義後，史堅如聯同宋小東等興中會會員，租用靠近署理兩廣總督德壽住處的民房，用挖地道、埋炸藥的辦法，企圖炸死德壽。不料，點燃引信後，炸藥沒有爆炸。10 月 28 日，史堅如再度前往該民房，點燃引信，然後到西關教堂等候消息。可是，炸藥爆炸後，竟然得知德壽安然無恙。史堅如不顧同志勸阻，冒險返回原處查看情形，圖謀再舉。不幸被偵探郭堯階捕獲，旋被押往南海縣衙，嚴刑逼供。其間，創辦廣州格致書院的美國牧師尹士嘉（O. F.Wisher），因史堅如是該書院的畢業生，特來營救，但清朝官府稱其已供認不諱，拒絕開釋。11 月 9 日，史堅如被處決，時年僅 22 歲。

史堅如犧牲，使興中會同寅深感悲痛。李紀堂等人聞訊，當即派陸柏舟和蔡堯到廣州，秘密殮葬史堅如的遺骸。1912 年中華民國成立後，廣東省政府重新為其建墓立碑。1918 年，孫中山在《孫文學說・有志竟成》中

---

[93] 據《宮中檔光緒朝奏摺》相關卷宗，轉引自莊士發：《清代天地會源流考》，台北：台灣故宮博物院，1981，第 169 頁。

史堅如

寫道：「史堅如被擒遇害，是為共和殉難之第二健將也。堅如聰明好學，
真摯誠懇，與陸皓東相若；其才貌英姿，亦與皓東相若。而二人皆能詩能畫，
亦相若。皓東沉勇，堅如果毅，皆命世之英才，惜皆以事敗而犧牲。元良
沮喪，國土淪亡，誠革命前途之大不幸也。而二人死節之烈，浩氣英風，
實足為後死者之模範。每一念及，仰止無窮。二公雖死，其精靈之縈繞吾
懷者，無日或間也。」[94]

　　不過，與陸皓東被捕後的表現不同的是，史堅如在慘遭拷問後，除招
供出宋少東等廣州同黨之外，還供出在香港指揮、接濟的楊衢雲。關於後
者，按有其手印的供詞稱：「我在今年八月認識楊衢雲，他見我熱心，便

[94]　《孫中山全集》第 6 卷，第 235 頁。

指派我為廣州總辦，不過未給委任狀。」「楊衢雲叫我監管通過滙豐銀行滙到（廣州）沙面分行的款項，可以我的名義，每次分期提取 1,000 元，交給宋少東使用。」此外，史堅如在供詞中，始終不肯承認他曾經見過孫逸仙，以及康有為、梁啟超。署理兩廣總督德壽由此得知史堅如的幕後指揮者是楊衢雲，於是在同年 11 月 23 日致函香港政府，要求港府逮捕楊衢雲，並將其引度到廣州。[95]

後來，史堅如供詞還引出一段鮮為人知的故事：1911 年辛亥廣東光復後，革命黨人從南海縣衙搜獲史堅如供詞的原件。其後，同盟會員、廣東畫家高劍父決定將這份供詞拍成照片，公開發表，惟感覺內中有「部分不妥的句語」，但又不忍將此珍貴史料湮沒，於是「隨手就把紅油墨潑在供詞上。」「外間不知原委的，估量是史烈士的血蹟所渲染，那是猜錯的了」。[96]

卻說史堅如供出楊衢雲之後，南海縣衙又捕獲史堅如的同黨、西醫及基督教徒楊香甫。楊供稱，他於同年農曆七月在香港的《中國日報》報館舉行的會議上，認識楊衢雲和史堅如。楊衢雲將暗殺朝廷官員的密謀告訴他。農曆八月，史堅如邀請他再去香港見楊衢雲，楊衢雲邀他們和陳少白、王質甫、鄧蔭南、李紀堂等人，在《中國日報》報館商議計劃。楊衢雲說，最好從各處秘密運送炸藥，同時爆炸，一舉致命。楊衢雲要楊香甫擔任這一任務，楊香甫告以責任重大，不敢承擔。史堅如於是提出，他的家僕宋少東可以負責此事。於是楊衢雲購置炸藥，發往廣州，由宋少東收藏。這一招供，進而指證楊衢雲策劃爆炸兩廣總督衙署的幕後責任。於是，德壽

---

[95]　譯自英國殖民地部檔案 C.O.129/305，第 502、508 頁。供詞所說的「八月」，應屬農曆。

[96]　陸丹林：〈史堅如口供的紅痕〉，《革命史譚》，重慶：獨立出版社，1945，第 186 頁。史堅如供詞照片最先發表於上海《良友畫報》，1929 年第 35 期。

在 12 月 26 日再次致函香港政府，要求引渡楊衢雲到廣州受審。[97] 與此同時，德壽還吩咐負責緝捕廣東亂黨的李家焯部署刺殺楊衢雲的報復行動。

先是，惠州起義期間，南海縣知事裴景福曾派縣吏植槐軒帶領廣州興中會叛徒陳廷威到香港，企圖招安楊衢雲等人。據陳少白憶述，楊與植、陳二人商定議和三條件：一、任用起義首領為道府官職；二、準帶軍隊五千；三、賞大洋若干萬。楊將此條件告訴陳少白，建議乘此機會謀和，「等到勢力養足，再從他們內裏反出來，成功自易。」陳少白當即反對，楊辯解說，他已寫信給孫中山，勸其照辦。不久，陳少白接到孫中山從台灣發來的電報，上面只寫「提防七指」四個字。暗喻提防楊衢雲。因楊少年時當過機械學徒工，不慎軋斷右手的食指、中指和無名指。隨後，陳還收到孫寄來的信件，指示不要理睬楊的議和主張，「只照已定辦法辦去，但要謹防他，無使有意外的動作。」信中附有楊寫給孫的議和信，孫吩咐「看畢可即燒

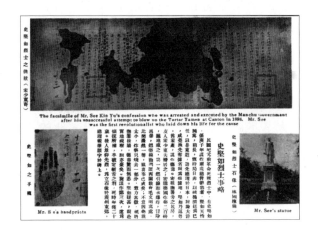

■ 1929 年上海《良友畫報》第35 期刊載的史堅如供狀及其手模、石像照片。

[97]　譯自英國殖民地部檔案 C.O.129/305，第 509-512 頁。楊香甫事，又見廖平子：〈史堅如案拾遺〉，《辛亥革命》第 1 冊，第 250 頁。

■ 楊衢雲遇刺的樓宇

去，以存忠厚。」陳於是燒掉楊的信件。[98] 惠州起義失敗後，廣東官府當然不再施行招安政策，加上獲悉楊是史堅如爆炸兩廣總督衙署的幕後首犯，於是惱羞成怒，必欲置之死地而後快。

當時，楊衢雲住在香港上環的結志街 52 號二樓，自設教館於廳房，教授學童學習英文，以養家小。有同黨人風聞清廷將派人刺殺楊衢雲，多勸其離港避難。楊慨然回答：「男兒死則死矣，何避為？吾寧授徒以養妻子，不忍虛糜公款，俾立一好模範，為同人先。」[99]

1901 年 1 月初，李家焯在廣州召集會議，部署暗殺楊衢雲事宜。決定派乾元炮船管帶楊貞全與水勇陳臨濟（又稱陳林仔），以及李家焯手下兵勇鄧忠、徐福等四人，於 7 日從廣州乘船到香港，會合已經在香港監視楊衢雲的兵勇李桂芬（真名廖珠，又作呂超），以及李家焯的一名軍官，共同

---

[98]　陳少白：〈興中會革命史要〉，《辛亥革命》第 1 冊，第 69-70 頁。

[99]　馮自由：《革命逸史》初集，第 5 頁。

匿藏在港人吳瑞生（又稱吳老三）家中。同月10日傍晚約6點半鐘，陳、鄧、徐、李四人乘學童在楊宅上學之際，由徐福在結志街與鴨巴甸街交界處望風，其餘三人直奔楊宅後巷，隨即上樓，李桂芬把守樓梯口，陳、鄧二人近距離向楊衢雲開槍射擊，楊身負重傷，昏倒在地。學童大驚而散，兇手趁亂逃脫。香港警察趕到，將楊送入醫院搶救。醫生從楊身上取出子彈三枚。次日早晨，楊終因流血過多，傷重不治而逝，享年40歲。

其後，英籍醫生卑路在法庭作證說，楊臨死時曾稱：「當晚兇手向未謀面，想必是省官委人來港所為，望英政府設法辦理。」又稱：「未遇事之前兩月，有名阿廣者到稱，吳瑞生晉省，與某方伯相酌，設法害爾，事若可成，酬銀二萬元。」[100] 陳臨濟等兇手回到廣州之後，德壽賞銀三萬兩，晉升陳為千總，派守廣州南石頭炮台，其餘除分領賞銀外，各授予五品功牌。

楊衢雲被刺的噩耗傳到日本橫濱，孫中山與尢列等興中會同寅十分悲痛，「晚膳皆不能下咽」。孫中山決定「出名主喪，制為訃音，發寄中外，以表其哀忱。」1月26日，孫、尢等人舉行追悼會，尢列向與會者介紹楊衢雲的生平事蹟，孫中山號召與會者為楊衢雲善後捐款，當場籌集捐銀1,000多元。2月13日，孫中山致函謝纘泰，告以在橫濱「為楊君略盡手足之義之情形」，並稱「哀慟之情，彼此自不言而喻」，請謝將其在日本印發的悼念楊衢雲的訃告，代為寄送楊衢雲的其他朋友。[101]

在香港，一些大洋行和外國人共捐款1,000多元，連同日本募集的款項，一併存入許以較高利息的銀行，讓楊衢雲的家人可以逐年收息為生。港府特批楊衢雲的兒子免費進入官立學校讀書。楊衢雲出殯之日，沿途相送者達數百人，港府派出便衣警察，沿途護衛。根據楊衢雲遺願，靈柩下葬在

---

[100] 〈臬廳提訊謀殺楊衢雲案〉，《香港華字日報》，1903年5月21日；〈臬案續錄〉，《香港華字日報》，1903年5月22日。

[101] 尢列：〈楊衢雲略史〉；《孫中山全集》第1卷，第206頁。

位於跑馬地香港墳場的楊衢雲墓

當時屬於外國人公墓的跑馬地基督教墳場。為避免不測,同年年底由親友捐資建立的墓碑沒有刻寫姓名,只有編號 6348。

後來,謝纘泰在《中華民國革命秘史》中寫道:「楊衢雲是一個思想高尚的人,獻身事業,忠心耿耿。真實而論,他是為自由、獨立事業殉道的最為高尚的中國愛國者之一。」[102]

楊衢雲死後,噩耗再度降臨興中會頭上。同年 8 月 27 日(農曆七月十四),鄭士良與香港興中會同志聚飲於水坑口宴瓊林酒樓,席間突覺不適,離席途中已倒斃於人力車上,享年 38 歲。經警局醫官檢驗,查無傷痕,稱係中風所致。也有說是清吏買兇,下毒謀害。孫中山聞訊,悲痛異常,專門派人到香港唁慰,並給款撫恤遺族。

---

[102] 譯自該書第 20 頁。

港督卜力因廣東官府無視英國在香港的殖民管治，公然派兵到香港島街區行兇殺人，憤而要求英國政府向清朝總理衙門交涉施壓，要求緝拿殺害楊衢雲的兇手，賠償楊衢雲家人撫恤金 50,000 元。在港英政府壓力下，1901 年 2 月，李家焯藉口陳臨濟通匪，將其斬首滅口。同年 10 月 3 日，涉嫌參與謀殺楊衢雲的港人吳瑞生（又名吳老三）被港府驅逐出香港。1903 年 3 月，李桂芬在重回香港時，被香港警察緝拿歸案。5 月 20 至 21 日，香港法院傳召各方證人，進行審訊，決定將李判處絞刑，同年 6 月 17 日，李桂芬被處死。

第四節　反省善後與孤注一擲

孫中山反省善後

香港興中會成立後的 5 年間，先後組織的兩次起義都迅即遭受失敗，陸皓東、史堅如、楊衢雲、鄭士良等會中精英接連捐軀。面對慘痛的挫折，孫中山在日本開始對昔日的行動進行深刻的反省，同時鍥而不捨地繼續探索新的征程。

孫中山反省後的第一個心得，是覺察國人對於興中會在 1895 年廣州起義初次失敗和 1900 年惠州起義第二次失敗的評價以及民心的向背截然不同。後來，他寫道：「當初次之失敗也，舉國輿論莫不目予輩為亂臣賊子，大逆不道，咒詛謾罵之聲，不絕於耳。吾人足蹟所到，幾視為毒蛇猛獸，而莫敢與吾人交遊也。惟庚子失敗之後，則鮮聞一般人之惡聲相加，而有識之士且多為吾人扼腕歎息，恨其事之不成矣。前後相較，差若天淵。吾

人睹此情形，中心快慰，不可言狀，知國人之迷夢已有漸醒之兆。」[103]

　　當時，孫中山感受的國人心理變化，主要來自他在日本和各省留日學生的接觸與交往。起初，一些留日學生認為孫中山不過是「廣州灣之一海賊」；「充其量一個草澤英雄」。可是，1898年5至7月，宮崎滔天將《倫敦蒙難記》一書譯成日文，改題目為《清國革命領袖孫逸仙幽囚錄》，在日本福岡的《九州日報》上連載，孫中山的反清革命事蹟開始在日本得以正面傳播。越來越多的留學生在與孫中山交談之後，大都敬佩他反清排滿的堅毅意志和規劃中國未來前景的遠大抱負，轉而由衷地推崇他為中國革新運動的新領袖，認為「康（有為）梁（啟超）過去人物，孫公則未來人物也。」

　　鑑於留學生愛好新學，熱心探求中國革新乃至革命的救國之路，孫中山反省後的第二個心得，就是加強與海外各省留學生的聯絡，以便將來籌組全國性的革命團體，擺脫興中會主要由廣東人組成的局限性。他接見來訪的留學生，參加他們的聚會，資助他們創辦刊物，宣傳革新乃至革命的主張。馮自由憶述說：「總理（孫中山）自庚子一役失敗之後，即有意號召各省同志組織革命大集團，以鑑於己亥（1899）秋與梁啟超聯合組黨計劃之功敗垂成，遲遲未敢著手。辛丑（1901）、壬寅（1902）間為留東革命團體最蓬勃時代，留學生某等屢請總理乘勢擴張興中會，總理均以徐圖機會答之。」[104] 孫中山不願繼續擴張興中會的決策，導致各地興中會自1900年惠州起義失敗之後，極少吸收新會員。孫中山在海外組建革命組織，也不再使用興中會的名義。

　　興中會在組織兩次反清起義期間昭示的未來目標，都包容著君憲革新與共和革命的兩種選項。其中，何啟等人主張的君民共主的君憲革新方案一直是興中會對外頒佈文告的主調，孫中山主張的共和制目標僅僅隱現在

---

[103]　《孫中山全集》第6卷，第235頁。

[104]　《革命逸史》第4集，第18頁。

他尋求外國援助的言論中。庚子惠州起義期間,孫中山和興中會實行與康有為保皇會聯合行動的策略,導致起義軍同時打出康、梁、孫的姓氏旗號。這種君憲遮蔽共和、革新混淆革命的政治混沌狀態,雖然是共和革命緣起於君憲革新的初始表現,卻也反映出當時孫中山的共和革命思想尚未鮮明成型,這一思想也還未成為反清政團的共同主張。如何才能旗幟鮮明地表達自己的共和革命主張,呼喚志同道合者組織全國性的革命團體,與主張保留滿清王朝的保皇會、主張保留帝制的君憲革新方案劃清界限,這是孫中山深刻反省的問題。他經反省後形成的第三個心得,將在 1903 年後的形勢變遷中充分展現出來。

在此之前,孫中山需要利用香港政府驅逐令到期失效之機,秘密潛返香港,探訪留在那裏的戰友和家人,處理楊衢雲、鄭士良犧牲之後的香港善後問題。1902 年 1 月 28 日,孫中山乘坐日本輪船抵達香港,入住士丹利街 24 號《中國日報》報館三樓,與居港家人及戰友團聚。孫中山冒險在香港登岸居留,立刻引起報刊記者的關注。《德臣西報》以〈孫逸仙在香港〉為題,及時披露孫的行蹤:

「舉世聞名的中國改革家孫逸仙已返回本殖民地。我們通過非官方而又完全可信的渠道獲悉,他正和另一位著名的改革家暫住在士丹利街。他穿著歐洲服飾,行動頗為自由。他在日本住了相當長的時間。鑑於最近一位香港改革者被綁架,以及一位擔任教師的改革者在結志街被暗殺,他來到如此接近中國的地方,正冒著極大的危險。他這樣做,似乎是為了進行某種十分重要的活動。我們認為,雖然本殖民地曾對他發出一定期限的放逐令,但顯然此令已經過期。」

孫中山行蹤既已公之於眾,港府於是作出反應。在英籍警長「奉命諷使」下,孫中山於 2 月 4 日(農曆十二月二十六日)乘英國輪船離開香港,

前往日本。[105] 此後，港府再度重申驅逐孫中山出境的法令，為期 5 年。

此次孫在港居留，為期僅一周。在這段短暫而難得的日子裏，「行動頗為自由」的他去過甚麼地方、見過甚麼人，史無記載，無從稽考。他返回日本之後，監視他的日本官員分析說：「清國流亡者孫逸仙本月 17 日由橫濱出發赴香港的目的，是與同志會合研究善後辦法。到港後，有引起各國注意之嫌。本人見此情形，認為必須儘快離開英領。」[106]

謝纘泰與洪全福起義

楊衢雲犧牲之後，謝纘泰成為興中會中「楊派」餘部的首領。他決定撇開孫中山，發動省港兩地的三合會，重組廣州起義。

謝纘泰是一位具有豐富想像力和創造精神的革新家。他在進行政治活動的同時，還在科技發明和政治漫畫製作方面都嶄露才華。據他本人自述，他在 1894 年就嘗試設計飛艇，並且解決飛艇在空中飛行的技術問題。1899年，他將飛艇設計圖寄給英國發明家馬克沁爵士（Sir H. S. Maxim），外國多家附有插圖的報刊因此刊載謝的飛艇設計圖。在中國，上海《萬國商業月報》1908 年第 2 期刊載謝的肖像及其設計的飛艇圖。1910 年，上海《小說月報》第 4 期發表〈中國發明飛艇家謝君纘泰小傳〉一文，將其設計飛艇與中國古代發明火藥、羅盤、印刷術的傑出成就相提並論。[107]

---

[105] 譯自《德臣西報》，1902 年 2 月 1 日、謝纘泰：《中華民國革命秘史》，第 21 頁。謝稱孫離港日期為 2 月 3 日，但日本駐港領事報告稱是 2 月 4 日（參見《孫中山年譜長編》上冊，第 274 頁）。謝此次居港事，還可參見馮自由：《革命逸史》初集，第 68 頁。惟馮自由在《中華民國開國前革命史》上編，第 173 頁稱：孫中山於同年 1 月 18 日（農曆十二月初九）至 24 日（農曆十二月十五），居住於上環永樂街的《中國日報》報館。馮自由此說應屬憶述錯誤。

[106] 轉引自《孫中山年譜長編》上冊，第 275 頁。

[107] 參見袁鴻林等：〈謝纘泰與「中國號」飛艇〉，北京：《中國民航學院學報》，1984 年第 2 期。

■ 謝纘泰

在政治漫畫製作方面，1898 年農曆六月，謝感憤於外憂內患，製作一幅警醒國人認清列強瓜分中國危機的時事漫畫，題為《時局全圖》（*The Situation in the Far East*）。畫中描繪幾種動物分別盤踞於中國版圖的北方、南方和東方。頂頭文字說明：「熊即俄國；犬即英國；蛤即法國；鷹即美國；日即日本；腸即德國。」他在漫畫左上角題詩一首「沉沉酣睡我中華，那知愛國即愛家？國民知醒宜今醒，莫待土分裂似瓜」。落款是「戊戌六月，開平謝纘泰寫於香港」。據說，這幅漫畫「首發於香港輔仁文社社刊」。[108] 果如是，則可推論輔仁文社在其主要成員於 1895 年加入香港興中會之後，該社至少繼續活動到 1898 年。惟惜該社社刊至今蕩然無存，因此《時局全圖》究竟最早發表於何處，已難證實。

《時局全圖》發表時的原稿是黑、白兩色。1899 年 7 月 19 日，謝纘泰讓當時在日本的楊衢雲在日本出版該漫畫的彩色滑稽版，外國眾多畫報紛

---

[108]　畢克官：《中國漫畫史話》，百花文藝出版社，2005，第 14-15 頁。關於謝纘泰此圖的由來，還可參見馮自由：〈三十九年前之東亞時局形勢圖〉，《革命逸史》初集，第 42 頁。

紛轉載，謝因此受到香港政府輔政司的盤問。[109]

　　彩印的《時局全圖》很快傳入中國內地。1903 年 12 月，蔡元培等人在上海《俄事警聞》報創刊號上轉載這幅《時局全圖》，惟畫面刪去上述文字說明以及詩文與落款，另以「現勢」為題，撰文說明該圖的寓意和由來。其中寫道：「這一張圖，叫做《瓜分中國圖》，前年有一個人從英國新聞紙上譯出來的。」「翻譯這一張圖的人姓謝，是香港地方印的，五彩鮮明，上海別發洋行寄賣。」[110] 如此說來，謝纘泰不是此圖的原作者，而是翻譯者。孰是孰非，還有待查閱最先刊載此圖的昔日「英國新聞紙」以作考證。

　　此後，有人在 1901 至 1904 年間進一步改繪這幅《時局全圖》，並改用粵語方言作為說明文字，向海外華僑廣為傳播。

　　其詞曰：

　　「使乜思疑，時局分明睇吓便知。你睇俄國好似一隻大熊，狼到極地。張牙伸爪，以惡為題。踏寶山、陝、遼東，兼及直隸；滿洲、蒙古，都係佢胯下東西！佢仲心心想著吞高麗，又把眼神插住個個哈爾齊齊。若然俾佢來咬噬，片地將來被佢踏低。佢見著人就亂屠，村就亂燬，當你地唐人性命賤過沙泥！

　　仲怕有個法人同佢合計，你睇佢伸開臂膀，係一隻大田雞。佢坐實安南來造過底，仲話暹羅個便都是任佢施為。四川爬到兼雲貴，瓊州攬住仲話要兩粵東西。怕佢竭聲來一吠，箇陣川、廣、雲南就惹問題。

　　故此英國好似一隻大蟲，同佢抵制。蟠埋兩廣誓不輸虧。佢就全身枕住箇長江位，又見膠州入了德國箍圍。故此伸尾搭埋威海衛，預備俄人南

[109]　譯自《中華民國革命秘史》，第 15 頁。

[110]　〈現勢〉，上海《俄事警聞》，第 1 號，1903 年 12 月 15 日。

下，佢就發起雄威。寧可左眼暫留時半閉，等佢飢鷹側翅插下個面花旗。

仲有東洋一箇如唇齒，都話同文同種兩兩相依，點想佢又光射卻台灣去，仲有層層光射影入迷離。

唉，我好笑好嬲，還有箇隻蝦仔，佢一身鹹氣仲八字鬚仔飛飛。枉費你中原如許大地，總係一角呢埋冇的作為。睇佢大睡長眠猶是未起，佢仲張開羅網等你起腳難飛。俾的者也之乎迷住你，俾的弓刀大石等你越練越頑皮。造官的揸住箇金錢來做生意，兜肚陰虛實在惡醫！箇的財主人家諸事懶理，酒色暈迷樂此不疲。點知到外便，仲有好多謀住你，立刻時常會起禍機。況今日事已臨頭，收手未易。若係你地華人唔發奮，仲等到乜天時！」

1940年，中國留美學者朱士嘉在美國華盛頓國立檔案館發現改繪後的彩色《時局全圖》，圖中增加四個分別閒坐、昏睡、享樂、圖利的清朝官

員和一個陪飲婦人的中國人形象；先前比喻侵華列強的圖形也稍有改動，將比喻英國的圖形由犬改為虎。[111] 朱士嘉將其攝製後帶回國中，迅即為眾多的歷史著述和教科書使用，至今仍然是警醒國人勿忘國恥的生動教材。

謝纘泰在飛艇設計與漫畫創意方面顯示出跨時代的創新精神，可惜他在重組廣州起義的政治活動中，卻未能同樣展現創新的思路，反而墮入「反清復明」的會黨造反舊套路中。

謝纘泰的父親謝日昌原是三合會的資深前輩，與在省港三合會中頗具威望的洪全福相識。洪全福（1835-1904），原名春魁，字其元，祖籍廣東花縣（今花都市）。據說他是太平天國天王洪秀全的族侄，參加過太平軍，受封為瑛王，太平天國失敗後隱居香港。據謝事後憶述，1899 年 11 月 19 日，他結識洪全福。1901 年楊衢雲遇刺後，他急欲復仇，遂與其父商議，請洪全福出面組織廣州起義，洪當即贊成。同年 9 月 26 日，他將此計劃告訴李紀堂，並稱攻取廣州後，將組建臨時政府，由中國第一個留美博士容閎擔任總統，李慨然同意以財力贊助。10 月間，謝纘泰、謝日昌、李紀堂、洪全福等人幾度聚會，商議廣州起義計劃。

1902 年 7 月，洪全福在香港德忌笠街 20 號 4 樓設立起義總機關，取名和記棧。他從此將「春魁」原名改為「全福」，希望托洪秀全的福蔭，成就反清復明大業。他自稱「大明順天國南粵興漢大將軍」，任命曾經參加惠州起義的興中會會員梁慕光，以及在廣州芳村德國天主教堂擔任國文主任教員的李植生，在廣州設立多個機關，購置軍械、服裝，準備起義。同時聯絡廣州附近各縣的會黨，分別牽制當地清軍，接應廣州起義。12 月 27 日，謝纘泰派其弟謝纘葉作為他的代表，與洪全福一起離開香港，前往廣州。29 日，在廣州芳村與會黨各首領會晤，部署起義事宜。起義時間預定

---

[111] 〈時局圖題詞〉，《近代史資料》第 1 期，北京：科學出版社，1954。

在 1903 年 1 月 28 日（農曆十二月三十）夜晚，趁廣州官府文武官員循例齊集萬壽宮行禮之際，縱火為號，炸毀萬壽宮。城內各路乘勢而起，佔據軍械局，奪取各衙署，佔領廣州城。

謝、洪二人部署起義期間，李紀堂雖然全力贊助軍餉，卻不願將此事瞞著孫中山、陳少白等興中會首領。1902 年年底，孫中山在越南河內約陳少白往會。李紀堂對陳少白說：「吾與續泰不日可在廣州起兵，待奪得省城時，即迎中山先生返粵，一切宗旨與興中會相同，可無過慮。」李還贈孫旅費一萬元，托陳少白帶給他。[112]

1903 年 1 月 25 日，洪全福和謝續葉經澳門前往廣州，準備指揮起義。不料，他們走後不久，香港警署接獲密告，立即派警察搜查德忌笠街的總機關，搜獲會黨簿據及起義告示，隨即通報廣東官府。與此同時，已在廣州收取起義軍購置武器款項的陶德洋行也向廣東官府告密。於是，清軍在廣州城內展開大搜捕，各起義機關全遭破壞。梁慕義、梁慕信等數十人被捕，此後梁慕義等 10 餘人被殺，李植生之子李順等被判監禁 20 年。謝續葉、梁慕光、李植生等人分道逃回香港。洪全福剃去鬍鬚，化妝逃往澳門，後藏匿於香港九龍，旋流亡新加坡。

在此期間，廣東官府曾懸重賞緝拿洪全福：生獲，賞兩萬元，官守備；致死，賞一萬元，官千總。緝捕管帶李家焯的部下張佐庭竟然將其貌似洪全福的義父吳六，騙到香港鳩殺，然後將屍體運到廣州領賞。這一假屍案被揭破後，在香港引起震動。港督卜力因清吏又到香港殺人，危害治安，請求英國政府向清朝總理衙門施壓，李紀堂、謝續泰也積極協助港府追緝兇手。結果張佐庭被廣東官府捕獲，由英國駐粵領事監斬。

---

[112] 《革命逸史》第 4 集，第 102-103 頁。

其後，洪全福因患喉疾，返港求醫，1904 年 8、9 月間（農曆甲辰年七月）病逝，葬於香港跑馬地墳場第 6781 號墓地。[113]

洪全福起義失敗，給謝氏父子以沉重的精神打擊。1903 年 1 月 27 日，當起義失敗的消息傳來，謝日昌因憂慮和擔心而病倒。3 月 11 日，他病逝於香港，享年 72 歲。4 月 1 日，謝纘泰與英國在港報人肯寧漢（Alfred Cunningham）聯合創辦英文《南清早報》（後改名《南華早報》*South China Morning Post*），從此退出以武力造反來革新中國的政治運動。

不過，謝纘泰在 1924 年出版的《中華民國革命秘史》中，卻為他策動的洪全福起義塗上共和遠景的色彩。他說，起義攻佔廣州之後，將成立臨時政府，由容閎擔任總統。可是，1903 年印製並且流傳至今的洪全福起義文告卻表明，當時謝纘泰策劃的起義目標，不是建立共和政府，而是建立君民共主式的君主立憲政權。

這次起義的檄文、告示等中文文獻，多出自謝纘泰的朋友、興中會會員、香港《中外新報》記者、原《中國日報》主筆洪孝充的手筆，英文宣言則由謝纘泰寫成。兩者都反映出謝纘泰、洪全福等起義領導者和主要參與者的共同思想主張。這些文告的印製情形是：「1902 年 12 月 24 日，《孖剌西報》主編阿弗雷德·肯寧漢秘密印製我們的獨立宣言，為了保密，竟然用石板印刷！」[114]

中文的起義文告包括討清檄文、紀律告示、安民告示、賞格告示等類型，都以「大明順天國南粵興漢大將軍」的名義頒佈。其中，討清檄文宣佈：「本將軍應天順人，弔民伐罪，邀集豪傑之士，爰舉義旗，務滅滿清之政，重興漢室。」安民告示上橫書「公理既明、漢裔可興」八字，文內有「特

---

[113] 陳春生：〈壬寅洪全福廣州舉義記〉，《辛亥革命》第 1 冊，第 315-319 頁。

[114] 譯自《中華民國革命秘史》，第 22 頁。

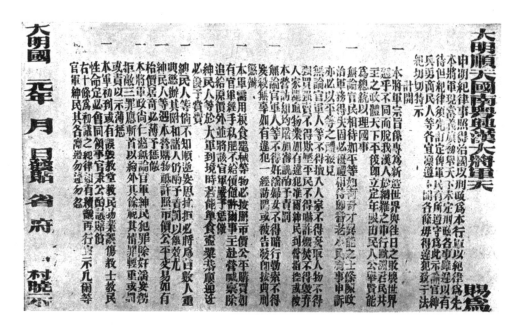

■ 謝纘泰策動洪全福起義時印製的申明紀律告示，
提及「行歐洲君民共主之政體」。

舉義旗，除滿興漢」等語。紀律告示更明確宣佈：「本將軍宗旨，係專為新造世界，與往日之敗壞世界迥乎不同，而脫我漢人於網羅之中，行歐洲君民共主之政體。天下平後，即立定年限，由人民公舉賢能為總統，以理國事。」[115]

英文宣言曾由近代中國學者王興瑞收藏，他翻譯該宣言提出的施政綱領有：「一、在公平的統一的法律之下，全國人民享有自由平等之權利；二、國家法律由全國人民選舉代表制成，並用明文規定之；三、政府管理為人民之公僕，其執行法律須秉持公道，不得魚肉人民，此等管理由國家給予

---

[115] 故宮博物院明清檔案部等編：《清代檔案史料叢編》第 1 輯，北京：中華書局，1978，第 142-147 頁。

豐厚之定額俸金，此外不得有受賄行為。管理之任命，務宜用得其才，一概摒除私情與賄賂。四、人民有納稅之義務，惟稅額之徵收，須完全依照平等比例之原則。政府對於稅收之支配，須有合理的預算，不得任意濫用。五、凡外人以平等之待我，允許華人在其國內自由居住、貿易、開設工廠、設立學校者，我人對之亦應開放門戶，並保護該國在華人民。我政府並應盡速與外人商洽訂約事宜；六、為求國家民族之進步，政府須特別注意發展教育，並保護婦孺。」[116]

上述文告顯示，謝纘泰策動洪全福起義的目標，首先是建立「歐洲君民共主之政體」，實行憲政之治；待天下平定之後，才選舉總統。至於國家的名稱，則是「大明順天國」。之所以要先建立君主立憲的政體，是因為謝纘泰自己說：他在 1899 年 11 月認識洪全福、策劃再次攻取廣州之時，就計劃成功後「建立攝政者領導的聯邦政府（Commonwealth Government under a "Protector"），因為我覺得共和政制對中國和中國人來說都太超前了」。[117] 謝纘泰的這種認識，反映出何啟、胡禮垣系統倡導的君憲革新主張在香港部分知識精英心目中引發的共鳴，以至於他們在舉義造反之時，仍然將君憲政制作為奮鬥的目標。

雖然，謝纘泰與何啟等人都反對滿人繼續當皇帝，因而主張推翻滿清王朝，這比起康有為與保皇會力保光緒皇帝，無疑顯得較為激進；可是，他們沿襲「反清復明」的舊路，主張由漢人取代滿人當皇帝或攝政者，試圖建立介乎於君主專制與民主共和兩端之間的君民共主政制，這與當時孫中山以及一班留日新學少年正在努力探索從君憲革新走向共和革命之路的

---

[116] 轉引自王興瑞：〈清季輔仁文社與革命運動的關係〉；《史學雜誌》創刊號，重慶：1945，第 44 頁。

[117] 譯自《中華民國革命秘史》，第 16 頁。

舉措相比，卻又顯得落伍過時。急劇演進的時代變遷，就這樣將何啟等人倡議、謝纘泰策動的君民共主方案的最後一擊，置於孤注一擲、無以為繼的尷尬境地。

　　隨著謝纘泰退出興中會的政治活動，君民共主的君憲主張不再成為興中會同仁奮鬥的目標選項，曾經挑戰孫中山領導地位的「楊派」也不復存在。從此，孫中山無可爭議地成為香港乃至海內外尋求激進救國方案的中國知識精英們公認的領袖。

第三章 ┃ **共和革命的潮流**

第一節 抉擇共和革命

走向共和革命

在香港乃至中國的近代歷史上，君憲革新與共和革命是先後興起的兩股救國思潮。進入 20 世紀初年，這兩種思潮相互衝撞，勢如水火。可是，在此之前的 19 世紀末，從君憲革新思潮中接受啟蒙而逐漸形成的共和革命思潮，卻曾經與滋潤其成長的君憲革新思潮一起，攜手並進，相濡以沫，共同構成推動中國革新的進步潮流。

因此，興中會的奮鬥目標可以包容君憲與共和的兩個選項。畢竟，實現這兩個目標對於勢單力孤的興中會成員來說，都顯得同樣的遙遠。雖然他們對於這兩個目標的偏好各有差異，可是武力反清卻是他們共同贊成的行動準則。目標選項的二者擇一，可以留待起義成功之後再行解決。

與這種包容狀況相映襯，何啟、胡禮垣在 1899 年合著的《新政真詮‧前總序》，以及在 1900 年為該書作的〈後總序〉中，都意味深長地標明寫於「香江之無可無不可軒」。「無可無不可」一語，出自《論語‧微子》。《論語‧微子》記述孔子評論歷史人物各執一端的處世態度，說：「我則異於是，無可無不可。」意指應該根據情況變化，採取不同的處理方法。何、胡二人因此在《新政真詮‧前總序》中，比附中外古今，指出：「堯舜之世，即今之泰西民主之國也；湯武之世，即今泰西君主之國也；太甲、成王之世，即今泰西君民共主之國也。然不論君主、民主，以或君民共主，要皆不離乎獨重民權。此則今日泰西各國所必由之道，即我中國古帝王不易之經也。」[1] 深受何

---

[1] 《胡翼南先生全集》影印本，台北：文海出版社，1976，第 114 頁。

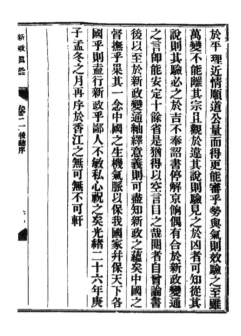

子孟冬之月再序於香江之無可無不可軒

國平則盡行新政平鄙人不敏私心祝之矣光緒二十六年庚

督撫乎果其一念中國之生機氣脈以保我國家并保天下各

後以至於新政變通紬繹意義則可盡知新政之蘊矣中國之

之言卽能安定十餘省是猶得以空言目之哉關者自曾論書

說則其驗必之於吉不奉詔書停解京餉偶有合於新政變通

萬變不能離其宗且觀於違其說則驗見之於凶者可知從其

於平理近情順道公量而得更能審乎勢與氣則效驗之至雖

《新政真詮》寫於香江之無可無不可軒。

啟等人思想薰陶的興中會知識精英，自然對「獨重民權」的君民共主和民主共和兩種方案都抱持兩可的兼容態度。

因此，孫中山雖然向外國人士表示過起義成功後建立共和政權的計劃，可是他也贊成在興中會的對外文告中宣示君民共主的君憲革新目標。1900年8月，他曾領銜署名於遞交港督卜力的平治章程。同年10月惠州起義爆發後，他在寫給劉學詢的密信中，提議起義軍將來攻佔廣州，「先成立臨時政府，以權理政務。政府之格式，先以五人足矣。主政一人，或稱總統，或稱帝王，弟決足下當之，故稱謂由足下裁決」。此外，孫還提議由自己負責兵政，楊衢雲負責財政，李紀堂負責外政，盛宣懷負責內政。[2]

如何詮釋孫中山任由劉學詢決定未來臨時政府的領導者稱總統或稱帝

---

[2]　〈致劉學詢函〉，《孫中山全集》第 1 卷，第 202 頁。

王？後世史家對此爭議未決。相信孫已經矢志共和革命的論者辯稱，此舉只是爭取劉學詢及李鴻章方面援助的策略，故以帝王稱謂打動心存異念者。可是，「策略」說的辯解卻不能進而解釋為何孫中山自惠州起義失敗後就不再施行這一「策略」，不再以允許他人稱帝來謀取援助，反而與同志共同盟誓：「敢有帝制自為者，天下共擊之！」[3] 否認孫中山在此時已有共和革命志向的論者，則舉上述函文為據，認為孫仍然屬於主張君憲革新的改良派（Reformist）。可是，「改良派」的定位不僅無法正視當時孫中山曾經表達過的建立共和政權的目標，而且草率地將孫中山與康有為等史家公認的改良派並列，也無法詮釋雙方政見迥異、行動背道而馳的眾多史實。顯然，罔顧興中會包容君憲與共和兩種目標選項的事實，勢必各取一端地評論孫中山的政見，從而陷入無法自圓其說的偏頗困境。

這裏，還需要對史家同樣解說殊異的一則相關憶述再作辯證。據後來與孫中山相聚於美國的劉成禹自述，孫對劉說：「予少年主張，謂漢人作皇帝，亦可擁戴，以倒外族滿清為主體，楊衢雲與予大鬧，幾至動武，謂非民國不可。衢雲死矣，予承其志，帝制自為，吾必討之。」為了證實此事不假，劉還寫道：「案陳少白言：孫先生學醫，後堅決排滿，於共和制度，尚有出入。與衢雲交，既莫逆，衢雲則非造成民國不可。一日議論有出入，衢雲持先生辮，盛氣欲毆之。予在旁，分開兩人。」[4] 對於這則繪聲繪色卻又大損孫中山革命形象的憶述，認為孫已矢志共和革命的論者只能質疑其作為史料的可靠性。其實，證之於 1900 年惠州起義後孫在密信中同意劉學詢稱「總統」或「帝王」，說他有過擁戴漢人做皇帝以結束滿清王朝的主張，亦屬可信，不必因為尊者諱而否認劉的這則憶述。

---

[3]　〈中國同盟會革命方略〉，《孫中山全集》第 1 卷，第 297 頁。

[4]　劉成禹：〈先總理舊德錄〉，南京：《國史館館刊》創刊號，1947，第 49 頁。

問題在於可否轉而依照認為孫仍屬「改良派」的論者觀點，推論楊衢雲、謝纘泰等「楊派」比孫中山更力主共和，以至於雙方「幾至動武」？眾多的史實卻給予否定的回答：1892 年尤列初識楊衢雲之時，即感覺楊注重「政治之改革」，尚未醒悟反清復漢的「種族問題」。1900 年惠州起義期間，楊又主張接受清朝官府招安，以待日後伺機再起。謝纘泰則在 1895和 1903 年撰寫和贊同發表的著述及文告中，宣佈建立漢人執政的君民共主政權；他策動洪全福起義期間，興中會原孫、楊兩派的部分會員均有參加。有鑑於此，僅僅依據劉成禹憶述，推論楊衢雲乃至「楊派」比孫中山更力主共和，就未免有悖史實了。

　　當孫、楊、謝等興中會成員在中國率先舉旗造反之際，他們都已成為開創中國革新運動的一代先行者，僅此已足以贏得後人的尊敬。因此，史家實在不必避諱或者苛責孫中山、謝纘泰曾經贊成漢人做皇帝以終結滿清王朝的主張——早期激進的革新者幾乎都有過類似的主張；也不必責怪楊衢雲產生過接受清朝官府招安的念頭——這一念頭幸未造成實際損失，楊其後也捨身殉道。史家應該注重考究的倒是：興中會的首領人物能否根據時局變遷，及時放棄曾經作為興中會目標選項之一的君憲革新主張，揭櫫從未公開和鮮明地宣示過的共和革命的旗幟，以便推動中國近代歷史在嘗試革新改良疊遭失敗之後，轉而走上共和革命的征程。

　　正是在這一關鍵的問題上，在楊衢雲犧牲之後，在謝纘泰堅持策動君民共主方案最後一擊之際，孫中山在日本歷經深刻的反省，終於作出告別君憲革新、開展共和革命的歷史抉擇。

　　1901 年 3 月，美國英文雜誌《展望》（ *The Outlook* ）刊載記者林奇（G. Lynch）撰寫的採訪孫逸仙的文章，最先向世人公開披露他決心以共和取代帝制的抱負。文章稱：「以聯邦制或共和政體來代替帝政統治，這是孫逸仙的願望。而且，正如他所說的，當外國人劫掠了京城，褻瀆了生命，皇權的威信掃地以盡，位於北京中心的神聖不可侵犯的皇宮遭到侵略者鐵蹄

的蹂躪的時候，變革的時機就成熟了。」[5]

同年 7 月，孫中山乘坐輪船，從檀香山返回日本，途中有西報記者問他：「君復回中國，果不懼喪元（掉腦袋）乎？」孫中山回答說：「喪元吾何懼哉！吾到中土，大集同志，諒不久爾必聞消息。吾經已購備軍火，分派黨羽，屯聚各處，待時而動，將必與現管理中國者決一死戰。吾黨萬死不移，斷不肯半途而廢。此乃吾第三次起亂。現中外人民皆聞風來歸，故可決必有成功也。今定章程，又轉勝前時，而且豪傑紛應，兵力壯足，太后與華官聞之亦必魂飛膽落。吾甚願中國效法美國，公舉總統，使吾民免受專制之苦而得自主之權，則我中國轉弱為強，亦指顧間事耳。」孫中山通過西方記者的報導，再次表達效法美國、建立共和的革命志向。《香港華字日報》隨即轉載這一報導，將孫中山的共和革命抱負公開轉達到香港和中國內地。[6]

1902 年 1 月至 6 月，宮崎滔天在東京報刊上連續發表敘述其生平事蹟以及與孫中山進行反清革命經歷的《三十三年之夢》。8 月，該書正式出版，孫中山為之作序，稱讚宮崎是「今之俠客」；「聞吾人有再造支那之謀，創興共和之舉，不遠千里，相來訂交，期許甚深，勖勵極摯」。該書詳細記述 1897 年孫中山在橫濱與宮崎暢談共和革命抱負的言論。孫稱：「我的政治主張是共和主義，單以這一點來說，我認為就有責任從事革命。何況滿虜執掌政權已經三百年，以愚民政策為治世的要義，以壓榨人民的膏血為官吏治民的能事。」「可能有人說，共和政體不適合中國這個野蠻國家，這只是一種不瞭解情況的說法。所謂共和，是我國治世的真髓，先哲的遺

[5]　轉引自《孫中山全集》第 1 卷，第 211 頁。

[6]　《香港華字日報》，1901 年 7 月 23 日，轉引自莫世祥：〈《香港華字日報》中的孫中山軼文研究〉，北京：《近代史研究》，1994 年第 3 期。

業。我國國民之所以懷古，完全是因為追慕三代之治。而所謂三代之治，的確掌握了共和的真諦。」「而且共和政治不僅因為它是政治的根本原則，適合於中國國民的需要，並且在進行革命上也是有利的。」因為革命可以避免列強瓜分和內亂紛爭，迅速完成統一。[7]

不過，當代有研究者將記錄當時孫中山談話的筆談殘稿與該書描述相對照，發現「後者大談『革命』，此二頁的中山『自述』出現了近十個『革命』，而前者隻字不提『革命』，雖然二人所討論之事無不可以釋之為『革命』。」因此，該研究者指出《三十三年之夢》「不僅對1897年的歷史性會見作了戲劇性的『再現』，也對孫中山的『革命』理論作了創造性的『再詮釋』」。[8]

如果說，孫中山的上述共和革命思想只是通過外國人的著述間接表達出來，其中不無轉述者渲染、拔高成份的話，那麼，進入1903年，他已經使用自己的語言和文字，直接闡述共和革命的主張。

1903年12月13日，孫在美國檀香山發表演說稱：「革命為唯一法門，可以拯救中國出於國際交涉之現時危慘地位，甚望華僑贊助革命黨。」「今日之中國何以須革命？因中國之積弱已見之於義和團一役，二萬洋兵攻破北京。若吾輩四萬萬人一起奮起，其將奈我何！我們必要傾覆滿洲政府，建設民國。革命成功之日，效法美國選舉總統，廢黜專制，實行共和。」「觀於昏昧之清朝，斷難行其君主立憲政體，故非實行革命、建立共和國家不可也。」

同月，他在《檀山新報》發表〈敬告同鄉書〉，駁斥保皇派妄稱「革命、

---

[7] 宮崎滔天著、林啟彥譯：《三十三年之夢》，廣州：花城出版社，1981，第1、122-123頁。

[8] 陳建華：《「革命」的現代性：中國革命話語考論》，上海：上海古籍出版社，2000，第125-126頁。1897至1898年孫中山與宮崎等人的筆談殘稿，見《孫中山全集》第1卷，第175-186頁。

保皇二事，名異而實同，謂保皇者，不過藉名以行革命，此實誤也。」「夫革命與保皇，理不相容，勢不兩立。」「革命者志在撲滿而興漢，保皇者志在扶滿而臣清，事理相反，背道而馳。」「吾人革命，不說保皇；彼輩保皇，何必偏稱革命？」

　　次年1月，他又發表〈駁保皇報書〉，揭露保皇派奢談愛國以掩飾其劣行。該文一針見血地指出：「試問其所愛之國為大清國乎，抑中華國乎？」「若彼所愛之國為中華國，則不當以保皇為愛國之政策。」該文還駁斥保皇派宣傳「先經立憲君主，而後可成立憲民主」的言論，說：「今日專制之時代，必先破壞此專制，乃得行君主或民主之立憲也。既有力以破壞之，則君主、民主隨我所擇。如過渡焉，以其滯乎中流，何不一棹而登彼岸，為一勞永逸之計也？」[9]

　　孫中山在檀香山接連發表的這兩篇文章，很快在海外各國的華文報刊上引發持續數年的革命派與保皇派的大論戰。一度合力推進中國革新運動的革命派與保皇派從此分道揚鑣。共和革命思潮經由孫中山等革命派的倡導，逐漸成為中國革新運動的激越主流。

　　此時，孫中山之所以最後拋棄君憲革新的選項，抉擇共和革命的道路，首先是他醒悟到無論是保皇派仍抱幻想的光緒皇帝，還是他和興中會一度希望爭取的漢人洋務派督撫，都不可能在中國推行君主立憲制度；其次是他已經離開香港，脫離導師何啟的君憲革新思想的束縛，來到不再視「革命」成為話語禁忌的日本，和熱心宣講共和革命理論的宮崎滔天等人交往，從而激發他在青少年時期就銘記於心的「湯武革命」精神，以及效法華盛頓創立美國共和制度的雄心壯志；再次是他在多次謀求與李鴻章洽商和平革新失敗之後，已經認定只有通過武力革命才能推翻滿清王朝，只有創立

---

[9]　《孫中山全集》第1卷，第226-227、231-233、236-237頁。

民主共和才能根除君主專制；最後，他從反省興中會和保皇會合作的經歷中，尤其是反省保皇會在海外爭奪興中會支持者的教訓中，意識到「天下事，名不正則言不順，言不順則事不成」（〈敬告同鄉書〉語），只有昭示共和革命的目標，才能與保皇派劃清界線，團結和帶領追求激進救國方案的眾多新學青年，組成推翻帝制、創建共和的生力軍，成就共和革命的宏圖偉業。

成立中國同盟會

在中國近代歷史上，1903 年是具有轉折意義的重要年份。從這一年開始，無論是最早舉義造反的孫中山，還是急欲探求激進救國道路的海內外新學青年，都競相告別反清或保皇的君憲革新方案，轉而理直氣壯地使用賦予現代意義的「革命」、「共和」的新詞彙，喊出迅速風靡中國政壇的時代最強音。

這年 5 月，上海大同書局出版留日返國學生鄒容（1885-1905）撰寫的小冊子《革命軍》，激情倡言：「我中國今日欲脫滿洲人之羈縛，不可不革命；我中國欲獨立，不可不革命；我中國欲與世界列強並雄，不可不革命；我中國欲長存於二十世紀新世界上，不可不革命；我中國欲為地球上名國、地球上主人翁，不可不革命！」書中主張效法美國和法國的共和革命，創立「中華共和國」。書末高呼：「中華共和國萬歲！中華共和國四萬萬同胞的自由萬歲！」

該書出版後，立即風行海內外。香港《中國日報》社將其翻印發行，改書名為《革命先鋒》。在其他地區，也出現不同書名的翻印版。同年 6 月底，清政府促使列強管理上海租界的工部局，查封鼓吹革命的上海《蘇報》報館，逮捕在《蘇報》發表文章讚揚《革命軍》的章太炎等人。鄒容聞訊，憤而於 7 月 1 日到租界巡捕房自動投案，1905 年 4 月死於獄中，犧牲時只

有 20 歲。

1903 年下半年，轉向共和革命的安徽籍知識份子金天羽（字松岑，又名金一，1874-1947）和湖南籍知識份子章士釗（筆名黃中黃，1881-1973），摘譯宮崎滔天的《三十三年之夢》，改以《三十三年落花夢》和《孫逸仙》兩個書名，分別在上海出版發行，從而將孫中山的革命事蹟和領袖形象從海外向內地廣為傳播。其中，章士釗在序中讚道：「孫逸仙者，近今談革命者之初祖，實行革命者之北辰，此有耳目者所同認。」「孫逸仙者，非一氏之私號，乃新中國新發現之名詞也。有孫逸仙，而中國始可為。」[10]

同年 11 月，孫中山在美國檀香山重組革命組織，稱為「中華革命軍」。他制定入盟誓詞，宣佈：「驅除韃虜，恢復中華，建立民國，平均地權」。這表明，孫中山已經為中國的共和革命確立起明確的政治目標。隨後，孫中山遊歷美國及歐洲各大城市，與贊同共和革命的中國留學生會晤，動員他們宣誓加入革命組織。1905 年 7 月，孫中山回到日本橫濱。中國留學生代表百餘人專程迎接他前往東京，會商籌建中國同盟會事宜。

1905 年 7 月 30 日，孫中山與黃興（1874-1916）、宋教仁（1882-1913）等 12 省 80 多名中國留學生，在東京召開中國同盟會籌備會議。孫中山被舉為主席，演說共和革命的理由及進行方法，得到與會者的熱烈贊成。當天，孫主持與會者的入盟宣誓簽字儀式，並向每位入盟者單獨交代握手暗號與聯絡口號。[11]

8 月 20 日，中國同盟會舉行正式成立大會，會議推舉孫中山為總理，黃興為庶務，協助總理主持本部工作。會議決定以孫中山制定的「驅除韃虜，恢復中華，建立民國，平均地權」，作為同盟會的政治綱領；在東京

---

[10] 白浪庵滔天（宮崎寅藏）原著、黃中黃譯錄：《孫逸仙》，台北：文星出版社，1962 年影印版，第 1 頁。

[11] 鄭會欣：〈也談同盟會第一次籌備會議人數〉，北京：《歷史檔案》，2006 年第 2 期。

1905 年孫中山與同盟會要員合
影。前排左起是胡漢民、唐紹
儀、孫中山、黃興、汪精衛。

設立本部，在各省建立分會，在海外建立支部。從此，同盟會成為領導中
國共和革命運動的全國性政治團體。因其明確主張共和革命，其成員及贊
成其革命主張者，時人均稱之為「革命黨人」。

　　同年 10 月 20 日，孫中山為同盟會的機關報《民報》撰寫發刊詞，正
式將同盟會的政治綱領概述為民族、民權、民生「三大主義」。其中，民
族主義志在「驅除韃虜，恢復中華」，解決「異種殘之，外邦逼之」的內
憂外患；民權主義志在「建立民國」，以民主共和制度根除千年君主專制
的毒瘤；民生主義志在「平均地權」，預防貧富懸殊而引起的社會革命。

　　1906 年秋冬，孫中山與黃興、章太炎等同盟會本部要員商議制定同盟
會《革命方略》。該方略規定，未來中國革命的程序將分為三個時期：一
是實行「軍法之治」的軍政時期，由軍政府督率國民掃除專制積弊；二是
實行「約法之治」的訓政時期，由軍政府總攬國事，而授地方自治權於人民；
三是實行「憲法之治」的憲政時期，軍政府解除權柄，國民公舉總統及議
員，一切政事依憲法而行。規劃革命三程序的目的，是「俾我國民循序以進，

養成自由平等之資格」，由此奠定未來中華民國的根基。

　　在制定《革命方略》的過程中，同盟會本部要員曾討論將來中華民國國旗的設計方案。孫中山力主沿用興中會時期由陸皓東設計的青天白日旗；黃興認為該式樣與日本國旗相近，因而反對。孫遂在青天白日圖案之外，增加紅色作為底色，稱作青天白日滿地紅三色旗，以紅、藍、白三色代表自由、平等、博愛之真義。這一改動仍未為本部其他要員接受，眾人於是決定暫時擱置爭議，將國旗設計留作懸案。不過，從次年孫中山、黃興等人領導的西南各省起義開始，起義軍在廣東、廣西及雲南邊境的歷次起義，都打著青天白日滿地紅的旗幟，[12] 其他省份的革命黨人在起義時則各自打著他們設計的不同旗幟。

　　「三民主義」與「革命三程序論」是孫中山等同盟會領導者據以領導中國共和革命的理論指南和路徑展示。和興中會較為隱晦的反清主張及其兼容的君憲與共和的兩個目標選項相比較，同盟會昭示的共和革命目標具有顯而易見的明確性與堅定性。此外，同盟會成立之初，就依靠各省新學青年中的激進份子，著眼於全國革命佈局，比起興中會主要依靠廣東籍的知識精英和華僑，局限在中國南方起義，顯然具有更加廣泛而實在的號召力。兩會在奮鬥目標、活動範圍等方面的差異，恰是反清革新運動歷經初起混沌狀態而最終發展成為旗幟鮮明的共和革命潮流的標誌。

同盟會在香港的組織沿革

　　中國同盟會成立之後，孫中山立即決定將香港興中會改組為同盟會香港分會。1905 年 9 月 8 日，他以同盟會總理的名義，給馮自由、李自重二

---

[12]　馮自由：〈中華民國旗之歷史〉，《革命逸史》初集，第 17-20 頁。

人頒發聯名委任狀，委派他們到香港、廣州、澳門等地聯絡同志，凡有志加入同盟會者，皆可由二人主盟入會。

馮自由（1881-1958），字建華，原名懋龍，祖籍廣東南海縣，出生於日本長崎的華僑商人家庭。1895 年 11 月，其父馮鏡如受孫中山委託，在日本橫濱組織興中會分會，擔任分會長。馮自由時年僅 14 歲，也隨父參加興中會，與孫中山、陳少白等人多有交往，後來被譽為「革命童子」。1903年起，陳少白聘任馮自由為香港《中國日報》駐日記者。馮還兼任美國舊金山《大同日報》和新加坡《圖南日報》的駐日記者。於是，鼓蕩於日本的中國革命思潮通過馮自由的報導撰述，及時向香港、南洋和美洲大陸的華文報刊轉達擴散。1905 年 7 月 30 日，馮參加中國同盟會籌備會議，成為同盟會員。

李自重是香港富商李煜堂之子，幼名炳星，後名明策。1900 年虛歲18，留學日本，改名耀臣。其父與馮自由之父馮鏡如相熟，馮鏡如是興中會橫濱分會會長，李自重因此與馮自由多有往來。馮自由原名懋龍，因反對東京大同學校教務長、保皇派麥孟華禁止學生談論自由、平等、獨立等新名詞，憤而公開宣佈自己從此易名為「自由」。李得知此事之後，隨之易名為「自重」，取人貴自重之意。他在日本參加興中會，並與孫中山多有往來。1903 年夏天在東京參加孫中山創辦的青山軍事訓練班。1904 年返回香港，同年底參與創辦光漢學校，在香港推廣軍國民教育。1905 年 8 月加入同盟會。

馮、李二人根據孫中山的指示，在香港與陳少白、鄭貫公等人籌商改組事宜。這時，香港興中會經歷三次反清起義失敗，元氣大傷，會務幾乎停頓，只有陳少白為社長的《中國日報》編撰人員仍然堅持興中會的反清宗旨，不時撰文抨擊清廷和保皇派。

同年 10 月中旬，孫中山與同盟會多名會員乘坐法國郵輪前往越南，中途駐泊香港。陳少白、馮自由、李自重、鄭貫公、李紀堂、容星橋、黃世仲、

▌馮自由　　　　　　　　　　　　　　　　　　　　　▌李自重

　　陳樹人等專程登船晉謁。孫中山親自為他們主持加入同盟會的宣誓儀式，
各人填寫入盟誓約。幾天後，同盟會香港分會正式成立。眾人推舉陳少白
為會長，鄭貫公為庶務，馮自由為書記，黃世仲為交際，會所設於士丹利
街 24 號《中國日報》社長室。該報隨之成為香港分會的機關報。當年陸續
加入同盟會的還有李樹芬、李自平、鄧蔭南、鄧警亞、梁擴凡、溫少雄、
廖平子、盧信、李孟哲、李伯海、王斧等人。

　　香港分會是孫中山與同盟會本部在東京之外直接領導建立的第一個分
會。它除開展本地工作之外，還負責推進廣東、廣西、雲南、福建等省的
軍事行動和黨務工作，並負責香港與海內外同盟會組織的交通聯絡等事務。

　　不過，新成立的香港分會一度出現陳少白與鄭貫公的爭執。鄭貫公
（1880-1906），祖籍廣東香山縣，少年時在日本橫濱的太古洋行打工，後
入讀梁啟超在東京創辦的大同學校，畢業後擔任保皇派在日本的機關報《清
議報》的編輯工作，旋因贊同孫中山與興中會的反清主張而遭解職。1901
年春，孫中山介紹他到香港，擔任《中國日報》記者。1903 年以後，鄭貫
公在香港另外創辦報刊，與《中國日報》一起宣傳反清革新的主張。1905
年夏秋，香港與內地的社會各界及報刊輿論都群起反對美國堅持推行取締

華工的政策，掀起抵制美貨運動。同年冬天，何啟、曹善允、李煜堂、吳東啟、陳少白等人作為香港各界代表，與中國駐美國商會的特派代表協商，達成解決紛爭的九項條件。鄭貫公認為這一協議未經眾人同意，應視為無效。於是，陳少白主持的《中國日報》與鄭貫公主持的《有所謂報》在香港展開筆戰。馮自由雖然努力調停，卻無效果。

1906年4月16日，孫中山乘坐法國郵輪，從新加坡前往日本，途中駐泊香港。他專門「召（陳）少白、（鄭）貫公二人至法輪，勸令和解，二人從之」。[13] 次日，孫中山乘輪離開香港。孫此次抵港勸和，平息了有可能導致同盟會香港分會分裂的陳、鄭之爭。

1906年10月初，《中國日報》改組，報社遷往上環德輔道301號。馮自由接替陳少白，擔任該報社長及同盟會香港分會會長。這年，香港分會「黨務無顯著之進步，對外仍取極端秘密主義，故新進會員寥寥可數」。

1907年起，同盟會在西南各省接連發動起義。為了加強香港分會的策應工作，孫中山派在同盟會本部工作的胡漢民（1879-1936）、汪精衛（1883-1944）二人駐港，協助工作。在此期間，各地革命黨人多有進出香港，香港分會的工作十分繁忙。除繼續以《中國日報》社作為總機關之外，還在堅道70號、普慶坊某號4樓、蘭桂坊許宅、灣仔進教圍、灣仔摩理臣（馬禮遜）山道27號、皇后大道馬伯良藥店4樓，設立分支機關和招待所。同時派代理主盟員和軍事聯絡員共40多人次，分別到廣東、廣西、福建等地，聯絡同志，在當地建立同盟會組織，密謀革命起義。於是，這一年成為「香港革命黨復興時期」，「會務以在粵、桂、閩三省最為活動」。其中，在香港和廣州宣誓加入同盟會者達到數百人。

1908年2月，同盟會香港分會改選幹事，馮自由仍任會長，黃世仲任

---

[13]　《革命逸史》第3集，第222頁。

庶務，謝心準任書記，設會所於皇后大道馬伯良藥店4樓。同年4月以後，同盟會暫時停止在西南各省發動起義，停頓期持續一年多。在此期間，原來「不便大張旗鼓，招攬黨員，以避偵探耳目」的香港分會，轉而專注本地黨務，「改取開放主義，以廣收同志為務。」先前，分會曾於同年3月在德輔道先施公司對門開設民生書報社。此後，分會經常在此召開會議，「不復如前之秘密」。香港分會還在廣州河南分設機關，取名守真閣，由高劍父、潘達微、徐宗漢等負責。這年，港粵兩地加入同盟會者共有2,000多人，其中以廣州新軍的士兵加入者居多。這年12月，香港分會因原民生書報社所在地過於狹窄，遂將其遷至中環德輔道捷發號4樓，改名少年書報社。

1909年10月，香港分會鑑於策應外地革命的工作十分繁重，建議另設南方支部，專門負責廣東、廣西及福建的黨務與軍事工作。於是，同盟會南方支部在香港成立，眾舉胡漢民為南方支部的支部長，汪精衛為書記，林直勉為司庫，支部會所設在灣仔鵝頸橋。1910年冬，孫中山與同盟會要員決定集中全力，準備在廣州再次發動起義。1911年2月上旬，黃興、趙聲、胡漢民等人在香港跑馬地35號專門設立革命軍統籌部，推舉黃興為部長，趙聲為副部長，下設出納、秘書、儲備、調度、交通、編制、調查、總務等八課，並在中環擺花街設立執行部，專門製造炸彈。

香港分會自南方支部成立後，專注於發展本地黨務。其後的人事變動有：1910年春，馮自由因前往加拿大溫哥華擔任《大漢日報》主筆，辭去同盟會香港分會會長職務，改由謝英伯接任。1911年夏天，謝英伯前往美國檀香山，改由陳逸川代理會長。[14]

多年之後，馮自由在所著〈香港同盟會史要〉一文（載《革命逸史》

---

[14]　馮自由：《中國革命運動二十六年組織史》，上海：商務印書館，1948，第41、98-101、221頁；《革命逸史》第3集，第221-227頁。關於南方支部的地址，馮自由在〈庚戌新正廣州新軍反正記〉一文中，又稱位於黃泥涌道，見《革命逸史》初集，第201頁。

第 3 集）的末尾稱：「原擬將多年珍藏之香港同盟會員名冊副本附錄於後，因此副本現密存香港戚友寓所，暫時無法取用，容俟日後補述。」1947 年，南京舉行「辛亥革命文獻展覽會」。其中涉及香港史事的展品有：「興中會首任會長楊衢雲手寫英文函」、「庚戌（1910 年）前香港同盟會會員名冊原本」等。惟時至今日，「香港同盟會會員名冊」疑已失傳，殊為可惜。

　　從 1905 年 10 月到 1911 年 10 月武昌起義前夕的 5 年間，同盟會在香港的活動規模及其成員人數，顯然都比先前的興中會取得明顯而紮實的擴展。香港因此正式成為推動中國內地尤其是華南地區的共和革命運動的海外基地。

第二節　同盟會在香港的革命活動

策應內地革命起義

　　同盟會香港分會成立之後，按照孫中山與同盟會本部的部署，相繼策動、接應乃至參與指揮部署內地，尤其是廣東、廣西、福建等鄰近各省的革命起義活動。

　　1905 年 12 月，同盟會本部的第二號領導人黃興抵達香港，入住《中國日報》報館，化名張守正，號愚臣。隨後，黃興前往廣西桂林，遊說該地清軍巡防營統領郭人漳和廣西陸軍小學校監蔡鍔參加反清革命。黃還在桂林缽園，吸收郭部官兵與陸軍小學學生葛謙、曾傳範等 80 多人加入同盟會。在此前後，湖北、湖南等內地省籍的多名同盟會員也相繼取道香港，返回本省開展活動。同盟會香港分會首先以接待來往革命黨人的舉措，揭開策

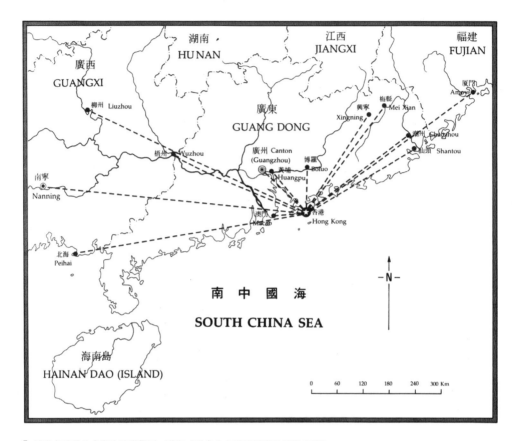

▌同盟會香港分會與內地聯繫圖（引自《孫中山在港澳與海外活動史蹟》）

應內地革命的序幕。

　　1907 年初，孫中山、黃興等同盟會領導人決定在廣東西部的欽州府、廉州府（今屬廣西）和廣東東部的潮州府、惠州府等四處地區，同時發動起義，以便相互呼應。之所以有此計劃，是因為同盟會已經吸納這些地區的一些會黨首領加盟入會。

　　1902 至 1904 年間，廣西爆發以「反清復明」為號召的會黨起義，一度波及粵西。起義失敗後，義軍的一位首領王和順於 1905 年初到香港避難，

藏匿於九龍油麻地的光漢學校。該校與香港興中會關係密切，校長就是興中會會員史古愚，他是史堅如烈士的長兄，當時易名張篠然。同年秋，王和順轉赴越南。年冬，王得知孫中山計劃在中越邊境組織反清革命，主動求見，加入同盟會，並且陸續帶動廣西與粵西地區的一些會黨首領加盟。於是，他們領導的會黨組織，成為 1907 至 1908 年孫中山在中越邊境接連發動粵東欽廉起義、廣西鎮南關起義以及雲南河口起義的武裝力量，孫中山委任王和順為中華國民軍南軍都督。

在粵東，同盟會通過許雪秋與潮州地區的會黨組織建立聯繫。許雪秋（1875-1912），名梅，字雪湫，惟多作雪秋。祖籍廣東海陽縣（今屬潮安縣），自幼隨父居住於新加坡。1902 至 1903 年間，他接受福建人黃乃棠及興中會員尤列在新加坡宣傳反清主張的影響。1904 年秋，許偕同黃乃棠等人，來到潮州，以承建潮汕鐵路工程為名，聯絡當地會黨，廣招工人，散發《革命先鋒》等反清宣傳品，準備於 1905 年 4 月 19 日（農曆三月十五日）舉行反清起義。不料事前為官府獲悉，派兵捉拿主謀者。許雪秋只好避難新加坡。1906 年 6 月，許雪秋經僑商張永福介紹，謁見在新加坡的孫中山，加入同盟會。孫委任許為中華國民軍東軍都督，令其重返潮汕地區，聯絡當地會黨，建立同盟會組織，圖謀再起。同年冬，許雪秋從汕頭來到香港《中國日報》報館，向馮自由報告起義準備工作，請其電告同盟會東京本部，多派同志襄助。許又將自己位於蘭桂坊的私宅，作為發動潮州起義的總機關。

1907 年 3 月 15 日，孫中山與同盟會本部要員乘船從日本前往越南，中途靠泊香港，同行的黃興、汪精衛和日本志士萱野長知、池亨吉等人在香港登岸。萱野長知、池亨吉和同盟會員方瑞麟（廣東籍）、方漢成（安徽籍）、喬義生（山西籍）等人隨即趕往潮汕，協助許雪秋發動起義。黃、汪二人入住香港松原旅館數日，準備進入內地，前往粵東。其後，獲悉清朝廣東官府向港英政府交涉，要求將他們引渡，松原旅館周圍也出現清朝偵探窺

伺。黃興便讓汪精衛移居普慶坊的同盟會香港分會招待所，自己轉道越南，與孫中山會合，共同發動粵西欽廉起義。起義需要的武器彈藥，由香港分會的馮自由等人在港秘密購置，由黎量餘、彭俊生等人運往到越南海防，再配備給黃興、王和順等人率領的粵西起義軍。

這一年，同盟會香港分會全力投入策應粵東、粵西兩翼地區革命起義的工作，其中還直接負責粵東起義的指揮部署工作。《中國日報》報館 4 樓社長室作為香港分會的會所，「不獨為革命軍之總樞紐，亦且為革命軍之兵工廠」。分會派往廣東、廣西、福建的代理主盟人和軍事聯絡員，有朱執信、趙聲、許雪秋、黃乃棠、鄧子瑜、王和順等 40 餘人次，分別在廣州、佛山、虎門、澳門、香山、汕頭、潮州、興寧、惠州、連州、廉州、南寧、柳州、潯州（今廣西桂平）、梧州、廈門等城鎮設立秘密聯絡點。分會還接待來往香港的黃興、胡漢民、汪精衛、廖仲愷等各省同盟會員共一百數十人，以及萱野長知、池亨吉等日本志士。[15]

當年，香港分會參與指揮部署的粵東起義概況如下：

1906 年冬，許雪秋召集潮州會黨首領余既成（又名余丑）、余通、陳涌波等人，在香港加入同盟會。隨後，許與陳少白、馮自由香港分會要人等會商，並在蘭桂坊許宅召開潮州起義首領會議，決定在 1907 年 2 月 17 日（農曆正月初五）晚，率眾進攻潮州府城。不料，當晚風雨大作，各路會黨無法按計劃集結隊伍，發起攻擊，致使密謀洩露，有些起義人員遭到清軍捕殺。馮自由將此情況電告孫中山，孫指示今後潮州舉事須與欽廉、惠州約定並舉，以便牽制清軍，勸令許雪秋切勿孟浪從事。馮按照這一指示，要求許雪秋等首領留居香港，等候各方消息。同年 5 月 21 日，潮州官府獲悉饒平縣黃岡鎮有革命黨聚會，煽動造反，派兵捕去與會者兩人。正在當

[15]　〈香港同盟會史要〉，《革命逸史》第 3 集，第 229 頁。

地的陳涌波、余既成憤而率領部眾 700 餘人，於 22 日夜晚 9 時許進攻黃岡鎮，次日佔領該鎮，張貼安民告示，宣佈免除清廷一切苛捐雜稅。24 日，同盟會香港分會得知黃岡起義爆發的消息，立即組織 10 餘名革命黨人，由許雪秋率領，冒險進入清軍嚴密防守的汕頭城，在幸阪旅館指揮附近各縣會黨響應起義。這時，廣東水師提督李準率領省城清軍增援潮汕。黃岡起義軍在清軍包圍下，依靠土槍土炮，激戰 5 日，勢不能支，被迫解散隊伍，主要成員退到香港，其後轉赴南洋。

　　黃岡起義失敗後，孫中山根據許雪秋的意見，派萱野長知回日本購置新式槍械，以圖粵東再舉。於是，香港分會投入洽購和接應日本軍火運入粵東的工作。經孫中山批准，許雪秋在香港分會領取經費 3,000 元，以便組織多艘大帆船，在汕尾海上接收從日本運來的軍火。馮自由則從香港滙款 10,000 日元給萱野，作為購買軍火和租船的費用；又派同盟會員鄧慕韓帶領香港引水員陳二九，前往日本神戶，以便引領運送軍火的日本船隻秘密駛入汕尾。1907 年 10 月 8 日，萱野偕同鄧慕韓、陳二九乘坐「幸運丸」運煤貨輪，從長崎起航。船上裝載有明治三十八年村田式步槍 2,000 支，每支

■ 1907 年 5 月，廣東潮州黃岡起義軍誓師出發情形。

鄧子瑜

配備子彈 600 發;還有手槍、軍用指揮刀各數十把。同月 12 日,貨輪抵達汕尾海面,停泊三小時,才見許雪秋駕駛一艘小艇前來,聲稱將有大船前來裝運軍火。可是,由於消息洩露,海岸竟然聚集起上萬名圍觀的民眾,清軍也派出小輪船前來盤查。「幸運丸」船主只好下令開船,前往目的地香港卸煤。日本駐港領事得知香港政府將根據清朝廣東官府要求,扣押該艘貨輪,急令貨輪返航日本。此次購運日本軍火的計劃,因為汕尾接應失誤,而告失敗。

在許雪秋策動潮州起義之時,香港分會還通過鄧子瑜部署惠州起義。鄧子瑜(1878-1925),祖籍廣東歸善縣(今分屬惠州市惠陽區及深圳市龍崗區)。原為興中會員,1900 年隨同鄭士良發動惠州三洲田起義,失敗後流亡新加坡,開設旅館謀生。1905 年冬,孫中山在新加坡晚晴園召集黨人,組建同盟會分會,鄧子瑜和尤列等興中會舊人宣誓加盟。其後,根據孫中山策動粵東起義的安排,鄧子瑜來到香港,依靠在香港經營旅館的陳佐平和溫子純,召集歸善、博羅兩地的會黨首領陳純、林旺、孫穩等人,在香港加入同盟會。1907 年 5 月下旬,黃岡起義的消息傳來,鄧子瑜立即向馮自由領取經費 1,200 元,派陳純等人趕赴惠州,率領部眾響應起義。6 月 2

日，陳純等帶領部眾 100 餘人，攻佔距離惠州府城 20 里外的著名墟場七女湖，宣佈起義。起義軍隨後攻佔附近墟鎮，接連打敗來犯的清軍。廣東官府急調在汕頭的水師提督李準，率大軍前來進剿。起義軍堅持作戰 10 餘日，終因獨力難支，鄧子瑜傳令解散隊伍，起義骨幹分道撤退到香港。

後來，孫中山在自述其革命經歷的《孫文學說》第八章〈有志竟成〉中，將潮州黃岡起義和惠州七女湖起義，稱作他自 1895 年策動廣州起義、1900年策動惠州三洲田起義以來的第三、第四次失敗。[16]

香港分會在吸收粵東會黨首領加入同盟會以發動 1907 年粵東起義的過程中，還通過同盟會員在廣東清軍內部進行秘密策反活動，逐漸形成策動清軍起義的第二條戰線。

1905 年冬，同盟會本部成員謝良牧（1884-1931，祖籍廣東梅縣）介紹同鄉張谷山加入香港分會。1907 年春，張谷山在廣州舊倉巷的鳳翔書院，組織長樂留學公所，秘密吸收位於廣東陸軍學堂的學生加入同盟會，作為策動廣東清軍反正的革命種子。這年下半年，受命策動駐廣州的嘉應州（今梅州市）籍防營清軍起義的姚雨平、李文範二人，專程到香港，向馮自由等領導人報告策反的進展情況。不久，原駐紮廣西的清軍郭人漳部調防廣東肇慶，先前曾在該部的湖南籍同盟會員葛謙、曾傳範等人隨之到廣州開展活動。二人來到香港，向馮自由領取同盟會的革命宣傳品，商定聯絡黨人辦法，在黃埔、虎門等處建立起與香港分會的通信聯繫，專門策反駐粵外省籍的清軍官兵。葛、曾二人還與在廣州本省籍清軍活動的姚雨平等廣東籍同盟會員建立聯繫。於是，眾推葛謙、姚雨平等主持同盟會在廣州的

---

[16] 《孫中山全集》第 6 卷，第 239 頁。孫中山在《孫文學說》第八章中，還將 1907 年的欽廉防城起義、欽廉上思起義、廣西鎮南關起義，以及 1908 年的雲南河口起義、1910 年的廣州新軍起義、1911 年的「廣州三‧廿九」起義，分別稱作他屢敗屢戰地發動革命起義的第五、六、七、八、九、十次失敗。

活動，在虎門陸軍速成學堂活動的曾傳範、譚馥等人主持同盟會在虎門的活動。廣州、虎門的同盟會組織歸屬香港分會領導，兩地加入同盟會的盟書都秘密送交香港分會，由馮自由保管。

1908 年 11 月 14 日酉時（下午 5 至 7 時），清朝光緒皇帝猝死於長期遭軟禁的北京中南海瀛台，後經當代法醫等專業技術鑑定，死於急性胃腸性砒霜中毒。次日未時（下午 1 至 3 時）期執掌朝政的慈禧太后也隨之死去。葛謙等人因此想乘清廷朝政動盪之際，發動起義。

同年 11 月底，葛謙專程來到香港《中國日報》報館，向馮自由報告在廣州的活動進展，請他向孫中山請示起事方略，並函邀黃興、譚人鳳來粵主持大計。馮自由將同盟會印製的《革命方略》兩冊發給葛謙，作為起義部署的指南；並給 200 元，作為活動經費。鑑於外省籍清軍士兵多受長江流域哥老會組織的影響，根據譚馥的建議，葛謙等同盟會員仿效哥老會的做法，在發動士兵起事時，散佈一種票據，名為「保亞票」。其形狀為如同一元紙幣的長紙條，四角繪有山堂香水及口號詩句。發動起義的宣傳品也多抄襲洪門會黨秘傳的典籍——《海底》，另加說明，稱：「今革命黨首領孫文、黃興二先生集合全國人才，討滿興漢，救民水火，與洪門創始之宗旨相同。凡哥老會員要救國復仇，應即加入革命之同盟會才有力量。」清軍中的哥老會士兵聞訊，紛紛領取「保亞票」，其中包括駐紮虎門的水師提督親軍營的大部分士兵。

12 月 7 日，湖北籍同盟會員嚴國峰（又作國豐）不慎在廣東水師提督行署門前遺落一張「保亞票」，旋被巡邏的清兵拾獲，呈報提督李準。李準派兵捉拿嚴國峰，從其日記中得知犯案者還有葛謙、曾傳範等革命黨人，於是連日在廣州等地嚴厲搜捕革命黨人，同時允許領取「保亞票」的士兵自新免究。葛謙被捕後，在供詞中坦然自述其於 1906 年赴日本，聆聽孫中山演說，萌動革命思想，隨後到廣東，忍辱負重，策動清軍反正。他拒絕供出同黨，「供詞千餘言，無一語牽及他人。」即使李準親自再三刑訊，

葛謙仍然堅稱：「我的同黨，我斷不能供出。已拼一死，願快死為樂。我一人流血，留他們做大事業！」他還說：「今世界人只知成功之華盛頓，而不知一失敗之華盛頓。蓋必有無數失敗之華盛頓推之先，挽於後，然後成功之華盛頓以出。今我既不能為成功之華盛頓，亦當為失敗之華盛頓。」「我之身雖死，而我之靈魂仍將為千百化身，以繼續我等之志！」同月16日，葛謙、嚴國峰二人被清軍公開處決，葛謙年僅24歲，嚴國峰26歲。其餘涉案的譚馥、羅澍蒼、曾傳範等外省籍同盟會員也相繼被捕入獄。[17]

葛謙等人密謀的「保亞票」起義雖然失敗，他們開拓的策動清軍起義的思路卻在同盟會後來的革命活動中得到貫徹和推廣。在此之前，孫中山在1908年4月底發動雲南河口起義失敗之後，曾和同盟會要員一起，反省以往單獨依靠會黨武裝作為革命起義力量的做法及其弊端。胡漢民提出，會黨首領容易不聽號令，其部眾又屬烏合而不足恃，今後當注全力於策動軍隊反正，尤其是注重發動連、排長以下的官兵起義。孫中山「深以為然，於是密下數令於黨員之負有任務者」。[18] 1909年10月，胡漢民領導的同盟會南方支部在香港成立之後，立即全力開展策動廣州新軍起義的工作。

先是，安徽清軍騎兵營管帶倪映典（1885-1910）因涉嫌同情革命黨，被迫於1908年離開安徽原籍，易名出走香港。倪到《中國日報》報館，見到馮自由，加入同盟會，隨後到廣州，加入編練不久的新軍，擔任炮兵排長。同年11月，革命黨人熊成基等在安慶發動革命起義失敗。倪映典因與熊成基為同學，急欲報仇，遂辭去軍職，到香港會晤同盟會諸人，力言策反廣州新軍大有可為，請香港同志籌餉接應。他在《中國日報》報館領取鄒容所著《革命先鋒》、汪精衛所著《外交問題》、胡漢民所著《立憲問題》

---

[17]　〈廣州保亞票之革命運動〉，《革命逸史》第3集。

[18]　〈胡漢民自述〉，《辛亥革命史料選輯》上冊，長沙：湖南人民出版社，1981，第187頁。

等宣傳小冊子，隨後向新軍各部散發。倪映典等人還在廣州城內設立多處聯絡點，吸收新軍眾多士兵加入同盟會，傳遞香港印製的同盟會小傳單，上書「驅逐韃虜，恢復中華，平均地權，創立民國，保我漢民，矢信矢忠」。

同盟會南方支部根據倪映典等人在廣州策反新軍的進展，電請孫中山籌款二萬元，作為起義經費；電邀黃興和曾任廣東新軍標統的江蘇籍同盟會員趙聲（1881-1911）等人來香港，與南方支部的支部長胡漢民一起，合力指揮廣州新軍起義。

1909 年 11 月底或 12 月初，湖北籍革命黨人孫武（1880-1939）因在漢口組織共進會，聯絡會黨起義，被清朝官府偵悉，被迫出走香港。他得知同盟會準備發動廣州新軍起義之後，特地到《中國日報》報館，拜訪馮自由，表示「如粵有事，鄂必響應」。馮即邀其參加同盟會，補行宣誓手續。[19]次年，孫武重返武漢，領導革命黨人全力策動湖北新軍反正，最終在 1911 年 10 月促成改寫中國歷史的武昌起義。

1910 年 1 月下旬，南方支部與倪映典決定在同年 2 月 24 日（正月元宵節）前後發動廣州新軍起義。南方支部指示姚雨平、張醁村等粵籍同盟會發動巡防營士兵響應，並派朱執信、胡毅生、李海雲等人進入廣州河南大塘村，聯絡番禺、南海、順德等周圍民軍支援。新軍起義所需的青天白日滿地紅三色旗，起初由已經遷居香港的同盟會員孫眉、楊德初在九龍的孫眉農場組織縫製，後因該處鄰近陳少白寓所，馮自由擔心被香港警察偵悉，要求將該處的縫紉機和布料轉移到灣仔東海旁街 76 號 3 樓的馮自由住宅，由胡漢民的妻子陳淑子、馮自由的庶母盧桂屏、馮自由的妻子李自平等人日夜縫製。終於在數日內，趕製出百餘面青天白日滿地紅三色旗，旋由女同盟會員徐宗漢等人藏於臥具之中，秘密運入廣州城。

---

[19]　〈香港同盟會史要〉，《革命逸史》第 3 集，第 237 頁。

1910 年 2 月 9 日農曆除夕夜晚，廣州新軍有士兵因購置名片，與雙門底繡文齋書店發生爭執，並與前來干預的警察發生衝突，被警察捕去兩名士兵。2 月 10 日（正月初一），新軍數百人持械入城，搗毀警署，救出被捕士兵，軍警衝突進一步加劇。倪映典見事態突變，立刻趕赴香港，與胡漢民、黃興、趙聲等人商議，決定將起義日期提前到 2 月 15 日（農曆正月初六）。

2 月 11 日早晨，倪映典返抵新軍駐地燕塘，覺察士兵群情洶湧，再也無法勸其隱忍數日，於是決定即日起義。上午 10 時許，炮隊管帶向下屬士兵訓話，警告勿受革命黨誘惑。倪映典當即拔出手槍，將其擊斃，隨即帶領燕塘各隊新軍宣佈起義，進逼廣州城。次日清晨，李準率領清軍 2,000 多人，在廣州城郊牛王廟一帶阻擊起義新軍。倪映典身穿藍袍，手持青天白日滿地紅旗幟，騎馬指揮義軍佈陣。他看見清軍陣中有加入同盟會的安徽籍管帶童常標，於是上前勸其加入起義軍。童常標佯與接洽，突然開槍擊傷倪映典頭部。倪映典墮馬被擒，在清軍陣中大罵不屈，英勇就義。義軍頓失主將，與清軍激戰一小時，陣亡與被俘各百餘人，其餘潰散。部分起義骨幹出走香港，匿藏於同盟會員孫眉、鄧蔭南分別在九龍開辦的農場。[20]

倪映典領導的廣州起義失敗之後，革命黨人一度產生悲觀情緒。可是，孫中山依然勉勵南方支部同仁再接再厲，並提議在廣東邊境地區再次組織起義。5 月 13 日，黃興在香港致函孫中山，表示他與趙聲二人都贊成在廣東再舉，但認為「廣東必可由省城下手，且必能由軍隊下手」。他在信中分析說，廣州新軍起義雖然失敗，但官府只解散參加起義的新軍部隊，革命黨在新軍其他部隊以及巡防營中仍然保持影響力。因此，他力主「圖廣東之事，不必於邊遠，而可於省會。」[21]

---

[20]　馮自由：〈庚戌新正廣州新軍反正記〉，《革命逸史》初集，第 202-208 頁；〈胡漢民自述〉，《辛亥革命史料選輯》上冊，第 191-193 頁。

[21]　黃興：〈覆孫中山書〉，《黃興集》，北京：中華書局，1981，第 17-18 頁。

孫中山根據黃興等人意見，於同年 11 月 13 日在馬來西亞檳榔嶼，舉行有黃興、趙聲、胡漢民等同盟會駐香港高層要員參加的會議，決定傾全黨人力、財力，在廣州再次舉行起義。起義軍仍將以廣東新軍為主力，另從各地同盟會中抽調精幹革命黨人 500 名（後增加到 800 名），作為「選鋒」（即今突擊隊）。計劃佔領廣州之後，再由黃興率軍進攻湖南、湖北；趙聲率軍進攻江西、江蘇；長江流域各省的革命黨人乘機舉兵響應，會師北伐。

　　會後，黃、趙、胡諸人陸續返回香港，在香港跑馬地 35 號設立統籌部，黃興為部長，趙聲為副部長，具體部署廣州起義事宜。統籌部下設八課：一、調度課：負責運動新、舊軍隊，由姚雨平任課長；二、交通課：負責聯絡江、浙、皖、鄂、湘、桂、閩、滇等省革命黨人，趙聲兼課長；三、儲備課：負責購運軍械，胡毅生為課長；四、編制課：負責草定規則，陳炯明為課長；五、秘書課，負責文件，胡漢民為課長；六、出納課：負責出納財政，李海雲為課長；七、調查課：負責偵察敵情，羅熾揚為課長；八、總務課，負責其他雜務，洪承點為課長。此外，還在中環擺花街設立執行部，專門製造炸彈，由李應生、李沛基（又名李援）、莊六如和女同盟會員徐宗漢、莊漢翹、卓國興、黃悲漢等負責。隨著起義日期臨近，執行部遷往廣州甘家巷。

　　統籌部實際上成為中國同盟會統籌長江以南各省革命活動的指揮中心，統籌部派使者到湖南、湖北、江蘇、浙江及上海等地聯絡或設立辦事處，同盟會的其他領導人宋教仁、陳英士、譚人鳳、居正等人的活動，也接受統籌部的約束。1911 年 2 月 4 日，譚人鳳來到統籌部，報告孫武、居正在武昌策動新軍起義，惟缺乏經費，不能設立固定機關，以擴展勢力；若能給予經費支持，兩湖同志當可響應廣東起事。黃興隨即撥款 2,000 元，給譚人鳳帶給兩湖同志。譚分 600 元給居正，200 元給孫武，兩人於是在漢口租界設立革命機關，奠定同年 10 月武昌起義的基石。譚還將餘款分給湖南革命黨人。此外，統籌部撥給上海辦事處 6,000 多元，作為革命黨在上海策動起義的經費。

1911 年初，在香港的同盟會員全力投入廣州起義的各項準備工作。為了便於轉運在海外購置的槍支彈藥到廣州，胡毅生在鵝頸橋專門設立假髮公司，由陳鏡波、劉岐山、馬祺、劉濟川等人負責，用積少成多的辦法，將槍械、子彈運入廣州。王鶴鳴、杜鳳書則將軍火轉入顏料桶內，瞞過海關檢查，以貨運發送到廣州。梁衛平、林雲陔、林樹巍、陸維平、陸耀文等人，乾脆將槍支藏在行李箱內，由擔任清軍的同盟會員掩護，從陸路運入廣州。

　　隨著起義準備工作大體就緒，統籌部於 4 月 8 日（農曆三月初十）在香港召開有數十人參加的會議，決定由富有軍事指揮經驗的趙聲擔任總司令，黃興為副司令，於本月 13 日在廣州舉行起義。潛伏在城內「選鋒」將分作十路，發起攻擊。其中，黃興率南洋及福建同志 100 人攻總督署；趙聲率蘇皖同志 100 人攻水師提督行署；徐維揚、莫紀彭率北江同志 100 人攻督練公所；陳炯明、胡毅率民軍及東江同志 100 餘人截擊八旗兵，及佔領歸德、大北兩城樓；黃俠毅、梁起率東莞同志 100 人攻警察署等處，兼守大南門；姚雨平率所部 100 人佔領飛來廟，攻小北門，接應城外新軍入城；李文甫率 50 人攻石馬槽軍械局；張六村率 50 人佔龍王廟；洪承點率 50 人攻西槐二巷炮營；羅仲霍率 50 人破壞電信局。此外，還計劃派人在城內各處要地，伺機縱火，擾亂清軍。

　　可是，兩個意外情況打亂這一計劃。一是美洲和南洋華僑捐助起義的大筆款項未能及時滙到香港，在日本、越南購置的軍火也未能按時運來；二是 4 月 8 日南洋華僑、同盟會員溫生才自行在廣州東門外刺殺途經該處的清朝廣州將軍孚琦，引起清軍嚴密設防。於是，統籌部決定推遲廣州起義的日期。

　　同月 23 日晚上，黃興從香港抵達廣州，在越華路小東營街 5 號設立起義總指揮部，將起義日期定在 27 日（農曆三月二十九日）。起義前兩三日，清軍聞訊嚴密戒備，接連破獲城內的一些革命機關。有些革命黨人建議黃興再次改期起義，黃興也一度傳令關閉城內的各革命機關，「選鋒」分批

撤往香港。可是，他又覺得如此無所作為，愧對已經為此次起義捐輸 10 餘萬元的海外華僑。因此，他最終決定親自率領餘下的「選鋒」，作最後一搏。由於原定的「選鋒」十路進攻計劃已經無法實施，黃興決定自己帶領四川、福建、廣東花縣（今花都市）和華僑籍的「選鋒」共 160 餘人，主攻兩廣總督衙門；另由姚雨平率隊進攻小北門，佔領飛來廟，迎接新軍入城；陳炯明率隊攻巡警教練所；胡毅率隊守大南門。

27 日下午 5 時 30 分，黃興率領 160 多名革命黨人向兩廣總督衙門發起進攻，衙門內卻只有少數衛兵據守。原來，清軍已經做好部署，嚴密控制城外的新軍和城內的制高點，只等革命黨人在城內起事，就痛加剿殺。因此，黃興率領的起義隊伍最終成為被清軍圍困在城內的一支孤軍。黃興率隊衝出總督衙門之後，立即與水師提督李準帶領的大隊親兵相遭遇，黃興的右手兩個手指被清軍子彈打斷。他指揮隊伍且戰且走，直至與部眾走散，才躲入一家店舖，改換服裝，坐船到河南的革命機關，與脫險同志會合。其餘的「選鋒」三五成群地分散在大街小巷，堅持戰鬥，或飲彈陣亡，或彈盡被擒，或僥倖逃脫。是役，革命黨人戰死或被俘後就義者共 86 人。因為起義發生在農曆三月二十九日，所以史稱「廣州三·廿九之役」。事後，秘密同盟會員潘達微在廣州主持收殮烈士遺骸 72 具，葬於廣州紅花崗。潘認為黃花比紅花更美，遂將該處改名為黃花崗。從此，「黃花崗七十二烈士」永遠為後人瞻仰。

4 月 29 日，黃興由女同盟會員徐宗漢陪同，乘船返抵香港，旋到醫院療傷。醫院要求家屬簽字，徐宗漢以妻子名義簽署，黃、徐二人因而結成革命的姻緣。不久，清朝官府偵悉黃興在醫院留醫，竟誣黃為盜賊，要求港府准予引渡。香港警署書記黃瓊芝是同盟會員，及時通知黃興出院，轉住筲箕灣民宅。隨後，黃瓊芝還通知被清朝官府偵悉居住在香港的譚人鳳、宋教仁等同盟會要員及時轉移，結果前往查緝的警察一無所獲。

趙聲在廣州起義失敗後，返回香港，鬱悒成病。5 月 6 日，腹痛不已。

醫生診治稱是盲腸炎。13 日，動手術切割，發現腸子已有腐爛癥狀。次日，又口吐紫血。18 日下午 1 時，趙聲在醫院病逝，終年 32 歲。在港同盟會的高層領導人黃興和胡漢民因避省港兩地的偵探，不能前往送喪。趙聲的遺體由革命黨人葬於香港咖啡園附近的山巔（加路連山墳場），墓碑上書「天香閣主人之墓」。1912 年中華民國成立後，移葬江蘇鎮江南郊的竹林寺。

1921 年 12 月，孫中山為《黃花崗烈士事略》一書作序，序文洋溢著悼念先烈的激情：「滿清末造，革命黨人歷艱難險巇，以堅毅不撓之精神，與民賊相搏。躓踣者屢，死事之慘，以辛亥三月二十九日圍攻兩廣督署之役為最。吾黨菁華，付之一炬，其損失可謂大矣。然是役也，碧血橫飛，浩氣四塞，草木為之含悲，風雲因而變色。全國久蟄之人心，乃大興奮，怨憤所積，如怒濤排壑，不可遏抑，不半載而武昌之大革命以成。則斯役之價值，直可驚天地、泣鬼神，與武昌革命之役並壽。」[22]

■ 「廣州三·廿九之役」
中被捕的革命黨人。

[22] 《孫中山全集》第 6 卷，第 50 頁。

組織內地暗殺活動

　　暗殺，是晚清革命黨人與清朝政府在秘密戰線上相互狙擊、直取敵方領袖首級的極端方式。它因為介入人數少、成本低、對敵方打擊大，而成為雙方較量的常用手段之一。早在 1900 年 6 月孫中山與興中會要員在香港海上部署惠州起義的時候，就派史堅如、鄧蔭南到廣州，組織起事及暗殺機關，以資策應。同年 10 月，史堅如引爆炸彈，未能炸死兩廣署理總督德壽，不幸被擒犧牲。次年 1 月，清朝官府實施報復，派人到香港暗殺興中會首領之一的楊衢雲。8 月，興中會要員、惠州起義領導人鄭士良突然猝死，死因不明。自此，敵我雙方拉開互施暗殺的序幕。

　　1903 年，秦毓鎏、黃興等中國留日學生組織軍國民教育會，明確提出革命的方法是：「一曰鼓吹，二曰起義，三曰暗殺。」1905 年中國同盟會成立後，在推進革命宣傳與武裝起義兩大任務的同時，還設立專門進行暗殺活動的機關，聘請有暗殺經驗的俄國無政府主義者擔任教練。

　　當時，孫中山與胡漢民有一番談話，表明他對暗殺的態度：「暗殺須

黃花崗七十二烈士墓

顧當時革命之情形，與敵我兩者損害孰甚。若以暗殺而阻我他種運動之進行，則雖殲敵之渠，也為不值。敵之勢力未破，其造惡者不過個人甲乙之更替，而我以黨人之良搏之，代價實不相當。惟與革命進行事機相應，及不至動搖我根本計劃者，乃可行耳。」[23] 顯然，孫中山並不一味地贊成或反對暗殺，而是從敵我雙方的利害得失，評價暗殺的代價是否值得。如果暗殺能夠配合革命的時機、進程和根本計劃，就可以進行。

因而，同盟會在香港全力策應內地革命起義的同時，也有小部分會員有組織地進行暗殺清朝官員的活動。首先推進這一活動的人，是在同盟會本部接受暗殺和製造炸彈訓練的劉思復。劉思復（1884-1915），又名師復，祖籍廣東香山縣。劉於 1904 年赴日本留學，1905 年加入同盟會。1906 年返回廣東原籍，1907 年初到香港，參與編撰新創刊的《東方報》。此時，同盟會正準備在粵東、粵西分別發動起義，鑑於廣東水師提督李準常以鎮壓革命黨人為能事，同盟會香港分會決定選派專人刺殺李準，以便消除阻力，壯大革命聲威。劉思復自告奮勇，要求承擔這一任務，得到馮自由、汪精衛的讚許。劉隨即在《中國日報》報館 4 樓秘密研製炸彈，因試驗不便，遂遷到普慶坊的同盟會秘密機關。其後，曾因試驗不慎，被炸藥炸傷面部，只好到澳門就醫。出院後，即到同盟會員李紀堂在屯門青山開辦的農場進行投擲炸彈的試驗。

1907 年 6 月中旬，同盟會香港分會決定由張谷山、張伯喬、朱執信、胡毅生等人，協助劉思復在廣州暗殺李準。張谷山、張伯喬專程從廣州來到香港，與馮自由、胡漢民、李紀堂、劉思復等人商議暗殺李準的計劃。決定由張谷山在廣州舊倉巷的鳳翔書院附近租一僻靜住所，作為暗殺機關；張伯喬、朱執信負責偵查李準每日來往的必經要道，以便相機行事。6 月 20 日，劉思復從香港抵達廣州，親自察看李準來往於水師提督行署和兩廣

[23]　《孫中山全集》第 1 卷，第 585-586 頁。

總督衙門的街巷道路，決定在同月 22 日（五月初一）早上，趁李準前往總督衙門參謁時，在半路將其擊斃。

可是，22 日清晨，劉思復在配置炸彈時，不慎引起爆炸。劉再被炸傷面部，炸爛左手下部。住在附近的圖強書院學生陳逸川發現劉思復倒臥床上，床邊有兩枚鐵彈，床下有幾封書信，猜想他是革命黨，便將信件收藏起來。警察隨後趕到，將劉送往醫院監視治療，醫院將劉的左手下部切除。劉堅稱自己是試驗化學品而被炸傷，廣東官府無法證實他是革命黨，便將他押解回原籍香山縣監禁。

兩年後，先前在暹羅（今泰國）加入同盟會的廣東香山縣人陳景華（1863-1913）來到香港，利用他與廣東官紳的關係，終於促使廣東官府在1909 年秋冬釋放劉思復。劉出獄後，隨即返回香港，住在德輔道捷發號 4樓的同盟會機關，在港的同盟會員在跑馬地愉園專門為他舉行歡迎會。

1909 年秋天，先前設在東京的同盟會本部暗殺機關轉移到香港，設在鵝頸橋黃泥涌道的黎仲實家中。黎仲實（1866-1919），祖籍廣東肇慶。1902 年在日本留學時結識孫中山，1905 年加入同盟會，參加同盟會本部暗殺團的活動。暗殺團轉移到香港後，其成員黃復生、喻培倫、方君瑛，以及汪精衛、陳碧君夫婦等也會聚香港。其中，黃、喻二人為四川籍留日學生，在日本時已熟習製作炸彈。到香港後，他們自己配製炸彈，不時去到屯門青山的農場荒地作爆炸試驗。

此時的汪精衛，雖然身為南方支部的領導人之一，卻無意從事艱辛的起義發動工作，而寧願捨命與敵酋相搏。他曾在同盟會的機關報《民報》上發表〈論革命之道德〉一文，稱：「革命黨人只有二途，或為薪，或為釜。薪投於爨火，光熊熊，俄頃灰燼；而釜則盡受煎熬，愈苦愈甚。二者作用不同，其成飯以供眾生之飽食則一。」意指革命黨有兩種做法：一種是勇於與敵人同歸於盡，一種是堅持與敵人作長期的鬥爭。同年底，在目睹各地革命起義接連失敗之後，他和暗殺團諸人憤而前往北京，計劃刺殺清朝

的權貴大臣。臨行前，汪精衛給南方支部領導人胡漢民留下八字血書：「我今為薪，兄當為釜。」[24]

1910 年 3 月 31 日晚上，他們在北京什剎海甘水橋下埋設炸彈。不料事情敗露，汪精衛、黃復生被捕入獄，黎仲實、喻培倫逃脫，返回香港，改將暗殺機關從黎仲實宅遷移到九龍城。在次年黃興領導的「廣州三．廿九之役」中，喻培倫作為一名「選鋒」，胸前掛著一筐炸彈，與四川籍同盟會員一起，接連進攻兩廣總督衙門和督練公署，最後彈盡被擒，英勇就義，成為黃花崗七十二烈士之一。

卻說 1910 年 2 月廣州新軍起義失敗後，在香港的同盟會員劉思復、謝英伯、朱述堂、陳自覺等人決定組織專門的暗殺機構。此議得到剛回到廣東的留日學生蕭楚璧的支持，蕭捐款百元，劉等遂租賃般含道 16 號樓宇，在同年 4 月成立「支那暗殺團」。當時有團員 8 人：劉思復、謝英伯、朱述堂、陳自覺、高劍父、程克、陳炯明、李熙斌；其後又加入梁倚神、林冠慈、鄭彼岸、丁湘田等 4 人。活動經費主要由李熙斌承擔，陳炯明也有所捐助。暗殺團需要的炸彈，除向法國購買成品外，還由通曉法文的李熙斌、李應生自行配製炸藥，所需的炸彈殼則在香港一家鑄鐵廠訂製，分為一磅、一磅半、兩磅三種類型。製作好炸彈之後，便到鄧蔭南在屯門的農場進行投擲試驗。

同年 7 月，暗殺團從般含道遷到摩士忌街 23 號，決定由劉思復、李熙斌、朱述堂、程克四人前往北京，刺殺清朝攝政王載灃。程克是河南籍人，熟悉北方情形，故先行於同年 10 月攜帶炸彈北上。不料，程克走後數月，渺無音訊，後來才知他投靠被載灃解職而隱居河南的清朝原軍機大臣袁世

---

[24]　〈胡漢民自述〉，《辛亥革命史料選輯》上冊，第 190 頁。

凱，出任熱河都統。刺殺載灃的計劃因此流產。

當有組織的暗殺團未有建樹之際，同盟會中的一位獨行俠卻逕自擊斃新任廣州將軍的滿族官僚孚琦。這位獨行俠名叫溫生才（1869-1911），祖籍廣東梅縣，年輕時曾加入清軍，後到香港當機器工人，隨後赴南洋謀生，並在當地參加同盟會。1910年，他回到香港，經友人介紹，在廣九鐵路打工。他憤恨滿族官僚欺壓漢人，便在香港購買一支曲尺手槍，在廣州伺機行刺。1911年4月8日，廣州燕塘舉行飛機試飛表演，城內官員、百姓都前往觀看。下午4時許，新上任的廣州將軍孚琦乘坐轎輿，由八旗兵護衛，返回城內。溫生才在人群中見其儀仗威嚴，料是高官大吏，便直闖至轎子跟前，連放四槍，當場將孚琦擊斃。隨後，溫被巡警捕獲。刑訊時，他坦然說明：「此次刺殺將軍，係為四萬萬同胞復仇，先刺滿人，後刺漢官。今義務已盡，心殊快樂。」4月15日，溫生才慷慨就義。溫生才刺殺孚琦，引起清軍加強警戒，打亂黃興、趙聲領導的廣州起義計劃。

同年4月28日，暗殺團成員李熙斌因涉嫌參加「廣州三‧廿九之役」，一度被拘押在廣東水師提督行署。李獲釋後，返回香港，力主暗殺鎮壓起義的兩廣總督張鳴岐、水師提督李準。女同盟會員、南洋華僑林冠戎主動要求參加行動，並將名字改為冠慈，以免事發見報，讓母親傷心。於是，她與李熙斌、朱述堂、高劍父、馬育航、梁倚神、潘賦西、劉鏡源等同盟會員先後會聚廣州，分頭進行察看伏擊路線及配置炸彈等各項準備工作。

8月13日，李熙斌等人偵知李準出行路線，分頭通知各人在中午進入伏擊地。林冠慈將兩枚炸彈藏在藤籃裏，沿大南門雙門底街而行，在一間店舖佯作購物。她待李準的轎輿儀仗走近，便投出炸彈，炸毀轎輿，李準倒臥在地，隨從死傷10餘人。她繼而投出第二顆炸彈，隨即被清軍衛隊亂槍擊中，當場犧牲。參與伏擊的同盟會員陳敬岳被警察捉拿，雖經嚴刑拷打，仍然不肯出賣同志，最後英勇就義。李準身受重傷，被炸斷兩根肋骨，

療傷月餘，從此不敢與革命黨人為敵。

9月下旬，暗殺團得知清政府將派陰狠鷙猛的滿族官僚鳳山接任廣東將軍，隨即召開會議，決定在廣州暗殺鳳山。鑑於林冠慈炸李準的炸彈只裝有一磅半的炸藥，致使李準未死，會議決定放棄單獨攜彈行走伏擊的辦法，專門鑄造兩枚可以裝7磅炸藥的大彈殼，一枚埋設在鳳山必經之路，一枚藏在挑擔中，以固定和行走並舉的伏擊手法，一舉將其擊斃。李熙斌還請人在藥房購置劇毒的毒藥，與炸藥一起放置於彈殼裏，以確保誅滅鳳山。

此時，黃興、胡漢民等同盟會在香港的最高領導人因急欲為黃花崗眾烈士報仇，另外派遣由李應生、李沛基兄弟和周之貞、黃悲漢等人組成的「東方暗殺團」，從香港來到廣州，在來往官府衙署必經的倉前街成記洋貨號店舖設立暗殺機關。他們專門製造裝炸藥15磅的炸彈一枚，裝藥7磅半的炸彈兩枚，將炸彈安置在臨街屋簷的木板上。只要割掉牽拉木板的繩子，炸彈就會掉落到大街上爆炸。這樣，香港的同盟會組織就在廣州分設兩個暗殺機構，張網等待鳳山前來就範。

10月23日夜晚，劉思復在香港接獲上海發來的電報，稱鳳山已經乘船南下。他隨後打聽到鳳山乘坐的輪船將在次日抵達香港，隨即前往廣州。此時，武昌起義已經爆發，清政府顯然希望鳳山坐鎮廣州，鎮壓革命黨人響應起義。劉思復立即將此情報電告在廣州的李熙斌。李連夜通知在廣州潛伏的兩股暗殺力量，分頭埋伏在鳳山登船後前往官署的各處必經要道中。

10月25日上午8時許，鳳山一行在廣州登岸，走到倉前街。年方十六、七歲的李沛基按照預定計劃，割斷拉繩，將放置在臨街屋簷木板上的重磅炸彈一齊放下。一聲巨響，鳳山與衛隊10餘人同被炸死，附近幾家店舖隨之倒塌。鳳山被擊斃，清朝在華南的統治隨之搖搖欲墜。

與港英政府周旋博弈

香港是港英政府管治下的自由港。人員、貨物、資金的自由進出、自由存留和自由遷移，給同盟會在香港策應內地革命的各種活動帶來極大的便利。因此，香港既成為同盟會挺進內地、發動革命的海外前進基地，又成為革命黨人在內地失敗之後退卻休整、圖謀再起的後方隱蔽場所。

可是，英國政府與各國列強都實行支持清朝統治以維護侵華權益的政策，清政府不時向港英政府提出消弭同盟會在港革命活動的要求。港英政府為了維護殖民管治秩序，會酌情採取措施，限制革命黨人進行危及「鄰國」（即清政府）安全或本港治安的活動，甚至以引渡或放逐的強硬手段，協助清政府鎮壓在港革命黨人。香港的同盟會組織隨之與港英政府展開合法的周旋和博弈。

1907 年 5 月潮州黃岡起義失敗後，起義軍首領余既成攜帶家眷，從黃岡乘帆船逃到香港，住在蘭桂坊的許雪秋家中。廣東官府探知他在香港，指控他聚匪搶劫，向香港政府提出引渡的要求。港府遂於 6 月 24 日將他逮捕，關押在域多利監獄。

馮自由得知這一消息，立即聘請律師庚先，向香港警察裁判所提出抗辯，說明余既成是革命黨首領，並非盜賊，並將黃興授予余既成的委任狀呈遞法院，作為證據。新加坡的同盟會分會領導人陳楚楠、張永福不僅表示願意捐款，作為訴訟費用，而且還通過英國駐新加坡總督，向香港總督轉達信件，證明余既成在新加坡擁有地產和物業，無需搶劫。孫中山在越南河內聞訊，也專門致函香港總督，證實余為革命黨的將領。

馮、孫二人之所以強調余既成是革命黨人，是因為按照國際法慣例，政治犯（亦稱國事犯）不在引渡之列。1889 年香港政府第 26 號法例也規定，中國政治犯不在引渡之列。1903 年洪全福起義前夕，香港警察搜查洪全福設在中環德忌笠街 20 號的起義機關，逮捕 5 名成員。其後，廣東官府雖然

派專員來港，要求引渡，但經《孖剌西報》主編肯寧漢請求倫敦友人幫助營救，「英國殖民地部電令港督，以國事犯待遇，故由港督下令開釋」。[25]因此，清朝官府在要求港府引渡革命黨人的時候，不再控以叛逆造反的政治罪名，而多誣告其聚眾劫掠。

1907 年 7 月中旬，警察裁判所開始審理此案。清朝官府延聘的香港律師傳召在饒平縣衙門當差的證人，指控余既成在 4 月 16 日曾在潮州饒平縣下園村聚匪行劫，辯方律師也傳召己方證人，證明余當時在香港而不在饒平。9 月 16 日，余既成在監獄供詞中堅稱：「我確是一個完全革命黨人員。」；「我確是此黨一位極需要之頭目。」他指出，3 月 27 日至 5 月 15 日，他一直住在香港，其後才到饒平縣的黃岡參與領導起義。起義失敗後，6 月 20 日清朝官府發佈通緝他的告示，懸賞花紅銀 1,000 元。「此告示上所言，特為我做革命與彼反對之事而捉我，且其文中絕不提起我有搶劫情事。」因此，他揭露廣東官府誣告他，「皆因為我作革命黨與之反對，故欲將我抵罪然後甘心，並不是因劫案之故而欲得我回省」。

同日，先前參與興中會反清起義密謀的立法局華人議員何啟向港府申請並獲得有關余既成的人身保護令。在此前後，他還邀請大律師白克理爵士（Sir Henry Berkely），擔任余既成的主要辯護人。何啟以此行動，表明他和革命黨人站在一起。

同年 12 月，警察裁判所判決余既成無罪釋放。廣東官府不肯善罷甘休，又捏造新的罪名，向香港高等法院控告余既成。馮自由再度聘請原案辯護律師，出庭抗辯。高等法院為此開庭 10 多次。白克理強調清政府以搶劫罪要求引渡余既成，目的只是為了報復他的政治行動。他援引英國拒絕引渡

[25]　馮自由：《中華民國開國前革命史》上編，第 122、124 頁。

政治犯的案例，要求法院拒絕引渡。1908 年 2 月，高等法院宣判將余既成無罪釋放。馮自由隨即安排他秘密乘船離開香港，前往新加坡。此後，余既成在新加坡擔任孫中山在當地活動期間的護衛。

同盟會在與港府的法律博弈中取得重大勝利。除余既成獲釋之外，高等法院還根據辯方律師的要求，判處港府賠償被告 9,500 元，而被告一方只需支付訟費及律師費 4,500 元。「被告不獨不賠錢，且有溢利，洵為從來訟案所罕見。」孫中山只讓馮自由取回賠償費 1,000 元，餘款全部贈給辯護律師作為厚酬。[26]

不過，在接踵而至的一樁同類案件中，同盟會最終未能阻止港府將其拘捕的一名革命黨人引渡給清政府。卻說 1907 年 6 月惠州七女湖起義失敗後，起義骨幹撤退到香港。馮自由給鄧子瑜、陳純、孫穩等人發放善後經費 800 元，安置他們隱匿於同盟會員李紀堂在屯門的青山農場。清朝廣東官府隨即向香港政府交涉，要求引渡策動起義的首犯鄧子瑜。香港政府沒有答應廣東官府的引渡交涉，而是發佈驅逐令，將鄧子瑜驅逐出香港。鄧便前往新加坡，陳純、孫穩等人也離開香港，前往南洋謀生。1909 年冬天，孫穩從新加坡回到香港，轉往惠州，試圖再次發動革命。不料，當他回到香港報告進展時，廣東官府卻指控他在當地犯下搶劫罪，要求香港政府予以引渡，港府於是將其逮捕入獄。在港的同盟會組織同樣為他聘請律師，進行抗辯。然而涉訟數月，不能得直。孫穩被港府引渡給廣東官府，隨後遇害。[27]

港府不僅以引渡、驅逐的手段對付被清朝官府緝拿的革命黨「要犯」，而且還按照外國和清朝政府的要求，壓制革命黨人在香港的宣傳自由空間

---

[26] 馮自由：《中華民國開國前革命史》中編，上海：上海書店影印本，1990，第 171-173 頁；《革命逸史》第 3 集，第 259-262 頁。何啟介入事，譯自陳劉潔貞：《中英與香港》（*China, Britian and Hong Kong*），香港：中文大學出版社，1990，第 74 頁。

[27] 《中華民國開國前革命史》中編，第 168 頁。

和華人的抵制外貨運動。1905 年，內地沿海各大城市因為反對美國虐待在美華工而掀起抵制美貨的運動。同年 8 月，美國陸軍部長他伏脫帶領美國總統的女兒及隨員百餘人，到廣州遊覽，企圖壓制當地的抵制美貨活動。原廣州興中會員、後來到香港加入同盟會的潘達微，和畫家何劍士一起，繪製出多幅反美漫畫，張貼於廣州市區街道。其中流行最廣的是一幅《龜抬美人圖》，畫中畫著四隻烏龜抬轎，轎裏坐著一個美人。坐轎是當時都市的交通工具，此圖的寓意明為勸諭廣州轎夫不給美國人抬轎，實則諷刺聽命美國、壓制抵制美貨運動的清朝官府是烏龜。香港革命黨人主編的《世界公益報》隨即轉載《龜抬美人圖》，將廣州的反美愛國熱潮傳導到香港華人社會。為了配合美方壓制中國各界人士的抵制美貨運動，香港政府隨即將《世界公益報》主筆李大醒驅逐出境。

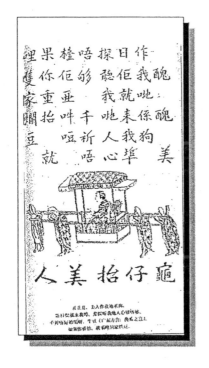

《龜抬美人圖》

1907 年 4 月，章太炎在東京主編的同盟會機關報《民報》出版臨時增刊《天討》，專門宣傳排滿革命的激烈主張。《天討》刊載軍政府發佈的〈討滿洲檄〉，以及各種署名的〈普告漢人〉、〈四川革命書〉、〈四川討滿洲檄〉、〈江蘇革命書〉、〈河南討滿洲檄〉、〈安徽討滿洲檄〉、〈直隸省宣告革命檄〉、〈山東討滿洲檄〉、〈廣東人對於光復前途之責任〉、〈雲南討滿洲檄〉、〈諭保皇會檄〉、〈諭立憲黨〉等文，歷數滿清政府虐內媚外的罪行，號召漢人革命，推翻清政府。該刊篇首刊載三幅政治諷刺畫：一是〈獵胡〉，圖中騎馬彎弓的一名獵人，正在追殺逃向山頂的一隻狐狸。古人將北方少數民族稱為「胡人」，「胡」為狐的諧音，比喻滿清王朝。二是〈過去漢奸之變相〉，內畫輔佐晚清中興的三位漢族重臣，均為人面

▌ 過去漢奸之變相

▌ 現在漢奸之真相

獸身：曾國藩，下身為長蛇；李鴻章，下身為游魚；左宗棠，下身為臥獅。三是〈現在漢奸之真相〉，圖中畫著三個在位的漢族督撫大臣，頭顱均已破損：上方居中是袁世凱的頭像，頭顱被劈成兩半；左下方是岑春煊的立像，斷頭橫擱頸上；右下方是張之洞的立像，斷頭倒置胯下。《天討》言辭激烈，圖文並茂，在海內外迅速廣泛流傳。

香港《中國日報》隨即翻印和發行《天討》，在香港華人社會中引起很大的反響。同年 7 月，港府華民政務司以《天討》刊載清朝重臣被破頭的漫畫、意圖煽動暗殺為由，準備提出檢控。經馮自由等人力爭，華民政務司最後決定沒收餘存的《天討》刊物。10 月，香港政府專門頒佈禁止在港進行反清革命宣傳的法令，規定：「本殖民地所有人等，凡印刷、出版或銷售、發行有關旨在煽動中國動亂的報紙、書籍或其他出版物，……均屬違法犯罪，理應判處監禁，或兩年之內的勞役，或 500 元以下的罰款。」這是香港政府首次宣佈對華人社會實施偏袒清政府、限制新聞出版自由的政策。但是，在港同盟會並未因此停止反清革命的宣傳活動。「蓋英人只禁談排滿革命，若易以民族主義及光復等名詞，非彼等所能瞭解也」。[28]

1908 年 2 月，澳門華商用來私運軍火牟利的日本輪船「二辰丸」號，被廣東水師巡邏船扣押。3 月，廣東官府迫於日本壓力，不僅釋放該船，而且還懲罰扣船的官員，並向日本政府謝罪。廣東粵商自治會憤而發動全省各界，抵制日貨，這一運動隨即波及香港。香港出現抵制日貨會的組織，要求商家停止進口及銷售日本貨物。9 月，日本駐華公使催逼清朝外務部，要求兩廣總督迅速壓制這一運動。

---

[28]　法令內容譯自陳劉潔貞：《中英與香港》第 77 頁所引《香港政府憲報》條文。馮自由的《中華民國開國前革命史》上編，第 180 頁提及《天討》事件，惟馮稱其刊有〈清帝破頭〉插圖，是為憶述失誤，其實《天討》插圖標明圖中人物是「漢奸」，並非清帝。

11月1日，在香港的日本海產品商人以為華人結束抵制日貨，於是張燈結綵，以示慶祝。不過，「諸色魚燈、獸燈，皆沒尾者，以示中國人有始無終之意。」「燈籠上寫中字，而略去下半企，且注華人病，不能食海味，今已痊愈。」這種挑釁行動立即激起在港華人的憤怒反擊。次日下午，高陞街、乍畏街（按：今蘇杭街）、文咸街、西營盤、荷李活道、皇后大道等銷售或儲藏日貨的店舖、貨倉，相繼受到民眾的衝擊，日貨或被拋撒街道，或被人搶走。港府出動數百軍警鎮壓，民眾以磚石還擊，「石如雨下」。軍警於是「放槍轟擊，傷二人，暴徒即逐漸散去」。當天，軍警拘捕200餘人，其中60餘人分別被判處短期監禁、罰款或鞭刑。[29]隨後，領導抵制日貨運動的商人陳露泉、趙少樸、潘蘭子（P'un Lan-sz 音譯）被驅逐出境。當時，《中國日報》及時報導這一事件，刊載被捕商民為自己辯護清白的聲明，顯示在港革命黨人同情民眾的抗爭。[30]

數日後，港府鑑於「本港暴動之事層見疊出」，為了維護殖民統治秩序，頒佈法令，宣佈：「凡本港太平紳士見有擾亂之事出現，可飭令附近之人協同平亂，拘拿犯人，以保治安；倘無故而不允助力者，監禁三月。太平紳士見有聚眾擾亂之事，先曉以例禁，著其即行解散；不聽，則拘之於案，監禁三月。除日用手作器具外，凡一切軍械刀劍等類，均不准攜帶收藏；倘有違犯者，監禁六月。滋擾治安及攜藏軍械之人，除別樣刑罰外，兼可判以鞭笞之刑。太平紳士可以自己或令差役入屋，拘可疑滋事之人，並搜查軍械。倘有聯同罷市，或禁嚇舖戶貿易、阻礙搬運貨物來往，或阻人購買貨物，則拘訊罰銀五十元，或監禁三月，或監禁、罰銀並行。倘緝捕搜查出犯例擾亂治安之人，報由督憲會同議政局，不論曾否入籍，將其

---

[29] 〈抵制日貨滋事彙聞〉、〈滋事續聞〉，《香港華字日報》，1908 年 11 月 3、4 日。

[30] 見葉志堅（Yik Chi-kin 音譯）發表於 1908 年 11 月 30 日《中國日報》的聲明，英國殖民地部檔案 C.O.129/349，第 556 頁。

遞解出境」。[31] 該法令賦予太平紳士擁有平定騷亂的職權，甚至可以入屋拘捕和搜查軍械武器，顯然是要利用華人領袖協助港英政府實施殖民管治。其矛頭不僅針對抵制日貨之類的經濟抗爭，而且針對革命黨人在香港經常攜帶和轉運武器的反清革命活動。

儘管清朝官府與香港政府聯合壓制在港革命黨人的活動，孫中山卻多次利用乘船途經香港的機會，會見在港同盟會要員，共商革命方略。這就構成同盟會與港英政府博弈的另一類典型案例。

1906 年 5 月 17 日（農曆四月二十四日），兩廣總督周馥致電清廷外務部，稱孫中山現在香港居留，要求商請港英當局將其驅逐出境。該電文稱：「前接新加坡總領孫士鼎電，探聞孫文有回華作亂之謠。」「現訪聞孫文改洋裝，住香港公益報館。又有同黨鄧子瑜住香港旅安祥客棧。前獲逆黨陳純供，鄧子瑜為孫文管外事，現聞招集香港匪徒，入內地勾引亂民滋亂。」「務求大部速密電英使，轉電英政府，飭港督速將二逆逐出。」[32] 電文所稱孫中山在港一事，是指 1906 年 4 月 16 日孫中山乘船途經香港。惟據同盟會在港要員馮自由憶述，孫僅在船上召見同盟會在港負責人陳少白和鄭貫公，並未提及孫登岸入住香港《世界公益報》。因此，孫中山此次曾否在香港秘密登岸居留，有待考證。無論如何，周馥在 5 月發出電文之時，孫已離開香港。因此，電文所指孫中山時在香港，應屬信息錯訛；但其所指同盟會員鄧子瑜在港活動的情形，卻準確道出孫中山籌劃 1907 年粵東起義的信息。

1908 年 3 月 10 日，《德臣西報》再次刊文，披露孫中山抵港的行蹤，稱：「孫逸仙醫生正在香港。眾所周知，他是中國政府懸賞 20 萬鉅款的叛

[31] 〈港督保護治安之示諭〉，《香港華字日報》，1908 年 11 月 7 日。
[32] 〈兩廣總督周馥為孫中山現住香港致外務部電〉，〈清政府鎮壓孫中山革命活動史料選〉，北京：《歷史檔案》，1985 年第 1 期。馮自由有關憶述，見《革命逸史》第 3 集，第 222 頁。

亂領袖。他在泊港的一艘日輪上，該輪從新加坡前往日本的途中經過香港，他的一些同夥和他在一起。他在本港短暫停留期間不會登岸。向我們提供這一消息的人是孫的一位同黨，但他對孫的行蹤卻緘默不言。」該文還稱：「自從 1901 年 3 月 4 日放逐令期滿以來，孫逸仙醫生已訪問過本殖民地，並對本殖民地的革命黨事務具有影響力。」「他是一個精明的人，在他的同胞中有很大的影響。」[33]

　　孫中山顯然不滿足於利用途經香港的機會，在船上與在港黨人會晤。他還渴望在香港登岸活動。1909 年 8 月 13 日，他在倫敦致函英國政府殖民地部，要求准許他到香港探望妻子和家人。信中首先提及 1896 年他在倫敦被清朝公使館綁架的事件，然後敘述他一直在日本、新加坡等地居留，妻子和家人則留在香港。1896 年，港督向他頒佈為期 5 年的驅逐令，限期屆滿後，他曾經訪問香港。1902 年，他又被限令 5 年內不得再次進入香港。現在，該限期已經屆滿，他希望獲得批准，返回香港，探訪家人。信中還說，他已經在新加坡居住將近 18 個月，在此期間並未在該地造成任何騷亂。他保證在訪問香港期間，不會參與任何政治事務，也不會因此而在香港長期居留。信中最後寫道：「我將香港視為我的第二故鄉，因為我曾就學於西醫書院，我的家人現在也居住在那裏。」[34]

　　早在 1897 年，孫中山曾經致函香港政府輔政司，查詢能否重返香港。12 年之後，他再次向英國政府提出返港探親的要求。港英政府堅持驅逐孫中山，使他只能遠隔重洋，寄託對香港和家人的思念。

　　在香港，革命黨人始終將這裏視作比內地更加安全的地方。華南歷次革命起義失敗之後，革命黨人都將香港作為東山再起的避難所。香港的同

---

[33]　譯自〈孫逸仙醫生在香港〉（"Dr. Sun Yat Sen in Hongkong"），《德臣西報》，1908 年 3 月 10 日。

[34]　譯自〈孫中山先生向英國政府申請進入港境的親筆信〉影印件，見《孫中山紀念館展覽圖錄》，香港：孫中山紀念館，2006，第 128 頁。

- 188 -　中山革命在香港

盟會組織竭盡全力地接待和掩護避難的戰友，使他們在香港經歷養精蓄銳以圖東山再起的難忘時光。

1910 年 2 月廣州新軍起義失敗後，黃興、趙聲與參與起義的骨幹成員共 83 人相繼撤退到香港。同盟會組織考慮到，如果將這些人遣散，將來再聚集，會延誤將來再在廣東起義的時機。可是，如果不解散，不僅無法解決這些人的生活問題，而且「人數眾多，為港政府異常注意」。商議的結果是：「放下手槍炸彈，解甲歸田」。他們籌集一筆款項，在九龍不遠的沙崗，租上百畝之地，自耕自食，韜光養晦。同盟會員鄧蔭南，人稱「鄧三伯」，在九龍，開辦有農場，還經營榨糖、碾米等業務。他指導眾人，用木材、葵葉，搭蓋起幾間大棚，作為革命黨人的食宿場所。為了便於瞭望和自衛，他在稔灣良雀坑口（今浪濯村）修建起一座碉樓，該碉樓至今猶存。於是，大家購置耕牛、農具，分工合作，過起農耕的田園生活。

此後，當事人憶述這番情景，說：黃興身體肥胖，負責放牧買來的四隻水牛；趙聲身高力大，每日負責挑糞十擔；洪承點、巴也民二人合種三畝菜地，供大家食用。「其餘各同志，各分隴畝，汗滴禾下土，終日作耕耘」。耕種時，「最難受的是水田裏螞蝗，一條一條纏繞兩腿，又痛又癢」。

▌ 李紀堂在屯門的青山農場，是辛亥革命黨人的隱蔽地。

當時，「九龍地方多虎」，夜間來襲，竟相繼咬死他們的三隻耕牛。剩下一隻牛，「當做千里駒看待」，夜間改拴在人住的葵棚內。一天晚上，棚頂忽然掉落一件重物。大家點火看去，「原來是一隻斑紋猛虎，四隻虎爪將葵棚穿了四個洞。虎身伏在棚上，虎足懸空，伸足搖尾，無法用力逃走」。眾人連忙找來幾桿土火槍，朝著老虎的肚皮開火。老虎大吼一聲，躍出棚外逃走了。次日，大家沿著血跡追尋，發現老虎死在山澗旁邊。於是大家將死虎拖回棚內，「將虎皮扒去，虎肉燒熟，買了一罐酒，享受了兩三日酒肉口福」。

耕種之餘，也有人賣文、販報以改善生活。「同志中如方楚囚、李海雲、鄭養源、袁作雲等，都是倚馬之才，下筆千言，乃寫文章賣與報館。各報館以各同志所作的文稿，皆是奇文異論，非常歡迎。閒暇，同志取了各種的報紙，在大街小巷叫賣。」

這年 7 月 19 日，孫中山和孫眉的母親楊太夫人逝世，享年 83 歲。早在 1895 年 10 月廣州起義失敗之際，孫中山曾託陸皓東的侄子陸燦，護送楊太夫人和髮妻盧慕貞、兒子孫科到美國檀香山，居住於孫眉的茂宜牧場。1907 年秋天，孫眉因夏威夷政府更改租地條例，結束在當地的農牧業，偕同楊太夫人、盧慕貞等孫家眷屬，移居香港，住在九龍城東頭村 24 號的兩層樓房。陳少白將其購置的九龍城牛池灣部分荒地，售給孫眉，開發為農場。楊太夫人逝世後，孫中山因仍被港府放逐，不能返港奔喪。隱居務農的革命黨人便一起幫助孫眉，辦理喪事。趙聲、黃興和眾黨人一起，抬棺、埋土、建墳、立碑，表達革命黨人的忠孝情懷。[35]

孫眉等人辦理喪事之際，清朝政府迫害革命黨人的行動又延伸到香港。

---

[35]　張鼎：〈革命黨躬耕「九龍」：黃興牧牛〉，天目：〈同志窮羈香港之生活寫真〉，辛亥革命同志會編：《辛亥革命文獻展覽會紀念冊》，南京：辛亥革命同志會，1947，第 20-21 頁。

▌ 孫眉

同年 7 月，兩廣總督致函英國駐廣州領事，稱孫中山的大哥孫眉和一個叫曾坤原（Tseng Kung-yuan 音譯）的人，都是革命黨，在香港秘密集會，圖謀反對大清國。香港警署根據這一消息，派出一名線人，佯裝參加反清革命，經九龍一家藥店的東主鍾敬南（Chung King-nam 音譯）介紹，於 8 月 28 日夜晚去到孫眉租住的 24 號荔枝園（Lai Chi Yuen），看見孫眉正與眾人聚會。該線人遵囑在門前空地上，舉左手盟誓：「反清，殺滿洲人，報祖仇！」線人簽名加盟之後，探知革命黨的支持者有上萬人之多，港府機構也有很多人是支持者，九龍城警署的翻譯官就是其中之一，他和藥店東主曾為故去的孫眉母親購置棺材。為了阻止革命勢力的蔓延，香港政府於 9 月 28 日頒佈驅逐令，將孫眉驅除出境。至於對鍾敬南的懲處，因其出生於新界，議政局對是否將其驅逐有不同意見，最終決定繼續監視其行動。[36]

據知情人憶述，孫眉在香港九龍招人加入同盟會，是孫中山來函指示的結果。他「寫信回給孫眉，囑招人入同盟會。孫眉與鄧三伯（即鄧蔭南）、

---

[36]　譯自英國殖民地部檔案 C.O.129/369，第 230-231 頁。

黃大漢承命」。孫眉被驅逐出境的經過是：「時有一華差林福，甘為外人走狗，報知英政府，故又速解孫眉出境。」「孫眉對該華差話：我革命若成功，你驅我入海底亦所甘願。而華差、英差則不由分說，硬要立即離境，不能一刻容留。此時又無外洋船可搭，迫得直走往澳門。」[37] 此後，孫眉轉往廣東湛江，化名黃鎮東，以三泰利號商舖為聯絡點，繼續進行革命活動。

　　港英政府根據清朝官府的要求，不時引渡或驅逐在香港的知名革命黨人，可是這種行徑並不能阻止同盟會在香港繼續開展反清革命活動。隱蔽在九龍鄉下進行農耕生活的黃興等80多革命黨人，後來成為同盟會發動1911年「廣州三·廿九之役」的「選鋒」隊伍骨幹成員；和孫眉一起在九龍吸收當地鄉民參加同盟會組織的鄧蔭南、黃大漢等人，隨後也在接踵而至的辛亥廣東光復中，帶隊接收毗鄰香港的廣東新安縣城（今深圳南頭古城）。

第三節　同盟會在香港的宣傳活動

報刊宣傳

　　孫中山等中國革命的先驅者從其革新與革命的實踐中，逐漸認識到報刊宣傳有助於啟蒙國民心智，鼓蕩革新思潮，因而從興中會後期活動開始，

---

[37]　黃大漢：〈興中會各同志革命工作史略〉，《辛亥革命史料選》上冊，長沙：湖南人民出版社，1981，第 55 頁。

就在香港創辦宣傳革新主張的報刊。

　　1899 年秋天，孫中山同意陳少白的提議，由陳返回香港，創辦《中國日報》，作為興中會的機關報與駐港總機關，孫則負責在日本購辦所需要的印報機器和鉛字。1900 年 1 月中旬，《中國日報》在香港中環士丹利街 24 號創刊發行。此後每隔一旬，另外出版《中國旬報》，輯錄先前 10 日該報發表的重要文章與新聞，其後增加「鼓吹錄」欄目，刊載〈論說〉及文學作品。《中國旬報》原定於 1900 年 1 月 25 日（農曆己亥年十二月廿五日）發刊，後因故延遲多日。1903 年 3 月，《中國旬報》出版至 37 期後停刊，「鼓吹錄」移入《中國日報》，成為該報的副刊。[38]《中國日報》和《中國旬報》合稱《中國報》，取「中國者，中國人之中國」之意。

　　《中國報》發刊之初，「不審英人對華政策所在，未敢公然大倡革命排滿之說。半載後，措辭始漸激烈」，成為當時香港乃至中國最早宣傳反清革新主張的政治性報刊。1903 年初，謝纘泰與洪全福密謀的廣州起義失敗。廣州《嶺海報》主筆胡衍鶚撰文，指斥反清排滿為大逆不道，《中國日報》隨即發表陳詩仲、黃世仲等人的反駁文章，兩報因此展開筆戰，持續月餘。次年，保皇會要員徐勤受康有為的委託，在香港創辦《商報》，宣傳保皇扶滿主張，《中國日報》也隨即與之展開論戰。

　　在版面與欄目的設計方面，《中國日報》開創出近代中文報刊革新的先河。它一改以往中文報刊長行直排的版式，轉而採用日本報刊的短行橫排；而且開闢專門欄目，登載諧文歌謠等文學作品，成為後來報刊增設文學副刊的濫觴。後來的中文報刊都相繼延續這些改革。當時，港人不喜歡閱讀偏重時事政治報導的報紙，「故《中國報》出版數年，港人購閱者不

---

[38]　李谷城：《香港〈中國旬報〉研究》，台北：文史哲出版社，2010，第 7 頁。從《中國旬報》
　　　　預定出版的時間，可以逆推《中國日報》的創刊時間為 1900 年 1 月中旬。

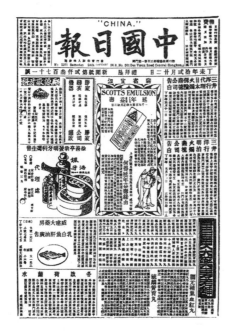

《中國日報》

滿千數。」可是在廣州卻一度較為暢銷，因為當地政、學兩界關注時政新聞，「多視《中國報》為正鵠」，僅在總督衙署門前，每日就銷售 200 份。1904 年夏天，《中國日報》社因財政困難，遂與經營文具印刷的文裕堂有限公司合併，新公司設總理 3 人，分別由陳少白、李紀堂、容星橋擔任。他們均為興中會員。

1905 年 10 月同盟會香港分會成立後，《中國日報》成為同盟會在香港的機關報。同年冬，《中國日報》刊載康有為之女康同璧在美洲行騙華僑的報導。康同璧委託保皇會成員葉恩，向香港法院控告該報誹謗名譽罪，要求賠償損失 5,000 元。此案訴訟經年，未獲解決。孫中山曾從南洋匯款 3,000 元給陳少白，主張繼續抗辯。陳以訟事牽纏，不欲再費精力，此案遂告失敗。

在此期間，即 1906 年 8 月，文裕堂因經營不善，宣告破產。附屬的《中國日報》也面臨連帶被拍賣的危機。馮自由因此向其岳父李煜堂求助，以 5,000 元向文裕堂購買《中國日報》的資產，才使該報免遭拍賣。於是，該

報股東改為李紀堂、李煜堂、李亦愚、潘子東、伍耀廷、吳東啟、伍于簪、麥禮廷等，報社遷至上環德輔道301號。馮自由也取代陳少白，出任該報社長兼同盟會香港分會會長。[39] 1907年同盟會在西南各省發動武裝起義之後，《中國日報》及時刊載該報特約從軍記者的戰地報導，開創近代中文報紙以在場記者的專題通訊，直接報導重大政治事件的先例，從而為後來的中文報刊所效法。

　　1910年初，《中國日報》社長馮自由鑑於該報屬於商人股本經辦性質，難以籌款，於是請求同盟會南方支部撥公款維持，其本人前往加拿大溫哥華，擔任《大漢日報》主筆。同年3月，南方支部派李以衡擔任《中國日報》經理。南方支部撥款數月之後，因籌款困難，遂停止供給，該報仍然依靠股東李煜堂等人贊助。1911年春，南方支部又改派留美學生、同盟會員李萁，擔任該報經理。同年6月，檀香山同盟會員盧信向華僑集資，接辦《中國日報》。同年11月初，廣東光復，該報遷往廣州。

　　除《中國報》系之外，興中會和同盟會成員還在香港陸續創辦多份革命報刊。1901年春，孫中山派原在日本參與編撰新式刊物《開智錄》的廣東香山籍人鄭貫公到香港，參與編撰《中國日報》。鄭抵港後，闡發其新名詞及新思想，旗幟為之一新，頗受讀者歡迎，港中青年多慕名與之結交。1903年，鄭貫公改與基督教徒林護、譚民三等創辦《世界公益報》。一年後，鄭因議論受拘束，自行離職，另行創辦《廣東日報》，惟因資本不足，發刊年餘而歇業。1905年春夏，鄭又創辦圖文並茂、針砭時弊的《唯一趣報有所謂》，銷路超越香港各大報紙。同年10月，同盟會香港分會成立，鄭貫公出任庶務幹事，成為會長陳少白之下的第二號領導人。1906年夏天，鄭貫公之妻馬氏患惡疾，鄭多方服侍，不幸染疾猝死，年僅26歲。不久，馬氏也服藥自盡，

---

[39]　馮自由：《中國革命運動二十六年組織史》，第40頁；《中華民國開國前革命史》上編，第173-177頁。

以殉其夫。同盟會在香港杏花酒樓舉行追悼會，與會悼念者達 2,000 人。鄭貫公逝世後，《有所謂》報維持乏人，遂改名《東方報》，1907 年停刊。[40] 鄭貫公接連擔任香港四家革命報刊的編撰工作，並且參與創辦其中的三家報刊，可以稱得上是近代香港猶如流星劃破夜空般的青年天才報人。

革命黨人在香港創辦的各種革命報刊簡況如下：

清末香港革命報刊簡況表 [41]

創刊時間	報名	報館地點	主要報人	備註
1900 年 1 月	《中國日報》	士丹利街 24 號（1899）、永樂街（1901 年春）、荷李活道 92-94 號（1903）、德輔道 301 號（1906）、荷李活道 231 號（1909 年冬）	歷任社長：陳少白（1899-1906）、馮自由（1906-1910）、李以衡（1910-1911）、李其、盧信（1911 年 6 月）。編撰：洪孝充、陸伯周、楊肖歐、陳春生、黃魯逸、鄭貫公、陳詩仲、黃世仲、馮自由、王軍演、盧少岐、丁雨宸、梁襄武、何冰甫、何雅選、盧信、廖平子等	被譽為「香港革命報之元祖」；1911 年 11 月初遷到廣州，1913 年停刊。
1903 年冬	《世界公益報》	德輔道	主編：鄭貫公；編輯：李大醒、崔通約、黃世仲、黃伯耀、黃魯逸；出資人：林護、馮活泉、譚民三等	世稱「香港革命黨報之第二家」

---

[40]　馮自由：〈鄭貫公事略〉，《革命逸史》初集，第 84-85 頁。

[41]　參見馮自由：《中國革命運動二十六年組織史》，上海：商務印書館，1948；〈陳少白時代之中國日報〉、〈廣東報紙與革命運動〉、〈鄭貫公事略〉，《革命逸史》初集；〈目前健在之民國前革命報人〉，《革命逸史》第 4 集；以及陳華新：〈近代香港報刊述略〉，廣州：《廣州文史》第 45 輯。

創刊時間	報名	報館地點	主要報人	備註
1904 年	《廣東日報》	中環歌賦街	主編：鄭貫公；撰述：黃世仲、陳樹人、王軍演、胡子晉、勞緯孟等	「香港革命派報紙之第三家」，1906 年 4 月停刊。
1905 年九、十月間	《唯一趣報有所謂》	荷李活道	鄭貫公、黃世仲、胡子晉、陳樹人、盧偉臣、駱漢存、王軍演、王斧、盧星符等	「香港革命黨報之第四家」，1907 年初停刊。
1907 年	《少年報》	上環海旁	創辦：黃世仲；撰述：楊計伯、康蔭田	
1907 年春	《東方報》	荷李活道	創辦：陳樹人、盧偉臣；撰述：劉思復、謝英伯、胡子晉、盧星符等	未及一年停刊。
1907 年	《人道新報》		陳春生	
1908 年	《真報》		陳自覺	由潘飛聲主辦的《實報》改版而成。
1909 年復刊	《時事畫報》	威靈頓街	出資：林直勉；編撰：謝英伯、潘達微、高劍父、陳垣、岑學侶等	1905 年創刊於廣州，次年停刊。在香港復刊後，僅出版十餘期。
1911 年 9 月	《新漢報》		盧博郎、李孟哲	廣州《天民報》被封禁後，遷至香港，改版而成，1912 年停刊。

至今，這些革命報刊大部分已經失傳。不過，依據台灣、香港學者先後輯錄出版的《中國日報》、《中國旬報》部分日期的殘存報紙，[42]結合相關史料及前人研究，仍然可以對這些革命報刊的宣傳概況，作一宏觀的鳥瞰。

　　台灣學者陳三井認為：「《中國日報》的宣傳，大抵可分為興中會與同盟會前後兩個時期。一般而言，前期立論比較溫和保守，內容較少變化，以宣傳革命、攻擊保皇黨、揭露清政腐敗為主；在宣傳技巧上，多以旁敲側擊方式。後期由於革命風氣的開展，革命起義的前仆後繼，為積極展開對敵鬥爭，較能提出正面主張，故言論比較激烈，令人耳目一新。」[43]這一觀點同樣可以擴展開來，用以概括 1905 年同盟會成立前後的香港革命報刊呈現的不同特色。

　　一、從反貪官，到反皇帝、反帝制、倡共和

　　《中國報》發刊之初，基於當時興中會的政治理念，尚未明確宣傳共和革命的主張，而是按照何啟、胡禮垣在《新政真詮》一書倡導的君憲革新主張，在肯定光緒皇帝「英明」或者避免對其進行批評的基礎上，公開抨擊清政府尤其是廣東官府的各項弊政，呼籲進行振興民權的政治改革。

　　從《中國旬報》在第 1 至第 9 期連載何、胡二人合著的《新政變通》全文，可以推論《中國日報》在初刊時的 1900 年 1 至 4 月間，也曾連載這篇文章。這就宣示出當時該報創辦人陳少白與興中會同仁都認可的政治認同。

　　該文提出「撥亂反正之計、起衰振弊之謀、扶中拒外之方、濟世安民之法」的一系列新政主張，在肯定光緒帝「主上英明」的同時，直斥「庸

---

[42]　1969 年，在台北的中國國民黨中央委員會黨史委員會曾將《中國日報》餘存部分影印再版，共 4 冊，內中輯錄 1904 年 3 至 4 月、1907 年 2 至 4 月、9 至 12 月以及 1908 年 1 月的該報，但亦有殘缺。2010 年，台北文史哲出版社出版的李谷城：《香港〈中國日報〉研究》一書，詳細介紹該報迄今的遺存情形及《中國報》研究狀況，並附有《中國旬報》創刊號影印版。

[43]　陳三井：〈香港《中國日報》的革命宣傳〉，《孫中山先生與辛亥革命》中冊，台北：中華民國史料研究中心，1981，第 532 頁。

臣巨蠹，充斥朝端，盤踞津要」。「以至君民相違，上下隔絕」，因此「必須汰除老物，引用新人」。文章進而警告：「天下非一人之天下，兆民非一家之奴才。湯武革命，順乎天而應乎人，惟以道處之可矣！」[44] 該文的政治格調，可以說是「只反貪官，不反皇帝」，尚在主張「上致君，下澤民」的君憲革新立場。不過，這一立場已經到達「準革命」的臨界點，因而發出「湯武革命」的警告。熟知興中會內情的何、胡二人，就這樣在文中預告該會同寅的政治脈動。

《中國報》對清朝官府的抨擊，留下一段膾炙人口的趣事：《中國旬報》「鼓吹錄」將廣東官府的官員姓氏會集起來，編成一句粵語順口溜。其中有署理兩廣總督德壽的「德」字諧音；其四名得力下屬的姓氏：丁、吳、國、周；加上廣州府知府施典章、南海縣令裴景福、番禺縣令錢某的姓氏，就組成「特丁誤國，周時賠錢」。粵語中的「特丁」，意為「有意」；「周時」，意為「時常」。[45] 這句粵語順口溜諷刺清朝官員有意誤國，經常給外國賠款，因其琅琅上口，而在粵港地區廣泛流傳。

1905 年 10 月《中國日報》成為同盟會香港分會的機關報之後，轉而公開宣傳共和革命的主張，報導革命黨人在各地舉行革命起義的實況，以及各地民眾反抗清政府的「民變」情形。其批判的鋒芒不僅遍及清朝官府的弊政，而且直指清朝皇帝以及中國歷代的君主專制制度，明確宣示同盟會的革命目標是在中國推翻帝制，創建民主共和制度。

1907 年 3 月 12 日，《中國日報》發表論說〈革命黨擬據北京之風說〉，主張在清朝統治的中心——北京起事。認為在極度專制的國家，首都是精

---

[44] 轉引自李谷城：《香港〈中國旬報〉研究》，第 148-149 頁。

[45] 陳春生：〈陳少白先生與香港《中國日報》及《中國日報》與中國革命之關係〉，《辛亥革命史料選輯》上冊，第 45 頁。

神中樞，一旦被佔領，國家就會動搖。這表明，遠在香港的革命黨人憧憬「中樞革命」的宏圖，胸懷推翻清王朝統治的壯志。同年 9 月 28 日，該報在〈報告粵省之同胞〉的標題下，全文刊載「中華國民軍南軍都督」王和順的起義告示，申明他跟隨孫中山革命的政治抱負：「及從孫文先生遊，得與聞治國之大本，始知民族主義雖足以復國，未足以強國，必兼國民主義，以自由、平等、博愛為根本，掃專制不平之政治，建民主立憲之政體，行土地國有之制度，使四萬萬人無一不得其所。」同日，該報還登載欽廉、防城起義軍頒佈的「中華革命軍四言告示」，稱：「革命軍起，驅逐滿清，茲將大義，佈告人民。」「同心合力，弔民伐罪；萬眾一心，各省紛起。立軍政府，合群共治。」「驅彼韃虜，還我河山。」

1908 年 11 月，光緒皇帝和慈禧太后相繼逝世。同年 12 月初，年僅 3 歲的溥儀繼承皇位，稱為宣統皇帝。攝政王載灃在朝政中重用滿族宗室，排斥漢族大臣，實施排漢政策。

次年春，《中國日報》針對滿清王朝的政治大變動，舉行徵集對聯的活動，發動讀者表達對清政府倒行逆施的不滿。該報首先刊載同盟會員朱執信擬定的上聯：「未離乳臭先排漢」，斥責宣統皇帝在乳臭之年就實行排斥漢人的政策，徵集讀者撰寫下聯應對。該報還委託新加坡《中興日報》、檳榔嶼《光華日報》、緬甸《光華日報》、檀香山《自由新報》、舊金山《大同日報》等革命黨人在海外創辦的報刊，代為募集對聯。於是，「海內外應徵者極為踴躍，統計所收對聯在十萬以上」。經過兩輪評選，從中選出優勝者 200 名。其中，第一名是香港讀者劉一偉，其對聯是：「將到長毛又剪清」，「長毛」，既指小孩的毛髮，又是清朝對太平軍的貶稱，暗喻革命黨人將剪除清王朝之意。第二名是南洋同盟會員鄧澤如，其對聯是：「橫掃膻腥獨立旗」，表達革命黨人驅逐韃虜、恢復中華的志向。緬甸仰光的《光華日報》也仿效舉行徵聯活動，由同盟會員呂志伊出上聯：「攝政王興，攝政王亡，建虜興亡兩攝政」，意指清政府曾因設攝政王而興，

也將因其設而亡。獲得冠軍聯的應對是：「驅胡者豪，驅胡者傑，漢家豪傑再驅胡。」[46]

《中國日報》發起此次有眾多讀者廣泛參與的徵聯活動，寓革命宣傳於娛樂遊戲之中。原來至高無上的清朝皇帝及其帝制權威，成為平民百姓奚落嘲笑的對象。香港革命報刊就這樣通過平民化宣傳，將同盟會的革命宗旨傳播到民間。

二、宣傳孫中山的革命主張及其倡導的三民主義理論

1904 年 8 月，孫中山在美國和留學生王寵惠合作，用英文寫成〈中國問題之真解決〉（"The True Solution of the Chinese Question"）一文，向美國人民介紹中國問題的癥結所在。文章指出，列強正將中國作為爭奪亞洲霸權的主要鬥爭場所，清朝政府的腐敗暴虐導致中國處於民族運動的前夕，只要星星之火就能在政治上造成燎原之勢。解決中國問題的出路，是「改良滿洲往日專制政體，變為支那共和之政體」。《中國日報》隨即譯載此文，「革命軍對外宣言之公佈，此為第一次。」[47]

1905 年 10 月，孫中山在同盟會機關報《民報》發刊詞中，首次提出民族主義、民權主義、民生主義等「三大主義」，以此作為指導中國革命的理論指南。《民報》和革命黨人主辦的各種報刊隨即發表相關文章，宣傳這一理論。同年底，《中國日報》刊登代售《民報》的廣告，馮自由見廣告中提及民族主義、民權主義、民生主義的詞語「冗長不便，乃簡稱三民主義以代之。」次年春，同盟會香港分會在中環杏花樓舉行追悼會，悼念因抗議日本政府監管中國留學生活動而在東京跳海自殺的同盟會員陳天華。輓聯由馮自由起草、陳少白書寫而成。上聯是：「生平得愛友二人，星台（天

---

[46]　馮自由：〈《中國日報》徵聯之大觀〉，《革命逸史》初集，第 190-191 頁。

[47]　馮自由：《中華民國開國革命史》上編，第 155 頁。〈中國問題之真解決〉的譯文，載《孫中山全集》第 1 集，第 247 頁。

華字）殉國，廑午（黃興字）何之？可歎吾黨英才又弱一個；靈爽憑健兒五百，公武（南洋同志通函，向諱稱孫文二字，曰：公武）鳴鐘，自由不死，誓覆虜酋政府，實踐三民。」這一輓聯再次用「三民」的概念，來概括孫中山倡導的民族、民權和民生理論，「自是三民主義，遂常見於《中國報》論說及代理《民報》之廣告，海內外各報亦漸有採用之者」。後來，孫中山「亦以此簡稱為適當而採用之」。[48]馮自由與《中國日報》率先使用「三民主義」的概念，概括孫中山倡導的民族主義、民權主義和民生主義的理論，有助於這一理論的通俗化。

不僅如此，馮自由和《中國日報》還是最早宣傳孫中山民生主義理論的作者和報刊。早在 1899 至 1905 年間，馮自由在日本橫濱就不時聆聽孫中山講述他的思想主張。因此，當孫中山在《民報》發刊詞中倡導民族、民權、民生三大主義之後，他按照孫中山先前的論述，在 1905 年冬為《中國日報》撰寫題為〈民生主義與中國政治革命之前途〉的長篇社論，連載於該報 10 餘日之久。該文訂正後，又轉載於《民報》第 4 號，成為同盟會最早論述民生主義的理論文章。

該文指出：民生主義的目標是「救正貧富不均，而圖最大多數之幸福。」革命黨不僅要服膺民族、民權二大主義，在中國實行共和政治，還要設法預防中國出現歐美國家因為資本家壓迫而引發的社會革命。「為祖國同胞計，為世界人類計，不可不綜合民權、民族、民生三大主義而畢其功於一役」。其辦法，就是平均地權，實行土地國有，按照英國人亨利・喬治的單稅法，徵收地價上漲的租稅，增加國家收入，用於政治與社會的改良。[49]

馮自由認為：「《中國日報》及海外各黨報陸續從事三民主義之鼓吹，

---

[48]　馮自由：《革命逸史》第 3 集，第 208 頁；《中華民國開國前革命史》上編，第 177-178 頁。
[49]　《革命逸史》第 4 集，第 110、113、118、126、128 頁。

而世人始漸信民生主義為救世之良藥，而興論為之一變。」實際上，當時革命黨人大多熱衷於宣傳排滿革命的民族主義，對於民權主義和民生主義的宣傳興趣則依序遞減。相比之下，馮自由與《中國日報》對於民生主義的率先宣傳就顯得難能可貴了。

戲劇宣傳

運用流行於粵語地區百姓娛樂生活中的粵劇形式，宣傳反清革命的政治主張，這是香港與廣東革命黨人的獨特創舉。

1900 年《中國報》開闢「鼓吹錄」專欄，由楊肖歐、黃魯逸等人撰寫歌頌英雄或針砭時弊的戲曲歌謠，為實施這一創舉逐漸開創出革命黨人引領粵劇革命的新路。其中，署名「冤禽」的作者仿照《陳世美不認妻》的粵曲小調，另外填詞進行反清宣傳，頗為流行：「同胞們，若問起，亡國遺民淒慘事，待我從頭說你知，未開言來心內悲。」「滿洲兵，殘生靈，軒轅黃裔四百兆，揚州嘉定血河成，地慘天愁草木悲。」「到如今，屈指計，二百多年施壓制，貪官污吏逞淫威，剝盡民膏心未死。」「乃望看，眾志士，嘗膽臥薪切齒記，但願光復漢江山，洗盡遺民奴隸恥。」[50]

1904 至 1905 年間，曾在廣州參與創辦陸軍學堂的程子儀，鑑於當時民眾多不識字，報刊文字宣傳難以收效，遂向陳少白、李紀堂建議創設戲劇學校，編寫劇本，招收幼童，學成後組織演出，擴大宣傳效果。陳、李二人深以為然，陳答應負責編寫劇本，李願意捐助鉅資。1905 年，三人在廣州海幢寺諸天閣發起成立天演公司，後改稱采南歌戲班，以改革陋俗及灌

---

[50]　陳華新：〈粵劇與辛亥革命〉，《廣州文史資料》第 42 輯，廣州：廣東人民出版社，1991。

輸民族主義為宗旨，編練粵劇《皇帝征蚩尤》、《六國朝宗》、《地府革命》、《文天祥殉國》等。廣東富紳黎國廉、鍾仲珏、鍾錫璜、潘珮瑜等也出資贊助，資本 3 萬元。公司設戲劇學校，招收 12 至 16 歲幼童 80 人，教授戲劇常識。同年冬，采南歌戲班在廣東各地及香港、澳門演出，「實開粵省劇界革命之先聲」。1907 年下半年，該戲班因資本短缺，被迫解散。

在此期間，香港各報記者黃魯逸、黃軒冑、歐博明、盧騷魂、黃世仲、李孟哲、盧博朗等人在澳門組織「優天社」，打算親自登場表演，但因經費不足，數月後解散。黃魯逸、黃軒冑邀集陳鐵軍等 10 餘人，再度組織業餘劇團「優天影社」，上演《火燒大沙頭》、《黑獄紅蓮》、《夢後鐘》等劇，以宣傳革命為目的，票價低廉，演員收入少，大約在 1907 年底結束。其中黃魯逸編寫的《火燒大沙頭》一劇，以清政府殺害安徽籍女同盟會員秋瑾為導線，直接反映革命黨人的抗爭，「是為新學志士獻身舞台之嚆矢」。

當時，廣東人稱新劇團為「志士班」，以別於舊式的戲班。在報界宣傳和志士班創新的帶動下，舊式戲班也逐漸排演愛國新劇。人壽年戲班的班主梁垣三（蛇王蘇）和藝人豆皮梅、新白菜等演出《岳飛報國仇》，喚起民族觀念，宣傳忠義報國，「較新劇團之宣傳，有過之無不及」。《中國日報》曾向梁垣三贈送「石破天驚」的橫幅，以示表彰。

1908 年，陳鐵軍等原優天影社的部分社員，在廣州荔枝灣彭園另組振天聲劇團，排演反映明末廣東東莞抗清事蹟的《熊飛起義》，以及滑稽歷史劇《剃頭痛》、《虐婢報》等。在《剃頭痛》一劇中，將明末遺民為反對清朝統治者強迫漢族男子剃頭蓄辮而寫的一首反詩，編入唱白，頗為流傳。詩曰：「問道頭堪剃，誰人不剃頭！有頭皆要剃，無剃不成頭。剃自由他剃，頭還是我頭。請看剃頭者，人亦剃其頭！」同年 11 月，光緒皇帝和慈禧太后相繼死去，清政府宣佈國喪期間禁止演戲。陳鐵軍遂請陳少白，向香港籌賑八邑水災公所提議，率團到南洋進行籌款賑災演出，暗中向華僑宣傳革命，陳少白力助其成。於是，該公所派黃詠台率領振天聲劇團到

南洋演出，大受華僑歡迎。孫中山在新加坡晚晴園接見劇團成員，劇團中未加入同盟會者，均在此時舉手宣誓，加入同盟會。[51]

1909 年 3 月 8 日，孫中山致函緬甸仰光同盟會分會長莊銀安，稱：「振天聲初到南洋，為保黨造謠，欲破壞。故到吉隆坡之日，則有意到庇寧演後，就近來貴埠。乃到芙蓉埠之後，同志大為歡迎，其所演之戲本亦為見所未見。故各埠從此爭相歡迎，留演至今，尚在太平、霹靂各處開台，仍未到庇寧。到庇寧之後，則必出星加坡，以應振武善社延請之期，現聞西貢亦欲請往。故該班雖不到貴埠，亦可略達目的矣。順此通告，俾知吾黨同人所在，無往不利，可為之浮一大白也。」[52]

信中說的「保黨」，指保皇派；「庇寧」，即檳榔嶼，又稱檳城；「浮一大白」，即滿飲一大杯酒。孫中山在信中，稱讚振天聲劇團突破保皇派的造謠，在南洋各埠演出成功，欣喜之情，溢於言表。

這年四、五月間，先前成立於廣東東莞石龍鎮的「醒天夢」劇團到香港演出。該劇團由黃俠劇、莫紀彭、李文甫、林直勉、張孟榮、張伯和、陳建卿、陳哲梅等青年組成，演出《熊飛戰死榴花塔》、《袁崇煥督師》的明末抗清戲劇，受到《中國日報》的好評和馮自由、胡漢民等人的讚賞，其成員當即加入同盟會。清朝官府偵知該劇團與革命黨有聯繫，強迫其解散。劇團的主要成員隨後參加 1910 年廣州新軍起義和 1911 年「廣州三·廿九之役」。李文甫在此役中不幸被俘遇難，成為黃花崗七十二烈士之一。

1909 年夏天，振天聲劇團結束在南洋的演出。因清政府已經獲悉該

---

[51]　馮自由：〈廣東戲劇家與革命運動〉，《革命逸史》第 2 集，第 222-227 頁；《中國革命運動二十六年組織史》，第 107 頁。

[52]　《孫中山全集》第 1 卷，第 405 頁。

劇團在南洋宣傳革命，不能返回內地，遂在香港宣佈解散。先是，香港在 1908 年成立有「現身說法社」劇團，團員有陳俊朋、黃子覺、黃志蘊、謝持久、駱鐵蒼、胡可為、胡孝思、劉俠民、謝沃波、黃自立、鄭校之、蔡忠信、陳甦亞、呂少初、韋勤等 15 人。在香港的陳鐵軍、黃詠台、陳鐵五、衛滄海等原振天聲劇團成員遂與「現身說法社」合併，組成「振南天」劇團，但不久因財力不支而解散。

1911 年春，陳少白向富商陳庚如借款 1,000 元，聚集原振天聲劇團部分成員，組成振天聲白話劇社，成員有黃詠台、梁少偉、盧我讓、張恨民、梁秀初、衛滄海、何侶俠、歐壽山、劉漢在、何少俠等 10 餘人。陳少白編寫《自由花》、《賭世界》、《父之過》、《愚也直》等劇本，喚醒國魂，反對專制，並且開創白話戲配景新劇，「粵省之有白話劇自茲始」。[53]

學校宣傳

香港的革命黨人還通過他們影響下的學校教育，宣傳共和革命的主張，培養革命的後繼人才。

1903 年夏天，孫中山為了培養青年軍事人才，在日本東京青山創辦秘密軍事學校，聘請日本退伍軍官擔任教練官，招收李自重等 14 名中國留日學生，進行為期 8 個月的軍事訓練。孫中山向他們講述辦學宗旨，並擬定入學誓詞：「驅除韃虜，恢復中華，創立民國，平均地權。」後來，這一誓詞成為中國同盟會的十六字政治綱領。

1904 年春，東京青山軍事學校因日俄戰爭爆發而停辦。隨後，李自重返回香港，於同年冬向陳少白、李紀堂等人建議開辦學校，宣傳革命，培

---

[53] 〈廣東戲劇家與革命運動〉，《革命逸史》第 2 集，第 226-227 頁。

養人才，得到大家贊同。不久，李紀堂得悉九龍城的龍津義學因故停辦，便設法租用該校校址，改為新式學校，取校名「光漢」，意為光復漢族。光漢學校是香港興中會秘密創辦的學校，首期招生 50 餘人。校長由史堅如烈士的胞兄、興中會員史古愚（當時易名為張篠然）擔任，李自重任舍監兼日語、體育教員，陳少白的胞兄陳典方任英文及地理教員，另有方姓、吳姓教員等，伍漢持擔任衛生教員及校醫。

當時，兩廣總督岑春煊在廣東推廣新學，在學校創立體育科目。李自重決定順勢「將本校體育課程，搬用日本之軍國民教育之內容，即所識『兵式體操』，實際等於軍事教練也。此事既有粵督提倡，我校行之以新內容，可謂名正言順。但在革命要求而言，實為我輩日夕冀求者也。余於東京青山軍校所學，乃大有用場，自是當仁不讓」。於是，光漢學校以「不做東亞病夫」、「自強不息」為口號，名正言順地對學生進行軍事訓練。「在朝陽初升、夕陽似錦之時，操場上隊伍儼然，號令叱咤，附近居民圍觀如堵，不願邃去。不數日，光漢學校開設兵式體操一事，喧傳港九。港九私校均

▌ 光漢學校所在的龍津義學舊址

起效尤，因當時不少學生紛言轉學光漢之故也。」

　　當時，香港各學校雖有體育教員，但僅習歐式體操，很少有人受過軍事訓練。因此，位於中環的莫禮智英文書館、位於油麻地的致用學校等，就聘請李自重擔任兼職教員。甚至連官校拔萃書院也有學生代表前來接洽，懇請李自重擔任課外教授。李共兼任 8 所學校的社團體育教員，終日奔波於港九之間。雖然年富力強，卻也難於應付。於是他在光漢、致用等校，將學生分成 10 人一班，每班推選班長一名。先集中教授班長，然後編印講義分發，使其熟習後，再各自回校教練本班同學。「在教習過程中，勉勵學生雪我東亞病夫之恥，宣傳國家興亡、匹夫有責之大義。遇有初具革命意識者，則與之個別晤談，宣傳民族革命思想。辛亥（1911 年）前後，此輩人士直接間接參加革命活動者，大不乏人。」

　　李自重在香港學校推廣軍事訓練，宣傳革命思想，逐漸引起廣東官府的警覺。1906 年春，兩廣總督岑春煊照會香港政府，「謂有孫文亂黨，藉口提倡體育，在港活動滋事，煽動民眾犯上作亂，請予取締」。

　　不久，李自重兼任體育教員的育才書社學生不顧該校監督劉鎮國的禁令，去到澳門參加抵制美貨運動的遊行。劉鎮國是香港紳商，曾向清廷捐得四品道台的官銜。他認定李自重是學生此舉的幕後主使，促使校方將李解聘。學生聞訊包圍校長室，要求校方收回成命。劉竟然聲稱「李某乃孫文亂黨，大逆不道，滋生事端，煽動學潮」。隨後，他還以太平紳士身分，向港府撫華署密告李自重煽動學潮，促請當局干涉。該署官員回答：「李煜堂先生乃本港股商，素孚眾望。若謂其子煽動學潮，滋生事端，並非事實。雖或政治思想與汝不同，但據本港法律，保障思想言論自由，豈能據此干涉？」劉不肯罷休，又向警署告密，警署於是派出密探，對李自重進行日夜跟蹤監視，還收繳光漢學校進行軍訓的木製假槍。該校學生家長聞訊，紛紛要求子女退學，原來教練兵式體操的其他學校也相繼停止該項科目。同年秋天，香港同盟會被迫停辦光漢學校，李自重離開香港，回到家鄉台

山，繼續從事革命活動。[54]

1906 年，廣東香山籍女同盟會員梁綺川等人在香港中環結志街 25 號創辦實踐女校，梁擔任校長。該校於是成為香港同盟會向學生灌輸共和革命思想的又一場所。男同盟會員陳自覺主持教學，馮自由、謝英伯、高劍父、徐維揚、莫紀彭、鄧慕韓、陳哲梅、曾伯諤、鄭彼岸、李思轅等兼任教員。女教師有同盟會員徐宗漢（後嫁黃興）、宋銘黃（後嫁高劍父）、周紫明（後嫁林直勉）、莊漢翹、趙連城等。不過，由於這些兼課的同盟會員主要從事其他革命工作，因此學校教職員的流動性很大，往往臨時缺課。

據當事人回憶，同盟會在該校的宣傳活動，除了宣傳本會「驅除韃虜，恢復中華」的政治主張之外，「也涉及反封建的社會改革問題，如反對家庭專制，主張婚姻自由，提倡女權，反對作妾，反對纏足之類。這對當時青年婦女來說，都是具有一定吸引力的」。1907 年女同盟會員秋瑾在浙江紹興密謀起義失敗後，英勇就義。她的事蹟傳到粵港澳地區，也激勵有志報國的婦女知識界人士加入革命行列。「其中包括有女學生、家庭婦女和職業婦女，有些還是富商的寡婦或妾侍（姨太太），也有一些是逃避盲婚的少女。」

因此，實踐女校十分注意吸收志同道合的師生加入同盟會。由於梁綺川是同盟會員，她的弟弟冠三和妹妹綺德、定慧三人在學校就讀和工作，她的表姐唐玉蘭在該校做校工，他們都加入同盟會。不久，梁定慧的新婚丈夫唐鐵魂也來香港，參加同盟會。梁家親戚多人成為同盟會員，一時傳為佳話。同盟會在實踐女校吸納的女會員中，黎金庭為葆安縣富人的寡婦，鄭妙卿為香山縣籍港商鄭志平的女兒，她們加盟後，都捐資作為同盟會的

---

[54]　〈從興中會至辛亥革命的憶述——李自重回憶錄〉（遺稿），《廣東辛亥革命史料》，廣州：廣東人民出版社，1981，第 213-218 頁。

革命經費。

　　與此同時，實踐女校還樂意收容因為家庭不和而出走到該校工作或學習的女子。「一些女教職員，如梁綺川、徐宗漢、宋銘黃、莊漢翹等，都是富室的寡婦。她們每人都背著辛酸包袱而走出家庭的。在學生中，有些也和梁雪君一樣，為了反抗封建家庭壓迫，走頭無路，找到同盟會關係，便被送到實踐女校來『出家革命』的。因此，實踐女校當局有時還得應付一些頑固家長的上門吵鬧。」「黃扶庸（後改名秋心），她生長在廣西梧州一個清政府海關官吏的家庭，原在廣州潔芳女校讀書。她的生母是妾侍，家裏大權操在嫂子手上，父親受嫂子唆弄，硬要她嫁一個富室子弟。她為了反抗盲婚，結果通過宋銘黃（當時任潔芳女校刺繡教員）的介紹，參加了同盟會，被送到實踐女校讀書和工作。」「此外，還有女生佘瓊玉，是香港某富商的寡媳；郭玉生是西環生生金舖老闆的寵妾；麥興華是陳李濟藥商的寡媳；麥興連是麥興華的金蘭姐妹，也是寡婦。她們都是為了追求解放而『出家革命』的。」[55]

---

[55]　趙連城：〈光復前後廣東婦女參加同盟會活動〉，《廣州文史資料存稿選編》第 5 輯，北京：中國文史出版社，2008。

第四節 同盟會在香港的財務籌款活動

同盟會在香港的財務活動

同盟會在中國內地接連發動武裝起義，需要巨額的財政經費支撐。其經費除來自會員的會費與捐助之外，主要來自發行革命公債，募集海外華僑的捐款，以及接受外國人的捐款及借款。在同盟會募集與使用海外經費的過程中，香港的同盟會組織擔負起發行軍債券、接收海外滙款、支付內地革命經費等財務管理工作，以及就地應急籌款以彌補經費不足的任務。

軍債券是孫中山在 1906 年初為發動西南各省起義而決定印製的革命債券。軍債券的面值為 100 元，正、反兩面分別以英文和法文寫明：中國革命政府許持券人於政府成立一年後，向廣東政府官庫或駐外代理，取回 100 元。落款為一九零六年元月一日總統孫文。軍債券由支持中國革命的法國友人李安利在越南西貢印製，印有青天白日的徽章，並加蓋孫中山的藍色小章。為了促進軍債券的認購，孫中山宣佈：「凡出資助餉者，軍政府成立之後，一年內四倍償還，即萬元還四萬元也，並給以國內各等路礦商業優先利權，及列為為國立功者，與戰士勳勞一體表彰。」[56]

---

[56]　〈乙丙兩年刊行之革命軍債券〉，《革命逸史》初集，第 175 頁；《孫中山全集》第 1 卷，第 365 頁。1905 至 1912 年間，港幣、墨西哥銀、日元、新加坡元等貨幣，大致都相當於同額美元的一半價值，因此同盟會的財務記帳單位都是「元」，毋須注明是何種貨幣。

1906 年秋天，孫中山乘法國輪船從南洋前往日本，途中靠泊香港之時，馮自由遵約登船。孫將三箱軍債券交給馮自由，另外還有香港鴉片承餉公司總辦陸秋傑寫的一張手諭，上書：「諭煙公司差役知悉：內件經余閱過，並無禁品，不必搜查。」陸秋傑是加入英國籍的南洋華僑青年，在吉隆坡參加同盟會。他正好和孫中山同船到香港，承辦鴉片煙捐事務，於是按照孫中山的指示，寫下手諭，使馮自由可以安全地將三箱軍債券運到《中國日報》報館。隨後，馮按照孫中山的吩咐，將軍債券郵寄給海外各埠的同盟會，讓他們據以募集革命經費。同年冬，許雪秋向馮自由領取 200 張軍債券，作為籌備潮州起義的經費。

　　1907 年 12 月初，馮自由遵照孫中山的指示，將餘存的軍債券交由同盟會員田桐、譚人鳳、何克夫、譚劍英等人，帶到越南河內，交給孫中山作籌款之用。1908 年 4 月雲南河口起義失敗後，餘存的軍債券隨同革命黨人轉移到新加坡晚晴園。其後，為避免當地英國警察搜查，孫中山下令將餘存的軍債券焚毀。

　　在財務管理方面，香港的同盟會組織一般以《中國日報》報社和同盟會員李煜堂經營的金利源藥材行，作為接收海外同盟會及華僑匯款的機構。1907 至 1908 年間，孫中山坐鎮越南河內，指揮兩廣及雲南三省邊境地區的革命起義，同盟會香港分會負責管理部分起義經費的財務工作。香港分會會長馮自由保留有相關的收支帳目，茲列表整理如下：

1907 年 2 月至 1908 年 10 月同盟會香港分會軍務收支帳目表 [57]

收入			支出		
日期	滙款事由及人名	金額（元）	日期	付款事由及領款人姓名	金額（元）
丁未（1907）年農曆一月至十二月	高野多次滙款	34,342.15	1907 年 8 月 21 日	電滙河內高野	4,300
同年 6 月 27 日	新加坡張永福滙來余既成訟費	2,400	同年農曆三月及七月	兩次付許雪秋在潮州饒平、惠州汕尾等處軍費	7,000
同年 8 月 21 日	上海張靜江	5,000	同年 4 月 3 日	代高野付陳少白	2,500
同年 11 月 20 日	檀香山希爐埠黎協來	1,150	農曆三月	代高野付紹紹卿起事費元	1,500
				代高野付黃耀庭起事費元	1,200
				付鄧子瑜惠州起事費	3,100
				代高野付鄧蔭南元	500
				代高野滙黃興	1,000
				代高野滙宮崎寅藏	300
				陸續付池亨吉旅館川資等費	950
同年 12 月 23 日	暹羅王杏洲	1,900	農曆四月後	陸續付余既成案四次律師費及雜費	約 6,000
戊申（1908）年農曆一月至五月	高野滙款 4 次	2,100	農曆五月	付長崎萱野長知購械租船等費	12,000
同年 6 月 26 日	收庚先律師退還余既成案勝訴費	1,000	農曆八月	付曾捷夫、曾儀卿惠州平海接械費	600
同年 8 月 29 日	美國巴士傑致公堂	800	農曆十一月	付購運海防彈藥及製彈機件	950
			1907 至 1908 年	付諸同志旅館、給養、撫恤及郵電、購物各費	7,334.69
合計		48,692.17	合計		49,234.69

[57] 據《革命逸史》第 3 集，第 232-234 頁製作，日期若未註明為農曆，則已換算為公曆。該書兩次稱：收入合計為 48,692.17 元，但將所列收入相加所得，實為 48,692.15 元。

該帳目表顯示，當時香港分會收到的絕大部分滙款，來自「高野」（孫中山化名）在海外的募集；其支出項目當中，有相當部分是執行「高野」的指示。收支相抵之後，超支 542.52 元，由《中國日報》報社墊付。《中國日報》的經費一直由香港的同盟會員資助，「數年來各地來往同志多奉報社為東道主，招待供應，日形繁劇」。結果造成《中國日報》負債纍纍，多次出現財務危機。

　　1910 年初廣州新軍起義失敗後，《中國日報》報社受到香港警探的嚴密監視。於是，位於文咸東街的金利源藥材行就成為香港同盟會接收和滙出革命款項的主要秘密機關。革命統籌部出納課課長李海雲利用設在該店 2 樓的遠同源外滙莊，負責處理接收海外滙款等事務。負責革命經費開支的統籌部出納課，則設在跑馬地的同盟會秘密機關。

　　1911 年籌備「廣州三·廿九之役」期間，統籌部收到荷屬南洋華僑捐款 32,550 元，英屬南洋華僑捐款 47,663 元，美洲華僑捐款 78,000 元（其中加拿大 64,000 元，美國 14,000 元），暹羅及越南華僑捐款約 30,000 元，合計 188,213 元。用於購運軍火武器、徵集選鋒、發動民軍等各項支出，共 187,636 元。此次起義失敗後，海外還滙來善後經費 20,000 多元。

　　此後，據負責南方支部財務工作的李海雲統計，1910 年 11 月至 1911 年 10 月初，香港共收到海外華僑的革命滙款約 340,000 元。1911 年 10 月武昌起義成功後至次年元月中華民國成立期間，同盟會南方支部收到的海外華僑捐款劇增到 1,104,583 元。[58] 由此可以看出，隨著內地革命起義的進展，海外華僑支援祖國革命的熱情逐漸高漲，捐款隨之大幅度劇增。

---

[58]　鄭憲：〈中國同盟會革命經費之研究〉，張玉法：《中國現代史論集》第 3 輯，台北：聯經出版事業公司，1982，第 253 頁。

香港黨人捐助革命

在香港，從興中會到同盟會，其成員（當時稱為黨人）中的資產殷實者，都基於贊助革命的信念，相繼慷慨解囊，輦金附義，乃至毀家紓難，以解決革命活動需款孔急的經費困難，由此形成接踵而至的眾多感人事蹟。

早在 1895 年興中會首次籌劃廣州起義之時，香港興中會的首位領導人黃詠商就出售其在蘇杭街的一棟洋樓，得資 8,000 元，全部捐作軍費。興中會員、日昌銀號東主余育之也暗中向黃詠商、楊衢雲捐助軍餉一萬數千元。此次起義的經費，還有來自美國檀香山興中會的會員費及捐助 1,388 美元，以及孫中山兄長孫眉在檀香山出售其農場部分牲口的款項、興中會員鄧蔭南變賣其檀香山農場及資產的款項，三項合計為港幣 13,000 元。[59]

此後，香港華人豪富李陞的第三子李紀堂加入興中會，成為興中會和同盟會在香港的最主要捐助者。李紀堂（1871-1943），又作李杞堂，名柏，又作北，祖籍廣東新會。1895 年 11 月初，孫中山在首次發動廣州起義失敗後，從香港乘日本輪船準備前往日本。當時李紀堂擔任日本三菱洋行設在香港的郵船分公司買辦，他聞訊上船，結識孫中山，表示欽敬之意。1900 年春，他經謝纘泰介紹，結識楊衢雲。4 月 22 日，他加入興中會。不久，其父逝世，他分得益隆銀號等遺產，共值一百數十萬元，在當時算是巨富。6 月 17 日，孫中山乘船途經香港，在船上與香港興中會要員會晤。楊衢雲引李紀堂謁見孫中山，孫大喜。「蓋自乙未廣州兵敗之後，港人無出資襄助革命者，紀堂之加入革命黨，實啻為興中會添一最強大之生力軍也。」孫當即撥軍費 20,000 元給李紀堂，委其為駐港財政主任，與楊衢雲、陳少

---

[59]　馮自由：〈黃詠商略歷〉、〈余育之事略〉，《革命逸史》初集，第 6、45 頁；蔣永敬：〈辛亥革命前十次起義經費之研究〉，張玉法：《中國現代史論集》第 3 輯，第 259 頁。

白一起負責在港接濟起義餉械事務。同年惠州起義期間,李紀堂自己還捐助 150,000 元,作為支付餉械及善後安置的費用。

1901 年 5 月,李紀堂投資 10,000 餘元,在屯門青山置地數百畝,闢建成從事種植和畜牧的農場。並在中環街市開設「青山棧」商店,專門出售青山農場的產品,獲利頗豐。其中青山農場所產雞蛋,產量為港地之冠。此後,由於該農場地處偏僻,面積寬闊,成為興中會與同盟會會員進出內地、從事革命活動的聚居地和試驗武器彈藥的隱蔽所。

在 1901 至 1903 年謝纘泰、洪全福密謀廣州起義期間,李紀堂慨允以個人財力負擔全部的軍餉經費。他認為,自己所得的遺產和個人產業「通盤計算約值壹百餘萬,倘花去五十萬亦不過強半,縱完全失敗亦不過遺產全無」。於是,他每次給謝纘泰等人捐助 50,000 元,合計共為此次起義密謀捐助 350,000 元。1902 年底,李紀堂還捐助孫中山旅費 10,000 元,托陳少白帶往越南河內轉交。[60]

李紀堂不僅慨然承擔早期起義的巨額費用,而且堅持資助《中國日報》的常年經費。1900 至 1906 年間,他每年都給該報捐助辦報經費約 10,000 元。1903 年,《中國日報》因經費困難,遂與文裕堂印務公司合併。合併後公司設總理三人,由李紀堂、容星橋、陳少白分別掌理財務、印務和報務。李認股 50,000 元。1905 年,程子儀、陳少白和李紀堂在廣州創辦采南歌戲班,李捐助 20,000 元,遂使此舉成為香港同盟會發動戲劇革命宣傳的先聲。

李紀堂在慷慨捐助革命的過程中,不時將私產抵押,以便籌借現款。1903 年洪全福廣州起義失敗後,他借按揭的債務累計達到 60 萬元,每月

---

[60] 馮自由:〈革命富人李紀堂〉,《革命逸史》第 3 集,第 159 頁;〈請獎李杞堂〉,《香港華字日報》,1913 年 3 月 26 日;黃大漢:〈興中會各同志革命工作史略・李紀堂〉,《辛亥革命史料選輯》,第 60-63 頁,此為李紀堂自述。據李憶述,他共為洪全福起義捐助 50 餘萬元;惟〈請獎李杞堂〉一文稱:李在是役捐款 350,000 元。

▌李紀堂

需付息 4,000 餘元。於是,他冒險進行金融投機,試圖獲利,不料虧空 300,000 元。1904 年日俄戰爭期間,他又「冒險走私,供應俄艦飲食,以圖取得革命之資,又被日本軍艦捉獲,虧去二十餘萬元」。巨額的革命捐款與經營虧損交相疊至,「因革命而致虧空,因虧空而冒險營業,愈益虧空,遂以入獄」。到 1907 年 8 月,李紀堂瀕臨破產,無法償還債務,竟被大債主香港永樂街昌盛金舖的廣東台山商人余和行、余道生控告入獄,至同年底始釋。次年底,他再遭債主控告,入獄 3 日。一個巨富子弟,為了資助中山革命,竟然不惜傾家蕩產,兩入牢籠,其捨利取義的行為,令人感歎![61]

　　此後李紀堂只能依靠青山農場收入,應付日常開支。但他卻一如既往,傾力資助同盟會革命,負責在港接應同志、募款購械等事務。黃興、汪精衛、張靜江、朱執信、胡毅生等同盟會要員路經香港,均由李紀堂負責招呼一切,並在青山農場居留。1907 年夏天,參加潮州黃岡起義和惠州七女湖起義的首要成員在起義失敗後,多隱匿青山農場,逃避清朝官吏的追捕。

---

[61]　〈興中會各同志革命工作史略・李紀堂〉,《辛亥革命史料選輯》,第 63-64 頁。

1911 年春，同盟會集中全黨力量，發動「廣州三·廿九」起義。李紀堂因與香港槍械商相熟，致力於購置軍械。起義失敗後，又積極參與在港善後工作。

　　鑑於李紀堂對革命的貢獻，陳少白、謝英伯、鄧慕韓、史古愚等同盟會員於 1913 年 3 月致函廣東都督胡漢民，建議呈請孫中山轉報中央稽勳局，特別褒獎李紀堂。函稱：

「中山先生提倡三民主義，號召四方英雄，復得先生運籌擘畫，黨勢大張，卒能破除專制，建設共和。而追原動力，實發難於庚子一役。查是役機關部設於香港，轉運軍械，接濟糧餉，以李紀堂之力為最，計捐出之數約十五萬元。雖是役不幸失敗，然動機已發，五嶺豪俊，大啟雄心。李君矢志益堅，再接再厲，辛丑年繼續運動，資助黨員，潛購軍械，設立機關報，是年捐出又約二十萬元。至壬寅年謀攻萬壽宮一役，省城、花縣各路佈置及在港密購槍械，事敗後資助逃亡，所有費用，多出李君獨力捐助。嗣因清吏暗殺假洪全福一案發現，李君復從中協助香港政府嚴追主謀。經此懲創，清吏不敢再行暗殺手段，黨員得以保存者不少。是年李君捐出之款，又約三十五萬元。除歷年運動零星小數外，總計庚子、辛丑、壬寅三年李君捐出之數已六十餘萬。李君處專制時代，置生命財產於不顧，以謀大多數人之幸福，方之毀家紓難之子文、輸財助邊之卜式，僅效忠於一姓一朝者，實有過之無不及。凡我同志，罔不刻腦銘心。比者政府設局稽勳，徵求實錄，用特聯名函請先生將李君勳績，轉請孫中山先生代達稽勳局，特別獎勞表彰李君之義俠，即激勵後來之賢豪，使異日讀革命信史者得資觀感，亦吾黨所應有事也。」[62]

---

[62]　〈請獎李杞堂〉，《香港華字日報》，1913 年 3 月 26 日。庚子：1900 年；辛丑：1901 年；壬寅：原文誤作壬辰，應指 1902 年，惟「壬寅年謀攻萬壽宮一役」，即指公曆 1903 年初的洪全福起義。「毀家紓難之子文」，指春秋戰國時期楚國的令尹斗子文帶頭捐獻家產，充實國庫。「輸財助邊之卜式」，指漢武帝時商人卜式捐資產，資助朝廷戊守邊疆。
　　按：該文稱李紀堂在 1901 年捐資 20 萬，用作購軍械、設機關報，應屬 1901 年以後的連年捐款總額。

李紀堂資產衰敗之後，同盟會在香港本地獲得經費資助，只能依靠繼之而起的接棒者。1909 年夏天，胡漢民奉孫中山之命，準備在香港組建同盟會南方支部，專門負責策動兩廣及福建的革命。可是，由於經費困難，一時未能如願。

這時，由廣東東莞青年組成的「醒天夢」劇團在香港演出之後，其主要成員莫紀彭、李文甫、林直勉等人在馮自由、胡漢民的勉勵下加入同盟會。他們早就有心「籌備一筆款項，來做革命事業的動議」，其中林直勉更有「毀家報國的約言」。當知道胡漢民因為缺乏經費，不能組建南方支部之後，眾人「籌款助黨的心理，更如油著火，加以急進。於是林先生毅然實踐前約，進行家庭革命，不顧一切了」。林直勉時年 21 歲，出身富庶人家，其家庭在香港留有遺產，「在香港律例有承受遺產之權」。經過幾個月的訴訟，他分得動產及不動產共約 30,000 多元。他將其中一半的不動產交給其弟林洪光，將餘下一半的動產悉數交給胡漢民。於是，「擱淺多時的南方支部，得了這一筆款項，赫然而成立」。林直勉因此出任南方支部的司庫，與莫紀彭、李文甫組成支部的籌款組。此外，支部還設軍事組和宣傳組，全部成員不足 10 人。[63] 然而，就是這一精簡的革命機關，指揮起日後華南的革命風暴。

1909 年下半年，南方支部將廣州新軍將於次年初發動起義的消息稟報孫中山，孫覆電表示，可以在海外籌集所需經費 20,000 元，以資進行。可是，他在美國奔走於紐約、波士頓、芝加哥等地，到年底才陸續向香港《中國日報》報社滙款共 8,000 元。眼看預定的起義日期將至，海外經費卻未能及時滙到，南方支部成員心急如焚。

---

[63]　莫紀彭：〈同盟會南方支部之幹部及庚戌新軍起義之回顧〉，《廣東新軍庚戌起義資料選編》，廣州：中山大學出版社，1990，第 72 頁。

這時，香港同盟會員李海雲挺身而出，毅然提款解救這一燃眉之急。李海雲，祖籍廣東台山。其父佑譜曾到美洲經商，晚年後回到香港，與陳赴賢等集資開設遠同源外滙莊，經營香港與美洲的滙兌業務。李海雲自幼從父經商，餘暇瀏覽《中國日報》及新學書籍，逐漸接受革命思想的影響。1909 年，經馮自由介紹，加入同盟會。旋因《中國日報》財務困難，而貸款接濟該報。同年底，南方支部籌款組成員李文甫將廣州新軍起義在即、海外籌款緩不濟急的情形告知李海雲，請其竭力相助。李認為機不可失，遂將遠同源的 20,000 多元現款全部提出，捐獻給南方支部，作為起義經費。並假託經營失敗以至虧空公款，請同盟會員李煜堂、陳元英向遠同源的股東解釋。「諸股東察知海雲此次毀家赴義之真相，亦咸為諒解，允不向法院訴追」。隨後，南方支部派李海雲進駐廣州河南大塘鄉的李福林家，負責為民軍購置軍械的會計工作。1910 年初廣州新軍起義失敗後，李海雲將剩餘的起義經費 3,000 元帶回香港，交還南方支部。[64] 1911 年 2 月，黃興等人在香港設立革命軍統籌部。李海雲出任該部的出納課課長，所有簽收海外各地華僑革命捐款的單據，都由他署名。

　　在家境富庶的香港同盟會員當中，李紀堂、林直勉、李海雲等人屬於承繼股實家產的「富二代」年青會員，他們懷著革命的激情，義無反顧地傾囊捐助革命，即使毀家紓難，也在所不計。因此，其事蹟轟轟烈烈，載入史冊。然而，屬於第一代正在經商創業的中年同盟會員，卻堅持以細水長流的方式，默默地資助革命，其事蹟並不引人注意。將家產從美國檀香山遷至香港的鄧蔭南和孫眉，就是此類人物。他們將其在九龍開設的農場，作為同盟會活動與隱蔽的場所，以此贊助革命。此外，在港島經營藥材、

---

[64]　　馮自由：〈李海雲事略〉，《革命逸史》初集，第 216-217 頁。

■ 李海雲

保險等生意的李煜堂，更是堅持長期資助革命，而且做到經商致富與資助革命兩不誤的佼佼者。

　　李煜堂（1851-1936），名文奎，字煜堂，祖籍廣東台山。他在 18 歲時，隨兄到美洲經商，數年後攜資回到香港，創辦金利源、永利源兩間藥材行，從事中美藥材轉口貿易。1902 年，他聯合香港華商進出口貨行及藥材行的 100 多家商店，組成聯益保險公司，後復設康年人壽保險公司，成為中國人自辦人壽保險的濫觴。此後，又組織聯泰、羊城、聯保三家保險公司，分店遍佈內地各口岸及南洋各埠，人稱「保險大王」。1905 年 10 月，其子李自重、其婿馮自由受孫中山派遣，到香港等地發展同盟會組織。1906 年，李煜堂應陳少白、馮自由之請，出資 5,000 元，購買文裕堂所轄《中國日報》的資產，從此成為該報的股東之一，「復辛苦支持報中度支者六年」；「該報維持不墮，實以先生之力為多」。1907 年，李煜堂加入同盟會。1910 年開始，李將其經營的金利源藥材行作為同盟會在香港的交通機關，「所有海外黨部滙輸款，概由該店收解」，該店還間中貯藏同盟會的軍火武器。此後，有人建議他傾家產以捐助革命，他回答：「余之救國為持久性的救國。余家人口至夥，負擔極重，故不能如吾族人李君海雲之孤注一擲，只可量

李煜堂

力源源接濟。此後余報國之機會至多，余職責所在，絕不後人。」[65]

　　無論是李紀堂式的毀家紓難，還是李煜堂式的綿綿捐輸，身兼同盟會籍的香港商人都以自己選擇的方式，相繼進行接力般的奉獻，從而保證同盟會在香港的革命活動始終獲得從不間斷的資金贊助。

　　與此同時，孫中山和同盟會還希望與他們有聯繫的非同盟會籍的香港富商能夠伸出援手，資助革命活動，結果卻受到無情的回絕而大失所望。

　　香港富商陳席儒、陳賡如（又作賡如）兄弟是檀香山華僑農場主陳芳之子，祖籍廣東香山縣。因此，陳芳與孫眉在檀香山經營農場時已經相識，孫中山與陳氏兄弟也有往來。1906年，兩廣總督岑春煊宣佈將粵港澳商人集資興辦的粵漢鐵路收歸官辦。陳氏兄弟和港商楊西巖等是粵路的大股東，他們憤而號召在港股東組織粵路股東維持路權會，公開反對粵路官辦。《中國日報》公開刊文，支持粵路股東維護路權的行動，斥責廣東官府的侵權企圖。陳、楊諸港商遂將該報社長陳少白「奉為導師，凡會中一切計劃莫

---

[65]　馮自由：〈李煜堂事略〉，《革命逸史》初集，第197頁。

不言聽計從，所有文電咸出自少白手筆」。岑春煊鑑於《中國日報》等香港報刊反對粵路官辦，下令禁止香港報紙在廣東發行，致使《中國日報》銷路大減。這年夏天，《中國日報》所屬文裕堂公司因經營不善，陷入債務訴訟。陳、楊三人向陳少白表示，願意向《中國日報》提供萬元資助，作為給該報維護粵路商辦的酬勞，使之免致連帶陷入被拍賣的困境。可是，9月文裕堂宣告破產後，陳、楊卻不肯施以援手。隨後由馮自由請其岳父李煜堂出資 5,000 元，購買《中國日報》全部資產，才使該報度過難關，繼續成為香港同盟會的機關報。

　　1907 年春，孫中山在籌劃粵東和粵西兩翼革命起義期間，在越南河內給陳、楊三人寫信，請其幫助籌集 10 萬元，作為粵東起義的軍餉。此信寄給馮自由，囑交陳少白辦理。陳少白因上年陳、楊三人失信，不肯踐約資助《中國日報》，認為「陳、楊等非有心革命，向之籌款，徒傷感情」。馮自由於是將孫中山的信函，由《中國日報》送交陳庚如擔任買辦的德忌利士輪船公司。數日後，潮州黃岡起義爆發，粵港為之震動。馮自由見陳、楊還無回音，遂派李紀堂到德忌利士輪船公司，詢問結果。陳庚如回答：「革命黨起事為妨害商務，殊屬不智。如此次黃岡作亂，輪船營業大受損失，即為明證。」同盟會諸人得知如此言論，頗為憤慨。次日，《中國日報》刊載專題評論，題為〈民族與鐵路〉，內稱：「今日救國須以實行民族主義為根本問題。根本既解決，則其他枝節可以迎刃而解。爭路事件不過枝節之一端，有志救國者應從根本設想。」其意思是指粵路股東維持路權的訴求，最終只能在推翻滿清王朝之後，才可能獲得根本的解決，追求眼前利益，就屬於計較枝節問題。[66]

　　隨著同盟會革命事業的進展，陳、楊等港商拒絕捐助革命的態度逐漸

---

[66]　馮自由：〈香港籌餉之失敗〉，《中華民國開國前革命史》中編，第 164-165 頁。

有所改變。1911 年春，陳庚如終於同意借給陳少白 1,000 元，使其可以組織振天聲白話劇社，宣傳反清革命。1911 年 10 月武昌起義後，楊西巖成為帶領港商捐助廣東光復的主要人物之一。

第五節 香港與辛亥廣東光復

「京陷帝奔（崩）」

1911 年 4 月 27 日，同盟會傾全黨之力，在廣州發動起義，結果再度遭致失敗之後，各地革命黨人並未因此一蹶不振，反而更加激憤地展開再接再厲的反清革命。

在香港，同盟會員組成暗殺隊伍，兩度挺進廣州，於同年 8 月炸傷廣東水師提督李準，10 月炸死廣州將軍鳳山。

在上海，宋教仁、陳其美、譚人鳳等人聯合 11 省的同盟會代表，於 7 月 31 日成立同盟會中部總會，決定在長江流域各省發動革命起義。

在武漢，孫武等革命黨人將先前的革命組織共進會與文學社聯合起來，於 9 月 24 日在武昌胭脂巷 81 號秘密機關開會，決定將湖北新軍起義的日期，從原定農曆辛亥八月十五日中秋節，推延到八月十八日（公曆 10 月 9 日）夜間發動。然而，就在預定起義的當天，清朝軍警破獲起義指揮機關，處死起義領導人劉復基、彭楚藩和負責傳送炸彈的楊洪勝。10 月 10 日夜晚，在領導人犧牲或出逃的緊急情況下，湖北新軍工程營熊秉坤、程定國等下層官兵毅然按照預定的起義計劃，打響起義的第一槍，新軍各部革命黨人

隨即率隊響應，攻擊預定目標，迅速佔領武昌、漢口、漢陽等武漢三鎮。這是革命黨人在反清起義中首次光復佔領的第一座省會城市。

武昌起義很快得到各省革命黨人的響應。同年 10 月 22 日，湖南長沙和陝西西安的同盟會分別率領新軍起義，兩省隨之宣佈光復。10 月 23 日，同盟會領導江西九江新軍起義。10 月 29 日，山西太原新軍起義，宣佈山西光復。10 月 30 日，江西南昌新軍起義，宣佈江西光復。同日，雲南昆明新軍起義，宣佈雲南光復。11 月 4 日，在上海的同盟會和光復會發動起義，上海光復。同日，貴州宣佈獨立反正。11 月 5 日，江蘇、浙江兩省宣佈獨立反正。11 月 8 日，安徽也宣佈獨立反正。

面對武昌起義後各省競相響應的大好形勢，「廣東以革命策源地見稱，竟遠落他省之後，粵同志莫不恥之」。[67] 為何出現如此反差？究其原因，首先是從興中會到同盟會時期，革命黨人長期立足香港，多次在廣州及廣東各地發動起義，革命黨在廣東的力量接連遭受損失。1910 年廣州新軍起義和 1911 年「廣州三‧廿九之役」失敗後，同盟會用作起義主力的廣東新

1911 年 10 月 10 日武昌起義後建立的的湖北軍政府。

---

[67]　馮自由：〈香港同盟會史要〉，《革命逸史》第 3 集，第 255 頁。

軍大部分遭到遣散，重新組編的隊伍分散駐紮各地，難以形成統一的革命力量。時任兩廣總督張鳴岐效忠清廷，抽調廣西提督龍濟光率領所部增援廣東，加強對革命黨人的鎮壓。

其次是武昌起義之後，革命黨與清朝較量的戰略重心已經從廣東轉移到湖北戰場，在香港的同盟會領導人黃興立即帶領外省籍同盟會員北上武昌，領導湖北革命軍與南下撲滅革命的清軍作戰；胡漢民正在越南西貢籌款，知道武昌起義的消息之後，才趕回香港。因此，南方支部力量削弱，難以迅速組織一舉奪取省城廣州的武裝起義。

最後是粵港兩地的同盟會組織，根據外省革命形勢和本省敵我力量對比，轉取迂迴的策略，一邊由革命黨人分頭策動周邊州縣起義反正，包圍廣州；一邊利用各種社會關係，策反廣東高層官紳，期望以和平方式，促成廣東光復。

由於這些原因交相作用，致使率先在南疆點燃共和革命火炬的廣東，竟然在內地革命已成燎原之勢的時候，一度引而不發，佯似平靜。不明內情但卻關心廣東桑梓的革命黨人和海外華僑因此扼腕歎息。

但是，一封電報打破表面的平靜。1911 年 11 月 7 日，香港、廣州乃至廣西梧州等地的報刊競相轉載從上海發來的一份電報。電報傳播的消息極大地鼓舞廣東、廣西兩省革命黨人推翻清朝統治的鬥志，摧毀兩廣總督張鳴岐等官員效忠清朝、彈壓兩廣的決心，從而點燃促成兩廣相繼光復的烈火。

據說，這份電報傳達的消息可以歸納為「京陷帝崩」四個字。意思是：北京被革命黨攻陷，清帝已崩。「崩」，即「駕崩」，這是當時人稱皇帝死亡的用語。

今人閱讀史書，當知辛亥革命爆發之後，革命黨並未攻佔北京，清朝宣統小皇帝也並未因此丟掉性命。顯然，這封電報傳遞的是假消息。

可是，在當時消息閉塞、邈然難辨真偽的情況下，這則假消息卻成為

改變兩廣僵持政局的催化劑，對統治當地的清朝官僚起著摧枯拉朽的心理震撼作用。多年之後，馮自由憶述說：「及武昌革命軍興，清吏張鳴岐、龍濟光、李準等初欲負隅自固，詎滬電謠傳『京陷帝崩』四字，港、粵各報相率登載，全城人士歡聲雷動。張督知人心已去，無可挽救，始倉皇出走，龍、李遂亦卑辭乞降。使廣東省城，得以不流血而獲光復者，報紙之力為多焉。」[68]

炮製這則謠傳的人，是同盟會員、檀香山華僑青年溫雄飛。溫雄飛，祖籍廣東台山，武昌起義後專程從美國趕到上海，參與當地革命報刊《民立報》的工作。其間，結識香港《循環日報》駐上海的電報通訊員李文卿。李是廣東南海人，秀才出身。他在上海拍發電報新聞給香港《循環日報》之後，香港報界公社和廣州各家報刊會及時購買並轉發。溫雄飛瞭解到他傾向革命，便「分析廣東方面的情況，說現在正是人心思變，清廷官員惶惶不安的時候，如果你由上海拍個使人震動的電報回去，香港和廣州各報都登了出來，這就等於給清廷開了一炮，說不定就能把它轟倒。」

於是，兩人決定立即拍發一條以「京陷帝崩」為主要內容的電報新聞給香港《循環日報》。起初，李主張只提「京陷帝奔」，溫卻「極力主張一不做二不休，乾脆用『帝崩』，不用『帝奔』。」電報發出後，《循環日報》回電要求李文卿查詢該電的依據。溫雄飛再為設謀，建議李回覆「京電不通」。結果，《循環日報》同時刊載這兩封電文，粵港各報也相繼轉載，一則震驚華南的假消息就這樣廣泛流傳開來。[69]

---

[68] 馮自由：〈廣東報紙與革命運動〉，《革命逸史》初集，第 115 頁。張督：即兩廣總督張鳴岐。

[69] 溫雄飛：〈我歸國參加辛亥革命的經過〉，《辛亥革命與廣東》，廣東文史資料第 68 輯，廣州：廣東人民出版社，1991，第 94 頁。

筆者查證當年香港和上海的報刊，發現香港華人在獲悉這類消息之後，立即爆發今人或許難以理解的狂歡。這種的狂歡，正好表達當時港人拋棄滿清帝制、迎接共和新生的心聲。

　　1911 年 11 月 6 日晚上 7 時，香港報界公社接獲上海發來電文，稱：「京破，宣統皇、攝政王、慶王被拘。」該公社立即印製與散發傳單，港島和九龍油麻地等處很快響起連綿不斷的鞭炮聲和歡呼聲。「大馬路、德輔道一帶燃放炮竹，拍掌歡呼。未幾，上、中、下環各街次第施放，**轟轟之聲**，不絕於耳鼓，直至十點鐘後仍未止。且有人在路上大為歡呼：炮竹一聲，推倒滿清。」「是夜，街上遊人數千人，有手執白旗，大書『漢族光明』、『漢族萬歲』等字樣。或手執七星旗，或舊旗，或黎元洪、孫文之肖像，遊行街上，疾聲歡呼萬歲。」「艷芳照相館夥伴高抬大旗，中有『新漢萬歲』四字，為之先導；次則高抬放大相二面，其一為孫汶（文）肖像，其一為黎元洪肖像，巡行各街。」

　　次日，香港各家報刊都登載這類上海來電，「本港各處仍間接聞爆竹之聲不絕」。行駛港島的電車兩旁，插上「新漢萬歲」、「漢族萬歲」的旗幟，「沿車站均有人歡祝不已」。從 10 月下旬開始，港島多家理髮店就免費為男子剪去象徵接受滿族統治的辮子。「是日剪髮者，不知凡幾。除往日維新、文明等剪髮所以外，尚有威靈頓街八十號新漢剪髮所一處，即日開剪，不收分文」。街道上，人們「手持白旗，特書『中華民國萬歲』六字，並藍地白星等旗」、「且行且搖，歡呼不絕」。中午，當「瑞安號」輪船泊靠碼頭時，「忽有人在船上尾樓，手執一藍地白日之國旗，搖於空際，岸上即燃串炮」。所謂「藍地白星」或「藍地白日」旗，就是青天白日旗。這是自 1895 年陸皓東為興中會密謀廣州起義而設計出青天白日旗以來，經由同盟會在華南起義高舉的旗幟，而今終於首次在香港公開飄揚。於是，前來圍觀的民眾紛紛要求碼頭上的另一艘「江通號」華輪，降下懸掛的清朝國旗「黃龍旗」（簡稱龍旗）。「岸上已有數百人之多，高聲大呼，並云：

再不將龍旗落下，則擲之以石。」在群眾壓力下，該輪隨即降下龍旗。[70]

在此之前的 10 月 18 日，即武昌起義之後的第 8 天，港島已經出現投石攻擊大清龍旗的舉動。這天是農曆八月二十七，據說是孔子的誕辰。「往年孔子誕，本港行店多有懸掛龍旗以恭祝者」。可是，從同月 12 日起，香港報刊陸續報導武昌起義及各地響應的新聞，反清革命情緒蔓延全港。因此，這年的孔子誕辰，繼續懸掛龍旗的商行寥寥無幾，「惟大清銀行、交通銀行、招商局等高懸龍旗」。這種效忠清朝的舉動引起民眾的反感。「即有多人在門外紛紛議論，大聲肆罵」、「竟有人以石亂投」，這些機構只好取下龍旗。當天，「有無辮西裝人兩名，遍游港內中、上環一帶，見有人扯（筆者按：指懸掛）黃龍旗者，則大聲喝之使下。不聽，則以石擲之。沿途上，隨之者極眾」。結果警察拘捕兩人，經審訊，一人叫張貴華，一人叫胡占士，均被判處入獄 7 天。[71]

在 11 月 6 日夜晚香港華人的狂歡中，保皇會在香港的機關報——《商報》因為懸掛龍旗，已被民眾要求將旗降下。7 日上午 10 時許，該報報館再被民眾包圍和責罵。「有一人曰：何不縱火焚之？於是，一唱百和，人聲鼎沸，遂擁入《商報》，將所有未刊之白紙、鉛字、枱椅、家俬、燈飾、鐘鏡等，一併除下，堆於街上，即縱火焚之，一時火光熊熊」。其後，《商報》館二樓懸掛白旗，上書一個盈尺大字：「漢」；旁注一行小字：「經已投降」。[72]

---

[70]　〈爆竹一聲推倒滿清政府矣〉、〈漢人歡欣情形〉，《香港華字日報》，1911 年 11 月 7 日；〈歡聲續誌〉、〈江通已落下龍旗〉，同報 1911 年 11 月 8 日；〈香港光復記〉，上海《民立報》，1911 年 11 月 16 日。同年 10 月 24 日，《香港華字日報》〈香港新聞〉專欄開始報導武昌起義後香港華人剪辮的消息，並稱德輔道某剪髮店免費剪辮三天。

[71]　〈升龍旗幾被騷擾〉、〈龍旗不飛〉，《香港華字日報》，1911 年 11 月 20 日。大清銀行後來改名中國銀行。

[72]　〈嗚呼，商報〉，《香港華字日報》，1911 年 11 月 8 日。

看過香港華人對於「京陷帝奔」消息的反應，再看傳播這一消息的上海、香港報刊的態度。11月7日，上海同盟會的機關報——《民立報》在「本館接各省緊要專電」的首行位置，登載電文：「北京已為大漢光復，清帝藏匿美使館，載灃不知逃往何處。」這應該就是始作俑者之一的李文卿杜撰「京陷帝奔」的原始版本。

　　同日，向來立論持平的《香港華字日報》在「本報特電」欄內不起眼處，刊載6日夜晚7時接到香港報界公會（不久改名報界公社）轉發的電文：「北京破，宣統皇、攝政王、慶王皆被拘。」這是將上海電文的「帝奔」，進一步渲染成「帝拘」。不過，該報對這一消息顯然有所懷疑，末尾加注一行小字：「按：此電確否，待查。」

　　11月8日，《香港華字日報》刊載香港報界公社於7日晚9時45分收到駐上海記者回覆消息確否的電文：「京破，十六日（筆者按：即公曆11月6日）上海遍發傳單，八分確。」「頃膠州電，謂『京陷帝奔』四字。」這一電文等於將先前「京陷帝拘」的消息，改為「京陷帝奔」。不過，同日該報還刊載駐北京記者的回電，稱：「北京失陷、皇族逃拘之說不確，惟大局極危。」這就完全否定類似的謠傳。

　　同日，《民立報》在「專電」欄內，刊載〈路透關於光復電〉，稱：「據中國人所接消息，言北京亦已光復，宣統出亡等語，滬上大為驚惶。但十七日（筆者按：即公曆11月7日）北京電並未提言，只謂載洵忽然不知去向。」《民立報》發表路透社這一電文，實際上是借用外國通訊社之口，婉轉否定震驚上海、香港、廣州等地的所謂「京陷帝奔」或「京陷帝拘」的謠傳。

　　檢閱現存的《香港華字日報》與《民立報》的相關電文及報導，均不見馮自由、溫雄飛等人憶述的「京陷帝崩」的字樣。不過，如今雖說是查無實據，惟想當年謠傳越演越烈之際，從「京陷帝奔」到「京陷帝拘」都已見諸報端，「京陷帝崩」也不過是順勢演繹的極致而已。

　　11月8日，港、滬報刊分別登載否定「京陷帝奔」與「京陷帝拘」的

電文。這一更正遵循新聞真實的原則，卻不會產生迅速解構謠傳的政治作用。因為這則謠傳已經在短短的一兩天之內，廣泛測試和震撼著滬、港、粵等地的人心。正如《香港華字日報》記者所言：「觀此可知中國人之心理，對於清政府無不望其覆亡也。」[73] 這種人心的向背，凝聚成最終推動廣東光復的精神力量。

香港與廣東光復

促成廣東光復的因素，當然不只是「京陷帝崩」的謠傳。其內在的主因，首先是粵港革命黨人鍥而不捨的長期奮鬥，帶動廣東各州縣民軍群起反清，逐漸呈現包圍省城廣州的壓力；其次是廣東官紳在武昌起義、各省反正的革命形勢下見風使舵，不再效忠清廷，最終贊成共和光復。

就香港革命黨人的動向而言，武昌起義後，同盟會南方支部一方面繼續在廣州實施原定的暗殺復仇計劃，並於 10 月 25 日炸死剛剛抵達廣州的清朝廣州將軍鳳山，沉重打擊清政府加強彈壓廣東的部署；另一方面，決定分派黨人到廣東各地，聯絡當地會黨和民團，組成民軍，發動起義。其部署是：以東江為第一軍，由陳炯明負責；北江為第二軍，徐維揚負責；西江為第三軍，蘇慎初負責；韓江為第四軍，姚雨平負責；鄒魯在香港，接應各方。

在廣東各地民軍起義過程中，與香港關係較為密切的事件依序如下：

1910 年在香港參加「支那暗殺團」的廣東香山籍同盟會員鄭彼岸，與同鄉林君復、林警魂等人在澳門南環 41 號設立革命機關，派人分別策動駐紮香山縣前山墟的廣東新軍和防守縣城的巡防營反正。前山新軍營營長任鶴年是湖南籍的同盟會員，他於 10 月 27 日（農曆九月初六）晚率領所部

---

[73]　〈爆竹一聲推倒滿清政府矣〉，《香港華字日報》，1911 年 11 月 7 日。

500 多名官兵舉行起義，隨即聯合各路民軍，進逼香山縣城石岐。知縣覃壽堃原是留日學生，上任不久，得知同盟會組織起義之後，不作抵抗。起義軍佔領香山縣城之後，改編為香軍，由鄭彼岸、林君復、任鶴年率領，與其他州縣的起義民軍一起，進逼廣州。[74]

這時，陳炯明領導的東江地區起義也在加緊進行。陳炯明（1878-1933），字競存，祖籍廣東海豐縣。1909 年當選為廣東諮議局議員，同年參加同盟會。1910 年廣州新軍起義失敗後，在香港加入「支那暗殺團」。1911 年春，參與「廣州三‧廿九之役」的起義密謀，起義之敗後，他隨同革命黨人撤出廣州，避居香港九龍城南。同年 10 月武昌起義爆發不久，他在灣仔某街 22 號召集東江地區的同盟會會議，決定在當地發動起義。會議推舉陳炯明為總司令，林激真為總參謀長，鄧鏗為西江司令，嚴德明為東江司令，丘耀西為博羅司令，林海山、鄧伊臣（鄧鏗之父）、李子先、歐陽俊、丘耀西等擔任各方運動，馬育航、鍾秀南、周醒南等負責籌集糧餉。11 月 1 日，陳炯明、鄧鏗等在毗鄰惠州的淡水率眾起義，組織循軍，隨即進攻惠州府城。守城的廣東陸路提督秦炳直一度負隅頑抗，但陳炯明成功策反清軍巡防營管帶洪兆麟。洪兆麟負責鎮守惠州制高點飛鵝嶺，他率部反正後，秦炳直被迫於同月 9 日開城投降，起義軍佔領惠州城。在此前後，革命黨人還相繼光復博羅、陸豐、海豐、紫金、河源、連平等鄰近各縣。

東江舉義之時，在香港的同盟會員鄧蔭南、宋居仁等人也組織民軍，佔領毗鄰香港的新安縣城（今深圳南山區）和深圳墟（今深圳羅湖區）。先是，孫眉曾與鄧、宋諸人在九龍、新界發展同盟會組織。1910 年 9 月孫眉被港府驅逐出境之後，鄧、宋諸人繼續在港堅持此項工作。此後，宋居

---

[74] 鄭彼岸等：〈香山起義回憶〉，廣東政協文史委員會編：《廣東辛亥革命史料》，廣州：1981；〈前山新軍起事緣起〉，《香港華字日報》，1911 年 11 月 9 日。

仁「由元朗到深圳，又由深圳到朗口，由朗口到東莞塘瀝，即在此做大本營」。武昌起義後，宋居仁募集民軍 3,000 餘人，派長子紹殷帶領 20 多名敢死隊員，闖入新安縣衙門。「該知縣問他是否正式革命，紹殷則答稱是孫總理、宋居仁、鄧三伯（即鄧蔭南）委我來此」。該知縣遂雙手交出印信。據《香港華字日報》報導，11 月 8 日，香港政府「因革命黨佔領深圳，已派印度警兵一隊，由一英員統帶，往英界邊境防守。聞上水稅關經已被焚，革軍並不擾及鐵路，英界地方平靜如常。」[75]

為了壯大周邊地區的起義聲勢，在香港的南方支部所屬各機關相繼組織隊伍，分赴各地。同盟會在中環開設的實踐女校也組織師生，分別前往惠州和石龍。惠州一路由陳自覺、陳逸川等率領，女同志參加的有佘瓊玉、郭玉生、程文華和陳志德等；石龍一路由謝英伯、高劍父等率領，成員有劉兆槐、李紀堂、劉一偉、朱述堂、陳哲梅、梁倚神等，女同志有韓玉貞、梁雪君和趙連城。

據趙連城憶述：「出發之前，無論男女，大家都心情興奮，大有『風蕭蕭兮易水寒，壯士一去兮不復還』的悲壯情調。一些沒有被派出發的女同志也紛紛捐獻金飾或現款，為大家添置行裝。我所參加石龍一路的人數共約百餘人，隊伍中有商界、學界、新聞界（人士），香港大酒店 30 多個職工也參加出發。」「全隊出發時，是於夜間分批在灣仔海旁下小電船，向葆安海岸偷渡的。登陸後即取道黃岡、黎村、棠下等地，翻山越嶺向石龍進發。隊裏曾僱了三乘山轎，說要照顧我們三個女同志，但我們拒絕乘坐，把轎子讓給隊裏兩個大胖子謝英伯、劉一偉和高劍父三人。行軍過程是緊張的，但意外地沒有和清軍遭遇。沿途所過鄉鎮，人民群眾對民軍夾道歡迎。

[75] 黃大漢：〈興中會各同志革命工作史略〉，《辛亥革命史料選輯》上冊，第 55 頁；〈深圳亂事〉，《香港華字日報》，1911 年 11 月 9 日。

鄉紳們穿著藍布長衫,用紅絲絹結著辮子,出面殷勤招待,各地爆竹喧天,懸旗結彩。沿途鄉民都熱情為民軍引路,還協助把我們的同志預先在山邊田頭埋藏的武器彈藥掘出,交回民軍使用。由於我們隊伍有婦女參加,使老鄉們見了都很覺稀罕。我們常在休息時被他們包圍觀看。有人還搖頭歎息說:『女人也出來造反,世界變了。』由於清軍自動撤退,光復石龍沒有經過戰鬥。隊伍到達時,鎮上商戶照常營業,到處飄揚著同盟會的青天白日旗幟,牆上張貼『中華民國萬歲』、『民國軍萬歲』的歡迎標語。」[76]

　　革命黨人在省城廣州外圍地區凱歌般的行進,加重困守廣州的兩廣總督張鳴岐及其部屬的心理壓力,給潛伏廣州的同盟會員提供可乘之機。武昌起義後,秘密同盟會員潘達微、鄧慕韓、鄧警亞等人「默察政情,認為有機可乘,決定用和平策略,使廣東垂手而得」。鄧慕韓利用他與清鄉督辦江孔殷的友好關係,和潘達微一起,勸江向張鳴岐進言,「謂革命黨非武力所能屈服,不若改用懷柔政策,緩和其進攻目標,俾可保境安民,不致陷入漩渦」。這時,曾於 1907 至 1908 年間在中越邊境領導反清起義的廣西會黨首領、同盟會員王和順、黃明堂等人,已經聯同廣東各地的會黨組織,在廣東順德縣樂從墟舉行起義。江孔殷奉張鳴岐之命,領兵前往進剿,但他已無鬥志,交戰不久就退兵佛山,並勸張鳴岐改取懷柔政策。張聽從其建議,致電清朝釋放因欲刺殺攝政王而被囚禁在北京的同盟會要員汪精衛,解除先前對前任廣西桂平縣知事陳景華的通緝。其時,陳景華在香港惠記洋行任買辦,實際上是香港同盟會組織的要員。張鳴岐此舉,實際上是向香港的同盟會組織示好。

　　10 月 25 日,即革命黨人暗殺剛就任的廣州將軍鳳山的當天,廣州紳商各團體代表在文瀾書院會商處理時局辦法。江孔殷主張速行各省分治,「以

---

[76]　趙連城:〈光復前後廣東婦女參加同盟會活動〉,《廣州文史資料存稿選編》第 5 輯。

禦革命風潮」。他說,他於近日曾到香港,「與各報界論及廣東提倡獨立,不如利用官府改良獨立」。於是,會議通過「議決保全廣東大局議案」,決定成立監督官吏、改良政治總機關,推舉 6 名代表去香港,與廣東旅港各商會組織接洽。

這次會議由鄧華熙、梁鼎芬、江孔殷等士紳主持,其要旨是「廣東提倡獨立,不如利用官府改良」,反映出廣東高層紳商在省內外革命風潮中藉助官府改良以謀自保的心態。可是,會議推舉的 6 名赴港代表當中,有早已在香港秘密加入同盟會的粵商潘達微、譚民三,這就有利於粵港兩地同盟會組織建立起敦促省城光復的合法管道。

10 月 29 日,譚民三、陳惠普等粵商秘密與同盟會員推動廣州九大善堂、七十二行總商會,在愛育善堂舉行代表會議,就繼續擁戴清朝專制政府,還是承認武昌起義後建立的共和政府的重大時局問題,進行表決。表決結果是:「為保存永久治安起見,應即承認共和政府。」會議一面將此結果稟報兩廣總督張鳴岐,一面決定組織商團,維持治安;並派代表到香港,向同盟會南方支部報告,同時以九善堂、七十二行商暨全粵商民的名義,公開致函香港四邑商工總局暨旅港同胞, 表示「決定承認新政府以救粵亡」,希望「省港互相聯絡, 以圖進行」。

香港四邑商工總局成立於 1909 年。「四邑」,即廣東台山、新會、開平、恩平四縣。四邑商工總局是由該四縣在港商人組成的商會組織。1911 年 10 月 8 日,四邑商工總局改選董事會,推舉楊西巖為主席,鄧仲澤為副主席,李葆葵為司庫,伍耀廷為副司庫,李煜堂、陳少白等人為董事。其中陳少白、李煜堂、楊西巖、鄧仲澤、伍耀廷等人已先後加入同盟會,因此該組織在武昌起義前夕改選領導人之後,領導權已為同盟會員掌握,並且隨之成為香港同盟會和廣東各界聯絡的公開機構。

當天下午,廣州各界代表再次集中文瀾書院,會商進行事宜。廣州同盟會即鼓動錦綸行工人和西關商團成員共數百人,包圍會場,要求宣佈廣

東獨立，脫離滿清政府的統治。民眾中有人打出寫著「廣東獨立」四個大字的白旗，眾人從西關遊行到兩廣總督衙署，沿途民眾鼓掌歡呼，燃放鞭炮，加入遊行。不料，次日傳來湖北革命軍受挫、清軍即將重新佔領漢口的消息，張鳴岐立刻顯露鎮壓革命的鐵腕本性。他派人張貼告示，宣佈禁止懸掛「廣東獨立」的旗幟與燈飾，如再聚眾滋擾，將嚴加剿辦；同時加派軍警巡邏，禁止舉行任何集會，沿街商店聞訊紛紛關門閉業，城內隨之呈現恐怖的氣氛。[77]

不過，這只是黎明前的黑暗。面對武昌起義後的共和革命潮流與人心向背，負責鎮守廣州的清軍兩員高級將領——廣東水路提督李準和陸軍第 25 鎮統制龍濟光，都分別直接或間接地通過各自的親信幕僚，與香港的同盟會南方支部秘密接洽反正事宜。

李準原來是粵港革命黨人的死敵，多次率兵鎮壓香港同盟會在廣東發

---

[77] 鄧警亞：〈辛亥廣東獨立傳信錄〉、大漢熱心人輯：〈廣東獨立記〉，《廣東辛亥革命史料》；吳倫霓霞、莫世祥：〈粵港商人與民初革命運動〉，北京：《近代史研究》，1993 年第 5 期。

動的起義。可是，1911 年 8 月女同盟會員林冠慈等人將其炸成重傷之後，他有所感悟，曾親自致函張鳴岐，勸其勿殺參與伏擊的同盟會員陳敬岳。10 月武昌起義後，他暗中派人到香港同盟會機關聯絡，同盟會員謝良牧於是致函擔任李準幕僚的親戚謝質我，詢問情形，得知李準有意反正，立即報告胡漢民。於是，胡漢民致函李準，告以大義：「吾黨與子為敵，非敵個人，敵助滿洲政府之有勢力人耳。君能幡然改圖，捨昔日之助滿政府者而助民國，則去敵而為友，黨人當知此義。」10 月 25 日，謝質我將此信帶回虎門，交給李準。這時，張鳴岐擔心李準心生異志，裁撤其掌管中路巡防營的兵權，收繳虎門炮台部分大炮的撞針。這就迫使李準加快與香港同盟會聯絡的步伐。他派其弟李次武攜帶密信，去到香港立法局華人議員韋玉的住所。韋玉讓李紀堂將密信轉交給胡漢民。胡漢民打開一看，正是李準親筆寫的「對香港中國同盟會總機關約以虎門反正之書」。胡漢民在回信中表示，如果李準反正，黨人將保全他和部屬的名譽和財產。11 月 7 日晚上，胡漢民在韋玉的家中，主持韋玉與李次武加入同盟會的儀式，然後就虎門反正一事進行談判，約定在新安縣民軍接收虎門之時，李準需要交出要塞內的所有軍事裝備。當時，香港還沉浸在「京陷帝崩」虛擬勝利的狂歡之中。在此情勢下，李準於次日再度派人持密信給胡漢民，表示「當盡力民國，力之所到，不止虎門一隅，可直取省城，張鳴岐不足慮。」[78]

龍濟光出身於雲南土司世家，因帶兵參與鎮壓 1907 至 1908 年間孫中山在中越邊境發動的反清起義，晉陞廣西提督。1911 年夏天，龍帶領所部濟軍增援廣東，成為張鳴岐彈壓革命的生力軍。不過，龍濟光的親信幕僚周劍公卻早已與香港革命黨人建立秘密聯繫。周劍公，原名宗洛，祖籍雲南大理。1906 年在惠州擔任廣東陸路提督秦炳直的幕僚之時，就在香港認

---

[78] 李準：〈光復廣東始末〉、胡漢民：〈南京宣佈反正情形〉，《辛亥革命》資料叢刊第 7 冊，上海：上海人民出版社，1957，第 245-248 頁。

識革命報人鄭貫公以及廣東新軍標統、同盟會員趙聲，於是逐漸同情革命。次年，清朝官府偵知革命黨首領鄧子瑜潛入廣東博羅縣活動，兩廣總督岑春煊密電惠州官府緝拿。周劍公有意扣押此電文，卻讓香港《循環日報》等報刊披露清廷將要緝拿鄧子瑜的消息，鄧子瑜聞訊逃避後，周劍公才將電文通知博羅縣巡防營。1911 年 10 月 30 日，龍濟光奉命在廣州實行戒嚴。此後一連幾天，周劍公每天都向龍濟光反覆勸說勿與民意為敵。11 月 6 日，周劍公派其子前往香港打探消息，自己再度勸說龍濟光反正，龍濟光有所心動，惟擔心張鳴岐不肯贊成。次日早上，周劍公之子從香港返回，「言昨晚香港接上海電訊云：『京陷帝奔』。全港華僑，歡聲雷動，舉市若狂，競燃爆竹，英國警察不能制止」。周劍公立即將此情形告訴龍濟光。正好張鳴岐派廣州知府等兩名部屬來龍濟光處議事，周劍公便催勸他們贊同廣東光復。至此，龍濟光和張鳴岐的兩名部屬只得表示贊成，並將情況稟報張鳴岐。8 日上午，張鳴岐派代表到廣東總商會，表示不願再負責任，願意將廣東交還廣東人治理。[79] 此時張鳴岐表示願意移交權力，可以說是在得悉「京陷帝奔（崩）」消息之後心灰意冷的結果。

遠在美國紐約進行外交和籌款活動的孫中山，也為廣東政權的和平更替加上一把火。同年 10 月下旬或 11 月上旬，他給張鳴岐發去一份電報，電文寫道：「民國已成，列強公認，請速率所部反正，免禍生靈，兩廣幸甚。」署名是：「孫文」。多年之後，他憶述這段往事，說：「聞粵中同志圖粵急，城將下。予以欲免流血計，乃致電兩廣總督張鳴岐，勸之獻城歸降，而命同志全其性命。」[80]

11 月 9 日凌晨，張鳴岐逃入廣州沙面租界，乘船前往香港。城內大小

---

[79]　馬小進：〈廣州光復與周劍公〉，《辛亥革命》資料叢刊第 7 冊，第 250-254 頁。
[80]　《孫中山全集》第 1 卷，第 544 頁；《孫中山全集》第 6 卷，第 245 頁。

官員隨之作鳥獸散。當天上午，廣東各界團體代表數千人在省諮議局舉行大會，從香港來的同盟會員陳建華擔任會議主席。他「先將港商意見逐條宣佈」，實際上是宣佈同盟會南方支部的主張，然後說：「目前本省各屬，均已有黨軍潛伏，一觸即發，不可收拾。欲免廣東地方糜爛，非趁此時機宣佈獨立不可，大家欲保存身家財產，宜立下決心，方能挽救。」眾人於是通過十條決議。其中首要四條是：一、歡迎民黨組織共和政府及臨時機關；二、宣佈共和獨立，電告各省及各國；三、所有向日官吏，願留為新政府服務者聽，惟必宣誓忠於中華民國；四、所有旗人、滿人，與漢人一律看待。

接著，同盟會員鄧警亞建議討論新政權的人事問題。他拿出同盟會的《革命方略》，朗讀相關條文，建議大家推選一人為廣東軍政府都督。江孔殷提議推舉張鳴岐，眾無異議。大家推舉江孔殷、陳景華兩人去送都督印信。不久，江、陳返回報告說：張已經離職赴港。於是，同盟會員潘達微提議另舉同盟會南方支部支部長胡漢民，胡未到任時，由新軍協統、同盟會員蔣尊簋為代理都督，得到大會贊成。會後，各官府衙門和珠江河面的廣東水師各炮船，都相繼升起青天白日旗，全城鞭炮聲此起彼伏，慶賀廣東光復。[81]

11 月 10 日早晨，胡漢民、謝良牧等同盟會南方支部要員，以及李煜堂、楊西巖、鄧仲澤、林護、容星橋、伍于簪、李茂之等 18 名港商組成的港商代表團，一起乘船抵達廣州。胡漢民就任廣東都督，隨即於 17 日召集廣州各界代表會議，通過廣東軍政府的施政大綱和人事任命。會議公推陳炯明為副都督，黃士龍為參督；朱執信等為總參議；蔣尊簋、魏邦平為正、副軍事部長；李煜堂、廖仲愷為正、副財政部長；黎園廉、伍藉磐為正、副民政部長；

[81]　鄧警亞：〈辛亥廣東獨立傳信錄〉，《廣東辛亥革命史料》；〈光復廣東詳情彙紀〉，《香港華字日報》，1911 年 11 月 13 日。

王寵惠、汪祖澤為正、副司法部長，伍廷芳、陳少白為正、副外交部長：王寵佑、利寅為正、副實業部長；梁如浩為交通部長，丘逢甲為教育部長；何啟為總顧問官。並由朱執信、李文範、廖仲愷、黃世仲、姚雨平、李紀堂等組成樞密處。其中，李煜堂、陳少白、何啟、李紀堂來自香港。

12 月 24 日廣東臨時議會在廣州成立。代議士（議員）中，有 10 名女性。曾經在香港實踐女校任教或就讀的女同盟會員梁綺川、莊漢翹、黎金庭、鄭妙卿等人，成為廣東首屆女議員。當時婦女出任議員，在中國和遠東地區都是破天荒的事情。

新生的廣東共和政權得到以四邑商工總局為首的香港商人的慷慨解囊贊助。廣東軍政府籌組之初，胡漢民因軍需孔亟，即向港商先借 10 萬元。11 月 11 日晚上，香港四邑商工總局開會募捐，「到者甚眾，當場捐助軍需約得五十萬元。人心之踴躍，即此可見一斑」。[82]

11 月 18 日，香港英文《南清早報》（民國後改稱《南華早報》）在「廣州新聞」（Canton News）中報導，海外各埠經由香港滙向廣州的款項約達 150 萬元。

廣東軍政府成立後，為了籌集用於援鄂北伐和安置民軍的經費，根據港商代表團的建議，決定成立駐港籌餉局。由楊西巖任局長，鄧仲澤任副局長，林護為司庫，歐彬為副司庫，余斌臣為司理，伍耀廷為副司理，張兆蘭為書記，譚煥堂為參謀。局員有：江柏堅、黎榮洛、鄭幹生、馮紹塋、冼志、朱伯元、胡鼎男、麥性湖、吳東啟、李幹廷、李左夫、譚肇康、馮昌璉、朱佐中、譚亦僑、黃汪波、譚教五、姚樂臣、吳性初、伍于簪、伍學晃。該局計劃以公債形式，募款 500 萬元。其中 100 萬在香港募集，400萬在廣東及海外募集，兩年為期，加五償還。軍政府隨即在廣州及各地相

---

[82]　〈華僑捐助軍餉之踴躍〉，上海《申報》，1911 年 11 月 21 日。

繼設立籌餉局，由當地商會負責籌款。軍政府還委任港商陳席儒為駐港督造紙幣局總長，楊西巖為副總長，負責在香港印製 1,500 萬元廣東紙幣，以便取代清朝廣東官錢局發行的紙幣。

　　1911 年 11 至 12 月間，香港商人掀起捐助廣東軍政府的熱潮。楊西巖的滙隆銀號、林護的聯益建造店、鄧仲澤的新廣合、歐彬的先施公司、余斌臣的永豐隆、伍耀廷的萬益堂，以及四邑商工總局，成為廣東軍政府在港接受認購公債款項的代理處。楊西巖、鄧仲澤共向軍政府上交港商認購的公債款 48.1928 萬元，李煜堂上交 26 萬元。由番禺居港商人組成的番邑工商公所捐款 4 萬多元，由陳碩臣、陳文佳等人捐助船費，租用永典號輪船，專程運往廣州。香港豬肉行捐助 1 萬元；東華醫院、香港華人總商團在港舉辦皖鄂賑災善款，救濟安徽饑民和因清軍焚燒漢口而逃難的災民，共捐助 5 萬多元。楊西巖等港商倡議發起將舖戶租銀捐助給廣東軍政府的活動，楊西巖帶頭捐 3,000 元，康年人壽公司和譚德甫各捐 1,000 元，另外 30 餘人共捐 6,600 多元。鑑於上海商團曾經參與光復上海的戰鬥，進而參與攻克南京之役，香港九八行、燕梳行、銀業行等商人於 12 月 12 日發起成立「港商北伐決死隊」，由朱紹廷擔任隊長。當日，九八行等各行商共捐助 1,200 多元，給該隊購置軍服等物。[83]

　　綜合本書援引各類史料所述，在 1895 至 1911 年間，香港黨人及港商以各種形式，捐助辛亥革命的各項經費合計 221.88 萬元（詳見下表）。加上未知的捐助金額，實際捐獻肯定超過這一數字。其中，李紀堂在 1895 至 1907 年革命黨人艱苦奮鬥期間，一人獨力捐助 70 萬元，幾乎佔辛亥革命期

---

[83]　〈廣東軍閥史大事記〉，《廣東文史資料》第 43 輯，廣州：廣東人民出版社，1984，第 9 頁；〈粵省政府籌款收銀各號〉，《香港華字日報》，1911 年 11 月 18 日；〈番工商公所同人解餉〉、〈提倡報效舖租芳名〉，同報，同年 12 月 11 日；〈港商組織北伐決死隊〉，同報，同年 12 月 12 日；〈港商致陳都督電文彙誌〉，同報，同年 12 月 18 日；〈再誌報效租款〉、〈報效一萬〉，同報，同年 12 月 24 日。

間香港已知捐款的三分之一，可謂雪中送炭，毀家紓難，居功至偉。武昌
起義、各省響應與廣東光復之後，港商捐助劇增，僅在一個多月的時間裏，
四邑商工總局為首的港商團體就捐助 145 萬多元。這對於急需財政資助的
廣東新生共和政權來說，也宛如解渴甘泉。香港在促成廣東光復之後，繼
而以巨款捐助新成立的廣東軍政府，其歷史貢獻可謂錦上添花。

1895-1911 年香港黨人及港商捐助辛亥革命經費表

時間及重大事件	捐助人姓名及事由	金額（港元）	資料出處
1895 年 乙未廣州起義	黃詠商售蘇杭街洋樓一所余育之助軍餉	8,000 一萬數千 （以 12,000 計算）	〈黃詠商略歷〉、〈余育之事略〉，《革命逸史》初集
1900 年 庚子惠州之役	李紀堂捐助起義善後用款	15 萬	〈請獎李杞堂〉，《香港華字日報》，1913 年 3 月 26 日
1901-1903 年 洪全福廣州起義	李紀堂捐助起義經費	35 萬	同上
1901-1907 年	李紀堂捐助購軍械、《中國日報》經費、孫中山旅費、開辦采南歌戲班、光漢學校等	20 萬	同上
1906-1911 年	李煜堂購買文裕堂所轄《中國日報》的資產，此後成為支撐該報最得力的股東	5,000	〈李煜堂事略〉，《革命逸史》初集
1909 年 同盟會南方支部成立	林直勉捐其在香港繼承的遺產	近 2 萬 （以 20,000 計算）	莫紀彭回憶，《廣東新軍庚戌起義資料選編》
1910 年 廣州新軍起義	李海雲捐助文咸街遠同源股東存款以購置軍械	2 萬	〈李海雲事略〉，《革命逸史》初集
1911 年春	陳庚如借款給陳少白，組織振天聲白話劇社	1,000	〈廣東戲劇家與革命運動〉，《革命逸史》第 2 集

時間及重大事件	捐助人姓名及事由	金額（港元）	資料出處
1911 年 11-12 月 捐助廣東軍政府	港商借款給胡漢民組建 廣東軍政府	10 萬	《香港華字日報》、上 海《申報》等相關報導
	四邑商工總局捐助軍費	50 萬	
	港商購買廣東軍政府公債	74.2 萬	
	番邑工商公所捐款	4 萬多	
	豬肉行捐助	1 萬	
	東華醫院、香港華人總商 團捐助內地賑災款	5 萬多	
	楊西巖等港商捐助舖租	9,600	
	各行商捐助「港商北伐決 死隊」	1,200	
合計		約 221.88 萬元	

第四章 ｜ 民國建設的憧憬

第一節 辛亥孫中山返國抵港

武昌起義後孫中山的行蹤

　　孫中山是中國民主革命的先行者。自從 1895 年他和楊衢雲等香港興中會同寅密謀廣州起義、1905 年他和黃興等革命志士在日本東京組織同盟會推動中國各省革命以來，共和革命在中國逐漸形成星火燎原之勢，最終促成 1911 年 10 月武昌起義和此後各省相繼光復的骨牌效應。

　　於是，孫中山成為眾望所歸的革命領袖。1911 年 10 月 31 日，武昌革命黨人刊行《中華民國公報》，以「中華民國大總統孫」的名義，號召各省義軍直搗黃龍，建立共和。11 月 14 日，江蘇都督程德全通電各省都督，倡議電請孫中山迅速回國，組織臨時政府。電文稱：「中山先生為首創革命之人，中外人民皆深信仰，組織臨時政府，捨伊莫屬。」

　　可是，武昌起義之後的兩個多月，孫中山卻一直沒有返國。其神龍見首不見尾的行蹤，不禁引起追隨者的期盼和反對者的非議。

　　據孫中山的憶述，1911 年 9 月底，他在美國籌款期間，接到黃興從香港發來的一封電報。不料，用來翻譯革命黨人電報的密碼本，卻已放在運往美國科羅拉多州丹佛市的行李中。1911 年 10 月 11 日晚上，他到達該地，取出行李中的密碼本，才知道黃興電文的內容是：「居正從武昌到（香）港，報告新軍必動，請速滙款應急。」第二天早上，他從美國報紙上看到「武昌為革命黨佔領」的電訊，才知道武昌起義已經爆發。當時，孫中山如果立即乘船返國，「則二十餘日可到上海，親與革命之戰，以快生平。」但是，他認為：「此時吾當盡力於革命事業者，不在疆場之上，而在樽俎之間，所得效力為更大也。故決意先從外交方面致力，俟此問題解決而後回國。」

他判斷：「列強之與中國最有關係者有六焉：美、法二國，則當表同情革命者也；德、俄二國，則當反對革命者也；日本則民間表同情，而其政府反對者也；英國則其民間同情，而其政府未定者也。是故吾之外交關鍵，可以舉足輕重為我成敗存亡所繫者，厥為英國；倘英國右我，則日本不能為患矣。」[1]

於是，他決定延遲返國，而在歐美各國進行要求列強放棄支持清朝政府的外交活動。他發表〈通告各國書〉，說明中國革命的目的：「務祈推翻惡劣之政府，驅除暴戾，而建立共和國；與各友邦共結厚誼，使世界享和平之幸福。」宣佈革命軍的對外政策：「一、滿政府於我軍起事以前與各國所有之條約，皆作為有效，至該政府傾覆之時為止；二、於我軍未起事以前滿政府所借之外債，一概承認償還，絕無改議，將來以海關稅款抵賠；三、滿政府於我軍未起事以前與各國之租界，一律保全；四、居留中國之外人及其財產，擔任切實保護；五、滿政府於我軍起事以後與各國所訂開之條約、租界及借款，一概永不承認；六、各國如有助滿政府以攻我軍者，視同敵人；七、各國如有以軍械供給滿政府，一經查獲，即行充公。」

當時，謝纘泰在香港參與主辦的英文《南清早報》，也刊載這一〈通告各國書〉。11 月 16 日，上海《民立報》譯載該文，遂將孫中山在武昌起義後向列強宣佈的外交主張傳達到內地。[2]

基於〈通告各國書〉中宣佈永不承認列強在武昌起義後向清政府提供借款的立場，孫中山於 11 月 11 日乘船抵達英國倫敦，要求英、美、法、德四國銀行團停止向清政府提供有關粵漢、川漢鐵路的 600 萬英鎊貸款，停止發行幣制實業貸款 1,000 萬英鎊的債券。四國銀行團鑑於中國革命的形

[1]　〈建國方略‧孫文學說〉，《孫中山全集》第 6 卷，第 244-245 頁。

[2]　《孫中山全集》第 1 卷，第 545 頁。

勢，決定停止對清廷的這些貸款；並且通過法國政府，阻止法比財團向清政府提供 600 萬英鎊貸款。

與此同時，孫中山還委託英國友人，向英國外交大臣提出三點要求：一、停止對清廷的一切貸款；二、制止日本援助清廷；三、取消亞洲各國英屬殖民當局對孫中山的放逐令，以便他可以取道回國。英國政府表示將採取「保持中立」的對華政策，不反對他在返國途中經過英屬殖民地，作短暫停留。至於孫中山希望英國向中國共和政權提供貸款援助，則遭到拒絕。

隨後，孫中山前往他認為同情中國革命的法國，在巴黎會晤政界與銀行界的人士，希望獲得法國援助中國革命與建設的貸款，同樣遭到婉拒。於是，孫中山邀請正在法國和歐洲各國留學的中國學生回國，參加革命和建設，得到留學生的熱烈響應。次年元旦，他在江蘇南京組建中華民國臨時政府時所任命的各部次長與總統府參軍，多數是留學歐洲的歸國同盟會員。

11 月 24 日，孫中山離開巴黎，踏上乘船返國的漫長旅程。

12 月 13 日，《香港華字日報》在頭版的「言論」專欄，刊載署名「緒賢」翻譯英國《鐵筆氏報》記者撰寫的一篇文章，題為〈孫逸仙與鐵筆氏報記者言政治革命理由〉。該記者在文章開頭的按語中，簡略回顧 1896 年孫中山被清朝駐英公使館綁架獲釋的事蹟，然後指出：「最近鄂省之發難，亦孫氏聯合數十年之同志所組織而成也。然孫氏行蹤，仿若神龍。因清廷懸五萬金元購其頭顱，雖置之死地，亦得受賞。記者前曾締交一革命偉人，即今在鄂省統大兵權者，因而介紹，識孫氏於某處古屋中。一夕談話，遂悉其革命之理由，蓋純然政治改革也。孫氏衣公裝，操英語極純熟。其最難者，則孫氏之同志不下數百萬，均具一種鎮定冒險精神，雖斧鉞加身，亦不能奪其志，殊令人不可思議也。」

記者接著報導孫中山的言論：「子欲窮詰我：華人何以素富於革命思想，而屢發難乎？今吾語汝，使居文明政治下之英人，得一時所未聞之奇事；

使知我數萬萬同胞，現居於清政府之下，與夫數千之志士遁蹟外國者，均不喜清政府，亦非一朝之憤有以致之，實二百餘年之專制毒有以孕成也。」孫中山詳細舉例，一一揭露清政府罔顧法治、濫施酷刑、公行賄賂的罪行，然後說：「吾儕遊歷歐美，目擊文化，回顧祖國之專制黑暗，寧忍置諸腦後，而漠然視之乎？且近年歐風美雨，漸被亞洲，睡獅已醒。四百兆民，居於苛政之下，寧立以待斃乎？抑俯首貼耳，以待變遷乎？將要求立憲，以改革乎？由此觀之，毋怪乎革命之潮流日盛也。逸仙所深望者，則他時一旦功成，拯同胞於水深火熱之中，共處於文明政治之下，則平素之志願，始可謂之大償。」

從晚清至民國期間，《香港華字日報》的立論一直傾向於持平甚至保守，體現香港中上階層華人的利益追求與政治態度。在孫中山返國前夕，該報以頭版顯著位置，譯載英國報刊的這則報導，顯然是要滿足處於辛亥革命高潮中的香港華人社會希望瞭解革命領袖孫中山及其革命理由與抱負的心願。

孫中山返國抵港

12月21日上午9時，孫中山乘坐「地雲夏號」（Devanha）英國郵船抵達香港。專程從廣州前來迎接的胡漢民、廖仲愷、謝良牧、謝適群，以及港商林護、李紀堂與陳少白、容星橋等同盟會員，先後乘小輪到郵船，謁見孫中山。10時許，孫與同盟會諸人轉往胡漢民乘坐來港的廣東「江固號」軍艦，會商處理時局的大政方針。

胡漢民首先講述自己和廣東軍政府要員商議的意見，說：袁世凱率領北洋軍南下鎮壓革命軍，居心叵測地利用革命黨與清廷對峙的形勢，圖謀私利。孫中山如果北上滬（上海）、寧（南京），將因為缺少自己掌握的軍隊，難以直搗黃龍。不如留在廣東，整軍北伐，甚至可考慮以廣州作為

全國共和政權的首都。

　　孫中山不贊成這一主張，說：以形勢論，滬、寧正在前方，如果自己「不以身當其衝，而退就粵中，以修戰備，此為避難就易。四方同志正引領矚望，至此其謂我何？我恃人心，敵恃兵力，既如所云，何故不善用所長，而用我所短？」他舉出明朝末年「東南不守，而粵桂遂不能支」的教訓，強調不能蹈此覆轍。並且說：「革命軍驟起，有不可嚮邇之勢。列強倉猝，無以為計，故只得守其向來局外中立之慣例，不事干涉。然若我方形勢頓挫，則此事正未可深恃。」「謂袁世凱不可信，誠然。但我因而利用之，使推翻二百六十餘年貴族專制之滿洲，則賢於用兵十萬。縱其欲繼滿洲以為惡，而其基礎已遠不如，覆之自易。故今日可先成一圓滿之段落。我若不至滬

■ 辛亥孫中山返國抵港，在船上與歡迎者合影。前排左起為荷馬李（Homer Lee）、山田純三郎、胡漢民、孫中山、陳少白，前排站立者右二為廖仲愷，後排左五為宮崎滔天。

寧，則此一切對內對外大計主持，決非他人所能任，子宜從我即行。」說到最後，孫中山竟然反過來要求胡漢民隨他北上，組織全國共和政府。

據胡漢民憶述，當天同盟會要人討論孫中山留粵或北上的大計，「自早至晚始決」。由於孫中山堅持北上的主張，胡漢民也覺得「所見不如先生之遠大，乃服從先生主張」。[3] 他當天分別寫信給留在廣州的陳炯明、朱執信、胡毅生等軍政府要員，宣佈辭去掌握全省軍政大權的都督職務，由陳炯明代理廣東都督，飭令各軍服從陳炯明。

當天 12 時 30 分，孫中山回到英國郵船，會見曾經幫助中國革命而今專程來訪的多名日本友人。

據謝纘泰《中華民國革命秘史》憶述，當天，他也在船上和孫中山相見，互致問候。這兩位在興中會時期合謀反清、隨後分道揚鑣的昔日戰友終於重逢，不知彼此心中有何感慨。

當天中午，孫中山乘坐小輪，在港島三角碼頭登岸，與眾人步行走入附近的蘭室公司，進食午餐。這是孫中山自 1896 年首次遭到香港政府驅逐，在 1902 年初秘密登岸、居留香港一周之後，相隔幾乎 10 年之久，才得以重新踏上香港的土地。當時，港府在 1907 年第 3 次頒佈的禁止孫中山在 5 年內進入香港的驅逐令尚未到期屆滿，仍屬有效。不過，孫中山在返國途中，曾接到英國友人道森爵士的電報，告知「倘若他在香港等殖民地只短暫停留，英國當局不反對。這是英國人為他所能做的一切」。[4] 香港政府顯然也已接到英國政府的相關指示，因而允許孫中山登岸，並且派出便衣警探，沿途保護。據報導，「港督本約與孫君相見，因是日適為本港定例局（筆者按：今稱立法局）會議之期」，以致兩人未能會晤。

---

[3]　〈胡漢民自傳〉，《辛亥革命史料選輯》上冊，第 216 頁。

[4]　史扶鄰：《孫中山：勉為其難的革命家》中譯本，北京：中國華僑出版社，1996，第 128 頁。

下午 3 時，廣東總商會、七十二行、九大善堂等團體派來歡迎孫中山的代表，也來到蘭室公司。孫中山於是向眾人發表演說，首先闡明「政主共和，及以戰事驅除滿虜為目的」的政治宗旨；然後談論借外債以興建鐵路、開展經濟建設的藍圖。他說：「目前各省財政，本極困難，雲南一省為尤甚。然一俟臨時共和政府成立，則財政無憂不繼，因有外債可借，不用抵押，但出四厘半之息，已借不勝借。就現時情形論之，必須借外債。從前滿清借債，而國人起而抵拒之者，因滿清借債之弊竇，第一則喪失主權，第二浪用無度，第三必須抵押。若新政府借外債，則一不失主權，二不用抵押，三利息甚輕。」「至就中國目前而論，由必須各省、府、州、縣，皆築有鐵路，以利便交通，使地土出產，可以輸出。」「借債築路之便宜，以借債則可以分段而築，易於告成。計六年之內，自可以本利清還，路為我有矣。若以我之資本，則十數年後方可築成，吃虧必大。至還債之法，則道路一經開通，物產既消流，田土必長價，將來由新政府徵取，民必不以為病，而債可立還矣。」[5]

隨後，孫中山回答與會人員即席提出的問題，並且宣佈當天下午將和胡漢民一起，乘船前往上海，廣東都督一職由副都督陳炯明代理。下午 4 時 30 分，孫中山一行在眾人歡送下，步行前往三角碼頭，乘小輪登上郵船。5 時 30 分，郵船起航，開往上海。

次日，《香港華字日報》刊載〈中國革命元祖孫逸仙抵港談話及離港時期紀略〉一文，詳細報導孫中山在香港登岸的言行。該文在標題中，用「中國革命元祖」的詞語稱呼孫中山，可謂醒目而貼切。孫中山在香港講述的北上南京組織中華民國臨時政府的政權建設方案，以及借外債、修鐵路的

[5] 〈中國革命元祖孫逸仙抵港談話及離港時期紀略〉，《香港華字日報》，1911 年 12 月 22 日。
按：同日《德臣西報》刊載〈孫逸仙在香港〉一文，稱孫在干諾道的華人會館演說，疑即《香港華字日報》所指演說地點「蘭室公司」。

經濟建設計劃，實際上是他在漫長的返國旅途中深思熟慮的的結果，並將成為他返國之後處理國事的基本方針。

根據孫中山的指示，同盟會南方支部將該部剩餘的 30 萬多元經費，全部滙往上海，作為孫中山到南京成立全國共和政權時犒賞軍士之用。[6]

在孫中山返國之前，國內報刊為了壯大革命的聲威，曾經傳播孫中山將攜帶巨款乃至多艘軍艦回國的虛假消息。因而，當孫中山於 12 月 25 日乘船抵達上海之後，就有中外多家報社記者追問他是否帶回巨款，他笑答：「革命不在金錢，而全在熱心。吾此次回國，未帶金錢，所帶者精神而已。」「予不名一錢也，所帶回者，革命之精神耳！」[7]

第二節 民國建設的藍圖

民初孫中山香港之行

1911 年 12 月 29 日，贊成共和革命的全國 17 省代表共 45 人，在南京的江蘇省諮議局召開各省代表會議，選舉孫中山為中華民國臨時政府臨時大總統。

1912 年 1 月 1 日，孫中山在南京就任中華民國第一任臨時大總統，隨

---

[6]　馮自由：《革命逸史》第 3 集，第 248 頁。

[7]　《孫中山全集》第 1 卷，第 573 頁；第 6 卷，第 246 頁。

即組織實際上由革命黨人掌權的中華民國臨時政府，頒佈各項法令，推行民主共和制度。當天，中國開始實行民國紀元，將這一年稱為民國元年。次日，孫中山還致電指揮北洋軍隊與革命軍對峙的清朝內閣總理大臣袁世凱，表示只要袁贊成共和、逼清帝退位，就推舉他為民國臨時大總統。

袁世凱目睹滿清王朝在革命風潮中搖搖欲墜，自己已不願再效忠於隆裕太后和宣統小皇帝這對老婦幼兒，加上只要他表示贊成共和，就可以統一南北，執掌全國權柄，於是他指使部屬逼迫清王朝在這年 2 月 12 日頒佈皇帝退位詔書，宣告清朝覆亡。次日，他致電南京臨時政府，承認「共和為最良國體」，誓言「永不使君主政體再行於中國」。

14 日，孫中山踐約向南京臨時參議院辭職，推舉袁世凱為臨時大總統。15 日，臨時參議院選袁為民國第二任臨時大總統。

3 月 11 日，孫中山頒佈臨時參議院通過的《中華民國臨時約法》。《臨時約法》宣佈：「中華民國之主權，屬於國民全體。」規定人民之身體非以法律不得逮捕、拘禁、審問、處罰；人民之家宅非依法律不得侵入或搜索；依據法律，人民有保障財產及營業、言論、著作、刊行、集會結社、秘密書信、居住遷徙、信教等自由；有請願於議會、陳述於行政官署等機關，以及選舉及被選舉等權利；有依法納稅、服兵役的義務。《臨時約法》還按照內閣制的原則，規定臨時總統和內閣成員的各自職權。孫中山和革命黨人希望通過實施《臨時約法》，約束袁世凱接掌全國政權之後的行為。

孫中山初任臨時大總統期間，粵港兩地曾有輿論推舉其兄孫眉取代陳炯明擔任廣東都督。1912 年 2 月初，港商陳鳳白、鄧俊南、馮植源、朱明譜、李瑞、梁植如、林少禮、梁仲虞、王康南、李聖硯、梁祖耀、關定安、梁衰華、李孔周、黃仁煌、朱鳳廷、李聖楷、陳雄光、李成緒、余遜和、陳煥周、蕭贊和等通電廣東各界，推薦孫眉接替陳炯明擔任廣東都督。《香港華字日報》也刊載孫眉簡歷，稱讚他「犧牲其數十年千辛萬苦之血汗資財，以助乃弟十一年一十二次經營規模之費用」。1908 年廣西「鎮南關一

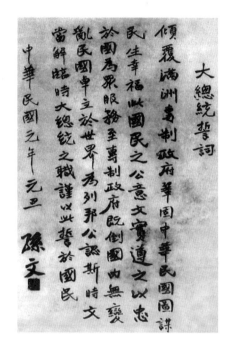

傾覆滿洲專制政府，鞏固中華民國，圖謀民生幸福，此國民之公意，文實遵之，以忠於國為眾服務，至專制政府既倒，國內無變亂，民國卓立於世界，為列邦公認，斯時文當解臨時大總統之職，謹以此誓於國民

大總統誓詞

中華民國元年元旦　孫文

■ 孫中山就職時宣讀的誓詞

役，親運軍火。事敗匿蹟九龍，因財政困難，遂將家中產業變賣盡淨」，以捐助革命。辛亥年間，他在廣東湛江設立同盟會機關，領導高州、雷州的革命起義。[8]

可是，孫中山不徇私情，立即表示反對。同月 21 日，他致電孫眉，說：「粵中有人議舉兄為都督，弟以為政治非兄所熟習。兄質直過人，一入政界，將有相欺以其方者。未登舞台，則眾人矚望，稍有失策，怨亦隨生。為大局計，兄宜專就所長，專任一事，如安置民軍、辦理實業之類，而不必當此大任。」26 日，他再次致電港商陳席儒、楊西巖、廣東都督陳炯明及廣州各界團體，重申不贊成推舉孫眉接任都督。電文稱：「家兄之事，文期

[8]　〈港商舉孫眉為都督電〉、〈被舉都督孫眉小史〉，《香港華字日報》，1912 年 2 月 6 日。

期以為不可。前已有電勸家兄及電省城各界矣。」[9] 按照孫中山的囑託，孫眉退居澳門，淡出政壇。1915 年，他在澳門病逝。

　　同年 4 月 1 日，孫中山正式解職。他之所以最終讓位於袁世凱，外因是列強視袁世凱為穩定中國秩序與維護外國在華利益的軍事強人，給予外交支持和財政援助，使其一時成為國內外呼聲最高的領導者；內因是各省革命黨人意見分歧，南京臨時政府財政困難，無法堅持北伐。這些內外因素都使孫中山在與袁世凱的較量中處於劣勢。此外，他受到當時流行的排滿興漢和效法美國總統華盛頓功成身退的輿論影響，不留戀權位，也不計較接位的袁世凱並非革命黨人。他認為，推翻清朝，袁世凱功勞不小，將來即使重蹈專制，也易於懲治。他在辛亥返國抵達香港時曾言：即使袁世凱不可信，「但我因而利用之，使推翻二百六十餘年貴族專制之滿洲，則賢於用兵十萬。縱其欲繼滿洲以為惡，而其基礎已遠不如，覆之自易。故今日可先成一圓滿之段落。」

　　因此，孫讓位於袁世凱之後，樂觀地宣佈已經實現反清排滿和建立民國的兩大革命目標，實現民族主義和民權主義，今後他將和國人應致力於民生主義的建設。其中，他在辛亥抵港時首次宣佈的洽借外債、修築鐵路的實業建設規劃，就是實踐民生主義的首要事務之一。

　　這年 4 月起，孫中山應邀到全國各地視察和發表演說，宣傳民生建設的主張。4 月 14 日，廣東省議會選舉胡漢民重任廣東都督，陳炯明任粵軍統領（後稱護軍使）。

　　4 月 24 日，孫中山、胡漢民等人從福建福州乘「泰順號」輪船抵達香港。船至鯉魚門時，廣東軍政府專程派來迎接的「寶璧號」軍艦隨行護衛。當天，英文《德臣西報》報導說：今天早上，孫逸仙醫生乘坐中國商輪「泰順號」

---

[9]　　《孫中山全集》第 2 卷，第 114、131 頁。

抵達香港。他是策動中國革命的領導者，曾榮任中華民國的首任總統。華人社會為了歡迎他們的偉人——尤其因為他是華南人，而進行大量的準備工作。本城到處飄揚著（中國）新制度的旗幟，這些旗幟的設計並不一致，顯然至少有五種不同的款式。商會團體安排歡迎這位前總統的慶祝活動，各團體選出四名代表，分別與他會晤，地點安排在西環的遇安館（Yu On Club）；另一處會見地點在皇后大道中的中國會館（Chinese Club）。可是，這些安排都不得不取消，因為孫醫生根本沒上岸。他一直留在靠泊碼頭旁邊的「泰順號」船上，在下午接見數百名成員的團體代表。安排歡迎計劃被取消一事，在華人中引起極大的沮喪，尤其是當初宣稱孫醫生將離港赴粵而不接見本地華人的時候。不過，當他們得知孫醫生打算在船上接見訪客時，沮喪的情緒才大為緩解。[10]

這則報導沒有說明孫中山為何不上岸參加香港各界團體舉行歡迎活動的原因。次日，上海《民立報》刊登該報「香港特派員」來電，揭開內中的謎底：「香港政府因港人將開歡迎會，下令禁升懸歡迎旗，又禁登報，又禁派傳單，又禁鳴炮，港人甚憤。聞孫先生本云見港督後，赴歡迎會，繼僅派廖君代表，實因港政府取締，不便面卻之故。」[11]

當天，香港政府不許孫中山上岸出席香港各界團體為他準備的歡迎會，他只好派廖仲愷代表自己，上岸出席歡迎會。他自己留在船上，接見登船表達歡迎之意的香港 68 個團體和省城 80 個團體的代表。據謝纘泰《中華民國革命秘史》憶述，當天謝纘泰被推舉為香港歡迎團體的發言人，將這些團體的代表一一介紹給孫中山。

當天下午 3 時，孫中山、胡漢民一行改乘「寶璧號」軍艦，前往廣州。

---

[10]　譯自〈孫逸仙在香港〉，《德臣西報》，1912 年 4 月 24 日。

[11]　〈廣東電報〉，《民立報》，1912 年 4 月 25 日。

20 多天之後，香港政府改變初衷，再次允許孫中山在香港公開登岸，並作短暫居留。這年 5 月 18 日晚上，孫中山與家人從廣州抵達香港。香港英文《士蔑西報》，報導說：中國改革家孫逸仙醫生於星期六（18 日）晚上抵達香港。他乘坐廣州到九龍的晚班火車，正好在七點前抵港。陪伴他的有孫夫人和他的一個女兒，以及其他一些人。他們住在香港大酒店（Hong Kong Hotel）的房間裏。晚飯後，他們前往九如坊戲院（Kau U Fong Theater），欣賞大雷蒙德（Great Raymond）的表演節目。[12]

居港期間，孫中山連日接見來訪友人以及香港、廣州各報記者的採訪，暢談民國經濟建設的計劃。夜晚，則應邀出席香港各界為他舉行的歡迎宴會。其中，20 日晚，他前往石塘咀陶園，出席楊西巖等港商組成的香港籌餉局的歡迎宴會，商議組織國民銀行及國民捐事宜。21 日傍晚，他應邀出席華人富商、東華醫院總理劉鑄伯等人在香港華商公所舉行的歡迎宴會。晚 9 時許，再往洞天酒樓，參加香山縣旅港同鄉舉行的歡迎宴會。

22 日，他與家人離開香港，前往澳門。此次香港居留，為期 4 天。

同年 6 月 15 至 18 日，孫中山再度抵港作短暫居留。15 日晚，他到四邑商工總局等華商團體發表演說，呼籲籌建中西合資銀行，引進外資，開展全國鐵路建設。16 日晚，他到綱紀慎會堂，出席區鳳墀主持的香港基督教歡迎會，發表演說，勉勵教徒啟導民國人心，促進世界進化。

1913 年 6 月 20 日至 25 日，孫中山因南下策劃「二次革命」，以及探視寓居澳門、身患重病的長女孫娫，而再次居留香港。25 日，《南華早報》報導說：星期五（6 月 20 日），孫逸仙醫生悄然抵達本殖民地。昨天，本報一位記者在香港大酒店看見他。他顯得非常擔憂他的女兒的病情。他的

---

[12]　譯自〈孫逸仙醫生訪港並否認他將退居澳門〉（"Dr. Sun Yat-sen Visits Hongkong and Denies that He will Retire to Macao"），《士蔑西報》，1912 年 5 月 20 日。

女兒住在澳門，生命垂危。星期五，他曾去過澳門。不過，他仍以常有的謙遜，欣然允諾回答記者的問題。他在今天乘船前往上海。[13] 就在孫中山離開香港的當天，即 1913 年 6 月 25 日，孫婉在澳門病逝，終年 19 歲。

民國初年，孫中山四次抵港，其中三次登岸居留。在港期間，他多次發表談話和演說，規劃民國建設的藍圖，主張將中國建設成為獨立、民主、富強的國家。

民國建設的藍圖

民初孫中山在港展示的建設規劃，首先是取消清政府在列強壓力下被迫對外開放的通商口岸和租界，維護國家領土主權完整；同時實行國家的全面開放，興辦各種實業，逐漸實現強國富民。

1912 年 5 月 19 日，他在香港與《南華早報》記者談話中，闡述取消通商口岸和租界、實行全國開放的主張。他說：「此乃華人之志意，謂吾人必要獨立者，更不願在中國而歸洋人統轄也。然吾人將必開放中國各方，以為酬償。目下洋人只可囿於通商口岸，若果裁去各口岸，則洋人可到通國各地，由太平洋以至西陲。果爾，吾料歐洲甚歡迎，因洋人所得利益甚大也。」不過，他主張此舉需待中國獨立發展到一定階段之後，才妥善進行。他說：「此事非欲即行，吾人將必先行自立妥善，使歐洲諸國滿意，然後請其裁去口岸；時機一到，料各國無有抗拒者。因各國對於日本、暹羅，既不相拒，豈獨拒於中國乎？」他還支持國人反對列強企圖拓展上海租界的行動，對記者說：「洋人欲拓上海租界，惟吾人不允，此乃當然之理也。

---

[13] 譯自〈孫逸仙醫生與廣州見聞〉（"Dr. Sun Yat-sen and the Canton Sensation"），《南華早報》，1913 年 6 月 25 日。

譬如別國今居中國之地位，豈不亦如中國之所為乎？足下為英（國）人，抑美（國）人乎？若為英人，則必不欲有德人租界於倫敦也明甚。」

針對當時各國出現限制華工入境的問題，孫中山認為華工問題將在中國開發之後，最終得到解決。他說：「各國設法保護自己工人，甚合道理。惟此等保護，不久可以不須。中國地方甚廣，而不知開墾，此是自誤。將來一經開拓，則吾國工人無庸出外。其實余意，中國若興農、礦、製造，則十年之間，可以自養其民也。」

在此次談話中，孫中山還回應西方傳媒渲染所謂中國威脅世界的「黃禍論」，說：「歐人多恐中國他日之侵犯，此誠所見不遠。若中國被迫而為此，則將成水師強國與武力強國。惟吾意中國無侵略志，因吾人志尚和平。吾人之所以要水陸大軍者，只為自保，而非攻人。若果歐人勢迫吾人，則吾人將以武力強國。果爾，將來事勢所趨，則難預言。」[14]

同月 20 日，孫中山在與《士蔑西報》記者談話中，再次談及取消通商口岸及外國租界的主張。記者問：那麼廣州沙面租界也將歸由中國政府管轄了？孫中山回答：「吾儕將擴張沙面，與共和國全境無異。」他還說，「吾人將取法日本。日本所有之外國人，皆受日本管轄。而吾人之政見，又欲極力保存國體。」孫中山稱讚民國後，「中國人進步極快」。記者問：「其快捷如日人乎？」孫答：「然。此次革命，即為明證。」記者又問：「五、六十年後，則於日本相等乎？」孫答：「甚似。」[15]

洽借外國貸款以修建中國鐵路，是辛亥孫中山返國抵港後一直倡導的經濟建設方針，也是民初孫中山在港展示建設藍圖的重要話題。1912 年 5

---

[14]　1912 年 5 月 20 日，《南華早報》刊文〈孫逸仙接受本早報採訪〉（"Dr. Sun Yat-sen Interviewes by the 'Morning Post'"），報導採訪詳情。本書譯文引自《孫中山全集》第 2 卷，第 389 頁。惟該全集誤將談話時間標注為 1912 年 6 月。

[15]　《孫中山全集》第 2 卷，第 368 頁。

月 20 日，他在香港大酒店接見《士蔑西報》及《孖剌西報》的記者，反駁當時香港有華商「勸省城商人不可用洋人資本，以免瓜分之禍」的觀點，說：「此乃舊日之政見用於今日者也。吾儕將勸導商人，使彼等知借用外款，乃為互相利益起見。」「用以辦各種實業，如建設新城邑、開通全國及建築鐵路等，皆為要政。」他還說：「至今中國除粵漢鐵路外，皆已實行鐵路國有。國人無錢修築鐵路，吾人必須借貸外國資本。就此而借貸，私人企業不如國家之易達。將來國家必須藉助外資，發展鐵路。如此，則易於實行鐵路國有，因為自始就是國有的鐵路。」[16]

此後，孫中山鑑於難以獲得外國貸款，於同年 6 月 11 日在廣州與荷蘭銀行家士丕文訂立《中華振興商工銀行草約》，計劃籌集資本銀幣 1,000 萬元，分為 10 萬股；金幣 100 萬鎊，分為 10 萬股。孫中山負責籌集銀幣股份，士丕文等歐洲資本家籌集金幣股份。擬設總行於上海，國內外設立分行。銀行將對中國各類實業進行投資或借貸，董事部將由中國 5 至 9 名股東組成，設於上海，並在歐洲設立歐人顧問團。草約規定應推舉孫中山為該銀行的第一任總董，士丕文為第一任總經理。

6 月 15 日晚，孫中山在香港四邑商工總局發表演說，介紹籌組中華振興商工銀行的計劃，說明該銀行屬於「中外合辦，專為介紹外資起見，不出鈔票，專發歐美債票，其性質屬於商辦」。17 日，香港商人開會商議孫中山建議創辦的中西合資銀行事宜。眾人表決贊成自辦，反對合資。上午 10 時，孫中山到會發表演說，說明民國建設如果採取內債、民捐的辦法，效力均短，惟籌組中外合資銀行，持久而利大，宜將自辦之款，盡撥贊助。[17]

---

[16]　與《士蔑西報》記者談話，見《孫中山全集》第 2 卷，第 366-367 頁；〈孫逸仙醫生在香港〉（"Dr. Sun Yat-sen in Hongkong"），《孖剌西報》，1912 年 5 月 21 日。

[17]　據《民立報》，1912 年 6 月 16、19 日報導，轉引自《孫中山年譜長編》上冊，第 705 頁。

6月16日晚，孫中山去到他早年在香港受洗的綱紀慎會堂，出席香港基督教歡迎會，發表演說，稱：「兄弟得有機會到本港教會與眾相見，誠莫大之欣喜。回溯弟初信教於本港，亦在本教會領洗（美華公會）。別後二十餘年，為國事奔走，甚少聚集於教會，故於會中儀文，多所忘記。」「今滿清已滅，民國已成，信教有自由之權利，則教徒對於本國，當有共負之責任、共盡之義務明矣。蓋政治所以約束人之身，聖教則圍範人之心。民國教徒，定有一種特別之擔荷。觀夫習俗之鄙陋，有非政治之力所能改革者，全賴宗教之力以改革之，俾全國人心為之一變。」「然則我教徒務宜設諸善法，使民國獲益，引導同胞，棄暗投明，令邪說早日撲滅，免阻世界之進化，猶革命之掃除滿清專制者然。昔日滿清對於網羅黨人之政策，何等嚴密，然革命卒能成功。則今日教徒當用毅力，以掃滅偶像惡俗，為應有之責任，其功終必告成，同一理也。」「今為時太促，不及多言，惟望各位留心研究教理，庶乎能有告別之善法，以光照民國人心，是兄弟所厚望。」[18]

　　1913年6月24日，孫中山在香港接受《士蔑西報》記者的採訪。此時，袁世凱領導的北洋政府已經派人在上海暗殺由同盟會改組而成的國民黨第三號領導人宋教仁，民國政局重現刀光劍影。即便在這種情況下，孫中山仍然不願放棄其引入外資以興建全國鐵路網絡的雄偉計劃。他說：「政府阻礙進行，予雖反對，然應竭力籌辦。予之辦法，原擬交外人築路及管理若干年，此是在中國建築如網之鐵路最速之法。予曾計如此辦法，約十年內可以築六七萬里路。美國由1870年至1880年，曾築八萬里，自後則更為快捷。中國現無資本，然用洋款，亦可以供吾人之要需，故予贊成由外人築路。不幸國人見不及此，但予必努力進行。」[19]後來，孫中山將其興

---

[18]　〈補錄孫中山在香港教會演說略〉，廣州《民生日報》，1912年6月22日。
[19]　答香港《士蔑西報》記者問，轉引自《香港華字日報》，1913年6月25日。

建全國鐵路網絡的宏圖，完整展示於 1920 年完成的英文《實業計劃》（*The International Development of China*）一書之中，成為該書全面規劃未來中國經濟基礎設施建設的主幹內容之一。次年，該書出版中譯本。

主張仿效英、美先進國家的教育體制，在中國推廣完整的新式教育，是孫中山在港談論民國建設願景的又一項重要內容。1912 年 5 月 20 日，他與《士蔑西報》記者有一段談話，反映出他的教育主張。記者問：「注重教育否？」孫答：「然。」問：「從何處入手，是否先辦學堂？」答：「予將從根本上入手，先使每鄉皆有蒙學校，由蒙學校而至高等，由高等學校而至大學堂。」問：「然則欲仿英美之法矣？」答：「然。」問：「既如是，則先生定以此次革命，為促進中國社會之教育道德矣。」答：「然。」

「國家社會主義」的構想

民初孫中山在港談論的國家建設規劃當中，最為超前而炫目的觀點是主張效法當時歐洲國家，尤其是德國的「國家社會主義」經濟政策，在中國推行公用事業的國有化經營和以地價稅方式實行全國土地的國有化。

1912 年 5 月 20 日，孫中山在香港大酒店接受《孖剌西報》記者的採訪。次日，該報以〈孫逸仙醫生在香港：他的觀點和抱負〉（"Dr. Sun Yat-sen in Hongkong: His Views and Aspirations"）為題，詳細報導他對列強遲遲不承認中華民國的看法，以及他的社會主義抱負和對中國與基督教關係的觀點。其中「社會主義抱負」（Socialistic Aspiration）一節，是迄今所知的最早報導孫中山詳細地闡述其社會主義觀的重要史料。茲譯錄如下：

問—記者　答—孫中山
問：如果不介意的話，我想知道你所考慮的中國將採取社會主義的一些觀點。也許你認為在中國轉向社會主義會輕而易舉，因為許多地方

保留著共產均富的方式（Form of Communism），尤其是鄉村？

答：是的。

問：我聽宣導社會主義的人說過，社會主義必須自然發展，而不是靠國會議決或革命行動突然轉向。

答：對，是這樣。不過在中國，若要防止資本家獲取過大的權力，則應立即提倡社會主義。

問：那就不會是自然發展了？

答：我提倡國家社會主義（State Socialism）。你必須記住，有很多事情在國家社會主義當中是人為的，不自然的，例如在德國就是如此。這種社會主義就是現在中國所需要的。過激的社會主義反對這種社會主義，但我相信這是中國要走的第一步。

問：你所指的國家社會主義是甚麼？是否意味土地、鐵路、工業的國有化？

答：歐洲大多數國家都有這種國家社會主義，市政工程、自來水廠、煤氣廠、鐵路、有軌電車以及其他公用事業都歸國家所有。

問：那是集產主義（Collectivism）嗎？

答：集產主義與共產主義（Communism）是社會主義的不同形式，它們都殊途同歸。國家社會主義是開端，其第一步是通向集產主義。大多數社會主義者都擔心國家權力過大而反對集產主義。

問：就像德國一樣？

答：是的。

問：那麼，我想國家社會主義將包含土地國有化了？

答：不儘然。

問：國家不接管土地嗎？土地不歸屬國家嗎？

答：只有一些如此。

問：那是很特殊的事。

答：也許我應該解釋一下，倘若需要，我們會逐步接管土地。

問：土地國有化計劃包括對業主的補償嗎？

答：包括。

問：補償的錢從哪裏來？

答：我們將建議施行地價稅，如同萊德・喬治（Lloyd George）在英國之提議。譬如政府既經更替，地主必須更換地契，換契時則可知會地主，國家如有需要可以收購其土地。因而要其估算地價，按價徵收百分之一稅款，國家需要土地時，即可按地主所定地價收購。如此便可低價收購土地，中國土地國有化當不致有別國之困難。如果地價上漲，漲價部分歸於國家。中國未如別國先進，欲達別國之文明程度，必須有明確計劃。

問：鐵路國有化如何？

答：目前除粵漢路外，均已屬國有。中國缺乏資金以發展全國鐵路，必須借外債。私營公司不能為此借款，國家則易如反掌。將來國家必須引進外資，發展鐵路。如此則可解決鐵路國有化問題，因為每條鐵路從一開始就是國家的鐵路。

問：工業國有化如何？

答：小型企業確實以私營為好，其效益會更好些。自由競爭優於壟斷。若其形成信用，則可將其收購。國家開始時之經營不及私人公司，至於需要行政管理能力之大事業，國家可予接管。[20]

孫中山在英國實行殖民統治與推行自由資本主義發展的香港，暢談他理想中的國家社會主義在未來中國施行的宏偉藍圖，闡述他對當時流行於

---

[20]　譯自《孖剌西報》，1912 年 5 月 21 日。

歐洲的各種社會主義學說的認識和看法,顯示出他作為中國民主革命先行者的超前意識,這應當是一件令後世史家較諸當時人更感興趣的事情。5 個月之後,即同年 10 月 14 至 16 日,孫中山應邀到上海中國社會黨本部作關於社會主義及其流派的連日演說。如果將先前孫中山在港談論社會主義,與在上海的連日演說作一比較,可以說前者是後者的先聲,後者是對前者的詳述。

不過,應該指出,孫中山談論的社會主義、國家社會主義、集產主義、共產主義等新潮概念,注重的不是這些概念的政治內涵,而是它們之間一脈相承的國有化經營的經濟主張。他在流亡歐美之際,曾經如飢似渴地學習西方國家的政治、經濟學說,然後經過自己的思考、遴選與吸納,逐漸形成指導中國革命與建設的三民主義理論;並且轉而在三民主義的理論框架之中,重新理解與詮釋西方的學說和理念。據馮自由憶述,在 1905 年 11 月孫中山撰寫《民報》發刊詞,提出民族、民權、民生三大主義之前,「世間尚無『民生主義』之一名辭。孫總理與同志研究社會經濟問題時,仍稱社會主義,但曰吾所主張救濟社會經濟之宗旨及方法,實較目前歐美人所言之社會主義為廣大。」[21] 這就是說,孫中山及其戰友認為社會主義與民生主義有相通之處,民生主義可以涵蓋和包容社會主義。

因此,孫中山在港暢談的社會主義理想,實際上就是宣傳其漸趨成熟的民生主義關於通過徵收地價稅實行土地國有,以及通過公用事業國有化來節制私人資本主義的發展、避免出現資本壟斷而引發社會革命的兩大主張。其中,前一主張已經由1905 年同盟會十六字政治綱領中的「平均地權」所歸納;後一主張則在 12 年之後,即 1924 年 1 月的中國國民黨第一次代表

---

[21] 〈民生主義與中國政治革命之前途〉,《革命逸史》第 4 集,第 110 頁。

大會宣言中，簡述為「節制資本」。在該次會議中，孫中山進而用大圓圈包容中、小圓圈的圖示，說明民生主義和社會主義的關係。他先以社會主義的中圓圈，包容集產主義和共產主義兩個並列的小圓圈；然後再以民生主義的大圓圈，包容社會主義的中圓圈。[22] 顯然，孫中山始終是以民生主義理論，為我所用地詮釋與社會主義的關係，而非信仰社會主義的學說。

孫中山的國有化經濟主張，在當今國有企業舉目可見的中國大陸地區，可謂宏圖成真。可是，在當時的香港和內地，卻屬於超越社會現實的先行者曲高和寡的孤鳴。他藉助社會主義的概念，宣傳民生主義關於發展國家資本主義、限制私人資本主義的主張，在觀念和利益上拉開與中國大、中資本家階層的距離，在政治上埋下 10 年之後他將與新興的工人階級及其政黨聯盟的思想根基。

---

[22] 〈關於民生主義之說明〉，《孫中山全集》第 9 卷，第 112 頁。

第五章 ｜ 捍衛共和之革命再起

第一節 風雲突變

「二次革命」與港商向背

民初孫中山讓位給袁世凱，不再過問政事，致力於推動各項實業建設。可是，袁世凱執掌全國政權之後，加強專制集權，踐踏民國初年建立的民主共和制度，最終促使孫中山不得不關注民初政局的急劇變幻。

1912 年 3 月 13 日，袁世凱任命其親信幕僚唐紹儀擔任國務總理，內閣政府的軍事、外交、內政等實權部門也掌握在他的親信部屬手中。可是，唐紹儀在組閣時加入同盟會，同盟會要員宋教仁、蔡元培、王寵惠、陳其美又分別出任農林、教育、司法、工商等四部的部長，因而同盟會員在內閣成員中竟佔其半，時人稱之為「同盟會中心內閣」。唐紹儀堅持按照《臨時約法》的規定，要求袁世凱以大總統名義發佈命令時需經國務員附署。袁世凱卻有意違反這一規定，越過唐紹儀而指使財政部長熊希齡直接與四國銀行團洽借巨額貸款，不經唐紹儀附署而任命官員，迫使唐紹儀在同年 6 月 15 日辭職。隨後，宋教仁、蔡元培等同盟會員宣佈退出，袁世凱派人另外組建的新內閣。

8 月 25 日，同盟會聯合統一共和黨、國民公黨、國民共進會、共和實際會等四個小政團，正式改組成為國民黨，推舉孫中山為理事長，黃興、宋教仁等為理事。此時孫中山專注於推廣實業建設，隨即委託宋教仁擔任國民黨代理理事長。

同年 12 月起，全國各地開始舉行民國第一屆國會議員選舉。次年 3 月，選舉結果揭曉，國民黨共有 392 人分別當選為眾、參兩院的議員，約佔全部議席的 45%，以壓倒的優勢擊敗各個反對黨，成為國會中第一大黨。宋教

仁因此打算推擁黎元洪為大總統，自己則負責組織國民黨內閣，袁世凱面臨被首屆國會罷黜的危險。

1913 年 3 月 20 日晚上，宋教仁滿懷信心地去到上海火車站，準備坐車北上，籌備召開國會事宜。當他走到剪票處，突然槍聲響起，他重傷倒地，次日早晨不幸逝世。

3 月 25 日，上海英國巡捕房逮捕該案謀殺犯、民國政府駐上海巡查長應夔丞，以及行兇犯、兵痞武士英，繳獲應夔丞與國務總理趙秉鈞及其機要秘書洪述祖通訊的密電本和來往函電，揭開袁世凱領導的民國政府（以下簡稱袁政府）蓄謀刺殺宋教仁的內幕。

暗殺宋教仁的槍聲，打破孫中山實業建設的夢想。3 月 25 日，他從日本趕回上海，力主「速戰」，起兵討袁。黃興起初主張以暗殺對付暗殺，但在孫中山反對使用這一手段之後，轉而與國民黨穩健派主張「法律解決」。

4 月 25 日，江蘇省都督程德全等人在各家報刊上，公佈趙秉鈞、洪述祖與應夔丞的往來函電，函電暴露袁世凱就是宋案的幕後元兇。5 月 6 日，上海地方檢察廳傳召趙秉鈞到案聽審，此時趙已稱病辭去國務總理職務，於是繼續稱病拒不出席。國民黨的國會議員鄒魯以趙違法，在國會向袁政府提出質詢，毫無結果。岑春煊、伍廷芳等名人通電袁政府，要求趙秉鈞到案接受審訊，也被袁、趙二人拒絕。在袁政府執意踐踏法治的情況下，「法律解決」寸步難行。

袁世凱在派人暗殺宋教仁之後，已經決定以武力鎮壓國民黨及其在辛亥革命後控制的東南各省。為了緊急籌借戰爭軍費，袁政府不顧輿論反對，不惜喪權辱國，在 4 月 26 日夜晚與英、法、德、俄、日五國銀行團簽訂 2,500 萬英鎊的「善後大借款」合同。繼而在 6 月 9 日至 30 日，陸續免去國民黨籍的江西都督李烈鈞、廣東都督胡漢民、安徽都督柏文蔚的職務，並且派北洋軍隊南下，首先進入江西九江。

在袁政府和北洋軍步步進逼的嚴峻情勢下，原來主張「法律解決」和

「政治解決」方案的國民黨穩健派，終於採納孫中山起兵討袁的主張。7月12日，李烈鈞在江西湖口宣佈率軍討伐袁世凱。江蘇、上海、安徽、廣東、湖南、福建等地的國民黨人隨即起兵響應，史稱「二次革命」。這一年是農曆癸丑年，所以也稱「癸丑之役」。

面對 1913 年 3 月「宋案」之後袁政府與國民黨雙方展開的政治與軍事的較量，香港華商和東南各省商人一樣，呈現出截然不同於 1911 年武昌起義後群起捐助共和北伐的人心向背。港商向背的逆轉，需要從港商對廣東軍政府產生不滿情緒說起。

辛亥廣東光復之後，廣東雖然建立由同盟會員執政的軍政府，可是卻未能在全省建立穩定的治安秩序。當時全省民軍號稱 60 萬人，進入廣州的民軍號稱 14 萬人。革命黨人對自己發動起來的龐雜民軍失去控制，致使民軍紀律渙散、騷擾市面、劫掠商家的現象越演越烈。革命黨人中也出現依仗權勢、驕奢淫逸的蛻變分子。軍政府由於財政困難，被迫發行新紙幣，遂使港澳少數奸商乃至日本一些浪人有機可乘。他們大量偽造廣東紙幣，牟取暴利，致使新發行的紙幣迅速貶值，商民利益大受損害。1913 年 3 月，香港法庭審訊古川柳市等 8 名日本人在港偽造廣東紙幣百餘萬元一案。從1912 年開始，《香港華字日報》不時發表批評廣東軍政府施政不善的言論和報導，反映港商的不滿。1913 年 3 月「宋案」發生後，袁政府和國民黨的矛盾公開激化。由於袁政府宣稱「善後大借款」的用途包括維持廣東紙幣 2,200 萬元，港粵商人遂將袁世凱及其政府視為穩定國內政局的靠山，公開表態擁袁。

5 月 9 日，香港銀業行、疋頭行、綢緞行、參茸行的商人分別通電北京國務院、參眾兩院及各政黨、報界，聲明支持袁世凱「善後大借款」。電文稱：「借款幸成，暫支危局。袁世凱不世特才，鎮大局，定人心，非袁莫屬，請舉為正式總統，以鞏國基。」香港商人表態擁袁，增加袁世凱壓制國民黨的籌碼。12 日，《香港華字日報》刊登該報特派員發自北京的電文稱，

中央政府對港商通電「極為滿意，深讚僑商能見其大」，「自香港各行電舉袁為總統，及五國銀團交到善後借款現款，國民黨勢力大有一落千丈之勢」。這一消息導致香港的其他行商群起通電擁袁。諸如生藥行、銅鐵行、米行、九八行、洋貨伙食行、洋參冰片行、麵粉行、南北行、金山莊行、鹹魚行、牙科行、花紗行、檀香山行、牛皮行、航業行、李占記鐘錶店、旅港順德商務局、旅港番禺工商公所、旅港東莞總商會、旅港雲南幫商會等，都在通電中競獻擁袁媚詞。18 日，廣州總商會、粵商維持公安會、七十二行商也加入通電擁袁的行列。《香港華字日報》十分讚賞港粵商人倒戈擁袁的行動，特地在 5 月 21 日刊出《商界安奠民國論》的評論，稱讚：「奠安中國之大功，吾港粵商人實居之而不愧也。」

港粵商人競相表態擁袁，使 5 月初最先由京、滬、寧等地商會掀起的商人擁袁聲浪頓形高漲。因此，袁政府一面通電嘉獎港粵各商人團體「深明大義」，「愛國熱誠殊堪嘉尚」；一面乘勢頒令申斥反對「善後大借款」的安徽、江西、廣東、湖南四省都督，向國民黨施加壓力。國民黨還未與袁世凱的北洋勢力展開軍事較量，就失去武昌起義後一度擁有的商人同盟軍。只有楊西巖等國民黨（原同盟會）籍港商主持的香港四邑商工總局，堅持發出呼籲以法律解決黨爭的通電，不願加入擁袁大合唱。[1]

在這種情形下，1913 年 6 月 20 至 25 日孫中山在香港居留期間受到冷遇，已經可想而知。這是他在民國成立之後第三次在港作短暫居留，這一次他不再享有第一、第二次在港居留時的歡呼和宴會。而且，傳聞街上還有人向他的肖像掟石（扔石頭）。[2]

---

[1]　吳倫霓霞、莫世祥：〈粵港商人與民初革命運動〉，北京：《近代史研究》，1993 年第 5 期。

[2]　陳劉潔貞：《中英與香港》英文版，香港：中文大學出版社，1990，第 125 頁。

此次孫中山專程從上海南下的原因，報刊報導的是探訪在澳門病危的長女孫娫，不曾披露的則是：6 月 18 日他在澳門時，還與新任廣東都督陳炯明、原任都督胡漢民密商廣東起兵討袁事宜。20 日，他從澳門悄然來到香港，入住香港大酒店。22 日，胡漢民、汪精衛等廣東國民黨要員乘坐「寶璧號」軍艦來港，繼續與孫中山密商。可以想像當時孫中山在香港部署廣東「二次革命」的情景，應該比起 1895 年他和興中會同仁首次密謀廣州起義時更加嚴峻。

6 月 24 日，孫中山在香港接受《士蔑西報》記者的採訪，其中談及自己在宋教仁被殺前後，經歷過對袁世凱從希望、失望到憎惡的心理變化。他說：「昔予曾為袁總統出力，敢云君已知之。予常謂彼最稱總統之任，予不獨在中國為之出力，即在環球各處，亦莫不然。但『宋案』一事，已盡傾覆之矣。君固可以謂予憎惡全事，以政府應與此案有涉之意，想曾害予之心道之。予非謂袁總統自己與之有涉，不過謂其總理及其自己之秘書，彼必知情。予曾有言：全事令予憎惡，兼傷我心也。」

他還回應香港部分港商對胡漢民決定償還海外華僑革命捐款的批評。在此之前，廣東軍政府曾以發行債券的方式，向香港和海外華僑募集經費。1913 年 6 月 14 日，袁世凱頒令免去胡漢民的廣東都督職務，下令由陳炯明接任。胡漢民離任前夕，決定按照辛亥籌款條例，償還香港捐款人的本息；惟因財政困難，對海外華僑只兌付本金。可是，黃汪波等香港南北行商卻向袁政府及廣東各界通電，指責胡「藉口償革命運動費」，「硬支庫款一百餘萬」。[3] 對此，孫中山在同月 24 日與《士蔑西報》記者的談話中，反駁說：「俱是胡言。其實情是反正後未久，省城需款，遂與香港及外洋華僑借款。香港商家之債，經已歸還，兼還息五分。胡君現籌還外洋華僑之款，只還

---

[3]　〈南北行致北京電〉等，《香港華字日報》，1913 年 6 月 23 日。

本而已，遂為彼等反對。此事極不公道，極不合理。彼輩必謂省城不能供給該款，但此不是問題。此款是胡君為廣東都督時借與者，故彼必清還之。」[4]

7月18日，陳炯明宣佈廣東獨立，加入「二次革命」的行列。同月21日，香港「九八行商會全體同人」向袁政府呼籲，稱：「陳賊炯明威逼省會議員反對中央，贊成獨立，實亂民國。廣東人民生命財產危在旦夕，請即設法維持，以救危局。」26日，香港華商總會及三十一行商因擔心「禍及香港，商場破產」，聯合致電袁政府，「急盼中央派兵痛剿」。在此之前，香港錫業行商董李伯南早已迫不及待地先行單獨通電，聲稱：「贛亂發生，粵復獨立，非誅孫、黃，無以安天下。」這位港商為了向袁政府獻媚表忠，竟然呼籲誅殺孫中山和黃興，人心逆轉，莫此為甚。

數月前還稱讚陳炯明的《香港華字日報》，也轉而刊文聲討「陳賊」，聲稱：「凡我全粵父老兄弟無不切齒痛恨，欲食其肉而寢其皮也久矣。」如此食肉寢皮的惡毒詛咒，實在大失該報向來標榜的中庸持平之論。

廣州總商會及七十二行商除了致電袁政府表忠，「乞帶派兵到粵，以救危局」之外，還在廣州「多有秘密會議，暗中運動取消獨立」。

港粵商人群起反對廣東獨立，使袁政府獲得派兵進佔廣東以「保護商民」的口實，廣東討袁軍則軍心渙散，迅速倒戈。8月5日，廣東反袁獨立才半個月就宣布取消獨立。8月11日，廣州全城商民以雷鳴般的鞭炮聲，歡迎奉袁世凱命令率部進佔廣東的龍濟光部入城。此後，袁政府因粵、港、澳三地商會在廣東「亂黨獨立」時「反對至力，實屬效忠於國，大義昭然」，各頒賞匾額一方，以示嘉獎。[5]

辛亥、癸丑兩役，廣東兩度獨立，港粵商人態度卻迥然各異。當時有

---

[4]　答香港《士蔑西報》記者問，轉引自《香港華字日報》，1913 年 6 月 25 日。

[5]　《申報》，1913 年 7 月 28 日；《香港華字日報》，同年 8 月 20 日、12 月 12 日。

人比較說：「廣東首次獨立，粵人競掛同盟會旗號，爆竹聲喧。廣東此次獨立，粵人多謂某某黨造反，詛咒頻聞。粵民感情，天淵相隔，何其甚也。」其實，粵港商人的態度變化，是和全國商民的社會心理變化相一致的。經過辛亥革命的巨大震盪，國人希望安居樂業，商人尤盼社會安定以發展實業。趨安厭亂的心態滋蔓全國，孫中山等國民黨人反對袁世凱專制獨裁的抗爭，被商民視為「造反」、「作亂」而遭厭棄。袁政府乘機利用這一社會心理的變化，大舉出兵鎮壓南方國民黨人。人心的逆轉是「二次革命」迅速失敗的致命內因。《香港華字日報》發表署名「傷心人」寫的論說，指出南方人民厭亂之心，緣自辛亥獨立後各省新政權橫徵暴斂，峻法苛刑，以亂擾民，「撫我則后，虐我則仇，為淵驅魚，亂黨實司其咎」。[6] 顯然，粵港商人的倒戈轉向，使國民黨人嘗到自己有份種下的苦果。可是，商人在革命與專制勢力再度搏鬥之際，基於維護自身利益的立場，不問政治上的是非，只顧秩序上的治亂，幻想以擁袁餌亂的輕率轉向，獲取長久的和平安寧，到頭來還將自食其果。

暗殺孫中山

1913 年 7 月「二次革命」爆發之後，北洋軍隊早作準備，大舉南下，國民黨人倉促起兵，難以匹敵。同月月底，東南各省討袁獨立行動接連呈現失敗的徵兆。

7 月 23 日，列強控制的上海租界工部局根據袁政府要求，議決將策動和支持反袁革命的孫中山、黃興、陳其美、岑春煊等 8 人驅逐出上海租界。

由於江蘇、上海的討袁戰事相繼失利，孫中山、黃興等國民黨領導人

---

[6]　《香港華字日報》，1913 年 8 月 2 日。

決定南下廣東，圖謀再起。

7月29日，黃興偕其參謀長黃愷元乘坐日本軍艦「嵯峨號」離開南京，次日抵達上海，隨後換乘日本商船「靜岡丸」前往香港。日本外相擔心黃興流亡日本，於8月1日指示日本駐香港總領事今井，要求阻止黃興來日，但可請他留在香港或到其他安全地方，萬不得已時可暫時潛往日本沖繩。今井接獲這一訓令之後，要求陳炯明在廣州派遣軍艦來香港，迎接孫中山和黃興。[7]

8月1日，《香港華字日報》刊載一則特別來電，披露孫中山的行蹤。特電全文如下：「三十一號下午接上海特電：亂黨孫汶昨晚搭日本郵船公司之靜岡丸下港，今早開行。計期三號可抵香港。」該特電還稱：「黃興自南京逃亡後，查探確不在滬。其下人則謂黃興潛匿某國軍艦中，或謂亦逃往廣東。」[8]

這則特電所公佈的孫中山行蹤並不準確。8月1日在上海乘搭日本靜岡丸郵船前往香港的人，其實是黃興，而不是孫中山。8月2日早晨，孫中山才和胡漢民等人乘坐德國輪船「約克號」，離開上海，南下廣東。

不過，《香港華字日報》的特電，已經將孫中山等國民黨領導人南下香港的消息公諸於眾。袁世凱領導的北洋政府立即部署在香港暗殺孫中山的行動，準備重演暗殺宋教仁的陰險卑鄙一幕。殘存至今的一本袁政府抄電文稿，透露出一樁罕為人知的重大陰謀：

8月3日，袁政府以「寄吾」的署名，發給香港威靈頓街德寶華商號的霍實壽一則密電。電文寫道：「平密。據探報，匪首孫文前日乘弦公司船赴港。望速密商「寶璧」等艦，佯往歡迎，接赴粵省。誘上船後，出口處

---

[7]　俞辛焞：《孫中山與日本關係研究》，北京：人民出版社，1996，第180頁。

[8]　〈本報特電〉，《香港華字日報》，1913年8月1日。

死沉海。執行人員除補官賞勳外，並獎洋十萬元。」這則電文道出袁政府暗殺孫中山的計劃：即動用孫中山乘坐過的廣東「寶璧號」等軍艦，假裝迎接他從香港去廣州，待他上船出海之後，將他殺死，沉入海底。參與暗殺行動的人員不僅可以陞官進爵，還可以獲得十萬大洋的賞銀。

同日，袁世凱還密電住在香港西營盤第四街五號的龍裕光（龍濟光之兄），通報袁政府在香港探知的廣東軍情，讓他轉告坐鎮廣西梧州、正在派兵進攻廣東肇慶的龍濟光。該電文的落款署名就是「大總統」。

次日，袁政府的參謀部和陸軍部聯名密電香港廣（州）肇（慶）羅（定）商工公會，讓該會轉達「大總統」對龍濟光的部將顏啟漢領兵進攻廣東肇慶的嘉獎。[9]

從這三份留存至今的電文，可以想見當年袁政府在香港設立有專門的特務機關，不僅負責收集情報，而且兼有暗殺功能。接收密電的威靈頓街德寶華商號的霍實壽，應該就是袁政府駐港特務機關的一位負責人。袁政府在北京策劃並且準備在香港實施的暗殺孫中山的計劃，可謂神不知、鬼不覺。正好，日本駐港總領事也要求陳炯明派軍艦來港，迎接孫中山和黃興，這就更有助於實施這一計劃。

可是，袁政府及其在港特務機關都沒有預料到，在報刊輿論喧囂「誅殺孫、黃，以安天下」的香港，竟然還有忠貞的國民黨人能夠破解這個天衣無縫的暗殺計劃。

8月3日，就在袁政府部署暗殺孫中山計劃的當天，兩名將近而立之年的男子隨同逃難的人群，離開兵荒馬亂的廣州，來到香港。其中一人叫張繼（1882-1947），祖籍河北滄州；一人叫馬君武（1881-1940），祖籍廣西桂林。他們都曾經留學日本，1905 年參與籌組同盟會，從此追隨孫中山革

---

[9] 林鋒源：〈贛寧之役資料散輯〉，北京：《近代史資料》，1962 年第 1 期，第 124-125 頁。

命。他們來到香港，不是避難，而是報警。因為當時的廣州城，外有龍濟光率軍來攻，內有守城軍隊準備兵變倒戈，已經不能按照原定計劃，作為迎接孫中山和黃興等國民黨領導人南下再起的革命基地。

當天中午，張、馬二人來到日本駐香港領事館。根據留存至今的日本外務省檔案，可以知道當時二人請求日本總領事今井，立即電告日本駐福州的領事，務必在孫中山乘船途經該地而未登岸之際，親口轉告福建、廣東的政局變化，建議他乘坐次日，即8月4日啟航的「撫順丸」輪船到台灣，在那裏等候與黃興會合。黃興將乘坐從香港開出的「靜岡丸」輪船，前往台灣。

當天下午，孫中山、胡漢民等人乘坐德國輪船「約克號」抵達福建馬尾港。日本駐福州領事館武官少佐多賀宗之等人登船，向孫中山面告上述情形。孫中山等人於是放棄繼續取道香港前往廣州的行程。次日，孫與胡漢民轉船前往台灣。臨行前，孫中山向隨行的國民黨人告別，並對回國參加辛亥革命的美國華僑青年、同盟會員梅光培說：「君由美洲萬里歸來，志切革命，今不幸失敗，去國日久，回來人地生疏，錢財不可不多帶。」說完，「盡以所存六百餘金予之」。

當天，黃興乘船從上海抵達香港，當晚即與今井總領事會晤。今井根據日本外相的指示，勸說黃興逃亡新加坡。黃興不願，最後決定經日本赴美國。次日，他乘三井物產的「第四雲海丸」離開香港，前往日本。行前，他托今井轉告孫中山，相約在日本神戶重聚。[10]

由於張繼和馬君武及時報警，孫中山和黃興等人改變行程，遂使袁政府在港預謀實施的暗殺孫中山的計劃無從施展。

忠於共和革命信念的孫中山、黃興、張繼、馬君武等國民黨人，在「二

---

[10] 俞辛焞：《孫中山與日本關係研究》，第180頁；《孫中山年譜長編》上冊，第832-833頁。

次革命」失敗之際，在再度流亡的旅途中，沒有驚惶失措、自謀生路，反而相互關懷彼此的安危，遂使孫中山得以安全避開袁政府暗殺的劫難。

8月4日，陳炯明乘坐英國輪船離開廣州，避難香港。在此之前，參與討袁革命的岑春煊已經來到香港避難。不久，兩人流亡南洋。

港督遇刺及其秋後算帳

在孫中山避過暗殺的前一年，即1912年7月，香港總督梅含理（Francis Henry May，1860-1922，港督任期：1912-1919）也險些被暗殺。

19世紀80年代初，梅含理加入香港政府的警隊行列。1893年，出任香港警察司，負責取締華人秘密會社三合會，壓制興中會及其後的同盟會在港反清革命的活動。1901年擔任輔政司，其後曾任署理港督。他通曉中文和粵語，可謂一位「中國通」。不過，據說他表情嚴肅，缺少笑容，香港苦力和下層華人往往對他退避三舍。1911年初，他調任太平洋英屬斐濟全島的總督。1912年7月，他調回香港，成為第15任港督。

1912年7月4日上午，香港舉行新總督就職典禮。梅含理身穿英國軍

新任港督梅含理與夫人坐轎從卜公碼頭前往大會堂。

裝，在碼頭檢閱儀仗隊之後，和夫人分別乘坐肩抬轎輿，由兩旁軍警護衛，威風凜凜地前往大會堂，準備出席各界團體的歡迎典禮。總督一行經過必打街（今作畢打街）新郵政局，走近霍近拿洋行的門前，突然有一個身著西裝的華人青年，從德輔道的人群中飛步而出，衝到梅含理坐的轎輿面前，舉起手槍，朝梅含理頭部開槍射擊。

幸好，兇手射出的第一顆子彈並未擊中梅含理，而是射入與之並行的港督夫人轎輿頂部的木架之中。擔任護衛的第839號和第725號兩位印度警察立即撲向兇手，使其來不及打出第二發子彈。菸草公司總巡察何加夫（Garrod）進而將兇手擊昏在地。其他軍警一擁而上，擒獲兇手。圍觀民眾「皆極鼓譟，殺之、殺之之聲，不絕於耳」。

梅含理安然無恙，繼續前往大會堂，參加歡迎典禮。據報導，他罕有地露出微笑，在致辭時「清朗異常，字字可辨，且無半字涉及適間遇險事」。[11]

可是，在英國殖民統治的香港，居然有華人膽敢行刺港督，這畢竟是一件史無前例、後無來者的天大事情。因此，港督遇刺的消息立即震動全港。人們不禁要追問：兇手是誰？他為甚麼要刺殺港督？

7月6日，《孖剌西報》刊載一則簡短的消息：「有人在九龍城被捕。他攜帶文件，準備前往廣州。文件稱，未能奪取梅含理的性命。」[12]據此判斷，兇手行刺，應屬有組織、有預謀的行為。那麼，他受甚麼組織派遣，前來刺殺港督？

同日，上海《申報》刊載香港來電，稱：「昨夜警察拘獲同謀犯一人，抄出文件多份，始知兩犯皆廣州三點會會員。彼等至港，乃由該會資助經費，且指定須行刺亨利美君，或西佛君。並於該犯身上抄出擬致廣州之報

---

[11]　〈詳誌港督遇險事〉，上海《申報》，1912年7月11日。

[12]　譯自〈又一次逮捕〉（"Another Arrest"），《孖剌西報》，1912年7月6日。

告，深以行刺新督未成為憾。」這裏說的「三點會」，也稱三合會，或天地會。「亨利美君」，即指梅含理。顯然，兇手由廣州會黨組織派到香港，刺殺港督或港府的另一位英籍高官。

次日，上海《申報》繼續刊載香港來電，敘述華人上流社會對港督遇刺的反應：「今日，香港中國商民派代表晉謁港督亨利美君，表述華人對於港督遇險之驚慌，並聲明港人皆誠愛英國。又言亨利美君既為英政府代表，復為華人契友，華人皆深抱歉忱，且尊重而愛戴之。」[13]

不過，中下層華人顯然不像上流華人代表所說的「港人皆誠愛英國」。警方搜查兇手居住的破舊住所時，發現女房東寫給廣州親戚的一封信。信中寫道：「昨日我的房客開槍射殺港督，沒打中，真可惜！」[14]

遇刺後大難不死的總督，當時作何表態？同月 7 日上海《申報》的香港來電稱：梅含理對前來探視的華商代表表示感謝，「並謂彼知此種暴舉，港地華人嫉之必較他處為甚。當時，彼即以為必係仇人所為，或係秘密會社。因英國維持法律秩序，不利於彼會，故挾恨派人行此」。梅含理這番話，顯示出他是一位瞭解港粵秘密會社與革命組織活動情形的經驗豐富的警務專家。他對行兇者組織背景的直覺判斷是準確的，並且已為香港警察搜獲的三合會文件所證實。

現在來看看行兇者是誰：他作案時，身穿黑色西裝，腳蹬黑色皮鞋，面留八字鬍鬚。審訊時，他的「英語甚佳」。據他招認，他叫李漢雄，祖籍廣東恩平縣，時年 24 歲。

至於作案動機，最初的報刊報導都從中英衝突的政治層面加以歸納。7 月 5 日，香港《南華早報》刊載有關案情的長篇報導，其中說：兇手「他的

---

[13]　林忠佳等編：《〈申報〉廣東資料選輯》，廣州：廣東省檔案館，1995，第 393 頁。

[14]　轉引自蔡榮芳：《香港人之香港史（1841-1945）》，香港：牛津大學出版社，2001，第 90 頁。

英語很好,在回答謀殺梅含理的指控時,我們相信,他說的是英國人虐待華人,比滿洲人虐待漢人還厲害」。兩天之後,《申報》刊載香港來電,稱:「聞捕房查員錄案時,該華人曾發迂論謂,英人之暴虐與滿人相同。」[15] 聯想到 1911 年 11 月上旬港人狂歡「京陷帝奔(崩)」之際,部分下層華人進而喊出「打鬼佬」、「殺洋人」的吼聲,[16] 作為華人長期忍受外國人欺凌的激烈反彈,李漢雄基於反抗「英人之暴虐」的政治目的,接受三合會派遣來港刺殺梅含理的使命,自屬因果報應。

可是,過後不久,梅含理和港府都不願再將此事稱為中英衝突的政治事件,以免激發華人的民族情緒。再加上李漢雄堅守一人做事一人當的江湖義氣,致使港府再也緝捕不到更多的涉案三合會同黨,因此,港府調查審訊此案的結果,是認為該案「與政治並無關涉,不過因私仇所致」。其理由是:李漢雄曾在香港的醫院工作,其父李四亦在港充當更練,數年前梅含理「曾將其父下獄,此後兇首則仇視梅督,且決意復仇。聞港督回港履新,故欲償其數年之宿願」。[17]

7 月 18 日,香港法院判處李漢雄終身監禁和從事苦役。8 月 11 日,梅含理致函英國《泰晤士報》駐北京記者莫理循,改口強調:刺殺他的人沒有政治動機,只是一場誤會。他寫道:「針對我的襲擊沒有任何政治目的,我敢肯定那人是個瘋子,雖然在我的提議下,醫生對他進行檢查後,認為他神志清楚。他反常地把斐濟與非洲混為一談,還以為我是特蘭斯瓦的總督,把他的同胞趕出了那個國家。」[18]

---

[15] 〈謀害港督,卑鄙襲擊落空〉("Attempt on Life of the Governor, Dastardly Attack Fails"),《南華早報》,1912 年 7 月 5 日;〈香港電〉,《申報》,同年 7 月 7 日。

[16] 陳劉潔貞:《中英與香港》英文版,第 104 頁。

[17] 〈詳誌港督遇險事〉,《申報》,1912 年 7 月 11 日。

[18] 轉引自韋爾什(Frank Welsh)著、王皖強等譯:《香港史》(*A History of Hong Kong*),北京:中央編譯出版社,2007,第 408 頁。

據梅含理的女兒後來憶述，兩年之後，即1914年，李漢雄獲得梅含理特赦，但永遠不准重返香港。一部敘述梅含理夫人傳記的著作寫道：「顯然，無論這場暴力事件的真相如何，官方都希望冷處理，以免引起進一步的衝突。」[19]

其實，李漢雄行刺梅含理一事，無論是出於報復英國人虐待華人的政治公憤，還是出於為父報仇的個人恩怨，都反映出辛亥革命推翻滿清王朝的激烈變動，正在改變香港華人對於英國殖民統治者逆來順受的態度，從而促進民族主義情緒在華人社會的蘇醒與蔓延。

梅含理一直對香港華人堅持認同中國的民族主義情緒以及由此引發的反英傾向，保持著警務長官出身的高度職業警覺。李漢雄行刺未遂的槍聲，促使梅含理在其管治香港的過程中，以更為嚴厲的鐵腕手段，對辛亥革命之後泛湧於香港華人社會中的民族主義風潮進行秋後算帳。

他很快等到適合秋後算帳的時機。1912年11月18日，英資經營的香港電車公司和渡船公司鑑於當時廣東紙幣大幅貶值，宣佈只收港幣，不收中國硬幣。由於香港華商向來以廣東硬幣支付員工薪金，因此香港華人對拒收中國硬幣的規定十分不滿。華人社會隨即發起拒坐電車的抵制（杯葛）運動，部分激進者甚至向電車扔石頭，阻止乘客坐電車。11月底，港府出動警察拘捕多名肇事者，每人處以罰款50元或拘禁兩個月。12月19日，港府頒佈阻遏抵制條例，宣佈對違例者處以1,000元以下的罰款，或一年監禁，或兩罰並行。同時，港府以半價電車票售給華人僱主，讓他們分發員工，並規定僱主必須以港幣支付薪金。依靠這些軟硬兼施的手段，港府在1913年2月初終於將華人的抵制運動平息下去。同年5月，英國殖民地部指示港府禁止外國錢幣在香港流通。

---

[19] 伊斯特・莫麗絲（Esther Morris）：《梅夫人傳：斯人、斯土與香港九十年史》（*Helena May: the Person, the Place, and 90 Years of History in Hong Kong*），香港：梅夫人婦女會（**The Helena May**），2006，第14頁。

在平息華人抵制運動之時，梅含理認定支持和參與廣東辛亥革命的香港四邑商工總局，是此次抵制運動的幕後煽動者。該組織猶如廣東軍政府設在香港的財政機關和情報機關，其要員李煜堂出任廣東軍政府的財政部長，陳少白任副外交部長，李紀堂任樞密處成員，軍政府的財政部和其他重要部門的要職多由四邑人士擔任。因此，梅含理決定對這一組織進行秋後算帳。1913 年 1 月，他向英國殖民地部報告說：他支持廣東其他地區的居港華商組成的 16 個商工團體進行聯合自保活動，「防止四邑商工總局操控來自廣州的政治影響」。這一華商聯合組織「將由本殖民地真正支柱的香港華商公局的資深成員擔任」，以「消除四邑商工總局對於華人社會真正利益與本殖民地和平秩序的危害」。他還說：必要時，他準備宣佈四邑商工總局是非法組織。四年後，即 1917 年，梅含理及其領導香港政府終於解散四邑商工總局。[20]

與此同時，梅含理進行秋後算帳的審查目標，還包括支持和同情辛亥革命的香港華人領袖、立法局議員何啟和韋玉。他認為，這兩人都和四邑商工總局及廣東軍政府有密切的聯繫，而且竟然都缺席在東華醫院召開的消弭華人抵制運動的「極其重要的會議」，實在不可原諒。

梅含理知道，武昌起義後，韋玉曾將自己的家作為革命黨的會議地點，並取得革命黨的信任。此後出任廣東軍政府警察廳廳長的同盟會要員陳景華，曾在韋玉開設的惠記洋行當過買辦；同盟會南方支部也曾使用該洋行的郵箱，與外界聯絡。

不過，相比之下，梅含理對一直支持甚至參與反清革命活動的何啟最為反感，他向英國殖民地部報告說：「華人社會都眾所周知，在 1911 年革

---

[20] 所引梅含理報告，轉譯自陳劉潔貞《中英與香港》英文版，第 114-115 頁。香港政府解散四邑商工總局的時間，據冼玉儀：〈社會組織與社會轉變〉，載王賡武主編：《香港史新編》，香港：三聯書店，1997，第 176 頁。

命後的幾個月，他（何啟）不僅取得革命黨的信任，而且還擔任革命黨的顧問，指導他們在不違反本殖民地法律條文的情況下，開展最大限度的活動。」他還指責何啟擔任廣東軍政府的總顧問官，出謀劃策，主要在財務問題上困擾香港。

1913 年 6 月中旬，梅含理決定以一打一拉的策略，分別對付何啟和韋玉。他在寫給英國殖民地部的報告中說：「韋玉仍然得到我的信任，對其信任度如同妥善對待其他華人一樣；可是很遺憾，我不能說，對何啟也作如是觀。」他向殖民地部提出，到次年何啟連任四屆立法局議員的任期屆滿之後，不再推薦他為議員。他說：「我不願推薦像何啟那樣精明的人，這種人十分可能成為政府的敵人。」

8 月 18 日，梅含理致函英國殖民大臣，稱：「經過非常周密的考慮，我決定，為了本殖民地的最大利益，當何啟在 1914 年 2 月任滿四屆立法局議員的任期之後，我不再推薦他擔任立法局議員。」「我遺憾地說，港府已經失去對何啟的信任。」

他還列舉何啟的 8 條「罪狀」。歸納起來，主要有：一、利用立法局議員的地位，每年向香港的洋藥（鴉片）行和典當行分別收取 600 元的捐獻，收取華人客棧年費及兩頓晚餐招待，此外還接受捲入抵制運動的四邑商工總局的訴訟聘金 200 元；二、參與廣東光復和建立軍政府的密謀，起草廣東軍政府組織章程，從在汕頭擔任要職的兄弟中獲取利益，與胡漢民、陳少白等革命黨人交往密切，據說負責創辦和管理廣東軍政府資助的英文報刊《中國展望》（*China Outlook*）；三、在華人抵制電車運動中行為叵測；四、在國民黨反對袁世凱的「二次革命」中，並未向港府提供有用的信息，如此等等。[21] 在梅含理列舉的「罪狀」當中，有關指責何啟收取行商利益

---

[21]　譯自陳劉潔貞：《中英與香港》英文版，第 117-118 頁；曾銳生（Steve Tsang）編：《政府與政治》（*Government and Politics*），香港：香港大學出版社，1995，199-201 頁。

的行為，在當時盛行貪污的港府官員及立法局議員當中，應屬司空見慣。即便屬實，何啟每年所得和其他人比較，也算是微不足道。至於梅含理列舉的何啟政治「罪狀」，反而描述出何啟作為香港華人領袖的令人尊敬的另一面：他不僅以撰寫《新政真詮》一書，成為倡言革新中國的一位思想家，而且以秘密參與反清與共和革命的一貫行動，成為一位名為英國冊封爵士、實為中國前途效力的實幹家。

梅含理對何啟進行秋後算帳的結果，迫使他在 1914 年 2 月底稱病從香港立法局退休，韋玉則繼續連任立法局議員。從 1890 年起，何啟擔任立法局議員已達 24 年之久。1914 年 7 月 21 日，他病逝於香港，享年 55 歲，葬於跑馬地香港墳場。

1913 年 7 月下旬，國民黨在內地各省策動的「二次革命」漸現潰敗之象。梅含理於是將秋後算帳的焦點，擴展到何啟和四邑商工總局支持的孫中山和國民黨要員身上。7 月 26 日，他致電英國殖民地部，要求授權禁止孫逸仙、胡漢民、陳席儒、孫眉以及「其他經警告仍然圖謀不軌的國民黨員」利用香港作為避難所。8 月 14 日，他宣佈奉英國政府訓令，永遠不准孫逸仙、黃興、陳炯明、胡漢民、岑春煊等人進入香港。[22] 這是香港政府自 1896、1902、1907 年宣佈驅逐孫中山之後，第 4 次對孫中山下達驅逐令。

同年 9 月 3 日下午 1 時許，香港警署派偵探馬飛等人，到士丹利街 30 號坤明女校樓下，拘捕《實報》主筆陳仲山，關押在羈留所。幾日後，法院開庭審理。偵探總辦高力指控陳仲山於 8 月 14 日在位於永和街 3 號的《實報》報館內，「印發煽亂新聞，煽惑中國內地居民作亂，有違港例」。法官決定允許陳以 5,000 元保釋，為陳辯護的亞利馬打律師請求將保釋金降至 500 元，未能獲准。陳無錢交保，法官竟令警察給陳戴上手銬，關押獄中。

---

[22]　陳劉潔貞：《中英與香港》英文版，第 127 頁；《孫中山年譜長編》上冊，第 839 頁。

這個陳仲山，就是先前在香港參與創立「支那暗殺團」的同盟會員陳自覺。他後來主編《實報》，在港府指責該報「登載偽電」之後，他便以陳自覺的名義，登報辭職；然後宣佈由陳仲山接任陳自覺的職務。其實，這兩個名字都是他一個人。

有記者評論緝拿陳仲山一案，說：「此次被逮，港官以最嚴之法對待，索保五千元，方得在外候審；又復上手扣（銬），此直以刑事犯看待。向來港律，實無如此之嚴重。」[23] 在此之前，香港政府最多以驅逐出境的懲罰，對付在港進行報刊革命宣傳的同盟會員。國民黨在「二次革命」失敗後，港府居然破例「以最嚴之法對待」該黨在香港的報刊主筆，顯然是梅含理對香港革命黨人進行秋後算帳的又一結果。

第二節　護國運動在香港

中華革命黨在港策動廣東討袁

1913 年 8 月，孫中山再度流亡日本。他反省「二次革命」迅速失敗的原因，認為「非袁氏兵力之強，實同黨人心之渙」。「鑑於黨事之不統一，負責之無人，至以全盛之民黨，擁有數省之財力兵力，而內潰逃亡，敵不攻自破」，他決定整頓黨務，解散國民黨，另組具有嚴格組織紀律的中華

---

[23]　〈《實報》主筆被押詳情〉，《申報》，1913 年 9 月 15 日。

革命黨，重新進行「三次革命」。

　　同年 9 月 27 日，他親自擬定中華革命黨的入黨誓約：「立誓人某某，為救中國危亡，拯生民痛苦，願犧牲一己之生命、自由、權力，附從孫先生，再舉革命，務達民權、民生兩主義，並創製五權憲法，使政治秀明，民生樂利，措國基於鞏固，維世界之和平。」他規定入黨者無論革命資歷如何，都要重寫誓約，加按指模，宣誓：「一、實行宗旨；二、服從命令；三、盡忠職守；四、嚴守秘密；五、誓同生死。從茲永守此約，至死不渝。如有貳心，甘受極刑。」[24] 從當日起，他陸續吸收有志跟隨他繼續革命的

▎ 1914 年 7 月，孫中山在日本與中華革命黨要員合影。前排右
　　二起為廖仲愷、居正、胡漢民、孫中山、陳其美、許崇智等。

---

[24]　《孫中山全集》第 3 卷，第 165、184 頁。

志士加入中華革命黨。到次年 7 月初，海內外加入該黨將近 700 人。

　　1914 年 7 月 8 日，中華革命黨在日本東京召開成立大會，宣佈「本黨以實行民權、民生兩主義為宗旨」，「以掃除專制政治，建設完全民國為目的」。孫中山在大會上宣佈就任該黨總理，公佈自己親自手書的《中華革命黨總章》，規定該黨將按照軍政、訓政、憲政三時期的秩序，進行革命。憲法頒佈之日，即為革命成功之時。從革命軍起義到革命成功、頒佈憲法之前，「一切軍國庶政，悉歸本黨負完全責任」。為了保證黨的骨幹分子執掌政權，總章規定黨員按入黨先後，分為三等，分別享有不同的政治權利：在革命軍起義之前入黨者是「首義黨員」，革命成功後稱為「元勳公民」，「得一切參政、執政之優先權利」；革命軍起義後入黨者是「協助黨員」，革命成功後稱「有功公民」，享有選舉權和被選舉權；革命政府成立後入黨者是「普通黨員」，革命成功後稱「先進公民」，只享有選舉權。至於非黨員，「在革命時期之內，不得有公民資格。必待憲法頒佈之後，始能從憲法而獲得之；憲法頒佈以後，國民一律平等。」[25]

　　中華革命黨總章表明，孫中山和激進的革命黨人吸取辛亥革命後「革命軍起，革命黨消」失敗教訓，決心組織一個保持旺盛鬥志、實行「以黨治國」的革命政黨，最終帶領人民實行憲政。可是，他們在決定再起革命，反對袁世凱北洋軍閥獨裁統治之際，採用按指模、向孫中山宣誓效忠的誓約，宣佈實行黨員按入黨先後享有不同權利的等級制，反映出他們以政黨集權反抗軍閥獨裁的思維，也受到專制和等級觀念的傳統意識的制約和影響。這就使該黨不僅脫離一般民眾，而且難以團結和整合原國民黨的穩健派等反袁力量，共同進行反對袁世凱獨裁統治的鬥爭。

---

[25]　　《孫中山全集》第 3 卷，第 97-98 頁。

1914 年 8 月，不願意向孫中山宣誓效忠的李根源、林虎、程潛等原國民黨籍軍事將領，聯合原國民黨國會議員中的穩健派，在日本組織「歐事研究會」。李烈鈞、陳炯明、柏文蔚、熊克武等原國民黨籍領軍將領則在南洋組織「中華水利促成社」。他們都遙奉遠在美國的黃興為領袖，對孫中山取「尊敬主義」，對國內政局主張「漸進主義」，秘密積聚勢力，伺機發動內地的反袁運動。

雖然中華革命黨實行黨內集權和嚴格的紀律，脫離原國民黨穩健派和一般民眾，但其率先向袁世凱獨裁統治發起攻擊，卻吸引贊同再起革命的海內外志士加盟。此外，孫中山等人還發出通告，宣佈將海外的國民黨組織都改為中華革命黨。因此，該黨很快在海外和國內各省建立起支部和分部，黨員人數迅速增至上萬人。如同先前同盟會曾經將香港作為推進華南地區革命的海外基地一樣，從 1914 年秋天起，中華革命黨也在香港正式建立策動廣東討袁起義的革命據點。這年該黨在廣東和內地多個省份率先發動討伐袁世凱的「三次革命」，成為最終在次年蔓延全國各地的護國運動的先聲。

1914 年夏秋，孫中山陸續派遣中華革命黨人，在香港建立秘密機關，在廣東發動反袁（世凱）討龍（濟光）起義。1914 至 1916 年間，該黨在香港活動的組織沿革如下：

軍事方面，1914 年 9 月，孫中山委任中華革命黨軍事部副部長鄧鏗為廣東革命軍司令長官，拉開該黨在香港活動的序幕。鄧鏗（1886-1922），又名仕元，字仲元，祖籍廣東惠陽。1905 年畢業於廣州將弁學堂，後加入同盟會，曾參加 1911 年 4 月「廣州三・廿九之役」和同年 11 月惠州起義。辛亥廣東光復後，擔任廣東軍政府的陸軍司司長。「二次革命」失敗後流亡日本，加入中華革命黨。1914 年 9 月初，孫中山致函南洋革命黨人，說明「廣東軍事，弟已專派鄧鏗擔任，經費則由弟處接濟」，要求南洋同志捐助。1915 年夏秋，孫中山正式向中華革命軍的各省司令長官頒授印信。其中，

於同年 8 月 31 日向鄧鏗頒授印信。廣東革命軍駐港指揮機關的成員有羅翼群、龍俠夫、洪兆麟、劉震寰、陳可鈺、李雄偉、謝崧生、鄧文輝等人。

鄧鏗的副手是朱執信。朱執信（1885-1920），原名大符，字執信。原籍浙江蕭山，生於廣東番禺的官紳家庭。1904 年以官費留學日本，次年加入同盟會，曾參加 1910 年廣州新軍起義、1911 年「廣州三 • 廿九之役」。辛亥廣東光復後，出任廣東軍政府總參議。1913「二次革命」失敗後流亡日本，因一時不認同按指模、宣誓效忠孫中山的方式，而未加入中華革命黨。但他願意參加該黨發起的「三次革命」，1914 年 9 月，隨同鄧鏗來到香港，兩人分別負責策動軍隊和綠林會黨起義。次年，朱執信加入孫中山的中華革命黨。1916 年 1 月 6 日，接替鄧鏗，出任中華革命軍廣東省司令長官。[26]

黨務方面，1915 年 11 月 1 日，孫中山任命葉夏聲為中華革命黨港澳支部支部長，李海雲為副支部長。12 月 7 日，任命陳永惠為該支部總務科主任，陸任宇為副主任；陸覺生為黨務科主任，鄧仕學為副主任；陳耀平為財務科主任，李葆祥為調查科主任。[27]

交通方面，中華革命黨在來往國際航線和內河航線的香港海員中建立組織，編織溝通海內外的秘密交通線。詳情將在下文〈中華革命黨在香港海員中的活動〉作專門敘述。

中華革命黨在香港策動廣東反袁討龍起義的概況如下：

1914 年 9 月初，鄧鏗等人從日本抵達香港，因「餉項無著，舉事維艱」，於是派朱執信前往南洋新加坡，葉夏聲前往菲律賓馬尼拉，向華僑籌款。9

---

[26]　《孫中山全集》第 3 卷，第 116、298、492 頁。

[27]　《孫中山全集》第 3 卷，第 470、436-437 頁。

▎朱執信

月中旬，朱執信抵達新加坡，居住在曾於 1907 年發動惠州七女湖起義的鄧子瑜家中，向在南洋負責為中華革命黨籌款的鄧澤如介紹來意，說：「廣東為南省門戶，中山先生特派鄧仲元主任其事，鄧推執（筆者按：執，指朱執信）共事。查粵軍隊，除濟軍（筆者按：指龍濟光的軍隊）外，皆仲元與執之舊部，已先後派員接洽，均允發難。」「獨是發動之初，不能無款，事機已迫，更須速籌。用特南來，商請各埠同志，勉為捐助。」

10 月初，朱執信返回香港，與鄧鏗部署分工策動廣東各地革命起義事宜。鄧鏗因在辛亥革命期間任職軍界，故負責運動軍隊；朱執信因素與會黨、綠林有聯絡，故繼續此項工作。此外，兩人還部署各地起義計劃：洪兆麟為第一路，主東江；陸領為第二路，主北江；林樹巍等主高雷；陳可鈺等主香山，王忠幹主江門；陶鑄倫等主虎門炮台。

10 月 24 日，中華革命黨駐港機關先後通過上環干諾道 19 號公慎隆商號、德輔道中 131 號德昌隆商號，由中華革命黨成員古應芬化名「高維」，接收南洋各埠匯來的 5 筆匯款，共 15,895.5 元。此外，還收到孫中山等人匯來 15,000 多元。於是，鄧鏗隨即用於支付策動惠州、潮州、嘉應州、韶州等地經費，共 13,500 元；朱執信用於廣州、肇慶、陽江起義經費 1,885.5

元；此外還有支付駐港機關的雜用 510 元。[28]

10 月下旬，廣東各地的反袁討龍起義相繼展開。鄧國平等革命黨人在增城、龍門先行發難。龍濟光聞訊，急調陸軍兩營，會合駐守增城的徐連勝部夾擊起義軍。起義軍轉攻東莞石龍，原擬反正的石龍軍隊拒不響應，起義軍因缺乏子彈，加上敵我力量懸殊，未幾即遭失敗。10 月 27 日，洪兆麟率領綠林武裝攻打惠州城，原來答應響應起義的淡水守軍背信棄約不應。洪兆麟只好撤軍轉戰，於 11 月 1 日進攻平山，與當地守軍激戰。龍濟光調撥援軍趕來鎮壓。起義軍腹背受敵，退到三多祝後潰散，洪兆麟也負傷撤退到香港。

11 月 10 日，朱執信、陸領領導南海、順德民軍發起武裝暴動。起義軍分成三隊，每隊各有上千人，乘夜分別由樂從、大都、沙坑向佛山進擊。交戰天亮，斃敵一百多人，傷者數百。12 日，龍濟光派援兵 3,000 人趕抵佛山。當天下午下令起義軍撤離佛山，轉戰張槎、沙坑一帶。13 日夜，朱執信獲悉惠州起義已經失敗，為避免更大損失，下令全軍退出戰鬥，以保存實力。

11 月 16 日，李海雲、林拯民領導高州會黨起義，攻取電白縣城。佔領 4 天之後，起義軍在敵軍圍攻、彈糧匱乏的情況下，於 20 日棄城東行，轉戰 10 餘日，打死、打傷敵軍數百人，起義軍也傷亡慘重，終因孤立無援而潰散。

與此同時，中華革命黨還在廣東其他地區密謀起義，但都相繼失敗。

當年，朱執信經手的起義籌款收支款項有：香港籌款 18,790 元，越南滙款 5,000 元，南洋滙款 26,695.05 元，借款 4,380 元，合計收入

---

[28] 鄧鏗：〈討龍之役報告書〉，《革命文獻》第 47 輯，台北：中國國民黨中央委員會黨史委員會，1970，第 356-357 頁。朱執信：〈與鄧澤如談話〉，《朱執信集》上集，北京：中華書局，1979，第 230 頁；〈致李源水等函〉，同書，第 232 頁；〈致鄧澤如函〉，同書，第 234-236 頁。

共 54,865.05 元；支付鄧鏗、陸領、鄧子瑜、李海雲等人的起義經費，共 54,865.05 元。[29]

同年，港督梅含理領導的香港政府繼續以鐵腕手段壓制革命黨在港活動。據報導，9 月 4 日，香港警探偵悉革命黨在中環伊利近街 17 號設立機關，便前往緝捕。到達現場時，發現人去樓空。於是追蹤到跑馬地大坑村 26 號 2 樓，捕獲 8 人。分別是：資煜元，又名黃維，潮州大埔人；李元廣、刁表，均為嘉應州興縣人；黃江標，廣西梧州人；畢志，廣東花縣人；利見，廣東花縣布村人；尤其昌，潮州大埔人；區裕新，順德石涌人。他們都是從南洋或新加坡來港的華僑。同日下午，警探還在伊利近街 30 號 2 樓捕獲同樣來自南洋的廣東籍革命黨人張子榮、黃漢、李雲、陳光、王仁柏、李又生、鍾秀喜、謝葆蓮、陳慶雲，並搜獲文件四大箱及來往文件。同月 5 日晚 8 時，警探又在九龍東頭街 25 號洋樓，捕獲曾經在廣東欽州當兵的黃均、黃開兩人。[30]

進入 1915 年，中華革命黨在港機關鑑於廣東各地起義均告失敗，轉而部署暗殺龍濟光的行動。鄧鏗認為，「刺龍得手，可以動搖袁世凱在粵之統治營壘，打開革命局面」。他派人選中剛從南洋抵達香港參加革命的鍾明光。鍾明光（1881-1915），字達權，祖籍廣東興寧。年輕時赴南洋謀生，接受同盟會革命思想的影響，常對人表示願意效法辛亥年間南洋華僑溫生才刺殺廣州將軍孚琦的故事，幹出一件轟轟烈烈的事情。1915 年初，他憤恨袁世凱與日本商訂賣國的「二十一條」，便和幾名南洋華僑來到香港，要求承擔中華革命黨駐港機關委派的任務。

---

[29]　朱執信：〈討龍之役報告書〉，《朱執信集》上集，第 239-250 頁。

[30]　〈香港大獲黨人紀〉，上海《申報》，1914 年 9 月 17 日。

於是，鄧鏗決定派鍾明光暗殺龍濟光。初擬以手槍為狙擊武器，但鍾明光認為手槍射程較短，主張採用炸彈，並表示必要時願與龍賊同歸於盡。參與策劃暗殺行動的羅翼群建議他偽裝成小販，在龍濟光出入必經之處，擺設水果攤檔，伺機進行狙擊。鍾認為，要扮成小販，就要將炸彈鑄成秤錘形，以便放置在水果籮裏。革命黨於是找來辛亥革命期間專門為同盟會製造炸彈的香港五金工人、老同盟會員羅錞，讓他鑄造出一個秤錘式的炸彈外殼，再由鄧文烈裝置炸藥。[31]

　　1915 年 1 月，鍾明光向革命黨機關領取港幣 300 元，作為盤纏，與羅剗胡一起到廣州，加入當地的暗殺團。他們勘探龍濟光平時出入的路線，然後由鍾明光肩挑水果攤擔，進行長期觀察，伺機狙擊。

　　5、6 月間，鍾明光分別給其原來所屬的南洋壩羅國民黨支部和廣州暗殺團的同志寫絕筆書，表明自己必死的決心：「痛中國之沉淪，恨袁賊之賣國」，「際此危急存亡之秋，正是男兒死難之日。尚不急傾覆此惡劣政府，我四萬萬同胞將永為亡國奴隸」。「深願同志一洗從前忌刻之心，爭權奪利之弊，勿借公為私，勿臨陣退縮。」他在給其侄子的絕筆書中，說：「余抱犧牲暗殺主義，誅鋤國賊，以為民倡。今也志決事行，忠孝不能兩全」，希望他奉養祖母。並稱：「茲香港義結桃園、情同骨肉之兄弟姊妹數人，許我身後奉養托孤大任。同為締結者，俱是崇信義、熱心愛國之人，定不食言。」他還給自己寫下輓聯：「國破家亡，千古英雄千古恨；身殞名在，萬年史記萬年香。」[32]

　　7 月 17 日中午，龍濟光率兵視察城內街道，走到積厚坊。守候該地的

---

[31]　羅翼群：〈有關中華革命黨活動之回憶〉，《孫中山史料專輯》，廣東文史資料第 25 輯，第 97-98 頁。

[32]　〈鍾明光絕筆書一束〉，張天化編：《血花集》，上海：民智書局，1928，第 66-67、69-70 頁。

鍾明光投擲炸彈，炸傷衛隊十七人，但龍濟光只是左足受輕傷。鍾明光在跑離現場時，被警察抓獲。審訊時，他侃侃而談黨中之宗旨及進行方法，絕不隱諱。他供稱是奉「廣東討袁總司令鄧文烈」之命，「委任為第一營營長」。他隨身帶有一顆印信，鐫刻有「廣東討袁軍第三支隊」字樣。7月19日，鍾明光被處決於廣州北郊。[33]

鍾明光犧牲後，鄧鏗厚恤其家人，對其子長期提供教育費用，直至大學畢業成立家室。1918年護法運動期間，護法國會議長、中華革命黨人林森倡議在廣州黃花崗為進行革命暗殺行動而犧牲的溫生才、林冠慈、陳敬岳、鍾明光四烈士築墓立碑。四烈士墓至今猶存。

中華革命黨在香港擁有一個專門從事暗殺的組織——「中華鐵血團」。該組織的前身，是1910年廣州新軍起義失敗後，新軍中的同盟會員在廣州永清門口的仁壽堂後座秘密組織的小團體「同盟會鐵義軍」。「二次革命」失敗後，該團體的成員大多退居香港。1913年11月7日，李天德在香港永年人壽公司，秘密召集該團體在港人員會議，決定改稱鐵血團，新招成員不再局限於軍隊官兵。1914年秋，鐵血團派梅喬林、雷樾庸等人，去日本東京謁見孫中山，歸入中華革命黨建制。孫中山隨後派人送來印信，上刻：「中華鐵血團印」。於是，該團「一切工作，直接間接仍皆秉承總理之命令做去」。1913至1916年間，中華鐵血團在廣東參與各項暗殺和起義活動，其成員為革命捐軀者共有27人，均為廣東籍。[34]

其中，溫森堯，廣東清遠人，同盟會員。1914年7月，在香港配製炸藥時，不慎被炸傷腹部，治癒後仍從事革命活動。1915年4月加入中華革

---

[33]　〈龍將軍以被炸無恙告慰各省〉，廣州《華國報》，1915年7月22日；〈員警捕獲施放炸彈兇手詳情補錄〉，同報，同年7月27日；轉引自余齊昭：〈孫中山文史考補〉，中山文史編輯部：《中山文史》第35輯，政協廣東省中山市委員會，1994，第41-42頁。

[34]　〈中華鐵血團殉難同志錄〉，《革命文獻》第47輯，第359頁。

命黨，同年 6 月在廣州琶洲設立秘密機關，負責運送炸藥，不幸失事遇難，時年 31 歲。其弟溫生，先前隨兄在港參加鐵血團。1916 年 3 月，在廣州黃埔參加劫奪肇和軍艦之役，英勇陣亡，時年 27 歲。

黃秉彝，廣東新寧人。「二次革命」後，與國民黨人退居香港，創辦《瀚報》，宣傳反袁革命。該報被香港政府查禁後，又興辦育華學校，作為活動機關。其後得知李天德等人組織「中華鐵血團」，毅然加盟，出任第四分部長。1914 年 11 月，龍濟光派駐香港的偵探李華來等人向黃秉彝謊稱，願意聯絡兩營軍隊反正。黃秉彝不察，隨李乘火車到廣州，在大沙頭車站被捕。他備受極刑，依然不肯供出同黨，旋被處決於廣州大北門外，時年僅 20 歲。

容泗，廣東中山人，同盟會員。辛亥廣東光復時，在軍隊中擔任營長，其後解甲歸田。1913 年「二次革命」失敗後，因龍濟光下令捕殺革命黨，被迫避難香港，旋加入鐵血團。同年 12 月 30 日，被香港政府驅逐出境。在返鄉途中，被廣東當局偵探胡泰清跟蹤告發，在虎門被捕，押解到廣州陸軍監獄關押。1914 年 4 月，在廣州北門外被處決，時年 30 歲。

周碩，廣東番禺人，「中華鐵血團」先鋒隊隊長。1916 年 1 月，率隊 200 餘人潛伏於廣州北路石湖村內。2 月 9 日，龍濟光軍隊聞訊前來圍攻，雙方血戰兩晝夜。龍軍團長田春發率兵退卻，打算回城搬救兵。11 日，周碩率隊在沙梨園七板橋截擊，擊斃田春發及其屬下營長吳仲鳴等軍官 5 人，但他也不幸中彈身亡，時年 35 歲。

1915 年，中華革命黨在香港合法地進行兩項工作。一是創辦《現象報》，宣傳本黨反袁革命的主張，二是聘請辯護律師，挫敗龍濟光要求港府引渡被捕的革命軍首領洪兆麟到廣東受審的企圖。

這年 10 月，中華革命黨人羅翼群、鄧寄芳等鑑於該黨未曾在香港創辦機關報，經東京本部批准，遂向香港政府申請立案，創辦《現象報》。該報於 10 月中旬創刊，版式為八開冊型，每日 8 版。報導國內外時事，還設

有時評、小品、小說、詩歌等欄目。該報搭印於其他友報，每日約銷行兩三千份。該報管理人員是：經理羅翼群，發行人梁智亭，總編輯鄧寄芳。撰述為陳雲峰、梁楚三、鄒呼伸等；西文通訊由香港《南華早報》通訊員梁早如兼任，電報通訊由香港中國電報局職員黃伯淑兼任。他們的工作均屬義務奉獻，報社只提供食宿。

同年冬天，袁世凱加緊進行復辟帝制的活動，原國民黨穩健派乃至曾經擁袁的梁啟超進步黨等各派政治勢力，都憤而投身護國運動。《現象報》通過梁早如、黃伯淑二人，利用其所在的英文報刊和電報局通訊便利的關係，及時報導內地政局的急劇變化和中華革命黨在沿海各省的反袁起義與暗殺活動，還不時發佈號外，搶先在香港報導其中的重大新聞事件。同年底、次年初，西南各省爆發反對袁世凱稱帝的護國戰爭。《現象報》鑑於「宣傳討袁任務已達，同人等亦先後回粵參加討龍軍事，出版遂中斷」。[35]

至於洪兆麟一案的由來，則需從 1914 年 11 月初說起。卻說當時洪兆麟領導惠州起義失敗後，負傷匿居香港。龍濟光為首的廣東當局隨即懸賞10,000 元，宣佈通緝他。不久，香港警署應龍濟光要求，將洪兆麟逮捕入獄，準備引渡到廣東。中華革命黨駐港機關為他聘請律師辯護，官司訴訟一直遷延不決。

1915 年 10 月 20 日，洪兆麟寫信給在日本的孫中山求救。11 月 11 日，孫中山在其輾轉傳來的信件上批示：「答以函悉，兄過堂數十次，已證明無罪。而港督以行政干涉，以偏袒龍濟光，實屬失英人素來公正之態度。如果被誣提解往省，文當將事訴之英國議院並英民公論，以彰港督之無理枉法，想英人民必有公道也。」[36] 孫中山的批示表明，港督梅含理基於對

---

[35]　羅翼群：〈有關中華革命黨活動之回憶〉，《孫中山史料專輯》，第 82 頁。

[36]　〈批洪兆麟函〉，《孫中山集外集補編》，上海：上海人民出版社，1994，第 187 頁。

革命黨人的長期仇視，竟然不惜違背英國的法治精神，以行政干涉司法。孫中山表示，如果梅含理堅持要將洪兆麟引渡到廣東，他將把此事訴諸英國國會和英國輿論。

當時，不僅遠在日本的孫中山批評港督梅含理干預此案，為在香港洪兆麟辯護的缽打大律師，也指責香港警署長期違例拘留洪兆麟的原因，是「候港督命令者也」。他堅持要求將洪視作政治犯，盡快將其釋放。[37]

同年 11 月 16 日，香港法院第五次開庭審訊。香港政府律政司金霎大律師等根據廣東當局的指控，聲稱洪兆麟在惠州三多祝聚眾搶劫油店，應作為劫賊引渡廣東。缽打大律師為洪辯護說，洪在滿清時代就任職軍隊，廣東光復後，由陳炯明任命為第 12 師團的團長，1913 年擔任惠州督辦，統理軍民事務。同年「二次革命」時，反對袁世凱而擁護孫逸仙。8 月 7 日，經香港、上海前往日本，「與孫逸仙相聚」。「至一九一四年之初，孫逸仙與其參謀，決計再行革命。被告即於一九一四年三月到港，以謀起事，接有孫逸仙委之任狀，以為惠州軍統」。缽打律師強調，應以國事（政治）犯對待洪兆麟，不應將其引渡給廣東。[38] 法院於是決定繼續關押洪兆麟，直到次年袁世凱復辟帝制失敗後才將他釋放。據報導，洪在港被捕之後，孫中山曾指示延聘律師辯護，用去訴訟費一萬多元。因此，他獲釋後，對人說：「我不曉得革命黨，又不曉得中華民國，只曉得一個孫中山，因我一條命是他救回的。」[39]

洪兆麟被捕時，同黨龍俠夫也一同被捕入獄。「中華革命黨請律師打官司，不斷派人去探訪洪、龍兩人。可是令人起疑的是，龍俠夫表現出一

---

[37] 〈洪兆麟稟請釋放〉，《香港華字日報》，1915 年 11 月 1 日。

[38] 〈正副臬司五審洪兆麟案〉，《香港華字日報》，1915 年 11 月 17 日。

[39] 〈陳炯明叛變之前因後果〉，上海：《民國日報》，1922 年 6 月 27 日。

點也不在乎的樣子」。有人還發現另一位革命黨人「史古香出入龍俠夫的家，和龍太太有不可告人的關係」。眾人聯想到革命黨在廣東「不斷起事，但總是莫名其妙的失敗了，不清楚是甚麼原因」，於是經過一番調查，「才發現龍俠夫和史古香都是龍濟光的偵探。龍俠夫和龍濟光還是親戚，他和史古香在革命陣營中臥底多年，替龍濟光解決了不少的困難。最後，同志便想法子處置他們。史古香住在澳門靠海一個小山頂上，樓上有花園，革命同志就在花園將他處死，屍體丟到海裏」。至於龍俠夫出獄之後，「李傑夫等遂在澳門誘其飲醉，以麻包裹而沉之大海，以懲奸洩憤」。[40]

1916 年 1 月，龍濟光奉命派其兄龍觀光率兵前往雲南，鎮壓蔡鍔、唐繼堯領導的雲南討袁獨立。朱執信等在港革命黨人乘機部署進攻廣州的計劃。這時，排水量達 2,600 噸的肇和軍艦剛從上海進駐廣州黃埔。上年 12 月 5 日，中華革命黨人曾經在上海發起奪取該艘軍艦的起義，可惜功敗垂成。上海革命黨人不甘失敗，派楊虎等人南下港澳，與朱執信、李天德等人會商，決定再次奪取肇和軍艦，進而將該軍艦開入廣州河面，炮擊位於觀音山的龍濟光督軍府，配合民軍起義，佔領廣州。奪取肇和軍艦的行動由李天德具體部署，他領導下的中華鐵血團成為此次行動的主力之一。事前，李天德和上海來的馬伯麟兩人乘坐來往澳門至廣州的「永固號」輪船，發現該船船身的高度與停泊在黃埔的肇和軍艦相若，於是決定利用該船，發起奪取肇和軍艦的行動；同時從陸路奪取沿江炮台，以免敵軍炮擊軍艦。

3 月 6 日晚 9 時，「永固輪」從澳門啟航，次日凌晨 3 時 50 分駛經黃埔時，突然有數人起立，對船上乘客說：「各兄弟毋庸驚恐，如有金錢財物，一概保全，請即齊下艙底安息。」這些人正是準備奪取「肇和軍艦」的革命

---

[40] 《周雍能先生訪問記錄》，台北：中央研究院近代史研究所，1984，第 33-34 頁；羅翼群：〈有關中華革命黨活動之回憶〉，《孫中山史料專輯》，第 78 頁。

黨首領。他們隨即分頭帶人控制船上駕駛室及各要害處,迫使輪船駛近「肇和軍艦」。時值黎明,江面霧氣瀰漫,「肇和軍艦」以為「永固輪」誤駛航線,鳴鐘告警。輪船上的革命黨人開槍還擊,雙方互射槍彈。岸上的黨人隨之也向魚珠炮台等發起攻擊。由於「肇和軍艦」炮火猛烈,「永固輪」未能成功靠泊,船上的黨人試圖躍向「肇和軍艦」,結果兩人墮海犧牲。激戰到 4 時許,「永固輪」被迫退出戰鬥,將船駛向沙灘,黨人鳧水登岸,棄輪而退。[41]

3 月 15 日,廣西督軍陸榮廷宣佈討袁獨立,隨即派兵進軍廣東。在西南各省相繼討袁獨立,北洋軍閥內部也出現反對帝制聲音的情況下,袁世凱被迫於 3 月 22 日宣佈取消帝制。

此時,在廣東進行護國戰爭的各黨派,「皆以香港、澳門為根據地。以機關論,殆不下數十處」。這些黨派可以分為三類:一是「純粹的孫派」,即朱執信為首的中華革命黨,以中華革命軍或共和革命軍為旗號;二是「非純粹的孫派」,由舊國民黨人組成,以陳炯明為首領,「一切佈告,皆大書特書『廣東大都督陳炯明』字樣,旗幟則書共和軍,亦有書護國軍者」;三是「混合的康梁派」,由進步黨和尤列領導的中和黨的成員組成,軍隊稱護國軍,徐勤為總司令,王和順為副司令。[42] 在這三大討袁勢力中,以「中華革命軍」名義佔領的城鎮共 31 處,擁有軍艦兩艘;以陳炯明領導的「護國軍」名義佔領的城鎮共 7 處,有軍艦一艘;以徐勤領導的「護國軍」名義佔領的城鎮一處,軍艦兩艘。在內有各派反袁武裝鉗制,外有桂系軍隊進逼的情況下,4 月 6 日,龍濟光被迫宣佈廣東獨立。不久,隨著陸榮廷指揮廣西討袁軍隊大舉進入廣東,廣東最終為漁翁得利的桂系所控制。

---

[41] 〈黃埔海面襲肇和兵艦記〉,《革命文獻》第 47 輯,第 387-388 頁。

[42] 〈廣東獨立之真相〉,《革命文獻》第 47 輯,第 427 頁。

雖然，中華革命黨在廣東及沿海各省的「三次革命」沒有取得重大戰果，但該黨自 1913 年以來一直堅持討袁革命，最終推動梁啟超、蔡鍔等人在 1915 年底發動雲南起義，從而帶動西南各省倒戈反正。雲南起義後，中華革命黨在廣東繼續發動起義，將雲南籍的龍濟光及其絕大部分軍隊牽制在廣東，使得雲南護國軍可以放心向外省發動攻擊。因此，朱執信撰文說：中華革命黨「迭經起事，雖未得成，而人民反對袁氏之情，天下共知。袁氏圖帝之日，東南群起，中華革命軍實於（民國）二年來為之倡首，而不怠其準備，以致斯也。」「今更以廣東論，雲南既起以後，屢興義師，以牽制龍濟光軍隊之西行。石湖一役，殲其團長，激戰數日，俾以全力防北江、西江。繼以決死之隊攻襲肇和，雖其事不成，而龍濟光益嚴於防守。」「龍氏在廣東有兵五萬人，僅以三千往滇者，中華革命軍牽制之也。」「蓋廣東全役自始至末，所費數十萬元，一一皆由華僑籌助者也。」[43]

中華革命黨在香港海員中的活動

中華革命黨在香港海員中建立本黨組織，開展革命活動，是通過聯義社這一革命組織進行的。

聯義社的創始經過，需要追溯到 1910 年。當時，孫中山乘坐日本輪船「春洋丸」，從檀香山前往舊金山。他在船上甲板散步之時，曾經和廣東籍船員蔡文修、戴卓文、林來三人暢談革命救國的主張。蔡等三人聽出他帶有廣東香山的口音，細問之後，「方知是救我漢族偉人孫中山先生，益加親切，並肅然起敬，乃竭誠招待」。抵達舊金山後，孫中山指示前來迎

---

[43]　佚名（即朱執信）：〈論中華革命黨起義之經過〉，北京：《近代史資料》第 61 輯，第 56-57 頁。

接的同盟會員和志願參加革命的海員，一起商議設立通訊處，負責秘密傳遞文件、運輸軍火、保護黨人旅途安全等工作。眾人依照這一指示，隨即在舊金山積臣街 728 號振昌公司建立通訊處，並向孫中山請示通訊處的名稱。孫「不稍思索，即說出『聯義』二字」，於是聯義社成為同盟會在海外各航線的海員當中建立和發展起來的外圍組織。「聯者，聯絡海外僑胞與國內同志也；義者，正義也，革命大義也。以義相聯，聯必以義」。不過，「聯義社既是革命團體之一，為避免反革命者之注目，復以商業性質為幌子，乃又有『聯義號』之名」。

聯義社的「最先參加者，為由香港到美（國）之海員」。除蔡文修、戴卓文、林來之外，還有李伯眉、黃德、黃球、李拔南、曾飛鴻、駱葆珊、唐隆、蕭桂、關光、黃瑞、陳章、關益堂、區玉、趙植芝、鄺石、林蔭生、林達生、黃志漢、唐福、雷德佳、馮明波、歐陽江、任超榮、侯燦、秦韻秋、楊秋、譚耀墀、羅華等。

1910 年，聯義社還在日本橫濱的山下町 175 番地均昌洋服店設立分社。1913 年，聯義社將橫濱分社的檔案資料遷移到上海虹口虯江路 7 號，並在該處設立分社。同年，聯義社將總社從檀香山遷移到香港德輔道中 89 號 4 樓，並向港府登記註冊，領導人為林蔭生、梁德公。[44]

同年「二次革命」失敗後，孫中山派趙植芝、黃霖、嚴華生、林來等人，在橫濱重組僑海聯義會。

1914 年，中華革命黨正式成立，孫中山派黨人趙植芝、區玉、李拔南等在香港重組聯義社，以趙植芝為社長，負責購運軍械，轉遞密件，接應內地革命等任務。據趙憶述，他「為推進革命工作，在往來太平洋及南洋各郵船，組織聯義分社，由植芝主盟。海員全體加入中華革命黨，運輸困難，由

---

[44] 黃朗正：《聯義社社史》，香港：義聲出版社，1971，第 1-2、86 頁。

是解除」。[45]

　　留存至今的中華革命黨檔案文獻顯示，1914 至 1916 年間，該黨至少在來往香港的 14 艘輪船上建立起該黨的分部組織，並先後委任 19 名海員擔任這些輪船的分部長（見下頁圖表）。此外，還於 1915 年 10 月 31 日任命趙植芝為該黨的香港上海交通委員。

　　隨著中華革命黨在各艘輪船上的海員當中建立起本黨組織，該黨實際上編織出頗為嚴密的連接國內外的秘密交通線。參加聯義社的香港海員們同時也成為中華革命黨人，他們隨即擔負起該黨下達的各項任務。

　　保障乘船的革命黨要員的旅途安全，是聯義社的首要任務之一。護國運動期間，聯義社執行的一項事關全局的重大行動，是護送曾經被袁世凱軟禁在北京的原雲南都督蔡鍔擺脫追捕，安全前往雲南，發動護國戰爭。1915 年 11 月 11 日，蔡鍔乘火車離開北京，抵達天津，和他的老師梁啟超密商在西南發動討袁護國戰爭事宜。隨後，蔡鍔以去日本養病為由，乘坐日本輪船「山東丸」前往日本。不久，他從日本秘密乘船抵達上海，隨即換乘昌興輪船公司的亞細亞皇后號輪船，取道香港，前往越南，再從越南進入雲南。蔡鍔此行，自北向南，輾轉換船，可謂「定策於惡網四布之中，冒險於海天萬里之外」。儘管沿途「為袁世凱鷹犬監視」，但他卻一直履險如夷，「途中實得聯義社社員掩護所致」。

　　據聯義社成員憶述，當蔡鍔從日本乘船抵達上海時，中華革命黨總務部副部長謝持通知在亞細亞皇后號輪船上工作的聯義社社員唐隆，「為蔡鍔化裝，充作船上侍應生，遂得乘亞細亞皇后號南下」，安全抵達香港。「香港聯義社事先已接上海聯義社電告，著於蔡鍔抵港時，予以照料。時周伯祥社員在航行香港、安南（筆者按：即越南）之隆生輪船任職；是時隆生

---

[45]　趙植芝：〈香港聯義社革命史略〉，《革命文獻》第 45 輯，第 705 頁。

中華革命黨本部委任往來香港輪船各分部長簡況表 [46]

委任時間	所在輪船名稱	分部長姓名	備註
1914 年 12 月 7 日	西伯利亞丸	盧伯筠	
	支那丸	蔡文修	
	蒙古船	羅光漢	
1915 年 3 月 16 日	滿洲丸	趙植芝	1914 年 12 月 7 日曾委蘇焯文代分部長
1915 年 6 月 10 日	春洋丸	羅錦星	1914 年 10 月 22 日曾委梁日青為分部長
	地洋丸	麥睿珊	1914 年 12 月 7 日曾委黃林為分部長
1915 年 8 月 2 日	滿堤高船	陳炳生	
1915 年 9 月 24 日	天洋丸	李竹田	1914 年 11 月 20 日曾委陳槐卿為分部長 1915 年 8 月 2 日曾委唐正隆為分部長
1915 年 9 月 26 日	吉生船	周柏祥	吳芳為副分部長
	高麗船	宋瑞珊	黃碧珊為副分部長
1915 年 10 月 25 日	衣士頓船	黃益	
1915 年 12 月 17 日	福生船	鄭成忠	余啟康為副分部長
1916 年 1 月 18 日	南生船	麥源就	黃瑞生為副分部長
1916 年 4 月 21 日	亞細亞皇后船	陳榮	

[46] 據〈委任中華革命黨人員姓名錄〉、〈中國模式各支分部職員姓名錄〉，載《孫中山全集》3 卷整理。

輪船買辦為社員彭浚生。香港聯義社遂著彭社員和周伯祥社員，負責掩護蔡鍔轉往越南。蔡鍔於是經過越南以抵雲南」。「足證革命要員，是有賴於聯義社海員協助也。」[47]

中華革命黨總務部部長陳其美奉孫中山之命，從日本返回上海領導討袁革命途中，也得到聯義社海員的掩護。「因是時，袁世凱之鷹犬遍佈滬上，對革命要員每每施行拘捕或暗殺。陳其美同志在滬登岸時，必須獲得完善的掩護，斯可安全無恙也」。於是，當陳在日本登上開往上海的「淺間丸」輪船，船上的聯義社社員唐適便「將自己在船上工作之制服，換給陳其美同志穿著，演為船上的海員，以避奸徒耳目。及船抵上海，唐適又與陳其美同志作海員同伴姿態，手攜海員應用衣物，談笑登岸。」

孫中山在他乘船流亡海外的各種旅途中，一直得到聯義社忠貞社員們的服務和護衛。他們當中有「專司廚炊者：區玉、黃德、羅華；專司理髮者：丘鳳墀、林耀光、劉日初；專司護衛室者：曾飛鴻、李拔南、蕭桂、雷德佳、黃球、關益堂、鄺石、李榮、何泉、馬漢昆、周敬庭、林蔭生、陳章、陳務滋、林木、秦韻秋、關崇圻、關景堂、黃志漢、蔡文修、丘兆、侯燦、黃朗正；專任衛隊者：黃惠龍、馬湘。其他追隨工作者，有趙植芝、陳全、甄佳、周伯祥、戴卓文、陳炳生、嚴華生等」。

將海外購置的軍火武器秘密運送到內地，也是聯義社的主要任務之一。「討袁之役，所需軍器，多自外國訂購，而由聯義社社員輸運到國內。其中首批器械，是美國大埠華僑捐助者，計三十四件，即由在南京郵輪供職之黃志漢、曾飛鴻二社員，負責帶到接收站，交給黃本、張有、郭牛三社員接收。即日轉由在來往省港之河南（號）船任管事之譚富社員，負責收藏。再由梁德公、成恩二社員隨船，即運往到廣州，點交許崇智核收。」

---

[47]　黃朗正：《聯義社社史》，香港：義聲出版社，1971，第 51 頁。

聯義社海員還在輪船上向乘客進行宣傳和籌餉活動。「在船行途次，對乘船之僑胞宣傳，其方式或專題講述，或演出白話劇，均以揭發袁世凱、龍濟光之顛覆共和政體以及其禍國殃民之罪行為主旨，從而勸導乘船諸僑胞慨助軍費，以供討袁討龍之用。凡樂助者，不論何國貨幣，不論捐額大小，而以預設之帆布袋公開收納，由捐輸者親手將款項落袋內。最後，就乘客中請出數人為監視員，將帆布袋用火漆打線封固。迨船到上海，乃得原袋送交（法租界）環龍路四十四號，由林煥庭、廖仲愷、居正、謝持等簽收。然後轉交與籌餉部，始由籌餉部解封，點明貨幣種類數目若干，分別記錄，乃給回收據。收據內注明由某船聯義社某位社員經手，以及捐款數目等。此項籌款辦法，既是涓滴歸諸革命軍應用，且歷時甚長，收穫亦鉅。直至袁世凱逝世，帝制陰謀取消，方告停止。」[48]

當時，服務於各國輪船公司、往來世界各港口的中國海員，「多數集中於香港等候工作」。1913年聯義社在香港設立總社之後，為了向航商爭取海員的利益，分別組成談鴻別墅、順海閣、陶義閣和恭誠行船館等四大海員會所。其中，設於荷李活道的談鴻別墅涵蓋的輪船航線範圍最廣，日本郵船、東洋郵船等公司的「西伯利亞丸」、「春洋丸」、「天洋丸」、「地洋丸」、「秩父丸」、「淺間丸」等20多艘輪船的中國海員，都由談鴻別墅負責統籌僱傭。其他各國開往歐美的輪船上，也有談鴻別墅派出的華籍海員。談鴻別墅的領導人是聯義社成員唐寬、唐爵。

順海閣是香港聯義社唯一完全控制的海員會所。其成員佔香港海員總人數的80%，多為廣東恩平人，主要供職於美國環球航海及美國至加拿大等航線的航船。聯義社執行的傳遞秘密文件、運送軍火、護送革命黨要員以及宣傳、籌款活動，多由其成員負責。其中，「唐姓者七八人及馮明波等，

---

[48]　黃朗正：《聯義社社史》，第50、52、55-56頁。

捐輸討袁、討龍軍費，數量尤鉅」。「唐福、唐隆、唐進等，干辦之秘密任務亦不少。」廣東籍的中華革命黨要員謝英伯、連聲海、鄧慕韓、鄭校之等人，曾居住在順海閣，聯絡各方同志，策動廣東各地的反袁討龍起義。

陶義閣也是聯義社成員較為集中的一個會所。據《聯義社社史》說，陶義閣的聯義社海員最得孫中山信任，也最多自我犧牲者，如潘福如、區玉、李拔南、楊添、黃球、楊秋、丘兆、張浩源、張沛源等。可惜，他們的事蹟至今已經失傳。

恭誠行船館的海員最初來自美洲華僑創辦的中國郵船公司的「奶路號」、「南京號」輪船，其工作多屬輪船中的艙底行，又稱燒火行。參與創辦該館的聯義社社員李伯眉，在「奶路號」輪船擔任通譯和買辦。1910年，他在美國舊金山認識孫中山之後，便向海員宣傳革命。創辦恭誠行船館後，又帶領該館海員加入聯義社。該館聯義社社員曾飛鴻後來放棄海員工作，成為孫中山的專職衛士，直至1925年孫中山病逝北京。[49]

1916年12月20日，趙植芝、周伯祥、林來等人發佈《香港聯義通告第一號》，宣佈「敝同人等秉承孫先生之命，仍著加以維持。」他們提出今後聯義社的四項主張：「（一）智識交換；（二）感情聯絡；（三）政見滙合；（四）經濟發展。」相關措施是：「（甲）建立交通地點；（乙）創設僑商日報；（丙）合辦國民實業。」希望眾人提供意見，「大紓偉略，共濟時艱」。[50] 這一通告表明，在護國運動結束之後，聯義社遵照孫中山的指示，著眼於未來長遠的發展。

中華革命黨在香港海員中建立本黨組織，帶領海員以各種方式參加護國運動，不但有力地支援內地的反袁、討龍鬥爭，而且將本黨的組織根基

---

[49]　黃朗正：《聯義社社史》，第 79-81 頁。

[50]　〈香港聯義通告第一號〉，《革命文獻》第 45 輯，第 704 頁。

延伸到代表新興工人階級力量的海員階層之中。這種組織根基的延伸，對於拓展中山革命在香港的社會基礎具有重大而深遠的意義。清末，香港興中會首先將革新的主張植根於本港的部分知識精英，同盟會在港組織又將革命的根基從知識階層擴展到以四邑商工總局為代表的部分港商之中。民國初年，中華革命黨進而將香港海員作為本黨活動的群眾基礎。這就為日後該黨改組為中國國民黨之後，進一步加強與香港乃至廣東工人運動的聯繫，埋下厚實的組織淵源。

護國運動期間的港商向背

　　1913 年 7 至 8 月，袁世凱派北洋軍隊鎮壓「二次革命」之後，於同年 10 月就任民國正式大總統。11 月，下令解散國民黨。次年 1 月，下令取消國會。5 月，他廢除孫中山主持制定的《中華民國臨時約法》，另外公佈由其黨羽制定的《中華民國約法》，將中央政府從責任內閣制改為總統制，並把總統的權力擴大到和專制皇帝相似的程度。1915 年 1 月，日本向袁政府提出滅亡中國的「二十一條」要求，交換條件是支持袁世凱稱帝。8 月，袁政府公開製造帝制復辟的輿論，袁世凱的憲法顧問、美國人古德諾發表《共和與君主論》，法律顧問、日本人有賀長雄也發表《共和憲法持久策》，宣稱中國國情不宜採取西方共和制度，而應復辟中國傳統帝制。楊度等人發起組織擁戴袁世凱當皇帝的「籌安會」，呼籲各省派代表進京，討論國體問題。11 月 20 日，各省「國民代表」票決一致贊成恢復帝制，「恭戴今大總統袁世凱為中華帝國皇帝」。12 月 12 日，袁世凱宣佈接受推戴，下令將 1916 年（民國五年）改為「中華帝國洪憲元年」。

　　孫中山基於「二次革命」以來堅持的反袁立場，最早揭露袁世凱復辟帝制的陰謀，主張以中華革命黨的「三次革命」，作為反對袁世凱的護國運動的先導。1915 年 5 月，他在回覆北京學生的書信中，抨擊袁世凱與日

本秘密商訂喪權辱國的「二十一條」，是「以求僭帝位之故，甘心賣國而不辭」。9、10 月間，他致函南洋革命黨人，指出「二次革命」是「共和與帝制之爭戰之發軔」，而今「袁氏運動帝制，明目張膽，海內人心，不勝憤激」。「吾黨負保障共和之責，興師討賊，急不容緩」。[51]

　　民國初年曾經支持袁世凱實行「開明專制」的進步黨黨魁梁啟超，鑑於袁帝制自為激起國人反對，同時擔心袁倒台後，「我為牛後，何以自存」，於是拒絕袁政府的收買和威脅，毅然於 1915 年 9 月在報刊上發表〈異哉所謂國體問題者〉一文，明確表態擁護共和，反對帝制。他和昔日的學生蔡鍔等人密商發動雲南起義、帶動西南各省反袁獨立的護國戰爭方略。11 月，梁、蔡二人在天津臨別時相約：「事之不濟，吾儕死之，決不亡命；若其濟也，吾儕引退，決不在朝。」[52] 師生二人決心為維護民國共和制度，事敗捐軀、絕不逃亡，功成身退、絕不為官，其心志與事蹟彪炳史冊。

　　同年 12 月 25 日，雲南舉行護國首義，護國戰爭因而爆發。貴州、廣西相繼宣佈反袁獨立，北洋軍閥內部也出現要求取消帝制的呼聲。在內外交困、眾叛親離的情況下，袁世凱被迫於 1916 年 3 月 22 日宣佈取消帝制，次日廢除「洪憲」年號。5 月 8 日，獨立各省在廣東肇慶成立軍務院，宣佈指揮全國軍事。同月下旬，袁世凱的親信、四川將軍陳宦和湖南將軍湯薌銘也先後宣佈獨立。6 月 6 日，袁世凱在舉國唾罵聲中病死。護國運動隨之結束。

　　護國運動期間，香港華商沒有像辛亥革命時期捐助興中會、同盟會在港活動那樣，給予中華革命黨較多的援助，以至於朱執信在所寫報告中說，該黨在省港地區活動的經費，絕大部分來自南洋華僑的捐款。當時，曾經默默捐助辛亥革命的富商李煜堂，拒絕以毀家紓難方式支持中華革命黨，

---

[51]　《孫中山全集》第 3 卷，第 176、194、196 頁。

[52]　蔡鍔：《〈盾鼻集〉序》，毛注青等編：《蔡鍔集》，長沙：湖南人民出版社，1983，第 522 頁。

而主張「持久性的救國」,「量力源源接濟」。不過,此時的港商,依然有接踵而起的毀家紓難者。馮自由歷數港商在各次革命中的「個人募款最多者」,說:「民五討袁逐龍一役,為簡讓之、林暉廷」。[53]

檢閱護國運動期間多數港商的政治態度,可以看出其中經歷過從擁袁到反袁的演變過程。1915 年 5 月 5 日早上,袁世凱因為香港華商總會曾在 1913 年通電擁袁反孫而嘉獎該會的匾額,在經歷自北向南的長途運輸之後,終於從廣州用船運抵香港。華商總會隨即不無炫耀地將這方匾額懸掛在該會的廳堂上。「該匾額紅底金字,燦然奪目」,上書「弭患保安」四個大字,落款為「民國三年四月大總統獎旅港華商總會」。[54]懸掛這方匾額,標誌港商在民國初年寄希望於強人袁世凱以穩定內地秩序的心願臻至頂峰。

登頂之後,自然就是下坡路。在華商總會掛匾之前,已經有一些港商公開對袁政府嚴厲追捕革命黨人的做法提出異議。同年 3 月,港商曾景星、李十榮、潘乃彥、朱維藩、崔治平等人,聯名通電袁世凱和各家報館,反對廣東當局要求香港政府拘押並引渡洪兆麟、黃明堂等革命志士。電文呼籲袁世凱飭令各省赦免革命黨人,並稱:「黨人舉動,但求政治改良,既已海外逃亡,何復相煎太急?」[55]該電文流露出部分港商同情革命黨人的心聲。

同年秋天,袁世凱及其黨羽鼓吹復辟帝制的活動逐漸激起舉國震盪,反映港商訴求的《香港華字日報》開始刊載反對帝制復辟的報導和評論。9 月 14 日,該報以〈商人反對籌安會之第一聲〉為題,全文刊登澳門商會某會員聯合數十名商人遞交的〈致澳門商會書〉。書中稱,北京籌安會「陽

---

[53] 馮自由:〈李煜堂事略〉,《革命逸史》初集,第 197-198 頁。按:林暉廷的事蹟至今已難稽考,簡讓之的事蹟見下節〈護法運動在香港〉。

[54] 〈袁總統贈送匾額與華商總會〉,《香港華字日報》,1915 年 5 月 6 日。

[55] 〈港商致袁總統電〉,《香港華字日報》,1915 年 3 月 24 日。

以討論國體為名，其實則推翻共和，破壞國民」，「其說果行，則首蒙大害者唯我商人」。故要求澳門商會開會集議，上書北京政府，嚴懲籌安會發起者楊度等人。次日，該報發表專題論說，預言帝制活動將導致中國大亂，「大亂一起，則海內騷動，百貨俱停，商市凋殘，不堪言狀，其損失當比初次、二次革命時，更有不知增加若干倍者」。

其時適值中秋節將至，香港皇后大道中的三多茶居在該店推銷月餅的招牌上，畫著一個大月餅，餅中寫有「中華民國」四個字，四周飾以虎頭蛇尾紋，當中畫著一隻猴皇高坐，旁有羊頭人合掌叩拜。猴皇，意指袁世凱稱帝；羊頭人，意指擁袁稱帝的楊度。這一譏諷時事的月餅銷售廣告吸引眾多的市民前來圍觀，「自日至夜，圍觀如堵，無不讚歎」。《香港華字日報》在報導這番景象時，使用的是意味深長的標題：《中華民國真成畫餅矣》。

中秋節後，香港南北行、九八行、入口洋貨行等相繼倡議在農曆八月十九日的武昌首義紀念日休業慶祝，「以表我民間向慕共和之真意」。當日，「全港之人，則且相率停工，紀念國慶」，「五色國旗，隨風招展，千門萬戶，不約而同，慶作之忱，達於極點」。慶祝共和首義的熱烈場面，與 11 天前香港只有二三商會和內地駐港商業機構遵令懸旗慶祝袁世凱壽辰的冷落景象，形成鮮明對照。原因在於「近日袁氏帝制之聲浪，已喧騰於中西各報，而震駭乎東南各省」，港人「惡其欲破壞共和，或圖改變共和」，所以呈現一熱一冷的人心向背。[56]

次年 1 月 4 日，《香港華字日報》全文轉載上年 12 月 25 日雲南護國起義時發佈的討袁檄文，將護國軍的文告正式傳播到香港。從此，反袁成為香港輿論和港商表態的主旋律。2 月中旬，香港商人林道懷、陸明等人在上海印製傳單，分寄北京、天津等地商界，宣傳雲南護國政權不承認中國銀

---

[56]　《香港華字日報》，1915 年 9 月 13、27、29 日。

行和交通銀行在雲南起義後發行的紙幣和尚未兌付的一切債務與存款，揭露中、交兩行將濫發紙幣 2,500 萬元，以便挪出現銀，供袁政府使用。這些傳單和當時反袁報刊刊載的類似輿論迅速在全國各地激發銀行擠兌風潮，袁政府的信用遭受沉重打擊。[57]

　　3 月中旬，廣西宣佈獨立，加入討袁行列。廣州總商會、粵商維持公安會等商人團體決定仿效辛亥促成廣東獨立的先例，敦勸龍濟光反正。同月 18 日，廣州總商會總理陳勉舍、協理胡頌棠、坐辦陳卓垣、劉文豪等人面勸龍濟光，請籌維持治安、保護商場之策。陳勉舍等總商會要人又邀集各紳董，再次謁請龍濟光急抒維持廣東之策。3 月底，廣東潮汕、欽廉兩地區軍政當局首先宣佈獨立，其餘各地的民軍也紛起討袁，廣州總商會等各界團體因袁政府擬派北軍到粵鎮壓，加緊敦促龍濟光與袁政府脫離關係，並歡迎廣西都督陸榮廷率軍東下援粵。4 月 6 日下午，廣東軍、政、紳、商、學各界代表在龍濟光將軍府召開會議。晚上 7 時，會議宣佈廣東獨立。「龍濟光自稱迫於民意而出此，或謂乃從商民之願。蓋商民自信獨立後，廣州時局可轉危為安也。」同月中旬，旅港福建商會總理許玉池與該商會的全體成員通電福建當局，呼籲福建迅即宣佈反袁獨立。[58]

　　6 月 6 日夜晚，香港傳來袁世凱已死的北京電訊，「港中華人閱電，歡欣異常，多燃放爆竹」。香港警察視此舉為違法，「遂依次抄錄其門牌號數，業經抄得四百餘家」，以備日後查辦。其中，香江、洞天兩酒樓，「飲客燃爆竹尤多」。次日，警察仍然無法禁止香江酒樓的食客燃放鞭炮，於是出動消防水喉，「直向香江酒樓噴射」。警察還拘捕多名燃放鞭炮者，分別酌情罰款 10 至 20 元，或監禁 21 天。其中，居住在德輔道 186 號的林玉勝

[57]　上海《民國日報》，1916 年 3 月 6 日。

[58]　上海：《申報》，1916 年 3 月 29 日、4 月 9 日；《香港華字日報》，1916 年 4 月 15 日。

在法庭接受審訊時，法官故意問：「汝燃放爆竹如此之多，豈是汝生日乎？」他回答：「否。但吾等得見袁世凱身亡之日，即我等再生之期，是以燃爆（竹）以示歡耳。」[59] 這番情景，說明袁世凱復辟帝制的行為受到世人的唾棄。

袁世凱死後，龍濟光仍然執掌廣東政權。各派討袁武裝繼續驅龍，廣東戰亂不已，商民競相逃往香港避難。粵港商人團體雖已明確擁護共和，但只求早日恢複秩序，並不在乎誰來執掌共和政權。他們因而認為：「他日無論何派獲勝，其實均與商民無涉。」「總之多一次之亂事，即商場上多一次之損失。」[60] 基於這種消極的態度，他們將弭定粵亂的希望寄託在宣示護國的華南新興強權人物、桂系軍閥陸榮廷的身上。1916 年 7 月 6 日，陸榮廷取代龍濟光出任廣東都督。粵港商人莫不以為粵局底定而額手稱慶，可是他們並未意識到這不過是拒狼進虎換來的短暫和平。

第三節　護法討桂之役在香港

護法運動與討桂之役

1916 年 6 月，袁世凱抑鬱而死，副總統黎元洪接任民國總統，重新召開國會會議。可是，國務院總理、北洋軍閥段祺瑞力圖獨掌中央政權。由

---

[59]　〈袁項城逝世之香港人心〉，《申報》，1916 年 6 月 15 日。

[60]　〈惠州亂耗之影響於商務〉，《香港華字日報》，1916 年 1 月 10 日。

此而形成的（總統）府、（國務）院中央權力之爭，被鎮守江蘇徐州的北洋派系中另類軍閥張勳所利用。1917年6月，他脅迫黎元洪解散國會。同年7月1日，張勳、康有為等人擁戴前清廢帝溥儀「臨朝聽政」，頒令改用宣統年號，重新懸掛清朝黃龍旗。這一復辟帝制的劣行立即激起各派政治勢力的一致聲討。次日，段祺瑞、梁啟超等人在天津組織討逆軍，進攻北京，討伐張勳。同月12日，短命的張勳復辟鬧劇以徹底失敗而告終。此後，民國中央政權依然為北洋軍閥所控制，其中，直系軍閥馮國璋任代理總統，皖系軍閥段祺瑞任國務總理。

中央政權走馬燈式的更替變幻，給孫中山和中華革命黨再起捍衛民國共和制度的「四次革命」創造有利之機。1917年6月，孫中山在上海派人與西南各省軍政要員聯絡，倡議維護民國元年頒佈的《中華民國臨時約法》，發起護法運動。

護法運動從1917年7月開始，到1924年1月初孫中山宣佈結束護法為止，前後持續6年多的時間。其間，可以將孫中山及其領導的中華革命黨、中國國民黨在廣州三次建立護法政權的前後事件，依序稱為「一次護法」（1917年7月至1919年9月）、「二次護法」（1919年10月至1922年8月）和「三次護法」（1923年8月至1924年1月）。[61]與香港關聯較大的，是二、三次護法。

先將「一次護法」作一背景簡介：1917年7月6日，孫中山和章太炎、陳炯明、朱執信、許崇智等人，在上海乘坐海軍軍艦南下，於17日抵達廣州。8月25日，民國國會在廣州召開非常會議（俗稱「非常國會」，或「護法國會」），隨後議決組織中華民國軍政府，選舉孫中山為中華民國海陸

---

[61]　詳見莫世祥：《護法運動史》，南寧：廣西人民出版社，1991；同書，繁體字版，台北：稻禾出版社，1991。

軍大元帥，兩廣巡閱使陸榮廷和雲南督軍唐繼堯為元帥。9月10日，孫中山宣誓就職。

　　控制兩廣的桂系軍閥陸榮廷和控制雲南、貴州的滇系軍閥唐繼堯，雖然有意聯合孫中山和中華革命黨，以共同對抗北洋軍閥，卻不願聽命於尚未擁有軍隊實力的孫中山。1918年5月，非常國會議決改組軍政府，將孫中山為大元帥的元首制，改為唐紹儀、唐繼堯、陸榮廷、伍廷芳、孫中山、林葆澤、岑春煊同任總裁的合議制。5月4日，孫中山發表辭大元帥通電，感慨：「顧吾國之大患，莫大於武人之爭雄，南與北如一丘之貉。」[62]同月21日，他離開廣州，6月下旬回到上海，從事三民主義理論的研究和寫作。

▌ 1917年9月10日，孫中山就任中華民國海陸軍大元帥的合影。

[62]　《孫中山全集》第4卷，第471頁。

1919 年 5 月 4 日，北京爆發「外爭國權，內懲國賊」的學生遊行，反對北洋政府在「巴黎和會」上的辱國外交。五四群眾運動迅速蔓延全國各地。7 月中旬，在廣州的中華革命黨人聯合工、學、商各界人士，舉行罷工、罷課、罷市，遭到桂系控制的廣東當局鎮壓，槍傷 10 餘人，被捕 400 餘人。8 月初，孫中山發表聲明，辭去軍政府總裁的職務，並在 9 月間開始使用「軍閥」這一概念，在反對南北軍閥統治的基點上，籌劃討伐盤踞兩廣的桂系軍閥的「二次護法」。

1919 年 10 月 10 日，孫中山等人在上海公佈中國國民黨規約，通告將中華革命黨改組為中國國民黨，宣佈「本黨以鞏固共和、實行三民主義為宗旨」。中國國民黨取消中華革命黨按指模、宣誓效忠孫中山的入黨手續，但繼續堅持「以黨治國」的黨綱，因而能夠將原中華革命黨和舊國民黨穩健派團結在三民主義的旗幟之下。

此後不久，孫中山在其指示國民黨人堅持護法的信函中，明確發出討伐桂系的號令。他寫道：「今日護法，首在去彼假護法以實行破法之桂派。」「今日救國急務，宜先平桂賊，統一西南，乃可有為。」[63] 根據孫中山的指示，先前於 1918 年佔領福建漳州，進而開闢「閩南護法區」的援閩粵軍，在司令陳炯明率領下，集體加入國民黨，成為國民黨最早的「黨軍」和孫中山據以發動討桂之役的主力正規軍。

伍廷芳攜「關餘」出走

在孫中山聯絡各方力量，準備發動討桂之役的過程中，軍政府七總裁

---

[63]　《孫中山全集》第 5 卷，第 178、197 頁。

伍廷芳

之一、兼任軍政府外交、財政兩部總長的伍廷芳出走香港，是其中重要的環節。

伍廷芳（1842-1922），本名敍，又名才，字文爵，號秩庸，祖籍廣東新會縣。14 歲就讀於香港聖保羅書院，1861 年畢業後，任香港高等審判庭譯員。在此前一年，即 1860 年，與黃勝等人在香港創辦第一份中文報紙——《中外新報》，作為英文《孖剌西報》的附刊發行。1864 年，輔助其親戚陳言（號藹亭），創辦《香港華字日報》。1874 年，自費留學倫敦林肯法律學院。1877 年畢業，獲大律師資格，成為香港法庭的首位華人執業律師。次年，成為香港首位華人「太平紳士」。1880 年，獲委任為香港定例局（即立法局）的首位華人非官守議員。1882 年，他離港北上天津，成為李鴻章的幕僚，相繼擔任開平鐵路公司總理、中國鐵路公司經理、北洋官鐵局總辦等職。1896 年，出任大清國駐美國、日本、西班牙、秘魯大臣。1902 年 11 月奉調回國，任清朝商部左侍郎、外務部右侍郎、刑部右侍郎等職。1907 年，出任大清國駐美國、墨西哥、秘魯、古巴公使。1910 年返國，1911 年辛亥革命後，任上海軍政府外交總長，代表革命黨人主持南北和談。1916 年 12 月，任黎元洪為總統的民國政府外交總長。1917 年

5 月，在黎元洪和段祺瑞的「府院之爭」中，支持黎元洪，一度代理國務總理，旋因拒絕附署解散國會而辭職。1918 年 7 月，在廣州就任軍政府政務總裁。不久，還兼任軍政府外交部和財政部的部長。1919 年 6 月，兼任廣東省長。

1919 年初，軍政府和北洋政府舉行「南北和談」。列強以為中國統一在望，決定將辛亥革命後中國各口岸海關存放在滙豐銀行的「關餘」，撥歸北洋政府。[64] 伍廷芳和軍政府認為，軍政府與北洋政府同屬交戰團體，政治地位平等，何況全國關餘包括西南各省關餘在內，因此軍政府也應該分得相應的關餘。於是，伍廷芳以軍政府外交總長名義，向外國駐華公使團提出交涉，還通過他先前擔任清朝駐美公使時結識的美國友人朗維勒博士，向美國駐華公使及各國公使遊說。此時，率軍駐紮閩南護法區的陳炯明倡議設立「西南大學」，得到西南護法各省贊同，從而就為伍廷芳爭取關餘提供輿論上的支持。

同年 6 月，公使團同意將 13% 的關餘交給軍政府，但規定該項關餘只能用於教育和實業，不能充作軍費。而且規定，此款項必須由軍政府財政部長伍廷芳本人通過滙豐銀行，分期領收。這意味軍政府從此獲得新的穩定財源。不過，這筆財源掌握在伍廷芳手中。

伍廷芳的秘書傅秉常是何啟的女婿，與伍廷芳同屬姻親。他在 1916 年畢業於香港大學，1917 年加入中華革命黨，1918 年跟隨伍廷芳在軍政府任職。1919 年 9 月孫中山辭去軍政府總裁之後，派人囑咐傅秉常，伺機勸告伍廷芳不再與桂系合作，離開廣州。據傅秉常憶述，1920 年初，伍廷芳漸

---

[64]　清末民初，中國每年的關稅收入，在首先償還外債、賠款和支付海關經費之後，所餘款項，才歸中國政府收用，此款稱為「關餘」。1912 年 1 月底，列強駐華公使團決定成立各國銀行委員會，由總稅務司全權保管海關稅款，並償付中國的外債和賠款，稅款存放滙豐銀行，關餘非經駐華外國公使團同意，中國政府無權動用。

生去意。「但當時有兩項困難：一是關餘款項如何攜走，而不為桂系截留；二是自己如何脫身」。「伍先生寓所衛兵均係桂軍，伍先生家人多感此舉危險而紛紛勸阻」。後來，伍廷芳令其子伍朝樞「於前一晚藉口看戲，先行脫身」。次日早晨，伍廷芳和傅秉常假裝外出散步，「潛往車站搭車赴港，關餘款項則已先行滙存香港、上海兩地之外國銀行」。[65]

伍廷芳悄然離開廣州的日期，是 1920 年 3 月 29 日，當年他將近 80 歲。他回到香港私宅，閉門謝客，隱居不出。坊間謠傳他「騙去軍政府之錢，私逃來港」，伍廷芳答以：「我心昭如日月，其何傷乎？」數日之後，《香港華字日報》記者求得伍廷芳友人黃廣田的介紹信，終於能夠對伍進行一個多鐘頭的採訪。

伍在與記者交談中，「語極含蓄」，只稱：「此次來港，實為思念親朋，且因些家事，故來港暫住耳。」不過，他坦言道出對於與軍政府主席總裁、桂系官僚岑春煊等人共事的不滿。他說：「余在粵省三年，與所有共事者辦事，無非異夢同床，討厭之極！將余護法之苦心，付之流水矣。」至於傳聞他攜帶巨額關餘款項來港，他申明，軍政府所得關餘，是他向總稅務司交涉爭取半年之久的結果，他「所以盡力保全此款者」，目的是「有益於我廣東人」，而不是圖謀私利。「須知我向來食素，要錢何用？且吾老矣，剩有多錢，亦必不能帶到棺材去。將來粵垣事了，雖一銅仙一文錢，亦必逐一申明，務期涓滴歸公，方稱我心。」

鑑於廣東自民國成立以來，相繼為龍濟光、陸榮廷等外省軍閥統治，他認為，這是廣東人「能容忍」的特質所致。「如他省人處此行將糜爛之時局，豈肯容忍者哉？而我廣東人則一味怕事，無事不可容忍，手上稍有資財者，一遇有事，則紛紛遷徙來港，如此而已。因其受人專制，已成習慣。」

---

[65]　沈雲龍等《傅秉常先生訪問紀錄》，台北：中研院近代史研究所，1993，第 15-16 頁。

他說到這裏，「唏噓不止」。他強調：「拯救粵省，除非廣東人自己發奮」。他還說：「余在粵三年，欲尋三兩位無權利思想、一味以國事為前提者，則並一位而不得，可勝浩歎。」「然粵省之大，諒必有奮發之人。」[66]

伍廷芳的談話表明，他出走香港的原因，是不願再與假護法的桂系為伍，轉而期待廣東出現「奮發之人」，驅逐桂系。因此，他隱居香港之後，儘管岑春煊和軍政府不斷派要員到香港，勸說他返回廣州，都被他回絕。

4月9日，伍廷芳發表通電，公開說明其「暫行離粵」的理由：一是桂系把持的廣東當局將非常國會的經費，挪作軍用，「護法精神，掃地以盡」；二是岑春煊把持軍政府，與北方數省督軍協商解決時局辦法，「維持軍閥，犧牲國會，漠視外交，揆之吾人護法救國之初衷，大相刺謬」；三是他雖身為財政總長，卻不能過問桂系虛糜公款；四是桂系爭奪駐粵滇軍的控制權，禍亂廣東；五是軍政府被「二三私黨盤踞把持，假護法之美名，謀個人之權利」。他宣佈將於近日前往上海，與孫中山、唐紹儀等會商今後計劃，「特將關稅餘款，攜以偕行」。[67]

伍廷芳此舉，對於桂系控制的軍政府猶如釜底抽薪。首先，在政治上，它造成軍政府七總裁組成的政務會議從此因為不足法定人數，而失去合法的效力。在此之前，遠在上海的孫中山已於1919年8月辭去總裁職務；隨後，唐紹儀也離開廣東，寓居上海；滇系軍閥唐繼堯則因為桂系專權而且企圖控制駐粵滇軍，而不願再與桂系合作。而今，伍廷芳又公開通電將去上海，和孫中山、唐紹儀會商政局，七總裁已去其四，桂系再也不能以軍政府名義號令西南護法各省。其次，在財政上，它切斷桂系掌控的軍政府的一大筆穩定收入。1919年下半年到1920年2月，伍廷芳先後5次收到軍政府應得

---

[66]　〈伍廷芳抵港後之談話〉，《申報》，1920年4月10、12日。

[67]　〈伍廷芳聲明離粵之通電〉，《申報》，1920年4月17日。

關餘，共 396.9359 萬元港幣，其間支出 243.9053 萬元，結餘 183.3306 萬元。該餘款存於滙豐銀行，只有伍廷芳才能領取，如果加上第 6 次關餘約 80 萬元，合共 263 萬多元。[68] 這筆鉅款對於桂系是一大損失，對於正在策劃討桂之役的孫中山和國民黨，卻是一大援助。

於是，岑春煊為主席總裁的軍政府宣佈解除伍廷芳的外交部長兼財政部長的職務，另外委任溫宗堯為外交部長，陳錦濤為財政部長。4 月中旬，軍政府在香港延聘律師，以挾款私逃的罪名，控告伍廷芳。伍廷芳也聘請律師，準備抗辯。這樁公案立即引起香港及內地報刊的競相報導。

在輿論擾攘聲中，伍廷芳和非常國會參議院議長、國民黨要員林森，以及非常國會數十名議員，乘坐輪船，在 4 月 16 日上午抵達上海。孫中山派其代表吳鐵城、居正等國民黨要員，會同唐紹儀等政界人士共百餘人，在碼頭歡迎伍廷芳一行。

至於關餘案的官司，據傅秉常憶述，「香港方面訴訟失敗，所幸款額有限，影響不大」。在上海的訴訟，傅秉常「決定採取不同策略。開庭辯論時，避免涉及此款之法律問題，而只堅持上海會審公廨無權審理。因伍廷芳雖離粵，而迄未辭職，至今仍為財政部長，有權處理該筆款項。至於伍廷芳本人之職位，係軍政府內部人事問題，上海法院無權過問，關餘款項只是偶然存入上海之銀行」。「判決結果為：會審公廨無權亦無意干預中國內政，但伍廷芳不准利用上海租界保護此筆款項。」傅秉常對孫中山解釋說：「此次官司雖打輸，但款項卻仍可獲得。因為只要伍廷芳不在（上海）租界，法院即無法干涉；同時，法院判決命令只下達伍廷芳本人，而不涉及銀行，銀行不受拘束，亦無權利與義務凍結此款。」

---

[68] 〈西南政局之觀察〉，《申報》，1920 年 4 月 15 日。

於是，伍廷芳讓傅秉常到「上海一家存款較小之廣東銀行，向主持人李煜堂說明上述理由，洽商提款」。李煜堂本是堅持長期資助孫中山革命的香港港商和老同盟會員，「與其律師商量後，允許提款，旋滙豐銀行亦准予提款。支票簽字地點均寫杭州，此款遂陸續全部提出」。[69] 有道是：兵馬未動，糧草先行。經過李煜堂經營的廣東銀行接手，從滙豐銀行轉提出來的關餘巨款，終於使孫中山和國民黨獲得發動討桂之役的經費。

據傅秉常憶述，圍繞關餘案在香港和上海的不同結果，伍廷芳和孫中山曾經發生爭執，隨即卻又相互稱讚對方。此事的經過，是：「關餘案訴訟結束後，孫、伍、唐三巨頭假上海莫利愛路二十九號孫公館開會檢討。孫先生攜汪精衛、胡展堂、廖仲愷、徐謙出席；唐紹儀挈王正廷、易次乾；伍廷芳則偕伍朝樞與余赴會。因香港官司失敗，中山先生對伍先生頗有微詞，伍先生勃然大怒，以老賣老，申斥中山先生，遂即囑朝樞留下，偕余拂袖而去，逕往一神道會聽講鬼事。然伍先生竟一路講述中山先生之大公無私精神，極道欽佩之忱。蓋唯恐我等晚輩因此次齟齬，而對中山先生無禮。傍晚，汪精衛來探視，提起日間伍先生離去後，中山先生亦盛道伍先生之長處。兩老之雅量有如此難得者。」[70]

6月3日，孫中山、唐紹儀、伍廷芳、唐繼堯等軍政府四總裁聯名發表「移設軍政府宣言」，宣佈否認桂系把持的廣州軍政府。該宣言還申明，伍廷芳離粵之後，「所餘關餘，妥為管理，以充正當用途，其未收者，亦當妥為交涉」。7月28日，四人又聯名發表「重申護法救國宣言」，要求北洋政府廢止「中日軍事協定」和中日「二十一條」，並聲明「倘有違背護法救國主張，復假借名義以謀個人權利者，不問南北，不問派別，當與

---

[69]　《傅秉常先生訪問紀錄》，第 16-17 頁。

[70]　《傅秉常先生訪問紀錄》，第 25-26 頁。

國民共討之！」[71]

伍廷芳合署孫中山領銜的這兩份宣言，表明他公開加盟孫中山策劃的討桂之役，並且認定孫中山就是他在 1918 年加盟軍政府以後一直尋求的廣東「奮發之人」。在此之前，孫中山很早就想邀請伍廷芳這位從香港登上全國政壇，集政治、外交、司法、財政等才幹於一身的資深耆老，加入他領導的共和革命行列。早在 1912 年 1 月組建南京臨時政府之時，孫中山就委任伍廷芳為司法部總長。1917 年 9 月組建大元帥制軍政府之時，又委任他為外交部總長。可是，伍沒有接受這兩次任命。其原因是：他「和中山的交情並未深厚」，「未詳孫公品格」；加上「平素見孫公的手下作事，也不大對，所以沒有就職」。1920 年 3 月伍廷芳與桂系決裂前後，目睹掌控軍政府的「岑雲階（筆者按：即岑春煊，字雲階）、莫榮新輩猖狂至此，自問慚疚，今而後知孫公真愛國男兒，予誓竭我智誠，佐其救國事業」。[72] 伍廷芳在上海參加孫中山和國民黨主持的「二次護法」之後，從此鞠躬盡瘁，輔佐孫中山，直至兩年後溘然長逝。

討桂之役在香港

在伍廷芳與桂系決裂之前，孫中山已於 1920 年 2 月派遣國民黨人李綺菴（1882-1950，祖籍廣東新寧縣）在香港設立機關，運動廣東江防艦隊及廣東各地民軍，準備起義討桂。他的兒子孫科（1891-1973）先前於 1917 年從美國學成歸國，參與「一次護法」活動，此時也奉命在澳門峨眉街 10 號設辦事處，參與負責籌款與討桂事宜。6 月，孫中山同意孫科、李綺菴、

---

[71]　《孫中山全集》第 5 卷，第 290 頁。

[72]　伍廷光編：《伍廷芳歷史》，上海：國民圖書局，1922，第 6 頁。

陳策等人提出的先由江防艦隊發動討桂之役的建議，任命徐紹楨為廣東各路討賊軍總司令。7月15日，江防艦隊分別駐泊在廣州、肇慶的「江固艦」和「江大艦」舉行起義。不料，「江固艦」駛出虎門之後擱淺，被敵軍俘獲；「江大艦」因缺燃煤，需到澳門補充，卻被澳葡當局派軍艦追擊。親桂的護法海軍「豫章艦」也開炮攔截，「江大艦」在澳門附近的九澳海面擱淺，李福游等13名起義水兵殉難。江防艦隊起義失敗。7月21日，徐紹楨率領數千民軍在江門起義，終因民軍武器粗劣，紀律鬆懈而失利。

8月初，桂系把持的軍政府調動桂、閩、浙三省軍隊和海軍，分三路大舉進攻陳炯明援閩粵軍駐防的閩南護法區。國民黨要員朱執信三赴福建漳州，傳達孫中山命令援閩粵軍回粵討桂的手諭。8月12日，援閩粵軍在漳州公園誓師出征。16日凌晨，援閩粵軍分三路反攻潮汕地區。24日，粵軍佔領汕頭。9月初，粵軍圍攻惠州，久攻不下，與桂軍形成僵持狀態。

8月下旬，朱執信奉孫中山之命，潛回香港，和孫科、馮自由、周之楨等人一起，在中環海旁的東京旅館2樓設立指揮機關，發動廣東民軍起義，策動在廣州依附桂系的李福林、魏邦平部粵軍反正。曾經在清末就學於香港實踐女校的原同盟會員鄭妙卿，也和朱卓文、黃俠毅等國民黨人一起，在香港鵝頸橋22號設立機關，負責接應援閩粵軍攻佔潮惠地區，進逼廣州。[73]

9月6日，朱執信等國民黨人策動虎門要塞守軍反正，以便民軍進佔石龍，切斷廣州與惠州的聯繫，支援攻打惠州的粵軍。同月21日下午，朱執信在調停虎門守軍與民軍的衝突中，不幸中彈犧牲，享年35歲。孫中山聞訊，大為哀慟。他寫信給在東江前線擔任粵軍第二軍參謀長的蔣介石，慨歎：「執信忽然殂折，使我如失左右手，計吾黨中知兵事，而且能肝膽照人者，

---

[73] 李綺菴：〈民國九年江大等艦討賊事略〉，《革命文獻》第51輯，第191頁；陳旭麓主編：《朱執信》，上海：上海人民出版社，1984，第88頁；孫科：〈八十述略〉，台北：《傳記文學》雜誌，總第137-139號，1973；〈女同盟會員鄭妙卿〉，中山：《中山文史》第22輯。

今已不可多得。」希望蔣「為黨負重大之責任」。[74]10 月 22 日，粵軍攻克惠州，隨即分三路向廣州發起進攻。

在粵軍回粵討桂的戰火熾熱之時，由海外國民黨組織捐助的飛行隊，將多架飛機運送回國助戰。這年 7 月 10 日，陳炯明致函在香港參與籌措討桂之役的古應芬，密商有關出動飛機參戰的事宜。陳提出：需將飛機直接運到援閩粵軍控制的福建漳州，商定好聘用外國飛行人員的薪金及保險，然後可以考慮使用澳門作為飛機升降的機場。10 月 1 日，孫中山在上海密電孫科，稱先前將兩架飛機運抵汕頭之後，再於本月 4 日通過「廣生號」輪船，運送兩架飛機到廣東，囑設法在香港或澳門登陸。據馮自由憶述，華僑飛行員楊仙逸、張惠長、陳慶雲等人，駕駛飛機，從澳門飛至廣州上空，將炸彈投擲到德宣街的廣東督軍公署。督軍莫榮新正召集軍政要員，舉行軍事會議，「及聞一聲炸彈爆發，乃倉皇作鳥獸散」。「是為廣州有史以來之飛機炸彈第一聲」。[75]

10 月 29 日，洪兆麟、李福林、魏邦平等部粵軍佔領廣州，桂系在廣東的統治隨之土崩瓦解。

在粵軍回粵討桂的史料記載中，有關港商籌餉資助的記述十分匱乏。馮自由僅述：「討莫榮新一役，為楊西巖、郭民發。」[76]可是，他沒有進而憶述兩人在此役中的貢獻。徵諸楊西巖在清末加入同盟會，1911 年出任捐助同盟會最力的香港四邑商工總局主席，其後成為孫中山在港倚重的要人之一；郭民發其後也在國民黨管治下的廣東出任紫金縣縣長，馮自由的

---

[74]　〈致蔣中正函〉，《孫中山全集》第 5 卷，第 425 頁。

[75]　〈陳炯明致古應芬函〉，《古應芬家藏未刊函電文稿輯釋》，廣州：廣州出版社，2010，第 8 頁；〈致孫科電〉，《孫中山全集》第 5 卷，第 350 頁；馮自由：〈旅美華僑組織空軍始末〉，《革命逸史》第 2 集，第 292 頁。

[76]　《革命逸史》初集，第 198 頁。

簡單憶述，想必言之有據。

　　當年孫中山的一則電文，揭示另一位港商、原四邑商工總局要員伍學晃（熀），也是粵軍討桂之役的籌餉負責人。1920 年 8 月 30 日，孫致電伍，稱：「學晃兄：此次率先籌款，以助粵軍，熱誠義俠，實深欽佩。現聞桂賊聚全力於惠州，以圖抵抗，恐惠州一時未易攻下。此時能置桂賊於死地者，在令各地民軍紛起，擾彼後方。」「請兄與執信兄酌奪，分別撥款接濟，務使各地能立即紛起，使彼首尾不顧，則惠州可破，而省城必下。千鈞一髮，幸即圖之。」[77]

　　至於馮自由憶述港商在討袁護國之役中籌款最多者之一的簡讓之，則在粵軍回粵討桂之役中，作出毀家紓難般的貢獻。簡是廣東香山縣南塘村人。據報導，是役「簡在港籌助軍餉達數十萬，以致平生經營港、滬、津、川、漢各地之商務，盡因是倒閉，家產亦已蕩然」。國民黨佔領廣東之後，他在廣東的官辦經濟機構任職，後任廣州鐵路局局長。1923 年 12 月，他到香港打探陳炯明方面的消息，身心交瘁，突發重病，被警察送到香港國家醫院就醫，後轉到廣州芳村惠愛醫院治療。1924 年 1 月 18 日病逝。同年 2 月 29 日，孫中山頒佈《追贈簡讓之令》，讚揚他「廿年革命，百折不撓，贊襄共和，不遺餘力。討袁、護法兩役，既毀家紓難，再造邦家；復身歷行間，執戈殺賊」。命令追贈他為陸軍少將，發給治喪費 1,000 元。[78] 孫中山的追悼令，表明港商簡讓之在護國、護法運動中，有過毀家紓難的義舉，甚至還有上陣殺敵的卓行。

---

[77]　《孫中山全集》第 5 卷，第 314 頁。

[78]　〈熱心粵事竟至身殉〉，廣州《民國日報》，1924 年 1 月 22 日；《孫中山全集》第 9 卷，第 526 頁。

第四節 「工人總統」和香港海員大罷工

「工人總統」與香港海員工會成立

1920 年 10 月底，粵軍佔領廣州。這是自 1911 年廣東光復以來，國民黨作為同盟會的繼承者，再次依靠自己的武裝，攻佔廣州及廣東全省。「二次護法」取得重大進展，粵軍總司令陳炯明和廣東各界相繼電請孫中山回粵主持大局。

11 月 28 日，孫中山與伍廷芳、唐紹儀、胡漢民、汪精衛等人，乘坐中國郵船公司的「中國號」輪船，從上海抵達香港。香港各界代表 200 餘人登船歡迎孫中山一行。孫中山在 1913 年 8 月被港督梅含理頒令永遠禁止進入香港的 7 年之後，首次重臨香港。新任港督司徒拔（Sir Reginald Edward Stubbs，1876-1947，港督任期：1919-1925），不像梅含理那樣對孫中山及其政黨抱有積怨，而是基於維護香港管治需要改善港粵關係的認知，改用新的策略對待孫中山和國民黨。因此，港府允許孫中山一行在香港登岸，改乘當日的廣九鐵路專車，於當天下午抵達廣州。

孫中山抵達廣州之後，首先於 12 月 1 日，和伍廷芳、唐紹儀、唐繼堯等軍政府總裁聯名發佈通電，宣佈恢復總裁制的軍政府；然後著手籌建元首制的正式政府，實行「黨人治粵」，由國民黨人全面執掌廣東政權，以便將來實現「以黨治國」。

1921 年 4 月 7 日，國會非常會議通過「中華民國政府組織大綱」，選舉孫中山為大總統。5 月 5 日，孫中山在廣州就任中華民國大總統（俗稱「非常大總統」）。他將廣州護法政府稱為「正式政府」，以區別於北洋軍閥控制下的北京政府。正式政府各部總長當中，伍廷芳為外交總長，陳炯明

為內務總長兼陸軍總長。陳還擔任粵軍總司令、廣東省省長、國民黨粵支部長等職，可謂集黨、政、軍權於一身。

在孫中山就任大總統的前一天，即 5 月 4 日，香港華民政務司羅旭龢頒發告示，禁止香港華人舉行慶祝活動。告示稱：「現奉督憲面諭：近有好事之徒，或僑居本港，或由外出來港，鼓吹工商各界，欲於本月五日舉行慶祝省城新設政府等事，似屬擾亂人心，當為安分守己之人所深惡而痛絕。亟應嚴行禁止，以保公安。為此示諭各界人等知悉：之後如敢故違，定必從嚴懲究，各宜凜遵毋違。」[79]

5 月 5 日，港府又頒佈告示，警告居民不要響應廣州政府在香港籌款的呼籲，因為該政府可能難以長久，無法償還任何債務。這種舉措，連英國駐廣州總領事也覺得過分，因而向英國駐華公使報告，建議港督撤銷此類告示。後來，港督司徒拔通過英國駐廣州總領事，向孫中山道歉，並辯稱告示措辭欠佳，而且未經他的批准。[80]

此時，孫中山領導建立的「二次護法」政權，在政治上屬於國民黨首次執政的用以對抗北洋政府的革命政權；在社會功能上，他卻試圖用來協調商人和工人、資本家和勞動者的利益，以便團結和帶領雙方，共同進行推翻軍閥統治的三民主義革命。基於後一種目標，他倡議組織「工商政府」，宣示出包容勞資雙方利益與訴求的恢弘氣度。

1920 年 11 月孫中山取道香港，前往廣州途中，曾對港商楊西巖說：「中國欲達安寧富強之目的，須組織工商政府，庶幾剷除軍人之專橫、武人之殘暴，而民治精神始能實現。」[81]

---

[79] 〈華民政務司告示照錄〉，《香港華字日報》，1921 年 5 月 5 日。

[80] 據英國外交部檔案，轉引自黃宇和：《中山先生與英國》，台北：台灣學生書局，2005，第 387 頁。

[81] 轉引自 1921 年 9 月 11 日楊西巖在籌建廣東省總商會會議上的講話，載於同年同月 14 日《香港華字日報》。

次年 2 月 19 日傍晚，孫中山在軍政府宴請廣東紳、商、善界知名人士 100 餘人。席間，他發表演說，首次公開主張組織工商政府。略謂：「現在俄國勞農政府極力趨向我國，萬一我國軍人趨向勞農主義，則我國商民均不願意。我國今日亟須組織工商政府。惟組織工商政府，必須工商各界實力幫忙，非空言所能造到。廿年前，各人均稱我為『孫大炮』。卒亦推倒滿清，成立民國，民國十年，可知我並非大炮。凡做事只要毅力做去，必有成功之日。」[82]

　　孫中山的這一主張，立即引起反映港粵商人心聲的《香港華字日報》的重視。同月 22 至 29 日，該報分 5 天連續刊出題為〈評孫中山工商政府〉的長篇評論，稱「此在熱心社會主義之孫氏，不可謂非思想之一大變化」。「是依社會主義，只有勞工神聖，原無所謂勞商神聖，於工商政府夫何有？孫氏固熱心社會主義者，今乃有所謂工商政府之主張，說者謂此即赤色化退化之特徵」。該評論將主張民生主義的孫中山，說成「熱心社會主義」，反映出作者和當時眾多人一樣，誤將民生主義當做社會主義。該評論進而從中國國情和蘇俄現狀，論述工商兩界有可能互助，工商政府有可能實現。不過，評論懷疑孫中山提出「工商政府」的用意，稱：「或曰孫中山之所謂工商政府，不過一種手段。然吾固言之矣，孫中山的工商政府之能否產生，與工商政府說之果為孫氏良心的主張與否，此為別一問題。惟工商調協之可能，則固徵諸理論的、國情的而有可證明者也。」

　　其實，從重建護法共和政權的目標而論，孫中山的工商政府主張是真誠的。它源自旨在協調和發展包括工、商在內的各階級利益的民生主義，並且從「工商政府」這一名稱上，明確顯示出護法共和政權的階級調和性。「二次護法」期間，孫中山及其領導的正式政府曾經努力發揮工商政府的功能。他們宣佈對廣東早期勞工運動實行「保育政策」，對商人實行鼓勵

---

[82]　《香港華字日報》，1921 年 2 月 21 日。

發展實業和參政議政的政策措施，維護和發展工、商兩界的權益。

　　當然，就著重爭取以商人為主體的廣東資本家階級支持國民黨政權的目標而論，孫中山的工商政府主張顯然帶有策略上的考慮。當時，孫和國民黨都已確立「黨人治粵」進而「以黨治國」的大政方針。在此既定方針之下，「工商」之於「政府」，只是被代表者和參政者，而不是執政者和領導者。領導工商政府的政治力量，是孫中山和國民黨。

　　在協調工、商兩界利益的過程中，孫中山與正式政府對早期勞工運動實行「保育政策」。1921 年 1 月，國民黨要員戴季陶奉命起草「廣東省工會法草案」。他參照 1920 年法國修訂的「職業組合法」和歐美國家勞工法的一般原則，在草案中廢除民國刑律中限制工會活動的各種條文，承認勞動者享有結社、同盟罷工、締結契約和進行國際聯合的權利。該草案經由胡漢民提交正式政府國務會議和法律會議審議，在 1922 年 2 月改名廣東省暫行工會條例，由孫中山頒佈實施。由於護法政府支持和鼓勵勞工成立工會，開展維護自身經濟權益的活動，廣東各地的工會組織迅速增加。1921 年初到 1922 年初，廣州新成立的工會將近 130 個。其中，獲准註冊 80 多個，有 27 個工會舉行過要求資方加薪的罷工，其中 21 個工會的要求得到圓滿解決。[83]

　　鑑於孫中山及其政府扶助勞工運動，當時有報刊輿論稱讚他是「勞工之友」。他則向前來求助的工人表明，自己就是「工人總統」。據《香港華字日報》報導，廣州「連日各工廠要求加薪，罷工風潮亦正在醞釀中。昨有工黨多人進謁孫文，孫當即接見，並對各工黨宣言：余（孫自稱，下同）對諸君行動必為力助。須知余之任總統，實係工人總統，並非軍人總統。蓋余固因得工人之擁戴而獲此職，並非得軍人之擁戴而獲此職。」此後，孫中山解釋其力助工人改善社會經濟地位的原因：「余之目的在使勞工被

---

[83]　《民國日報》副刊，1922 年 3 月 14 日。

認為社會間一種有資格之人。從前勞工在中國政治生活中毫無勢力，一般人視彼等為奴隸，不配預聞公共事。余則確信公共生活若有勞工勢力參與其間，其意味當益濃厚。」[84]

孫中山和國民黨支持早期工人運動，鼓舞著自中華革命黨時期就參與孫中山革命事業的香港海員工人。1920 年冬，原來設於香港的聯義社總社奉命遷移到廣州廠後街 60 號，成為國民黨聯絡海員、華僑的海外交通部，香港海員因此和廣州護法政府建立密切聯繫。

這時，經營歐美航運的香港昌興輪船公司推行包工僱傭制度，壓低海員工資，激起香港海員的反對。海員舉行秘密會議，徵集數千人簽名，聯合上書港府華民政務司。經此抗爭，眾人深感有必要組織統一的工會，於是由慶樂山房、談鴻別墅、和義閣、陶義閣、群樂山房等 20 多個海員宿舍，聯合發起籌組工會，推舉陳炳生、鄭達生、林偉民、翟漢奇、陳一擎、馮永恒、羅貴生等 7 人，為工會籌備委員。這些人都已從先前的中華革命黨黨員，轉為中國國民黨黨員，因此他們將在港籌備工會的情形報告孫中山。

據趙植芝憶述，孫中山隨即派聯義社社員蔡文修、翟海等人來港協助，並欣然將工會命名為「中華海員工業聯合總會」（簡稱海員工會），規定所有航行於海洋、內河的大小船舶的海員，都歸該工會管理。這表明，孫中山對該工會的期望，是成為全國性的海員工會組織，不僅限於在香港一地的發展。此後，海員工會分別在廣州軍政府和香港政府登記註冊。成立之時，孫中山派王斧軍為他的代表，到會致賀。[85]

海員工會何時成立？至今共有三種說法。最早一說，來自國民黨中負

---

[84] 〈孫文力助工人之宣言〉，《香港華字日報》，1921 年 6 月 9 日；〈與約翰·白萊斯福的談話〉，《孫中山全集》第 6 卷，第 634 頁。

[85] 趙植芝：〈香港聯義社革命史略〉，《革命文獻》第 45 輯，第 705 頁。中華海員工業聯合總會成立的時間，另有同年 3 月 6 日之說。

責工人運動事務的馬超俊（1885-1977，祖籍廣東台山）。1942 年，他發表《中國勞工運動史》一書，書中寫道：中華海員工業聯合總會成立於 1921 年 2 月 18 日。此後，中國大陸地區有學者提出在同年 3 月 6 日成立的另一說。中華海員工業聯合總會的後繼組織——香港海員工會則提出有第三說，認為其前身成立於同年 4 月 6 日。[86]

可是，這三種說法都沒有引證史料，以致後人不明孰是孰非。有鑑於此，本書特地抄錄當年的一則報導，以解答海員工會到底何時成立的問題。據報導：「中華海員工業聯合總會於昨日（廿七）禮拜日十一點鐘，舉行成立慶典。各職員就職任後，各寄宿舍代表及來賓、同人二百餘人，座為之滿。有新智學校洋樂隊、詩歌班全體到場助興。由正主席陳炳生宣佈開會理由，由陳錦堂、莫全、楊秋、孫汝南、林偉民演說，皆發揮聯合之必要，全場鼓掌。至五點，茶會，賓主盡歡而散。」[87] 報導所指海員工會成立的「昨日」，是 3 月 6 日禮拜日（即星期天），農曆正月廿七日。因此，3 月 6 日成立之說，是有史料證實的，應予採信。

至於海員工會成立的地點，該報導說在德輔道中 137 號 3 樓，該地點也是海員工會的會所。

香港海員工會成立之初，領導層全是國民黨員。其中，陳炳生為會長（或稱主席），蔡文修為副會長，翟漢奇為司理（主管財務），羅貴生為司庫，林偉民、酈達生為交際委員，馮永恒為調查委員。會長陳炳生在 1915 年 8 月，就由孫中山任命為「滿堤高號」輪船上的中華革命黨分部部長。副會長蔡文修更在 1910 年就加入同盟會，是聯義社的創始會員之一。

---

[86] 馬超俊：《中國勞工運動史》，上海：商務印書館，1942，第 83 頁；尹建明：《香港海員大罷工》，北京：中國國際廣播出版社，1996，第 20 頁；香港海員工會網站，網址：http://www.hksu1946.hk。

[87] 〈各社團開幕情形彙記‧中華海員工業聯合會〉，《香港華字日報》，1921 年 3 月 7 日。

香港海員大罷工與國共兩黨

1921 年 5 月 17 日，海員工會幹事部決定提出增加海員工資的要求，獲得海員大會的贊同。6 月初，工會成立「海員加薪維持團」，下設交際部、代表部、調查部、勸進部、疏通部等，分別負責接洽、交涉、調查、發動海員、疏通內外意見等工作。此外還設有中文和西文書記，負責處理維持團的有關議案和來往函件。工會還在廣州設立辦事處，在廣州聯興街預先租賃宿舍 12 間，購備足夠兩個月的伙食，準備接待日後罷工前往廣州的罷工海員。這些準備措施表明，工會正在有組織、有計劃地密謀掀起一場震驚華南乃至全國的工人大罷工。

同年 9 月，海員工會正式向各輪船公司提出三項要求：一、增加工資。要求每月工資 10 元以下的加五成，10 至 20 元的加四成，20 至 30 元的加三成，30 至 40 元的加二成；40 元以上的加一成；二、工會有權介紹海員就業；三、簽訂僱工合同時，工會有權派代表參加。同年 11 月，各輪船上的外國海員加薪一成半，華人海員的加薪要求卻一再被拒絕。[88]

1922 年 1 月 12 日上午 9 時，陳炳生等工會領導人因受工人群起質問，於是向各輪船公司船東發出最後通牒，限 24 小時內應允加薪，否則舉行罷工。可是，當天中午，一部分主張馬上舉行罷工的工會成員按捺不住，堅決要求陳炳生等工會領導人即刻宣佈罷工。「激烈派會員大為鼓譟」：「若不先行罷工，即廿四個月亦無答覆也。言時極為憤怒，竟有將座上焗盅茶杯擲地者。主席（陳炳生）與辦事人見事勢如此，而工人一唱百和，究非言語可能和平解決，而罷工之事遂成矣。」[89] 可是第二天，香港華民政務

---

[88]　章洪：《香港海員大罷工》，廣州：廣東人民出版社，1979，第 25 頁。

[89]　〈香港海員罷工記〉，《民國日報》，1922 年 1 月 22 日。

司發出通告，願意調處勞資關係，陳炳生、翟漢奇等工會領導人又通知工人於 1 月 16 日以前回船復工。海員斥責這「顯係二、三辦事人所為，事非公決，勢難承認」，繼續堅持罷工。[90] 從海員工會內部圍繞罷工出現的分歧意見來看，罷工提前舉行，是工會中的下層國民黨員推動和鞭策主持工會的上層國民黨員的結果。此後，主張堅決罷工的國民黨籍海員蘇兆徵出任罷工總辦事處總務主任。

同年 1 月 12 日下午 5 時開始，所有從香港開往廣州、江門、福州等地的內河輪船，以及從外埠開到香港的英、美、法、日、荷等國的海洋輪船，船上的華人海員都相繼舉行罷工。一周之內，參加罷工的各種輪船達到 123 艘，罷工海員達 6,500 人。到 1 月底，陸續回到廣州的罷工海員在一萬人以上。與此同時，碼頭搬運工人、帆船、運貨船的工人也相應罷工，罷工人數增加到 3 萬人。

2 月 1 日，港府藉口海員工會運動其他行業罷工、「危及香港之治安與秩序」，宣佈海員工會為非法團體，派軍警查封工會會所，收繳孫中山題寫的中華海員工業聯合總會招牌。同時查封參與同情罷工的海陸理貨員工會、同德工會、集賢工會等運輸行業的工會，拆走這些工會的招牌，拘捕這些工會的 4 名辦事人員。港府還出動軍警在街上巡查。

可是，這些高壓措施卻無法強迫罷工工人復工。到 2 月 10 日，因罷工而停泊在香港的中外輪船增至 168 艘，其中英船最多，有 76 艘。加上帆船和運遠貨船工人也加入罷工，香港的水上交通完全陷於停頓。各家輪船行商因此遭受巨大的經濟損失，市面生意也頓形蕭條。香港紳商各界不僅出面調停，而且要求港府以談判方式，盡快解決罷工。港府隨即提出，只要海員同意更改工會名稱、遷移工會地址、改選工會領導成員，可以允許海

---

[90]　廣州《羊城報》，1922 年 1 月 16 日，轉引自章洪：《香港海員大罷工》，第 33 頁。

員重新成立工會。這實際上是要求海員工會認輸投降。

2月10日，海員罷工總辦事處在廣州召集海員大會，決定必須堅持恢復工會原狀的原則。同月15日，該辦事處派蘇兆徵、翟漢奇、盧俊文、陸常吉等4人為代表，前往香港，和東華醫院、保良局、華商總會等紳商團體的代表進行談判。蘇兆徵等人堅持海員工會不能改名、遷址的立場，紳商代表只好請海員代表一起，去見港府華民政務司夏理德。海員代表同樣向夏理德申明，只要港府歸還被沒收的工會招牌，資方接受罷工海員提出的加薪條件，就可以復工。但是，港府堅持查封海員工會的行動，致使談判毫無進展。

這時，海員工會領導人突然出現人事變動。2月15日，海員工會會長陳炳生因其妻與人通姦，竟在廣州開槍殺死其妻。陳隨即在廣州被逮捕，並被護法政府的司法機關判處入獄監禁12年。這一判決含有顧念其為國民黨員和香港海員工會會長之意。於是，2月17日，罷工海員在廣州召開會議，推舉蘇兆徵為代理會長；林偉民代替蘇兆徵，擔任罷工的談判代表。

其後，因陳炳生長期在香港海員中從事工運活動，頗有領袖聲望，罷工海員因此堅持要求將他釋放出獄。蘇兆徵和海員工會領導者還發動省港各工團聯名上書，以「此次罷工，陳炳生有大功」為由，呈請孫中山予以特赦。1922年5月2日，即國際勞動節的第二天，孫中山發佈大總統令，特赦陳炳生。陳隨即繼續擔任海員工會的領導人。

卻說1922年2月17日，罷工海員在廣州開會，推舉蘇兆徵擔任海員工會代理會長，繼續餘下的領導罷工進程。不過，在當天的會議上，有人主張根據香港政府的意見，將被港府查封的「中華海員工業聯合總會」，改為「中華海員工業聯合總會香港支部」，而將總會改設在廣州，作為變通之計。可是，會議最後議決：必須堅持在港恢復工會原狀的前提條件，才可與港方談判加薪及復工等事宜。次日，林偉民等4位代表再赴香港，將海員大會的決議通知港方，港方態度曖昧，不置可否。於是，林偉民等人於2

月 21 日返回廣州，和港方的談判陷入僵局。

為了給港方進一步施加壓力，蘇兆徵等海員工會領導人決定聯合香港各行業的工會組織，舉行全港總同盟大罷工，時間定在 2 月底工人領工資之後進行。港府聞訊宣佈戒嚴，頒佈特別緊急條例，違例者將處以 1,000 元以內的罰款，及一年之內的監禁。可是，各行業工會仍然按計劃相繼舉行罷工，罷工工人陸續前往廣州。到 3 月初，全港罷工人數增加到 10 萬人以上，遂使此次罷工，規模之大，持續時間之久，震撼華南乃至內地，贏得內地工會組織相繼支持。

3 月 4 日清晨，數千罷工工人在九龍油麻地會合，成群結隊，步行前往廣州。港府沿途派軍警攔阻。罷工工人抵達沙田時，軍警竟然開槍射擊。因槍傷而身亡的工人有：張彥祥（崇正工會）、張思寧、劉茂（西餐工人）等 3 人。重傷者有：梁全英、鄧燊、劉全發（西餐工人）、周炳（沙藤平樂工人）、朱耀南（洋行）、梁久（檀香山千益堂）、譚樹標（西廚）、吳發、潘國恩（海陸群益工人）等 9 人，他們後來都送到油麻地的廣華醫院治療。[91]

「沙田慘案」發生的當天，港府已經邀請罷工海員代表翟漢奇、林偉民、盧俊文、陸常吉，以及廣東省政府代表陸敬科，到香港大會堂，和英國駐廣州總領事詹美遜、港府華民政務司夏理德以及中外船東代表，一起組成公斷處，談判解決罷工問題。「沙田慘案」促使與會代表加快協商解決罷工的進程。其中，港府決定終止鐵腕取締罷工的舉措，轉而促使船東接受海員提出的談判條件，成為談判最終取得重大突破的關鍵。

3 月 5 日，談判各方達成解決罷工的協議，主要內容是：

一、從 1922 年 1 月 1 日起，各輪船海員加薪幅度是：華人內河輪船，加三成；其餘華人輪船在 1,000 噸以下者，加三成；省港輪船公司，加二成；

---

[91]　〈海員工潮解決實錄〉，上海：《民國日報》，1922 年 3 月 14 日。

其餘英人輪船公司，加二成；沿海輪船，加二成；來往渣華輪船，加一成半；來往太平洋輪船，加一成半；來往歐洲輪船，加一成半；來往澳洲輪船，加一成半。

二、訂定一個日期，以便各船員一律回船，由離工日起至一律回工之日止，工金照新定之價折半支給。各船東須用回其船員在其公司之船供職。如果雙方同意，也可以安置在別船供職。如各船回工無席位，須在此期間折半支付工金，但一律由回工之日計起，不得超過五個半月為限。這筆折半之工金款項，另委管理人管理。

三、各船東允願相助實行一個新的僱用船員辦法，以便盡量減少一切關於支付船員工金之弊病。

四、恢復原來的中華海員工業聯合總會，釋放被拘捕的工會辦事人員。「沙田慘案」死難者，每人撫恤 1,000 元。[92]

這些協議雖然與罷工工人先前提出的條件略有差距，但已顯示工人的勝利。協議規定罷工期間的工資及應得的加薪，折半發放；罷工海員復工後，若無法安排其工作，可以在管理人監管之下，獲得不超過 5 個半月的一半薪金。這可以說是對海員罷工期間的津貼和善後。工人在罷工期間，居然可以領取薪金和加薪的一半，這大概是世界罷工史上罕見的勝利結局。至於其後資方是否會兌現，工人們當時並不在意。港府同意恢復海員工會、釋放被捕工會人員、撫恤死難者，則表明其自認鎮壓罷工行動的失策，儘管其僅僅允諾給予死難者撫恤金，而不肯懲戒行兇者。於是，在簽訂解決罷工協議的當天，海員代表就在香港印發傳單，宣布談判「完全議妥」，通知工人準備復工。

---

[92]　章洪：《香港海員大罷工》，第 68-69 頁。

3月6日，港府發表特別公報，宣佈取消海員工會為不法會社的命令，以及取消香港居民離港的禁令等。下午2時30分，港府派人送回先前收繳的中華海員工業聯合總會的招牌，香港基督教教會的會督親自將工會招牌掛回原處。與此同時，港府還送還同德勞動總工會、集賢卸貨工會、海陸理貨員工會被收繳的工會招牌，釋放大部分被捕工會人員。在德輔道中圍觀海員工會重新懸掛招牌的數千民眾揮舞彩旗，燃放鞭炮，歡呼慶賀。「上、中、下環、荷李活道與堅道以上一帶舖戶，無不速購爆竹燃放，滿街皆是爆竹聲」。「街上行人皆有喜色，其一種熱鬧情景，無異夏曆新年」。[93]

　　同日，廣州舉行罷工海員和各行業工人大會。先由海員談判代表翟漢奇報告在港交涉情形。再由另一位談判代表林偉民解釋之所以接納罷工期間工金賠償一半的結果，是「因香港各商團僑民紛紛請求讓步解決，務使香港商務早日恢復原狀，則各僑胞安居樂業，故代表等敢酌令其賠償一半，以順各僑胞之請」。接著，海員工會主席蘇兆徵發表演說，稱：「此次雖已大體解決，然尚有小部分未解決，因非將前因罷工嫌疑被港政府拘禁之工人先行釋放之事了結，則不能作為全部解決。願各位勿以為已告解決，自行回港開工，須要各問題完全了結，我們親愛各工團然後作團體的回港開工。」

　　最後，廣東省長陳炯明應邀在會上致辭。他說：「此次海員工潮，雙方調停已至一個月之久，香港商民損失頗巨，而省城商民間接亦受損失。今因各代表返省，報告雙方諒解，完滿解決，免致罷工時期延長，實不能不欣喜。」他還表示，對於「沙田慘案」，省府正向香港政府交涉。陳炯明說完，「各工人高呼：省長萬歲！總司令萬歲！」[94]

---

[93]　〈罷工解決後之狀況〉，《香港華字日報》，1922年3月8日。

[94]　〈港海工潮解決之經過〉，《申報》，1922年3月14日；〈海員工潮完全解決之省訊〉，《香港華字日報》，1822年3月8日。

次日，香港海員工會宣佈從3月8日起正式復工，同時致電汕頭、北海、瓊州、江門等地罷工海員，通知他們就地自行復工。香港各工會也發出復工通告。3月8日上午，廣州舉行有十萬餘群眾參加的歡送罷工工人返港復工大會，會後舉行大遊行。人們舉著寫有「歡送海員復職」、「勞工神聖」等標語的旗幟，沿途燃放鞭炮，奏樂歡呼。航空局還專門開出幾架飛機，在天空飛翔助興。下午5時，首批回港復工的3,000多名工人返抵香港。

　　香港海員大罷工從1922年1月12日開始，至3月8日結束，歷時56天。它從要求船主加薪開始，最初屬於經濟罷工，可是自從2月1日香港政府查封海員工會，搶走孫中山親筆題書的工會招牌，罷工開始顯示反對港英政府倒行逆施的民族主義傾向，從而在香港乃至中國的工運史上形成兼具經濟、政治意義的第一座里程碑。它成為中國工人運動在20年代初形成的第一次罷工高潮的起點。此後，上海、武漢和開灤煤礦、安源煤礦、京漢鐵路等處，都發生因要求加薪或成立工會而激發的罷工。這些罷工都不同程度地呈現從經濟罷工擴展到政治罷工的新趨勢。

　　1922年粵港同慶海員罷工勝利的情景，表明國民黨執政的護法政府與

1922年香港海員工會要員在廣州合影。左上角「民黨」二字顯示工會與國民黨的關聯。

香港罷工海員保持緊密的聯動。當時，設在廣州的罷工總辦事處懸掛著國民黨的青天白日黨旗；罷工海員的證件上，印著孫中山的肖像。罷工期間，香港海員等各行業工人聚居廣州達數萬人之多。廣州市長孫科下令騰出全市的寺廟和公共場所，供罷工海員作臨時食宿之地。陳炯明領導的廣東省政府每日給罷工工人借出數千元，接濟工人的生活，前後共計 10 餘萬元。海員盧用跳海殉國，以激勵工人堅持罷工，國民黨廣東省支部為其組織出殯，7,000 名海員執紼送葬。正在廣西桂林整軍北伐的孫中山，得知香港海員罷工的消息，急電國民黨中專門從事勞工運動的馬超俊，「前往慰問，並力於協助。以是海員益為奮興，堅持罷工，不為所屈」。[95]

不過，孫中山和廣東護法政府是香港海員罷工的支持者，卻不是這場罷工的發動者和領導者。發動和領導這場罷工的，是海員工會領導層的國民黨員。[96] 孫中山、陳炯明等國民黨領導人支持這場罷工，是基於同黨相助的本能和扶助勞工的觀念。與此同時，孫、陳兩人還基於各自的考慮，對罷工有不同的表態。

當時，孫中山和廣州正式政府正致力於護法北伐。他們擔心公開支持罷工，可能導致和香港政府的衝突，進而招致列強的武裝干涉，從而殃及北伐大業。因此，他們在對外表態中，往往洗脫和海員罷工的關係。1922年 2 月，港府對支持罷工的廣州方面採取報復行動，禁止將糧食、煤炭、五金轉運廣州。正式政府為之震動。外交部次長伍朝樞急忙致函英國駐廣州領事，聲明「海員罷工，是工人自身利益問題，與粵政府絕無關係」。孫中山的英文秘書陳友仁也在上海《字林西報》上剖白：「廣州官方採取不

[95]　馬超俊：《中國勞工運動史》，第 92 頁。

[96]　莫世祥：〈也談國共兩黨和香港海員大罷工──兼糾正馬林報告中的不實之詞〉，北京：《近代史研究》，1987 年第 5 期。

干預罷工的原則，但可能有借款供給工人使用。」[97]

罷工結束後，外國記者問孫中山：「君當知香港報紙甚至英倫報紙因君被指於本年春間贊助香港之罷工者，故頗責備，且詆君唆使罷工。君於此有所說否？」孫回答：「當罷工事起時，余在廣西之桂林，其地與廣州不通火車，余方全力注於北伐。彼時主管廣州政府者，為陳炯明。余初不知有罷工事，直至吾人軍用品因交通斷絕，不能達梧州（經此往桂林）時，余始知之。至余對罷工者之感想，苟彼等之目的為經濟的，余固予以同情。而彼等之罷工，其後雖牽政治，原始時實為經濟的也。但謂余贊助罷工，以期損害英國利益，余絕對不能承認。惟凡關於改良勞工情形之運動，余皆贊同之。」[98]這番話表明，孫中山在香港海員罷工之後，才知道發生此事。他贊同此次罷工，但否認藉此損害英國的利益。

至於陳炯明，他並不贊成孫中山以護法北伐統一全國的方針，而是主張據粵自保、實行「聯省自治」。這種政見歧異，被香港政府和保守紳商視作有機可乘。早在 1921 年 3 月，香港華商總會會長劉鑄伯就邀請陳炯明到香港會晤，建議陳在廣東組織資政委員會，由政府官員和商人各 5 人組成，其中港商佔 3 人。該委員會將在廣州、香港籌款，資助陳炯明，條件是陳必須和北洋政府妥協，並和孫中山斷絕關係。港督司徒拔贊成這一計劃，並將此稟報英國殖民地部。不過，殖民地部認為香港不應捲入廣東政府內部事務，拒絕批准這一計劃。[99]

---

[97] 〈香港政府禁止煤炭等出口〉，《民國日報》，1922 年 2 月 23 日；〈港海員罷工之調停進行〉，《民國日報》，1922 年 2 月 17 日。

[98] 《孫中山全集》第 6 卷，第 635 頁。

[99] 據英國殖民地部檔案，轉引自張俊義：〈20 世紀初粵港政局之互動〉，《嶺南近代史論：廣東與粵港關係（1900-1938）》，香港：商務印書館，2010，第 178 頁。

香港海員罷工後，港督司徒拔向英國殖民地部報告：「海員罷工不單純是一場經濟運動，而是一場政治運動。」「孫中山領導下的國民黨是此次罷工的幕後組織者。廣州政府已完全處於這一具有布爾什維克主義性質的組織的控制下。毫無疑問，極端主義者站在孫的一邊。」英國駐廣州總領事也在給英國外交部的報告中，指責孫中山「喬裝成勞工嚮導」，認為對海員罷工「進行有效抗衡的唯一希望」，「存在於陳炯明將軍的政府的固有共同意識之中。該政府對這一運動完全出自同情，並以明智圓通的態度對待英國人和其他外國人」。香港滙豐銀行表示，只要陳發動叛亂，就向他提供 50 萬英鎊的援助。[100]

罷工期間，陳炯明為了改善和香港政府的關係，曾經催勸罷工海員降低加薪要求，早日結束罷工。2 月下旬，港督致電陳炯明，答應將海員工資增加百分之二十五，這仍然低於海員要求增薪百分之三、四十的標準。陳炯明卻在同月 26 日向海員演說，敦勸他們接受港督條件，3 天內開船復工。[101] 可是海員不為所動，反而在 2 月底聯合香港各行業工人，進行更大規模的總同盟罷工。3 月 6 日，罷工工人在廣州通報罷工勝利的消息時，工人向到場致辭陳炯明歡呼「省長萬歲」，其含義耐人尋味。

總之，無論是孫中山對香港報刊指控他唆使罷工的辯白、護法政府宣佈與罷工無關的聲明、陳炯明調停罷工的說辭，還是司徒拔指責國民黨是罷工幕後組織者的斷言，這一切相互牴牾的話語，都給國民黨與香港海員罷工的關係蒙上令人迷茫的煙幕。穿越這些煙幕，才能看清歷史的真相：從

---

[100] 轉引自張俊義：〈20 世紀初粵港政局之互動〉，《嶺南近代史論：廣東與粵港關係（1900-1938）》，香港：商務印書館，2010；奧而伯特（D. R. Allbert.）：《銀行家和外交家在中國（1917-1925）》（*Bankers and Diplomats in China（1917-1925）: the Anglo-American Relationship*）London: Frank Cass. 1981。

[101] 《民國日報》，1922 年 2 月 28 日。

遠因來說，香港海員與國民黨的組織聯繫，至少可以追溯到該黨的前身中華革命黨時期；從近因來說，「二次護法」期間孫中山自詡為「工人總統」，國民黨在廣東對勞工運動實行「保育政策」。這些遠近因素的交相作用，確保罷工海員獲得來自廣東的可靠支撐。惟其如此，領導海員工會的國民黨員才能理直氣壯地堅持抗爭，香港政府也才會心存顧忌而最終願意妥協，致使此次海員罷工在香港工運史上取得空前絕後的罷工勝利。[102]

至此，還需要考證香港海員罷工和剛成立於 1921 年 7 月的中國共產黨的關係。

1922 年初，共產國際派來指導中國革命的代表馬林，在廣西桂林會晤孫中山之後，來到廣州，親眼目睹海員罷工期間國民黨政權支持罷工的情形。半年後，他在給共產國際執行委員會的報告中，依然為之讚歎不已：「國民黨與工人之間的聯繫是多麼緊密，這一點對我來說是十分清楚的。整個罷工都由這個政治組織的領袖們所領導。罷工工人參加了黨的民族主義的示威遊行，全部財政資助都來自國民黨。」「國民黨與罷工工人之間的聯繫如此緊密，以致在廣州、香港、汕頭三地竟有一萬二千名海員加入國民黨。」馬林因此向共產國際提出實行國共合作以促進中國革命的建議，並且批評新成立的中共廣東黨組織「不和罷工工人聯繫，也不支持罷工」。[103]

馬林是國共合作方針的最早倡議者。他為了說服共產國際採納在中國推行國共合作的政治方針，有意在報告中貶低新成立的中共的活動能量，而極力褒揚國民黨領導海員罷工，宣稱「整個罷工都由這個政治組織的領

---

[102] 1925 至 1926 年的省港大罷工規模更大，持續時間更長，但罷工結束後返港工人的待遇不僅沒有得到改善，反而遭受冷遇和歧視。此後，香港雖有小規模的罷工，結果都遠不及 1922 年的海員罷工。

[103] 〈馬林給共產國際執委會的報告〉，《馬林在中國的有關資料》，北京：人民出版社，1980，第 16-17 頁。

袖們所領導」。對此，筆者曾撰文考證，指出「這是亟需訂正的有關中共黨史的第一份失實的報告」。[104]

其實，歷史的真相是：當香港罷工海員會聚廣州之際，國共兩黨成員已經聯合支持這場罷工。在此之前的 1921 年，陳炯明以廣東省長名義，邀請在 1919 年五四運動中蜚聲全國的北京大學教授、其後擔任中共中央領導人的陳獨秀來到廣州，擔任廣東省教育委員會委員長。於是，中共黨團組織隨之在廣州公開活動。據國民黨的機關報——上海《民國日報》報導，1922 年 1 月 15 日，廣東社會主義青年團、互助社和馬克思經濟學會在廣州，聯合舉行紀念德國工運領袖李卜克內西和盧森堡的工人大會，到會工人 4,000 餘人，其中罷工海員 2,000 餘人。廣東國民黨要員、曾任同盟會香港分會會長的謝英伯擔任大會主席，身兼國共兩黨黨籍的林伯渠，以及中共廣東支部的三位負責人譚鳴謙（即譚平山）、陳公博、譚植棠，相繼在會上發表演說。號召罷工工人發揚李卜克內西和盧森堡二人寧死不屈的「非妥協」精神，「非貫徹階級鬥爭，以建立無產階級專政的國家不可」，「我們只有聯合無產階級，舉行世界大革命，根本推翻資本階級，以貫徹我們的目的」。會後還舉行示威遊行。[105]

2 月 9 日，中共廣東支部散發題為《敬告罷工海員》的傳單，呼籲「堅持到底」、「團結一致」、「嚴守秩序」、「注重自治」。同年，6 月 30 日，陳獨秀在向共產國際滙報中共工作時，說：廣東黨組織在海員罷工期間，「全部黨員及青年團團員參加招待及演講，以共產黨名義散佈傳單三千份」。陳公博後來回憶說：海員罷工「本來是國民黨的聯誼（義）社主持，迨（海員）

---

[104] 莫世祥：〈也談國共兩黨和香港海員大罷工——兼糾正馬林報告中的不實之詞〉，北京：《近代史研究》，1987 年 5 期。

[105] 《民國日報》，1922 年 2 月 6 日。

來粵之後，共產黨遂於中加緊活動，海員分子是當日共產黨的唯一目標」。[106]
因此，馬林批評中共廣東黨組織不支持海員罷工的說法，是有違史實的。

　　中共雖然支持海員罷工，卻沒有領導這場罷工。因為此時共產黨人都
以充當國民黨領導的革命運動的「後援」為己任，尚未如同 1925 年省港大
罷工開始後那樣，和國民黨人爭奪工人運動的領導權。1922 年海員罷工後，
中共中央通過中國勞動組合書記部，首先在上海發起組織「香港海員後援
會」，積極支持海員罷工。中共廣東支部也在《敬告罷工海員》中，聲明：
「本黨以海員同志為開始階級鬥爭的急先鋒，定當竭其能力，為之後援。」
這種甘當「後援」觀念，反映出中共當時尚未樹立爭取革命領導權的意識。

　　此外，當時中共廣東支部在陳炯明據粵自強、反對孫中山北伐統一的
活動中，公開發表祖陳反孫的言論，背離海員工人對孫中山的尊崇之情，因
而失去在海員中的號召力。1922 年 6 月陳炯明發動推翻孫中山的政變之後，
陳公博等中共廣東支部負責人不顧中共中央勸誡，公開撰文誣指孫中山為
「軍閥」，妄稱陳炯明為「革命」，致使「廣東黨部問題，起初他們是不
自覺的，後來完全是自覺的作陳炯明的工具」。中共中央於是將陳公博等
人開除出黨，對參與此事的黨、團員分別給予處分，並在中共機關報《嚮導》
周報上，公開批判黨內祖陳反孫的錯誤言論，號召國人支持孫中山的革命
事業。這種壯士斷腕般的行動，為兩年後正式實施的國共合作，排除了來
自本黨的障礙。

　　當香港與華南的工人運動興起之初，當國民黨以在野革命黨的身分，
進行捍衛共和的「四次革命」之際，國民黨中的有識之士和早期共產黨人

---

[106]　〈中共中央執委會書記陳獨秀給共產國際的報告〉，《中共中央政治報告選輯（1922-1926）》；
　　　　陳公博：〈我與共產黨〉，《寒風集》。

在發動、組織和支援工人運動等方面，有過精誠合作的眾多先例。國民黨人領導的香港海員大罷工，得到共產黨人的後援，可以說是國共兩黨合作的先聲。它說明此後國民黨採取容納共產黨和扶助農工的政策，自有其先前積聚的因緣。

第五節 護法討陳之役在香港

孫中山廣州蒙難

「二次護法」以來，孫中山和陳炯明一直圍繞著要北伐統一還是要聯省自治的政見分歧，展開博弈和爭鬥。1922 年 6 月 16 日凌晨 2 時許，陳炯明所轄軍隊發動政變，推翻孫中山領導的廣州正式政府。孫中山冒險登上「永豐號」軍艦，率領海軍艦隊堅持討逆，在珠江河面和白鵝潭中，和佔領廣東的陳軍長期對峙，以便等候已經攻入江西境內、效忠孫中山的北伐軍班師來援。陳炯明本人則坐鎮在他的根據地惠州城內，任其軍隊和孫中山的護法海軍對陣，以表示自己並非發動兵變的策劃者和領導者。

6 月 23 日，伍廷芳目睹陳軍氣焰囂張，憂憤成疾，併發肺炎，病逝於廣州東山醫院，享年 80 歲。彌留之際，他囑託兒子伍朝樞繼續輔佐孫中山。孫中山得知伍廷芳逝世的噩耗，「涕泣不能自抑」，對海軍官兵說：「今日伍總長之歿，無異代我先死，亦即代諸君而死。為伍總長個人計，誠死得其所。惟元老凋謝，自後共謀國事，同德一心，恐無如伍總長其人矣。吾軍惟有奮勇殺賊，繼承其志，使其瞑目於九泉之下，以盡後死者之

責而已。」[107]

主要由香港海員組成的聯義社廣州總社，在孫中山危難之際，挺身而出。據孫中山的參軍黃惠龍憶述，孫中山登上「永豐艦」之後，因為缺少護衛，即派副官馬湘「親至海員聯義社，召集聯義同志，潛來永豐。不數日，聯義同志之報到者有數十人」。據該社負責人、曾任香港海員的趙植芝憶述，當時他率領聯義社社員，登上「永豐艦」，擔任孫中山的貼身護衛。因手槍甚少，他變賣家產，「購得二號左輪手槍百餘桿，由佛山輪分社社長何志和運至黃埔，送交『永豐艦』。」「自陳炯明作亂以至蕩平，社員殉難者，有容澄、楊漢華、盧永、潘祥、蘇從山、謝鐵良等。」[108]

遠在上海的蔣介石，接到孫中山要求他速來廣州協助平亂的指示，立即千里赴難，登上「永豐艦」，指揮戰鬥，給孫中山留下深刻的印象。其後，他撰寫《孫大總統廣州蒙難記》一書，逐日記述孫中山在永豐艦上堅持平叛的經歷，從此奠定自己在國民黨中的地位，也給後人留下一份珍貴史料。

參加反孫政變的一名悍將，是昔日誓言效忠孫中山的洪兆麟。他曾於1915 年在廣東惠州領導討袁護國起義而被香港政府拘押，經孫中山和在港中華革命黨人聘請律師抗辯，免遭引渡。他出獄後，聲言：「我不曉得革命黨，又不曉得中華民國，只曉得一個孫中山，因我一條命是他救回的。」而今，洪兆麟居然成為反孫政變的悍將，激起加入聯義社的香港海員的深刻仇恨。1925 年，洪兆麟兵敗後，從香港乘船前往上海。途中，被船上的聯義社社員韋德刺殺。為避免暴露同黨，韋德隨即吞槍自盡。後來，國民黨將韋德的遺體葬於廣州黃花崗烈士陵園內。

---

[107] 蔣介石：《孫大總統廣州蒙難記》，上海：民智書局，1923。

[108] 黃惠龍；《中山先生親征錄》，上海：商務印書館，1930，第 20 頁；趙植芝：〈香港聯義社革命史略〉，《革命文獻》第 45 輯，第 705 頁。

卻說 1922 年 6 月中旬，孫中山率領護法海軍，在廣州河面與陳軍對陣。省港兩地的商會團體擔心孫陳相爭擾亂商場生意，曾經出面調停，呼籲雙方停火。未遂之後，他們轉而呼籲孫中山放棄抗爭，還廣東安定。在清末興中會時期就和孫中山有齟齬的謝纘泰，也隨之加入勸孫離粵的行列。

同年 8 月 8 日，謝纘泰給孫中山發出英文公開信，勸其退往上海。全文翻譯如下：[109]

吾之摯友：自從你在南京就任中華民國臨時總統，並於 1912 年 2 月讓位於袁世凱以來，我一直關注你的事業。值此緊要關頭，我不忍眼看災難降臨閣下及貴黨成員之身，故冒昧陳述朋友之言。

吾等皆老矣。你想必記得，1895 年 3 月，楊衢雲和我以及你和你的朋友，一起聯手創立興中會。1896 年 10 月，我等密謀奪取廣州失敗。此後，正是我勸說楊衢雲，按照你的意思，將興中會的領導地位讓給你。這一情景，正和當今形勢相似。當時，他從南非、印度、新加坡歸來，1898 年在日本與你商談，你正忙於和胡漢民、黃興等人籌組同盟會。

其後，楊衢雲返回香港。惠州起義失敗後，他於 1901 年 1 月 10 日在結志街 52 號課室遇刺。同年 2 月，你在日本發出追悼訃告。你想必還記得，1903 年 1 月 28 日夜晚，我和我的父親，還有洪全福、李紀堂、容閎、何啟等人，密謀奪取廣州。當時，我們希望得到你在海外的合作。此事失敗之後，我從此韜光養晦。

終於到 1911 年 10 月，武昌起義，革命迅速成功。滿清覆亡、民國建立之後，你讓位給袁世凱。我不願加入黨派，也不願捲入隨之而來的內戰，因而退出政壇，不忍目睹國人為一己之私，爭權奪利，自相殘殺。

---

[109] 譯自〈致孫逸仙醫生〉（"To Dr. Sun Yat-sen"），《士蔑西報》，1922 年 8 月 9 日。

民國以來，令我之最痛心者，莫過於目睹舉國陷入混亂、苦痛和血腥之中。

為制止中國血腥慘劇繼續惡化，為結束廣東人相互殺戮的兄弟鬩牆，以免擾亂商貿，禍及鄰省，我懇求閣下犧牲自我及權位，放下個人成見與黨派界限，及早與陳炯明將軍和解。和解之後，你可以退往上海，將時間和精力用於重組貴黨，選良除莠。還可以在上海，和黎元洪總統以及其他為統一和重建中國而努力的愛國者合作，擔任中華民國的監護人（Guardian）。

吾不過一介布衣，兼且遠離政治已久，惟望閣下勿忘老朋友之卑微忠言。

謝纘泰　1922 年 8 月 8 日於香港

謝纘泰在信中回顧興中會時期與孫中山一起密謀反清的經歷，說明他依然懷念昔日的戰友情誼。他勸告孫中山離粵赴滬，致力整頓國民黨，也屬一語中的之論。可是，他希望孫陳和解，希望孫與民國以來一直成為軍閥政治玩偶的黎元洪合作，卻表明他確實遠離民國政治太過久遠，不知道孫中山自從創建中華革命黨以及將該黨改為中國國民黨以來，已經確立堅定不移的革命方針，即堅持本黨領導的捍衛民國共和制度的革命運動，推翻軍閥政治，統一全國，實行三民主義。除非陳炯明、黎元洪贊同這一方針，否則孫中山即使身處逆境，也不會屈膝尋求和解與合作。

8 月 9 日，即香港《士蔑西報》發表謝纘泰公開信的當天，堅持在粵海省河與陳炯明軍隊對陣 50 多天的孫中山，得知北伐軍作戰失利、無法回援廣州的消息，終於決定乘搭商船，離開廣州。英國駐廣州總領事聞訊，專門派來英國軍艦「摩漢號」，在下午運送孫中山和蔣介石等隨行人員，在次日上午 6 時抵達香港。孫中山一行隨即轉乘俄國「皇后號」郵船。其間，香港政府派員前來照料一切。正午 12 時，郵船開航，駛往上海。孫中山領導的「二次護法」，終因陳炯明所部發動政變而以失敗告終。

孫中山此次離開廣州，取道香港，前往上海，全程都處於英國情報機

關的嚴密監控之中。8 月 14 日，即孫中山一行抵達上海的當天，英國陸海軍聯合情報局香港總部秘書 W. D. 培根致函上海情報局秘書，稱：「孫中山現已去上海，我們就難於獲得有關他的計劃和行動的情報。如蒙將他留滬期間所進行的政治活動給我局每周一次報告，如有重大事情發生送一份特別報告，則不勝感激。」當天，英國駐上海代理總領事將此函轉給上海公共租界工部局警務處總巡警麥高雲，請其辦理。25 日，麥高雲覆函稱：「茲準備每日寄上警務情報摘錄一份，並建議從九月四日始每星期一送上一份這些報告的摘要。」從現已公佈的檔案資料來看，上海工部局警務處在 1922 年 9 月 4 日至 1923 年 2 月 19 日孫中山從上海乘船到香港，轉往廣州為止，每周按時向英國陸海軍情報局香港總部送一份有關孫中山與國民黨要人在上海活動的情報摘要，共計 24 份。

其中，和香港有關的情報，是關於上海公共租界巡捕房批准逮捕香港海員工會領導人，以及該工會與上海海員工會的領導人相互調動的消息，從而表明香港海員工會領導人因為和孫中山及國民黨的關係密切，而同處於被跟蹤監視的境地。這些消息如下：

到 1922 年 10 月 30 日為止的消息：上海公共租界巡捕房「批准逮捕中國海員工會主席林偉明（民）、委員會委員陸常吉」，「現正盡力設法逮捕這些人歸案」。「謀殺妻子的香港海員工會前主席陳炳生目前在滬。據報告住在華界」。「另一個中國海員工會的領導者翟漢奇於月初已到達租界，本月十九日赴天津，力圖在那裏組織中國海員工會分部。與香港海員罷工有關而獲臭名的另一個人謝英伯，別名謝華國，也在北方。人們懷疑最近擾亂北方地區的罷工由他一手發起。」這一消息表明，香港海員工會的這幾位首要領導人都已隨孫中山北上，將海員工會的活動擴展到上海、天津等北方港口城市。其中，林、陸、翟三人曾在同年 3 月從廣州到香港，作為香港海員罷工的談判代表，贏得罷工的勝利。謝英伯則是負責接待罷工海員回到廣州的廣東國民黨要員，屬於國民黨中較深地介入這場罷工的

中層領導人。

　　到同年 11 月 20 日為止的消息：「據可靠消息，中國海員工會上海分
會主席賴偉民已去香港，他將接任中國海員工會香港分會交際部主任職務。
法捕房持有賴的逮捕狀已有一段時間。賴的朋友說，他在十一月十六日乘
『麥金利總統』號輪離滬，但經向航運局打聽此事，沒有證實這一說法。
接任賴在中國海員工會上海分會主席職務的將是陳炳生，此人曾在廣州殺
死他的妻子。」

　　到同月 27 日為止的消息：「前中國海員工會上海分會副會長鍾筱明，
十一月二十二日乘『光黎號』輪離滬去香港。」[110]

　　以上兩則消息，可以視為滬、港海員工會領導人相互換任。由此推測，
廣州正式政府被推翻之後，香港海員工會領袖需要暫時離開香港，免遭不
測，這就造成滬港海員工會領導人的相互調動。

　　目睹這些檔案史料，筆者不禁生發遐想：英國陸海軍情報局香港總部
等情報機關嚴密監視孫中山等人行蹤的事例，應該不止這一次。這類監視
跟蹤的情報檔案在今天具有無比珍貴的史料價值，倘能發掘整理，公之於
眾，將是多麼有意義的事！[111]

外交密件在港大曝光

　　1922 年 6 月中旬，陳炯明軍隊在推翻廣州正式政府之時，從財政部次
長廖仲愷的公文包中，繳獲一些機密文件。其中，有同年 3 月 8 日孫中山寫

---

[110]　〈上海公共租界工部局警務處情報選譯——有關孫中山在滬期間政治活動部分〉，上海：《檔
　　　　案與歷史》，1986 年第 3 期。

[111]　莫世祥：〈孫中山香港之行——近代香港英文報刊中的孫中山史料研究〉，北京：《歷史研究》，
　　　　1997 年第 3 期。

給國民黨要員廖仲愷和曹亞伯的一封密信，信中指示他們負責接應在孫中山派往德國柏林的外交代表朱和中，以及即將到香港的前德國駐華公使辛慈（Admiral Von Hintze），以便洽商建立中、德、俄三國聯盟事宜。此外，還有朱和中就此事發給孫中山的兩份電報。由於此事極端機密，孫中山在給廖、曹兩人密信的末尾，特意補上一句：「此信看完付丙。」「付丙」，就是燒掉的暗喻。不過，廖仲愷沒有將這些密信燒掉，結果落在陳炯明軍隊手中。

當時，德國是第一次世界大戰的戰敗國，俄國則已由奉行馬克思列寧主義的布爾什維克黨領導，建立蘇維埃政權，時人稱其為蘇俄。英、美等西方列強都對這兩個國家抱持戒心。孫中山居然想和這兩個國家結盟，其

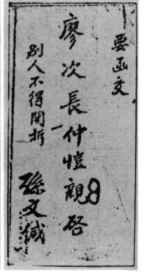

1922 年 9 月香港《士蔑西報》公佈的孫中山外交密函。

來往密件又被繳獲，這對於陳炯明方面來說，正好作為對外宣示其反孫政變正當性的有力證據。

6 月 24 日，越南河內的一家法文報刊搶先報導陳炯明軍隊繳獲這些密件的消息。

9 月 22 日，香港英文《士蔑西報》以整版的篇幅，發表題為〈孫逸仙被曝光，廣州發現秘密文件，建議組織布爾什維克三角聯盟〉（"Sun Yat-sen Exposed. Secret Documents Discovered in Canton Proposed Tripe Bolshevik Alliance"）的長篇報導，內中譯載三份密件的全文，並且公佈這些密件的多幅照片。該報不無得意地宣佈：「指責孫逸仙醫生親布爾什維克主義的說法由來已久，但迄今缺乏確鑿的證據。不過，我們現在已經能夠將無可辯駁的證據公之於眾，證明他正以布爾什維克主義的理念，密謀建立中、德、俄聯盟。」[112]《士蔑西報》公佈孫中山和國民黨秘密聯絡德國和蘇俄的密件，引起香港及海外報刊的一片喧嘩。

針對香港等地英文報刊的指責，9 月 29 日，孫中山指示其秘書處發表英文書面聲明，予以反駁。次日，上海英文《大陸報》以〈孫醫生稱：致函俄、德是對列強的懲罰〉為題，全文刊載孫中山的英文聲明。隨後，《民國日報》等中文報刊也相繼刊載這一聲明的譯文。孫在聲明中強調，他從未計劃、甚至從未考慮將中國變為共產主義國家的可能。他認為只要蘇俄繼續忠於它的「非帝國主義」政策，中國就不必畏懼蘇俄。鑑於俄、德兩國的現狀，中國可以與之平等交往，這並不損害希望中國強大、統一的任何一個強國的利益。儘管「親布爾什維克」之類的怨毒指責，不幸阻止許多人履行其愛國的職責，但是他無所畏懼。[113]

---

[112] 譯自當日該報。

[113] 莫世祥：《護法運動史》，台北：稻禾出版社，1991，第 232 頁；《孫中山全集》第六卷，第 564 頁。

此後，孫中山加快聯俄的步伐。1923 年 1 月 22 日，蘇聯駐華全權大使越飛應邀到上海，與孫中山會晤。同月 26 日，兩人發表《孫文越飛宣言》，公開宣告孫中山和國民黨正式確立聯俄的政策。

在此期間，孫中山和國民黨還秘密接納中共領導人以個人身分加入國民黨，形成改組國民黨的先聲。1922 年 8 月下旬，孫中山在上海，先後主持中共領導人李大釗、陳獨秀、蔡和森、張國燾、張太雷等加入國民黨的事宜。10 月和 12 月，他在兩份關於國民黨黨務的信函中，指示國民黨應「容納群材，擴張黨勢」、「容納群流」，[114] 從而奠定日後國民黨全面實施容共政策的基石。

護法討陳之役在香港

在聯俄容共的同時，孫中山還在上海揭開以討伐陳炯明為主要目標的「三次護法」的序幕。1922 年 8 月 15 日，他發表有蔣介石等人參與起草的《護法總統宣言》，公佈粵變始末及其對於國事的主張。他宣佈：由於自己任用非人，致使北伐功敗垂成，因此辭去正式政府總統的職務，但「對陳炯明所率叛軍當掃滅之」。為了開展討陳之役，他委派國民黨人在香港設立指揮機關。8 月 29 日，他委任鄧澤如為國民黨廣東支部部長，該職位原由陳炯明擔任。

鄧澤如隨即發佈國民黨廣東支部長「討陳逆宣言」，宣佈陳犯下「禍國叛黨」罪行，特興討賊之師。10 月 19 日，他和古應芬、林直勉、林樹巍、李文範等在港國民黨人，討論設立討陳駐港辦事處事宜，決定推舉在上海的胡漢民為辦事處處長，辦事處設立三科：第一科負責聯絡，主任為古應芬；

---

[114]　《孫中山全集》第 6 卷，第 573、657 頁。

第二科負責軍事，主任為林直勉；第三科負責財務收支，主任為鄧澤如。

　　10 月 23 日，孫中山致函鄧澤如，通報許崇智所率北伐粵軍已經進佔福建福州，從雲南東下的滇軍楊希閔部也接近西江，形成從東西兩翼夾擊廣東的軍事部署。「以此驅除陳賊，賊雖狡惡，斷難東西兼顧」。「此為恢復百粵最好時機。茲在港設立辦事機關，以為西江及內地各路之策應」。[115] 26 日，孫特派鄒魯為其駐港特派員，鄧澤如為理財員。31 日，鄒魯、李文範從上海抵達香港，與鄧澤如等人會商討陳事宜。駐紮在西江地區的滇軍楊希閔部和桂軍劉震寰部，也派代表前來參加此次會議。11 月 8 日，鄧澤如交給楊希閔的代表黃實港幣 43,000 元，省行券 10,000 元，帶往廣西，作

---

[115]　《孫中山全集》第 6 卷，第 592 頁。

為楊希閔部滇軍進入廣東，討伐陳炯明的發動費。

鄒魯在指揮西江地區的滇桂聯軍開展討陳之役的前夕，以孫中山駐港特派員的名義，致函陳炯明，說：「此次總理派魯到港，係討兄。今之致書兄者，欲兄及時覺悟，立請總統回粵，將軍撤退東江，由總統派兵駐省，恢復六月十六日以前之狀況。魯當力請總統赦兄之罪。若然，則黨之幸，國之福。魯與兄交情亦得始終如一焉。否則，廣東將為廣西，海豐將為武鳴。兄將為顧品珍。函到請二十四小時內答覆。過期魯即遵總統命，與兄以兵戎相見矣。」[116] 鄒魯所說的「廣東將為廣西，海豐將為武鳴，兄將為顧品珍」，意在警告陳炯明如果不改悔，就會重蹈 1921 年桂系軍閥陸榮廷在廣西統治被推翻的覆轍；當年陳炯明指揮粵軍蹂躪陸榮廷家鄉廣西武鳴縣的情景，也會在陳炯明的家鄉廣東海豐縣重演；陳本人還將遭遇類似 1922 年 3 月雲南滇軍總司令顧品珍被殺害的厄運。

12 月 20 日，孫中山以大總統電，委任鄧澤如為廣東省省長，後因鄧辭，改委胡漢民為廣東省省長。同日，孫還委任港商伍學晃為廣東省鹽運使，港商楊西巖為廣東省財政廳廳長。又委胡漢民、李烈鈞、許崇智、魏邦平、鄒魯全權代行大總統職務，分別指揮駐紮福建的東路討賊軍，和駐紮廣西的滇桂討賊聯軍。

陳炯明將其主力部署在潮汕地區，以阻擋東路討賊軍。不料，1923 年元旦，西路的滇桂討賊聯軍沿西江大舉東進。駐防粵西地區的粵軍第一、第三師，早已向孫中山暗中輸誠，願意內應討陳，他們於是乘機倒戈起義，反攻陳軍。1 月中旬，滇、桂、粵討賊聯軍兵臨廣州城郊。經鄒魯策反，陳軍譚啟秀部在廣州的觀音山上，架炮轟擊設在農林試驗場的陳軍總部。1 月

---

[116] 鄒魯：《中國國民黨史稿》，第 1132-1133 頁。

15 日，陳炯明在廣州被迫發表下野通電，率兵退守惠州。鄒魯指揮的廣東討賊軍首先開入廣州城。陳炯明在 1922 年 6 月 16 日兵變之後建立起來的廣東政權，僅僅維持半年的時間，就在討賊聯軍發起攻擊的半個月之後土崩瓦解。

鄧澤如保留的《討陳之役香港辦事機關籌款收支報告》，顯示其經費來源除海外華僑捐助之外，主要取自香港。在 85 宗項目合計收入 40.627 萬元港幣當中，伍廷芳之子伍朝樞交來關餘款 7.5002 萬元；原任護法軍政府審計局局長劉紀文先後交來 2 萬元港幣和省銀行券 7.9 萬元；國民黨廣東支部借得港幣 1.5936 萬元；東莞明倫堂借來 1 萬元；劉煥借來 1.6116 萬元；吳鐵城借來 1.0117 萬元。其餘各人分別借來上千、數百元不等。曾經在清末就讀香港實踐女校的女同盟會員鄭妙卿，也借來 200 元。

在支出款項中，運動各部滇軍興師討陳的經費合計 15.3 萬元，此外用於動員粵軍、桂軍及廣東民軍各部支出數千元不等。其中，有一項開支，是「支蘇兆徵、林偉民運動民軍 8,008 元」，在鄧澤如用於運動各路民軍的開支中屬於最大一筆。[117] 由此可以推定，昔日參與領導香港海員罷工的這兩位海員工會領導人，也是運動民軍討伐陳炯明的重要首領之一。聯想到上文敘及 1922 年 10 月林偉民曾在上海遭到公共租界巡捕房的通緝，可以想見他的活動範圍涉及香港、上海及廣東三地。

半年來的孫陳相爭，使曾經在辛亥年間合力促成廣東光復的港商造成政治分化的景象。陳炯明在其部屬驅逐孫中山之後，於 1922 年 9 月 16 日宣佈重新就任粵軍總司令職務。為了便於籌措軍政經費，他示意廣東省議會選舉與香港滙豐銀行聯繫密切的港商陳席儒，擔任廣東省省長，建立起名為「軍民分治」，實為他個人掌控的廣東政權。隨後，陳席儒之子陳永善

---

[117] 鄧澤如：《中國國民黨二十年史跡》，上海：正中書局，1948，第 278-282 頁。

也出任廣東兵工廠總辦。陳炯明垮台後，陳永善於1923年4月在香港遇刺，彈留體內，次年2月不治身亡。

陳席儒在辛亥革命期間和香港同盟會建立聯繫，他和陳炯明的私交由此而起。「二次革命」失敗後，在港督梅含理禁止孫中山等國民黨人利用香港作為避難所的名單中，列有陳席儒的名字，可見他當時捲入廣東革命活動，已經引起梅含理的注意。1922年秋天，陳席儒接受陳炯明的邀請，出任廣東省長。隨即通過他和香港外國銀行的關係，在1922年9、10月間，相繼向英、法兩國在港銀行和公司洽貸廣東市政借款200萬英鎊、路政借款700萬英鎊、貨幣借款200萬英鎊。這些外國銀行和公司慷慨許諾以巨額貸款資助陳炯明政權，表明他們看好這一政權能夠長期維持下去。可是，三兩月之後，孫中山和國民黨人發動的討陳戰役全面展開，陳炯明政權迅速倒台，陳席儒援引在港外資以支持陳炯明的努力完全落空。

在陳席儒父子襄助陳炯明之時，從清末起就和陳席儒交往密切的另一位港商、原四邑商工總局主席楊西巖，卻成為繼李紀堂、簡讓之等港商之後，又一位資助孫中山革命事業的毀家紓難者。據馮自由憶述，1920年楊西巖加入國民黨，在「二次護法」和「三次護法」期間，「均踴躍輸將，始終不懈」，「更將其在港地產陸續變賣，悉充餉糈。毀家紓難，尤屬難能可貴」。[118] 楊、陳二人在孫中山和陳炯明相爭之際的政治取向，迥然各異，背道而馳。此後，隨著孫中山在1924年初決定結束護法運動，另行聯俄容共的國民革命，由楊、陳二人率先顯示的港商政治分化，還擴散於港商的不同人群之中，形成營壘分明的態勢。

---

[118] 馮自由：〈香港陳楊三家與革命黨〉，《革命逸史》第2集，第209頁。

第六節 1923 年孫中山香港之行

會晤港督司徒拔

　　孫中山在其革命生涯中，一直尋求外國的支持和援助。1922 年 9 月香港報刊公佈其試圖建立中、俄、德三國聯盟的密信之後，孫中山一方面公開加快其聯俄的步伐，另一方面仍然希望獲得英、美國家的同情和支持。鑑於英國駐廣州領事館曾經派出炮艦，護送他撤離廣州；香港政府又派人協助他在香港順利轉船，前往上海，孫中山在聯俄的同時，也派其外交代表進行聯英的嘗試。

　　港督司徒拔認為，孫中山和國民黨將會繼續在華南發展，設法與之合作要比反對他們好得多。據說，1922 年底，他曾向奉孫中山之命而來拜訪的國民黨人傅秉常表示，願意邀請孫中山訪問香港。

　　1923 年 1 月 11 日和 13 日，在國民黨人指揮的討賊聯軍已經佔領廣州的情況下，孫中山的外交代表陳友仁兩次拜訪英國駐上海總領事，轉達孫中山希望獲得英國的同情和願意和香港政府修好的意向。陳友仁還不無威脅地說，如果孫中山重返廣州，建立政權，而又繼續受到香港政府的敵視，雙方再起糾紛，孫中山就會被迫尋求其他強國（意指蘇俄）的幫助。他進而暗示，如果孫中山能夠和香港總督舉行會晤，將會甚得民心。

　　2 月 1 日，陳友仁和伍朝樞拜訪途經上海的英國新任駐華公使麻克頓（Sir Ronald Macleay），表示孫中山將重返廣州，希望與英方修好。隨後，麻克頓向英國外交部建議，只要孫中山不在香港工人中挑起事端，英國政府就應該對他保持友好態度，因為「他在南中國，在海峽和馬來群島以及在美國的中國居民中間，毫無疑問地具有突出的影響，這是我們必須經常考慮的一個因素」。

2 月中旬，孫中山在南下廣州前夕，親自拜訪正在上海訪問的滙豐銀行香港總行的總經理史提芬（Alexander Gordon Stephen）。隨後又請他給港督司徒拔捎帶口信，詢問當孫途經香港時，能否與港督舉行會晤。司徒拔回答：只要孫中山不以中華民國總統或英國政府不認可的其他身分抵達香港，他將樂意接見，並共進午餐。[119]

　　2 月 15 日，孫中山和隨員陳友仁等一行，乘坐「傑弗遜總統號」郵輪離開上海，南下香港，準備到廣州，第三次重建護法政權。17 日下午，聯義社和香港海員工會及全港其他工會等勞工團體租用多艘汽船，駛向筲箕灣，準備在外海迎接「傑弗遜總統號」郵輪抵港，歡迎孫中山的到來。不料，一直等到天色已晚，卻不見早應出現的郵船行蹤，眾汽船只好返航。此時，冒著寒流等候在港島卜公碼頭歡迎孫中山的各個工會的代表和市民，得知郵船將延遲在次日早晨才抵港的消息，大約 5 時半，眾人黯然散去。

　　傍晚 6 時，「傑弗遜總統號」郵輪趁著夜幕初降，悄然入泊尖沙咀的九龍倉碼頭。碼頭上，大批武裝警察戒備森嚴，嚴禁任何人進入。孫中山一行在港府便衣探員的護衛下，走下郵船，登上早已準備好的小汽船，駛往對岸人群已散的卜公碼頭。7 時 30 分，孫中山等人在卜公碼頭登岸，隨即乘坐汽車，入住位於半山區干德道 9 號的國民黨籍港商楊西巖家中。期待孫中山到港的香港各個工會團體，聞訊從當晚 8 到 11 時，在德輔道中新落成的消防館一帶連續燃放鞭炮，[120] 反映出香港工人對孫中山的崇敬之情。

---

[119]　此時孫中山與英方聯絡的情形，可參見韋慕廷：《孫中山 —— 壯志未酬的愛國者》中譯本，廣州：中山大學出版社，1986，第 152-153 頁；陳福霖：〈國共合作以外：孫中山與香港〉，《國外中國近代史研究》第 5 輯，北京：第 257-258 頁；余繩武等：《20 世紀的香港》，北京：中國大百科全書出版社等，1995，第 91 頁；黃宇和：《中山先生與香港》，台北：台灣學生書局，2005，第 422 頁。

[120]　〈孫醫生蒞臨，工會歡迎，明日演講〉（"Dr. Sun Here. Labour Guilds' Welcome. To Speak Tomorrow"），《德臣西報》，1923 年 2 月 19 日。

詳細考證孫中山此行的當代歷史學者黃宇和認為，「傑弗遜總統號」郵輪有意讓歡迎人群散去之後，才入港停泊，很可能是港府為了避免孫中山被陳炯明方面暗殺而採取的保安措施。[121]

　　2 月 18 日星期天中午，港督司徒拔在總督府設非官式午宴，歡迎孫中山及其隨從。

　　據上海《申報》駐港記者報導，在此之前，孫中山一行曾在 17 日中午致電廣州方面，稱將於 18 日抵達廣州。因此，廣州各界都準備在當天隆重歡迎孫中山回粵。但到 18 日，廣州方面又接到香港來電，「謂孫仍未能蒞省，且未能定蒞省確期」。原因是，就在 18 日，「香港總督接北京駐華英國公使來電，著該總督以英國理藩院（筆者按：即殖民地部）名義，開會歡迎」。該報記者評論說：「蓋以孫氏此次回粵，不獨表證其主義戰勝軍閥，即中國全體民意，可證明其確有擁戴之熱忱。是以用理藩院名義歡迎之，以資隆重。孫亦以英人此等態度，認為對於我國之外交政策，已有變更，是以亦樂得與港督及高級英官接晤，使今後中英兩國國交，益為親密，因而對於蒞省之期，有所延遷。」[122]

　　這一報導表明，孫中山在抵港前夕，對於到底能否和港督會晤，並無確切的把握，因此準備一旦不能會晤港督，即於抵港後的次日，即 18 日，前往廣州。不過，港督設午宴款待，使他臨時決定在香港停留幾天。於是，在香港的歷史上，便有孫中山自從清末民初四次遭受港府放逐以來，第一次獲得香港的政、商、工、學各界隆重禮遇的香港之行。

　　那麼，孫中山在港督司徒拔的歡迎午宴上，談論過甚麼話題？當代歷史學者黃宇和遍尋遺留至今的英國檔案，發現「對港督宴請孫中山的報告都付

[121]　黃宇和：《中山先生與香港》，第 425、428 頁。

[122]　〈粵省準備歡迎孫中山〉，上海：《申報》，1923 年 2 月 25 日。

諸闕如」。直到同年 12 月，孫中山因為「關餘」問題和英方大起爭端，英國外交部追查下來，司徒拔才報告說：「在午宴上，孫中山表示香港和廣州的利益密不可分，他亟望與英國緊密合作。同時又為自己的行為辯護說：1922 年的海員大罷工已充分證明香港的繁榮與廣東有著密切的關係。若廣東與香港為敵，香港貿易將陷於停頓，為了香港的利益，香港政府必須與廣州當局保持良好關係。」[123]

從司徒拔轉述孫中山的談話來看，孫在表達聯英願望之際，並非屈辱乞求，而且有所矜持地期待粵港兩地、即廣東國民黨政府和港英政府之間的平等合作。這種矜持，來自國民黨所轄軍隊——討賊聯軍已經收復廣東大部分地區的實力支撐，也來自 1922 年香港海員大罷工對香港政府的教訓。這使得孫中山在首次接受港督午宴禮遇之際，可以從容地講述自己的主張。早前在 1900 和 1912 年，他曾經兩次希望會晤港督，卻都遭到拒絕。如今，他終於可以當面向港督講述自己的政見，而且多少帶有教訓港督的意味。今昔強弱尊卑各不同，港督司徒拔以午宴歡迎孫中山，其實是顧忌國民黨控制廣東之後，進一步激起香港工人運動，影響港府管治所致。

在香港大學演說

2 月 20 日上午 11 時，孫中山應香港大學同學會的邀請，在港大的大禮堂舉行公開演說。出席演講會的有港府輔政司兼香港大學副校長告羅·司芬（Claud Severn）、香港富商何東等，以及港大師生、本港教育團體的代表、中外知名人士，共 400 餘人。

---

[123] 據英國殖民地部檔案，轉引自黃宇和：《中山先生與香港》，第 434 頁。

孫中山由何東、陳友仁等陪同，乘坐汽車抵達香港大學正門。大批學生歡呼著迎候在門口，勸說孫中山坐上專門準備的一台轎椅，由港大學生會前任主席等同學一起抬著，走向大禮堂。孫中山當日「穿長衫馬褂，頭戴氈帽，精神奕奕」。在答應坐上轎椅之前，他頗為猶豫，覺得自己作為推翻清朝皇帝的革命者，現在居然坐上轎椅，被學生們抬著，未免尷尬。但他又不願拂逆同學們的歡迎激情，只好坐上轎椅，手揮氈帽，向四周的歡迎人群致意。[124]

　　孫中山進入大禮堂，與會者一齊起立，歡呼鼓掌。港大學生會主席、何東之子何世儉向大家介紹演講嘉賓，說：「不必再以言辭來介紹孫先生（Dr. Sun），他的名字就是中國的同義詞。他的經歷如果用書記載下來，無疑將是最為動人的傳奇。如果熱愛自由、熱愛祖國、熱愛人民，是最偉大的考驗，那麼，孫先生將和最偉大之名連結在一起。」[125]

　　隨後，告羅・司芬代表遠在上海的港大校長致歡迎詞。

　　接著，孫中山站起來，用英文發表演說。致力於研究孫中山和英國關係的當代歷史學者黃宇和認為，孫中山在這次長達 45 分鐘的英文演說中，「雖然放緩了速度，但他用英語道來還是不太清楚」。[126] 不過，孫中山顯然不是用他的英語，而是用他講述自己的革命思想起源、革命的主張和對學生們的希望，贏得與會者一次又一此的掌聲。

　　據《香港華字日報》報導，孫中山在演講中，首先講述他對香港的情感：「此次返香港，如返自己家鄉一式。因伊從前是在香港讀書，其教育是在

[124]　〈孫先生演講〉（"Dr. Sun Yat Sen's Address"），《孖剌西報》，1923 年 2 月 21 日。

[125]　譯自〈孫先生受到歡呼與抬舉，在大學演講〉（"Dr. Sun: Cheered and Chaired. Speech at University"），《德臣西報》，1923 年 2 月 20 日。

[126]　黃宇和：《中山先生與英國》，第 440 頁。

本港得來。」接著，他說明：自己的革命思想起源於香港。「今日乘此時機，答覆各位一句，此句云何？即從前人人問我，你在何處及如何得到革命思想？吾今直言答云：革命思想係從香港得來。」

他回憶 30 年前在香港讀書之時，發現其家鄉香山縣在衛生、治安等方面，都不及香港。「由此想到香港地方與內地之比較。因香港地方開埠不過七、八十年，而內地已數千年，何以香港歸英國掌管，即佈置得如許妥當？」此後，他還覺察「中國內地之腐敗，竟習以為常，牢不可破」，「此等腐敗情形，激發我革命之思想」。「迨畢業而後，在社會上行走，遂毅然決然脫離醫學，而轉以救國為前提。」

他針對有部分人指責他是「激烈派」的觀點，申明：「其實中國式之革命家，不過抱溫和主義，其所主張者非極端主義，乃爭一良好穩健之政府。」他指出，民國成立，廢除帝制，「如拆了一間舊屋，其新屋尚未建築完竣，而一有暴雨，居民受苦倍深，此是所必然者。但將來新居必有完竣之日，不有艱苦，何底於成？吾之所以不折不回者，無非為一勞永逸計，為大眾謀將來之幸福耳。」

他還解釋為何民國成立以後，中國戰亂反而多過從前的原因，說：「吾只答以緣故極多，現在革命事業只做了一半。譬如香港山頂有一大石，由山跌下，至半途忽為樹枝所阻隔，不能一直跌下。而樹枝終有枯之日，障礙如既除，大石自然跌到平地。吾所抱負之宗旨，亦如是耳。無論若何艱辛，一定要革命成功。」

孫中山最後說：「學友諸君乎！諸君與余同受教育於此英國屬地，並在同一之學校，吾人必須以英國為模範，以英國式之良政治傳播於中國全國。」[127]

---

[127] 〈孫文在大學堂演說〉，《香港華字日報》，1923 年 2 月 21 日；〈補記孫先生在港演說全文〉，上海：《民國日報》，1923 年 3 月 7 日。

孫中山在港大演講所受到的熱烈歡迎，表明他在香港大學生的心目中，是一位最受尊崇的偉大人物。港大學生會主席何世儉在介紹孫中山時，說：「他的名字就是中國的同義詞。」這句讚語，描繪出孫中山在他的母校的光輝形象。它表明，孫中山及其政黨長期堅持的革命事業，已經在代表新興知識份子的香港學生階層中引發深刻而廣泛的共鳴。據此，可以說：繼工人階層之後，學生階層已經成為民國以後中山革命在香港的社會基礎。

　　港大學生對孫中山的尊崇，和當年孫中山在中國內地的民意調查中獲得最高推崇票數的情形是一致的。1923 年元旦，上海英文周刊《密勒氏評論報》（*The China Weekly Review*）公佈該報在上年 10 月徵求中國各界人士和在華外國人投票選舉中國現存「最偉大人物」的結果，孫中山獲得最高票數，「衷然居首，獨得最大多數，尤足徵民意所歸」。同年 12 月，

▌ 1923 年 2 月 20 日，孫中山在香港大學演講後與師生們合影。

北京大學舉行建校 25 周年的慶祝活動，大約 1,000 名師生投票選舉當代中國的偉人。孫中山又名列前茅，得 473 票，比陳獨秀所得的票數還多兩倍。不過，投票表決選擇何種主義時，贊成社會主義的票數卻超過贊成三民主義的票數。[128] 這表明，孫中山在北大師生心目中的偉人魅力，遠遠超過該校原任教授陳獨秀。可是，他們最為支持的主義信仰，卻是陳獨秀宣傳的社會主義，而不是孫中山倡導的三民主義。這種個人魅力與主義感召相互脫節的現象，將左右當時的內地知識精英對於國共兩黨不同的革命主張的態度。

會見香港工商界人士

2 月 18 日下午，孫中山與港督會晤之後，在陳友仁陪同下，來到香港富商何東（1862-1956）的家中，喝茶敘談。孫中山向何東簡要介紹他即將重組廣州政府的計劃，並對何東說，他需要資金，以便裁撤一半的廣東軍隊。當晚，他應邀參加香港各工會團體舉行的歡迎宴會，稱讚香港工人明辨是非，在討伐陳炯明之役中出力甚多，希望今後更加團結救國。[129]

20 日下午，孫中山在港大演講結束之後，出席滙豐銀行總裁史提芬主持的歡迎茶會。當天晚上 6 至 8 時，他在楊西巖家中，邀請香港巨商和工界領袖舉行茶話會。應邀與會者有：馬應彪、郭泉、杜澤文、唐溢川、李煜堂、吳東啟、蔡興、蔡昌、孫智興、馬永燦、黃在朝、李星衡、王國璇、楊焯民、伍耀廷等港商 40 餘人。此外，還有香港工團總會、華工總會、海員工會等工人領袖約 30 人。

---

[128] 〈密勒報假選舉揭曉〉，《申報》，1923 年 1 月 6 日；史扶鄰：《孫中山：勉為其難的革命家》中譯本，北京：中國華僑出版社，1996，第 205 頁。

[129] 韋慕廷（C. Martin Wilbur）：《孫中山——壯志未酬的愛國者》（*Sun Yat-sen: Frustrated Patriot*）中譯本，廣州：中山大學出版社，1986，第 154 頁；〈香港專電〉，《民國日報》，1923 年 2 月 20 日。

孫中山向與會工商界人士說：「予此次來港，蒙工商各界到碼頭歡迎，殊深感謝。惜當時香港政府為保護予計，未許諸君下船相見，未免抱歉。但香港政府已向予表明意見，自後彼此相助，一致行動。各商人亦可與予一致行動。從前因各商家協助革命，為政府逮捕，今可無虞，當可與予一致行動。」這番話，說明港府對孫中山此次乘船抵港，確實採取過頗為嚴格的保護措施。香港工商界的人士也曾在先前因為襄助革命，而遭到港府逮捕。孫中山認為，港府此後將會改變政策，和他一致行動，因而勉勵港商們也和他一致行動。

接著，孫中山闡述其解決時局的主張，即「先裁兵，後統一」，以反對直系軍閥曹錕、吳佩孚的武力統一。在此之前，他曾於同年 1 月 26 日，在上海發表倡議全國裁兵以促成和平統一的宣言。因此，他對與會的香港工商界人士說：「予為實踐宣言起見，當從廣東裁兵始。或謂廣東若裁兵，他省來攻，奈何？予將應之曰：兵不貴多而貴精。苟廣東有一十萬兵，將之裁去一半，餘一半之精兵，當能衛省及保護地方而有餘。至於所裁之兵，用以築路。則全省道路自通、地方自然發展，則兵之工價，雖厚於兵餉，亦無妨。而兵當甘於築路，而不願當兵也。不過，築路需款，是目前最要問題。然借款亦已有把握。因今日下午，上海銀行總理士提雲君請予茶會，予曾以裁兵借款事告之。他極贊成，願向小呂宋、爪哇、新加坡各分行借出，不需特別抵押。所用以抵押者，只將來所築路。或其方法，係將道旁之地，以現在之價值定購。待路通價漲時，即以溢利還債。至借款用途，係照予目前宣言辦法，係由本省農、工、商、學、報五界，各舉代表一人，連同債主派出一人，共同監督。若各商家贊成此事，和平統一之希望、目的，當可立見。」[130]

---

[130] 〈在香港工商界集會的演說〉，《孫中山全集》第 7 卷，第 117-118 頁。

據報導，孫中山演說完畢，「各商家皆鼓掌贊成」。當日，孫中山曾倡議在香港組織籌飾局，「若內債不敷分佈及支配，方借外債」。在當晚的茶話會上，孫中山還勸香港工團總會和華工總會聯合，改名為「中華總工會」。他當場書寫中華總工會的招牌，得到工會領袖們的熱烈贊同。[131]

2月21日早晨，孫中山偕同在港的國民黨文武職員約200人，乘坐香山號輪船，離開香港，前往廣州。據報導，省港澳「碼頭兩旁，佈滿中西警探，加意保護。而本港巨商多人，紛紛上船送行。且用小輪三四艘，送到汲水門後始返者。沿海燃放串炮，香山船亦燃放極長之爆竹」。沿途燃放鞭炮、為孫中山送行的數艘小輪，是聯義社、海員工會和香港其他工會所租用的，船上還張掛著各色彩旗。此外，前往江門的「新南海（號）輪船，亦燃放串炮，無不興高采烈」。據說，香山號上的頭等艙位「經已為孫中山及隨員所用，不准閒人入內」。這是「由爵紳何東等贈送頭等位二百座」的緣故。[132]

孫中山此次香港之行，不僅在香港各界人士當中進一步擴展其革命事業的影響力，而且增強他本人在廣東推進「三次護法」運動的信心。2月21日夜晚，他在廣州出席滇桂聯軍為他舉行的歡迎宴會，席間發表演說，稱：「革命的成功與否，就古今中外的歷史看起來，一靠武力，一靠外交力。外交力幫助武力，好像左手幫助右手一樣。」他相信：「我們現在既得香港外交力的幫助，又有諸君武力的基礎」，革命會很快成功。「所以本大總統這次回粵，便主張：第一和平統一，第二掃清叛亂軍隊（筆者按：指陳炯明指揮的軍隊），第三化兵為工，第四精煉一部分軍隊。」孫中山

---

[131] 〈孫中山與本港工商歡敘〉，《香港華字日報》，1923年2月23日。

[132] 〈孫中山與本港工商歡敘〉，《香港華字日報》，1923年2月23日；〈孫醫生離港赴穗，款項垂手可得〉（"Dr. Sun: Departure for Canton. Money will be Forthcoming"），香港：《南華早報》，1923年2月22日。

所說的「香港外交力」，指的是他在此次香港之行中，得到港督司徒拔、
滙豐銀行總裁史提芬等英國人表示支持他裁兵以謀統一的承諾，這使他頗
為鼓舞。

隨後，他在廣東各界人士的歡迎宴會上，再次談到與港府的外交合作
問題，說：「或者以為廣東尚未統一中國，似無外交可言。不知廣東之外交，
最密切者為港澳。前者港澳政府，對於民黨雖多誤會，然自陳炯明背叛後，
英人已有覺悟，知中國將來必係民黨勢力。故近來港督方針亦為之一變。
此為吾人最好之機會也。吾人可乘此機會，加倍努力，一致合作。」[133]

3月2日，孫中山在廣州第三次建立軍政合一的護法政權——陸海軍大
元帥大本營。3月30日，他派人到香港，邀請香港富商馬應彪、蔡昌、李
煜堂、林暉庭、吳東啟、徐煥文等數十人，在當晚乘船來到廣州。31日傍晚，
孫中山在廣州河南的大本營宴請應邀前來的各位港商。據報導，孫中山「先
述到粵以來經過情形，次言欲圖中國之和平，必首先裁兵及行工兵政策入
手。然此事重大，非籌有大款，不克舉辦。現外人已允願借債。但茲事體大，
非二三月便可成事。目前二三月內，原有財政未能復元，外債又未到手。
故此時期內，須籌有數百萬，將各軍隊編遣。俟財政整理，然後興辦各種
實業，那時財政不虞困難，或有盈餘，亦未可知。諸君旅港多年，深知英
人政治文明，故特請諸君到來，商諸財政公開，並望諸君出而監督。因廣
東為三千萬人之廣東，非我一人之私有。如此辦法，方得公平。」

接著，「港商馬應彪、李亦梅、李煜堂、吳東啟、蔡昌、盧興源、余
斌臣、歐亮、郭泉、孫智興等多人，相繼發言。均謂大元帥既能開誠佈公，
以監督之權交給人民，我民人亦願鼎力維持大局。且大元帥現時所急需者，

---

[133] 〈在廣州滇桂軍歡迎宴會的演說〉、〈在廣東各界人士歡宴會的演說〉，《孫中山全集》第7
卷，第 121、151 頁。

不過數百萬。港中現有百餘團體，各出而擔任，亦屬容易辦到。宜先設立一財政委員會，分途擔任，務期迅速成事。」「由省港殷商擔任籌借六百萬，擬俟各軍實行移防，收回各行政及徵收機關，即先行交付三百萬，其餘續籌交付。」[134]

這一報導顯示，當時孫中山和港商們的關係頗為融洽。經歷民國成立10餘年的軍閥混戰之後，孫中山倡議通過裁兵，實行化兵為工計劃，實現國家的和平統一，得到港商們的積極支持。在宴會上發言的港商當中，有從清末就資助同盟會在香港開展革命活動的李煜堂、吳東啟、余斌臣，也有新加入贊助中山革命行列的馬應彪、李亦梅、蔡昌等人。他們慷慨認捐的表態，令人記起當年港商熱烈贊助辛亥廣東光復的動人一幕。

然而，當時的孫中山和與會港商都過於樂觀了。隨著孫中山和國民黨在廣東堅持進行討陳、北伐的護法戰爭，同時開展聯俄、容共和改組國民黨的政治活動，孫中山期待來自港英政府援助的「香港外交力」，最終變成阻礙他推進國民革命的阻力；港商們承諾的籌款資助孫中山裁兵的計劃，也因為此後廣東戰事連綿、軍隊增兵擾民接連不斷，而不了了之。

---

[134] 〈孫總統歡宴港商記〉，上海：《民國日報》，1923 年 4 月 8 日。

第六章 | 國民革命的初瀾

第一節 香港「報變」

國民革命的興起

1923 年年底，孫中山和國民黨在廣東堅持進行的「三次護法」運動，已經由於形格勢禁，而到需要改弦易轍的關頭。

這年 10 月 5 日，直系軍閥曹錕在北京以 5,000 元一張選票的開價，賄賂國會議員，選舉他為民國大總統。當天，到會的國會議員共 590 人，曹錕以 480 票當選。時論將這些接受賄賂的國會議員斥責為「豬仔議員」。國會竟然墮落成為曹錕賄選的工具，遂使孫中山和國民黨宣示擁護國會和《中華民國臨時約法》的護法標幟黯然失色。孫中山憤而發佈陸海軍大元帥令：「著護法各省區長官，將此次附逆國會議員一律查明，通緝懲辦，以昭炯戒，而立國紀。」[1] 鑑於「國會招牌已成廢物，不足起國人之信仰」，《臨時約法》又徒具空文，未能賦予民眾「直接民權」和體現「五權憲法」的原則，孫中山決定儘早結束護法運動，另外進行發動民眾共同參與的「國民革命」。

「國民革命」原是孫中山和同盟會在清末革命時期最先提出的口號。1896 年，《中國同盟會革命方略》提出：「前代為英雄革命，今日為國民革命。所謂國民革命者，一國之人皆有自由、平等、博愛之精神，即皆負革命之責任。」[2] 不過，這一口號在辛亥革命時期並不流行，1912 年民國成立以後更被擱置。1922 年 3 月，共產國際給中共中央拍來一份電報，指

---

[1] 〈通緝附逆國會議員令〉，《孫中山全集》第 8 卷，第 299 頁。

[2] 《孫中山全集》第 1 卷，第 296 頁。

示在中國進行 "National Revolution"。這一英文詞組原意為「民族革命」，但接獲此電的中共黨人卻將此譯為「國民革命」。隨後，陳獨秀等中共黨人相繼撰文，呼籲進行打倒軍閥和列強的國民革命，從而為國民革命這一概念賦予新的政治內涵。1923 年 1 月 30 日，孫中山委任中共廣東支部負責人譚平山為國民黨工界宣傳員，中共及其領導的社會主義青年團等組織又可以像「二次護法」時那樣公開活動。中共黨人於是在廣州不時發動民眾遊行，呼籲孫中山和國民黨開展國民革命。

同年 10 月 10 日起，國民黨在廣州召開為期一周的懇親大會，商討改組國民黨的相關事宜。已經加入國民黨的部分中共黨員和團員也參加此次會議。孫中山在大會上發表演講，指出國民黨組織渙散、革命精神衰退、軍隊基礎不穩固，是該黨自民國以來日見退步的主要原因。同月 18 日，他委任蘇聯顧問鮑羅廷為國民黨組織教練員；並「特諭令汪精衛、張繼、廖仲愷、戴天仇（筆者按：即戴季陶）、李大釗等五人為改組委員，將現在黨章從事改訂，使國人人士明瞭民黨內容組織，率數輸誠入黨，實行黨治，合力改造中國」。[3] 在負責籌措國民黨改組事務的這 5 位委員當中，前 4 位是國民黨的資深要員。最後一位李大釗，是僅次於陳獨秀的中共第二號領導人。孫中山委任蘇聯顧問鮑羅廷和中共領導人李大釗直接參與國民黨改組工作，表明他已經將其聯俄容共政策和國民黨改組工作連結在一起，以便「合力改造中國」。

當時，國民黨在軍事上既要對付廣東省內佔據東江地區的陳炯明所率軍隊，又要在粵北準備出師北伐，進攻把持北洋政府的直系軍閥。因此，接受孫中山指揮的各省討賊聯軍雲集廣東，廣東財政瀕臨枯竭。於是，孫中山決定向外國駐華公使團交涉，要回自從被英國人把持的中國海關總稅務

---

[3]　《廣州民國日報》，1923 年 10 月 19 日。

司在 1921 年 3 月以後強行劃撥給北洋政府的西南各省應得的關餘。1923 年 11 月,在幾度交涉均遭公使團拒絕之後,孫中山表示,將臨時接管粵海關的管理權。公使團聞訊調集各國軍艦,會集廣州河面,揚言要保護粵海關。到 12 月中旬,計有英國軍艦 5 艘,美國軍艦 6 艘,法國和日本軍艦各 2 艘,葡萄牙軍艦 1 艘。面對列強的武力恫嚇,孫中山義無反顧地推進聯俄容共、改組國民黨以開展國民革命的進程。

1924 年 1 月 4 日,孫中山在廣州大本營召開政務特別大會,宣佈:「現在護法可算終了,護法名義已不宜援用。」「今日應以革命精神創造國家,為中華民國開一新紀元。」[4]

1 月 20 日至 30 日,孫中山在廣州主持召開中國國民黨第一次全國代表大會。大會代表以地方黨部推選和孫中山指派相結合的方法產生,其中已經加入國民黨的李大釗、毛澤東、譚平山、張國燾、李立三等 24 位中共黨人,也作為與會代表,參加會議。會議通過國民黨「一大」宣言和多項決議,選舉孫中山、胡漢民、汪精衛、張靜江、廖仲愷等 24 人為國民黨中央執行委員,其中包括身兼國民黨籍的中共領導人李大釗(守常)、譚平山、于樹德等 3 人;選舉邵元沖、鄧家彥等 17 人為候補中央執行委員,其中包括身兼國民黨籍的中共黨人沈定一、林伯渠(祖涵)、于方舟、毛澤東、瞿秋白、韓麟符、張國燾等 7 人。

國民黨「一大」前後,國共兩黨以共產黨人加入國民黨、實行黨內合作的形式,共同推進國民革命運動。從此,廣州成為吸引全國各地的熱血青年,前來參加國民革命的大革命策源地。

廣州興起的國民革命初瀾,在香港華人社會中激起陣陣漣漪。其中發生的兩件事情,在當時不曾引人注意,但卻積聚成為後來在 1925 年夏天引

---

[4]　〈三大問題之解決〉,《廣州民國日報》,1924 年 1 月 7 日。

爆省港大罷工的關鍵內因。

第一件事是香港海員工會領導層的再改組。卻說 1922 年 5 月，陳炳生經孫中山頒令特赦，重任海員工會的會長。代理會長蘇兆徵回到輪船上，繼續從事海員工作。這年下半年，陳炳生因先前在廣州犯有殺妻命案，被香港警署拘捕，押解出境。陳於是前往上海，開設介紹海員就業的辦館。林偉民等香港海員工會要人也一度到上海活動，協助當地海員建立工會、發動罷工。同年秋冬，鄧澤如、鄒魯等國民黨人在港設立討伐陳炯明的指揮機關，給蘇兆徵和林偉民兩人發放專項經費 8,000 多元，讓他們負責運動民軍討陳。

1923 年 3 月，孫中山和國民黨在廣州重建護法政權。香港海員工會實際上由司理翟漢奇等人負責，但他們管理混亂，致使工會失去往日的朝氣。輪船行商們趁機不履行解決海員罷工談判時許下的承諾，不再給海員加薪，還拒發理應補償罷工海員的費用。據蘇兆徵後來憶述，當年太古洋行的百餘艘遠洋輪船相繼「取消所加之薪水，條約所規定之因罷工失業之賠償費，不下三十萬元，他們又一文不付」。

在這種情況下，蘇兆徵等海員中的「一般忠實分子不得不聯合一致，誓死奮鬥。所以決定作戰計劃，分兩部分：（一）掃除內奸；（二）抵抗外患。這個計劃是一九二三年冬季開始的。要實行第一部分計劃，所以我們以海員群眾的力趕走了幾個工賊，其餘不良分子亦自動的離開工會，以免淘汰。自是工會方得逐漸恢復元氣，海員工友對於工會的信仰亦日日逐漸鞏固，因之會員人數與會費都隨之增加。實行第二部分計劃，我們知道非聯合世界工人的力量，是無以抵抗帝國主義的進攻。所以本會曾應萬國革命運輸工人大會之請，派代表到俄國與德國參加大會」。[5]

---

[5]　1926 年蘇兆徵代表中華海員工業聯合總會，向中國海員第一次代表大會的報告，轉引自中共廣東省委黨史研究委員會辦公室：《蘇兆徵研究史料》，廣州：廣東人民出版社，1985，第 23 頁。

蘇兆徵所講的在 1923 年冬天被驅逐出香港海員工會的「內奸」、「工賊」，指的是司理翟漢奇等人。據說，他被查出貪污、虧空工會會款 4 萬港元。於是，香港海員工會隨即舉行會員大會，改選工會幹事會。蘇兆徵取代翟漢奇，當選為司理；與他同屬「激烈派」的林偉民、何來、馮永垣、羅貴生等人，也當選為工會幹事。會長則改由譚華澤出任。譚是有 10 多年工齡的燒火行工友，為人隨和，在工人中有一定的威信，但喜歡抽鴉片煙，對工會工作不大感興趣。因此，海員工會的領導權實際上為蘇兆徵等「激烈派」國民黨員所掌握。

　　1924 年春，蘇兆徵的同鄉密友林偉民，作為中國海員工業聯合總會的代表，應蘇聯「赤色職工國際」的邀請，前往莫斯科，出席國際運輸工人大會。在莫斯科，林偉民經與會的中共黨人介紹，加入中國共產黨，成為第一個身兼國共兩黨黨籍的香港海員，成為日後中共帶領香港海員工會實行政治轉向的最早火種。

　　第二件事是香港的一些小學教員和工人，主動與陳獨秀等中共領導人聯絡，繼而組織起中共在香港的最初黨、團組織。據當事人憶述，早在 1920 至 1921 年間，在香港政府擔任視學委員的林君蔚（字昌熾）、皇仁書院畢業生張仁道和黃泥涌蒙養小學教員李義寶，合資捐款，在香港出版一本名叫《真善美》的刊物，介紹馬克思主義。1921 年，陳獨秀從上海乘船到廣州，途經香港。林昌熾等 3 人特意登船拜訪陳獨秀，並將《真善美》刊物給陳閱覽。陳鼓勵他們組織馬克思主義研究小組。於是，3 人便在黃泥涌蒙養小學的李義寶家中，創立起香港的第一個研究馬克思主義的小團體。

　　1923 年 6 月 4 日，中國社會主義青年團（簡稱 S. Y.）廣東區委書記、中共黨員阮嘯仙，在報告廣東團組織活動情況的一封信中，提到：「香港方面，新組織一組，共八人（教員、學生、工人）。」這表明，此時香港已經建立起屬於中共組織體系的社會主義青年團組織，有成員 8 人。他們是：林君蔚，28 歲，畢業於專門法政學校，時任香港政府視學委員；彭月笙，

19 歲，受過中等教育，小學教員；李義寶，21 歲，受過中等教育，小學教員；譚浩峰，23 歲，受過中等教育，小學教員；杜滄州，38 歲，讀過 5 年書，木匠工人；蘇南，32 歲，讀過 5 年書，木匠工人；黃麟，23 歲，機工學校畢業，失業機器工人；梁九，37 歲，讀過兩年書，機器工人。

10 月初，香港團組織成員增加到 23 人。中旬，林君蔚作為香港地方代表，出席在廣州召開的社會主義青年團廣東區第一次代表會議。會議通過的議案，包括推動香港的勞工運動、文化運動、國民運動和學生運動等內容。根據團中央指示，團粵區委員會委派林君蔚返回香港，組織地方執行委員會（以下簡稱「地委」）。同月 25 日晚上，香港團員舉行全體會議，選舉梁鵬萬、彭月笙、林君蔚、區直之、梁九等 5 人，為團香港地委委員；蘇南、李義寶、杜滄州為候補委員。次日晚上，團香港地委開第一次會議，決定執委會成員的分工：臨時委員長梁鵬萬，秘書彭月笙，教育委員林君蔚，勞動委員區直之，會計委員梁九。會議決定將香港團員分為 3 個支部、6 個小組：一是中環支部，支部書記張孝德，下轄 3 個小組；二是灣仔支部，支部書記李義寶，下轄 1 個小組；三是紅磡、油麻地支部，支部書記梁葆廉，下轄兩個小組。從此，香港團組織形成地委、支部和團小組的三級架構。《真美善》雜誌成為香港團組織主辦的月刊，由彭月笙等人繼續編印，到 1925 年 5 月之前因經費困難而停刊。

1924 年 1 月下旬，香港團員人數增加到 29 人。這時，團香港地委接到團中央第 22 號通告，指示年逾 28 歲的超齡團員應盡量介紹加入共產黨。由於當時香港尚未建立中共黨組織，團香港地委便於 1924 年 1 月 28 日致函團中央，請示如何辦理超齡團員的入黨手續。

同年 5 月 13 日，團香港地委在給團粵區委的工作報告中，註明已經加入「C 校」（即共產黨）的團員有：李乙褓（義寶）、林均惠（君蔚）、杜純鋼、羅郎佳、楊開、易全、黎熾等 7 人。當時，他們的個人簡況如下：

李義寶，21 歲，生於香港，受過中等教育，時任黃泥涌蒙養小學教師，

團內職務為支部書記。當時已根據國共合作的原則，加入國民黨。他家住在黃泥涌村 81 號，該處是中共香港早期黨、團組織的主要聚會場所之一。

林君蔚，28 歲，生於廣州，專門法政學校畢業，時任香港政府視學委員，團內職務為香港地委代理委員長，已加入國民黨。

杜純鋼（滄洲），38 歲，生於順德，讀過 5 年書，在香港做木匠，團內職務為地委委員，已加入國民黨。

羅郎佳，從事勞工運動，其餘不詳。

楊開，34 歲，生於廣州，讀過兩年書，在香港當起落貨物的苦力，團員，已加入國民黨。

易全，32 歲，生於花縣（今花都市），讀過 3 年書，在港做木匠，團員，已加入國民黨。

黎熾，32 歲，生於廣東新興，讀過 6 年書，在港做木匠，團員，已加入國民黨。

至此可以確定，由於林君蔚、李義寶等香港青年的主動加入，從 1923 年 5 月底、6 月初到 1924 年春夏之交，經由中國社會主義青年香港團小組、團香港地方執行委員會乃至中共香港黨小組的演進，中共已經順利創建起香港最早的團組織和黨組織。

當時，國共兩黨合作在廣東陸續展開，香港的中共黨人也和在港國民黨人建立友好的合作關係。根據 1923 年 6 月在廣州舉行的中共第三次全國代表大會關於共產黨人以個人名義加入國民黨、幫助國民黨改組以開展國共合作的國民革命的決議，團香港地委委員長梁鵬萬在 1923 年 10 月下旬加入國民黨，和國民黨設在香港的聯義社來往密切，給聯義社所辦的《聯義月刊》寫稿。鑑於國民黨在港組織渙散，他和團中環支部書記張孝德，一度參與籌組國民黨香港支部的工作。到 1924 年 1 月底，團香港地委的 29 名團員中，已有 21 人加入國民黨。

當時，團香港地委向團中央報告國共兩黨在香港的關係，說：「（國）

民黨在港的黨員，我們都去接洽，感情尚好。現在港中民黨尚未實行改組，到時當能盡力協助。我們相信已經走上合作的路途了，成效如何，尚未可知。但是經過我們將三民主義演講，社會的人已經沒人反對。大家都相信是一個最好的救國方法了，前途很可樂觀。」「多數團員加入國民黨，已與當地舊國民黨機關接洽，頗能得其信仰。惟港地民黨機關尚未改組，我們只能在團內組織國民運動委員會，秘密討論進行方法；對一般人民從事鼓吹三民主義，並設法介紹人民入國民黨。此種進行頗順利。」[6]

1924 年初夏，香港中共黨人與在港國民黨人合作，促成和國民黨有密切聯繫的香港工團總會在 5 月 1 日舉行慶祝五一勞動節的示威遊行。同時改組香港教育研究會，由中共黨人林君蔚出任該會編譯部部長，李義寶出任交際部部長，譚浩峰任評議部部長，另有 3 名國民黨人出任該會各部職員，正副會長則由中間派人士擔任。

香港中共黨人加入國民黨，實行跨黨合作，使得兩黨成員一度在香港相互配合，共同開展響應國民革命的活動。其中，最顯成效而又罕為人知的事件，便是香港中共黨人和國民黨人密切合作，在 1924 年春夏間策反陳炯明所部粵軍在香港的機關報——《香港新聞報》，從而造成轟動一時的香港「報變」。[7]

[6]　詳見莫世祥：〈中共早期黨、團組織在香港的最初建立與發展〉，《昨天的革命》，香港：新苗出版社，1999。

[7]　以下文字，又見莫世祥：〈香港「報變」考——陳炯明在港機關報倒戈事件始末〉，《嶺南近代史論——廣東與粵港關係（1900-1938）》，香港：商務印書館，2010，第 192-201 頁。

中共黨人策動《香港新聞報》停工

　　《香港新聞報》創辦於 1924 年 2 月。這一時間，可以從這年 7 月 19 日該報社長陳秋霖與同仁發表的倒戈宣言中的一段文字推算出來：「凡是看過本報的，從本報出版五月來的言論已可看出。」[8] 此外，還可以從香港早期共產黨人的一份報告中得到佐證。同年 3 月 9 日，中國社會主義青年團香港地委秘書彭月笙寫信向團中央，滙報香港報界動向，其中提到：「港地近日出了一種日報，名叫《香港新聞報》。」[9]

　　《香港新聞報》是作為陳炯明所轄粵軍派系的機關報而創辦的。陳秋霖與同寅發表的倒戈宣言稱：「我們也直言不諱，在今日以前，曾為東江之粵軍效力。」《廣州民國日報》在轉載這一宣言的按語中，也說：「《香港新聞報》向為陳炯明機關報，人所共知。」[10]

　　《香港新聞報》問世之時，正值國民革命在廣州洪波初泛。同年 1 月下旬召開的國民黨「一大」，展現出孫中山聯俄容共以改組國民黨、推進國民革命的激進宏圖，因而招致政治保守的《香港新聞報》和香港其他報刊的猛烈抨擊。香港早期共產黨人就此評論說：「（《香港新聞報》）完全是陳黨的機關報，專攻擊（國）民黨和 C.P.，專和做國民革命工夫的人們作對頭，比之《循環日報》、《華字日報》（香港《復辟報》）更有甚焉。它頭一日就登了一篇《共產黨之沿革》，一連幾日還未完。最好笑的是指孫（文）、胡（漢民）、汪（精衛）、廖（仲愷）、鄒（魯）幾人都是 C.P. 同志

---

[8]　　〈新聞報大覺悟之宣言〉，《廣州民國日報》，1924 年 7 月 21 日，第 6 版。

[9]　　〈（彭）月笙給（劉）仁靜信（1924 年 3 月 9 日））〉《廣東革命歷史檔彙集》甲 1，中央檔案館、廣東省檔案館 1982 年聯合印行，第 361 頁。

[10]　　〈新聞報大覺悟之宣言〉，《廣州民國日報》，1924 年 7 月 21 日，第 6 版。

這種糊塗的說話，令人聞之發噱。」[11] 由此看來，《香港新聞報》在創刊當日，就筆走偏鋒，先聲奪人，發表《共產黨之沿革》的連載文章，顯示出強烈而未免言過其實的反共意向。無獨有偶，《香港華字日報》從同年3月5日起，也連載同樣描述國民黨赤化的特別通訊《廣州共產黨之內幕及其計劃》。此文和《香港新聞報》刊載的《共產黨之沿革》是否同出一文？因為《香港新聞報》至今已經失傳，故無從稽考。

《香港新聞報》的反共宣傳，很快激起省港兩地中共黨、團組織的反制。根據中共廣東區委的指示，成立不久的團香港地委決定對該報進行釜底抽薪式的打擊。4月12日，團香港地委秘密策動該報20多名排字工人停工離港，試圖迫使該報停刊，結果遭到港英政府派出軍警彈壓，從而形成香港中共黨人和香港政府的第一次直接交鋒。

事後，團香港地委向團中央報告說：「四月十二號，兄弟們因為運動一間報館停版（這間報館是陳炯明黨的機關，專門造謠，作反革命破壞的），運動該報排字工二十餘人離港上省城。怎知事機不密，被該報主任人知道，報知殖民政府，隨派大隊兵警，將工人用麻繩縛手拘回捕房，並捕去兄弟三人（均地委）。現在已派人報知 K 黨，設法請當地律師辯護。工人雖已放回報館作工，但是已被暗探監視行動。當十二號晚事機最急時，工人兄弟異常出力，全體動員，各盡職守，被捕三人均直認運動不諱。」[12]

5月13日，團香港地委在一年來的工作報告中，進一步敍述此事的經過：「曾受 C 校特別指派，運動反革命派的機關報（《香港新聞報》）全報館的工人停工。結果有一工頭與東主關係較深，走報警局，設法起回已經落船的工人（全報館二十餘人已落省港船，預備上省城），並拘去同志

---

[11]　〈彭月笙給（劉）仁靜信（1924 年 3 月 9 日）〉。C. P. 指中共。

[12]　〈團香港地委給團中央的信〉，《廣東革命歷史檔彙集》甲 1，第 394 頁。

三人。審訊之後，一受四月、一受二月的監禁，禁後三人均被解出港，永遠不得回埠。這次事變，各同志一同出發，甚有勇氣，還有幾個與偵探決鬥始得逃回。」[13]

上述報告提到的「K黨」，指的是國民黨，「K」是當時國民黨英文音譯的第一個大寫字母。所說的「C校」，指的是共產黨，「C」是「共產黨」譯成英文後的第一個大寫字母。

這表明，團香港地委根據中共廣東區委指示，策動《香港新聞報》工人停工離港。由於工頭洩密，港英軍警破壞，這一行動沒有成功，反而被港英當局捕去3名委員。於是，中共黨人立即向當時已經成立的國民黨香港分部求援，請求延聘律師為被捕同志辯護。

綜合此後團香港地委的報告，可知當日被捕的香港團委三名委員，經香港法庭裁定，一人無罪釋放，遞解出境；兩人分別被判處四個月或兩個月的監禁。其中，被判監禁兩個月的叫蘇南，在港職業為木匠工人，32歲，時任團香港地委經濟委員，並已加入國民黨。5月25日至6月1日召開的團廣東區第二次代表大會，缺席選舉他為團粵區委候補執行委員。6月7日晚上，他被港府派人遞解上船，遣送往廣州。廣東國民黨組織給他醫藥費和家用費共60銀元。他抵達廣州後，任團粵區委農工助理，協助廣東著名中共黨人彭湃開展工農運動。被判監禁四個月的叫區直之，生於廣州，在港職業為小學教員，23歲，時任團香港地委勞動委員，也已加入國民黨。9月8日，他終於出獄，同樣被港府派人遞解出境，遣送廣州。

香港早期中共黨人秘密策動《香港新聞報》工人離港，試圖迫使該報停刊，最終卻遭到港府派遣軍警拘捕，形成中共香港黨、團組織和香港政府的第一次正面衝突。港府出動軍警彈壓，看似弭平共產黨人策動該報工

---

[13] 〈團香港地委報告（第一號）〉，《廣東革命歷史檔彙集》甲1，第408頁。

人停工離港的活動，卻無法阻止國民黨方面對該社高層人員進行策反。

國民黨人策反《香港新聞報》

1924 年春夏間，國民黨部分要員和陳炯明的親信幕僚往來頻密，試圖調和孫中山與陳炯明自 1922 年 6 月政變以來公開敵對的關係，遊說陳炯明重新加入國民黨，合力北伐。「孫陳調和」於是成為粵、港、滬報刊不時報導的熱門話題。

同年 4 月 29 日，國民黨要員吳稚暉（敬恒）在上海給陳炯明書寫萬言長信，勸說陳炯明與孫中山復合，免蹈太平天國領袖內訌的覆轍，直言：「孫文若不與陳炯明、汪兆銘（精衛）合作，一定成了一個『草頭革命黨魁』；陳炯明若不與孫文、汪兆銘合作，一定落做『土頭軍閥』。」[14]

5 月間，陳炯明的兩位親信幕僚將吳稚暉的信函帶到廣東汕頭，交給陳炯明閱處。這兩個信使都是「一次護法」時期陳炯明在閩南統領援閩粵軍的得力幕僚，也是後來帶領《香港新聞報》實現「報變」的首要倒戈者。

其中一個是黃居素，廣東香山縣人，在閩南護法時期就擔任陳炯明的書記（秘書）。1924 年 1 月國民黨在廣州召開第一次代表大會之後，黃居素希望陳炯明再加入國民黨，與孫中山合作，便到上海拜訪國民黨要員汪精衛和吳稚暉，洽商孫陳調和事宜，於是成為吳稚暉委託帶長信給陳炯明的首位信使。

另一個就是粵港報界名人陳秋霖。陳秋霖在五四新文化運動後期屬於思想激進的國民黨宣傳家。1919 年底至 1920 年初，他奉陳炯明之命，在福建漳州主編《閩星》半周刊。該刊以探討政治問題和社會問題為己任，除

---

[14]　康白石：《陳炯明傳》附錄，香港：文藝書屋，1978。

針砭時弊外，還宣傳社會主義學說，介紹蘇俄十月革命後的情況，進步輿論譽之為閩南「紅星」。

1920 年 10 月，譚平山、陳公博等人在廣州創辦《廣東群報》，隨後組建中共廣東支部。同年底，陳秋霖隨援閩粵軍返回廣州後，主動加盟廣東早期共產黨人的秘密機關報《廣東群報》，為該報撰寫評論文章。1922 年 6 月，陳炯明所轄粵軍發動政變，推翻孫中山在「二次護法」時期創建的中華民國正式政府，陳秋霖與《廣東群報》都公開表明袒陳反孫的態度。「三次護法」期間，陳秋霖隨同陳炯明系粵軍退往粵東地區。

1924 年 2 月，陳秋霖在香港創辦《香港新聞報》，「為現在東江之粵軍效力」，「一度與國民黨宣戰」，「根據很多非事實的謠言，很激烈的反對國民黨與孫中山」。[15] 可是，在經歷 4 月 12 日《香港新聞報》全體排字印刷工人停工離港事件，以及得知黃居素攜帶吳稚暉勸說陳炯明與孫中山復合的信函之後，陳秋霖的立場顯然有所改變。估計是應黃居素的邀約，他轉而參與調和陳孫關係的活動，隨同黃居素從香港一起去遊說陳炯明。

據後人研究，黃、陳二人攜帶吳稚暉信函，「到汕頭謁見炯明，懇請重與孫中山合作」。同月 13 日，陳炯明親擬回覆吳稚暉的信函，托黃居素帶往上海，向吳代為申訴一切。陳炯明在信中敍述與孫中山關係的各種委曲之後，申明並非反對孫中山為首領，亦非反對適合時宜的北伐，但主張以「假聯治」謀求和平機會，並以黨領導老百姓組織團體，行使人民主權，始有「真聯治」與「真共和」可言。否則，「老百姓不出，如民治何？假手武力，愈革愈糟，前車可鑑」。

陳炯明在覆函中沒有明確拒絕與孫中山復合的可能性，於是便有雙方高層在香港的直接密談。6 月 25 日，黃居素邀同孫中山的代表汪精衛和廖

---

[15]　〈新聞報大覺悟之宣言〉，《廣州民國日報》，1924 年 7 月 21 日，第 6 版。

仲愷兩人，來到香港，「在堅道某宅」，與陳炯明的代表馬育航、鄧伯偉共同會商雙方復合事宜。廖仲愷傳達孫中山的指示，堅持要求陳炯明必須立具悔過書，作為雙方復合的唯一條件。馬育航致電陳炯明，請示是否同意。7月初，陳炯明覆電稱「尚有難行之處」。據知情人莫紀彭事後回憶，陳炯明其實認為「咎不在己，無過可悔」。[16]由於孫中山的堅持和陳炯明的固執，一紙悔過書就成為阻擋孫陳復合的政治屏障。

孫陳雙方在香港的高層密談沒有取得進展。但是，從時任廣東省省長和國民黨左派領袖的廖仲愷後來和陳秋霖過從頗洽，最終同赴死難的關係來判斷，他很有可能會利用居港機會，與經已主張陳孫合作以推進「中國大規模革命」的陳秋霖等人會晤，策反陳炯明設在香港的機關報。此後的事實也證明，陳秋霖等人在雙方高層談判無進展之後，毅然挺身而出，率先突破公開悔過的心理屏障，以策動「報變」倒戈的行動，希望敦促陳炯明改變立場。

7月17日，陳秋霖致函陳炯明，直言不諱地說：「近日由海豐回來的朋友，說及先生在鄉間生活的狀況，有些令我十分敬佩的，有些卻令我太失望了。先生是久縮兵符的人，今一旦遂其初服，在鄉間過這種平凡單調的生活，這是中國許多所謂偉大人物所不及的。先生那種刻苦樸素的優美天性，老實說，我們始終都要稱讚的。但是我們一轉念，先生究竟是一個以革命起家的人，革命家的精神只有勇氣與奮鬥，革命家的道德亦只有犧牲及無我。我們若以此來論先生，見得先生近日甘處於寂寞沉悶之中，我們為國家計，為廣東三千萬人計，為先生的事業計，實在不敢再恭維了。」

「我們幾個朋友，間復私議，以為可以解決廣東問題的人物，非孫即

---

[16]　參見陳定炎、高宗魯：《一宗現代史實大翻案——陳炯明與孫中山、蔣介石的恩怨真相》，香港：吳興記書報社，1997。

陳」。「我們討論的結果，分做上、中、下三策。上策就是與國民黨重新合作，中策就是浪遊歐美，最下之策就是投北統一。」

陳秋霖接著逐一說明，投靠北洋政府之所以屬於下策，是因為曹錕賄選以來，國人共憤，「今之所謂中央政府，根本不成其為政府」。「粵軍是由先生（筆者按：指陳炯明）卵育而出的，它有護法和革命的歷史。論人格、論事業，不特先生不能投北，即粵軍亦萬萬不能投北。」陳秋霖擔心：「現在粵軍投北已成了一種趨勢，假使一旦成為事實，必為先生成名之累。」因此他認為，陳炯明不妨採取「遊歷歐美」的中策，「則先生晚年之名譽，可以保全。」可是，「若為國家計，為廣東計，我們便不贊成先生這種利己主義」。

陳秋霖強調：「我們認為最可行的，就是先生恢復革命者的人格，重新與國民黨合作。這個理由，已具見吳稚暉先生致先生的一封書中。」他進而向陳炯明補充說明「吳稚暉先生所未說及的」幾方面理由：「第一，廣東是革命的策源地，這幾年來便播下許多革命的種子。先生除非不幹廣東的事則已，若還要幹廣東事，這革命的招牌是放不下的。第二，廣東人物，革命的分子居多，此外各團體，如工會、如學生，都朝著這個方面做去。大凡民情是一動而不可復淨的。做廣東事的人必須順應這個潮流，然後始能立於不敗之地。第三，廣東不但是革命的策源地，且永久是革命黨的根據地。現在廣州的革命黨，或須再有一度的失敗，但反革命黨政府必不能在廣東盤踞……第四，就全國交通及廣東的地勢而言，無論如何，北軍不能征服廣東。況廣東人先天似有一種革命性，這幾年來，得了國民黨的宣傳，一般人的革命性固深了。廣東的革命黨若果合作起來，縱使於短期軍事上不能發展，但可借廣東的地盤，用全力宣傳革命事業，養成一種勢力，牽動全國。」陳秋霖補充說明廣東革命潮流高漲的種種情形，不僅僅是增加試圖說服陳炯明的理由，實際上也是表白自己的政治轉向乃是順應革命潮流的結果。

陳秋霖在信中繼續寫道：「我一向是主張孫陳應該合作的，我關於孫陳合作的事，也曾有數封信寄給先生。」最後，他明確聲明：「我最近是完全傾向於國民黨的政策了。我不特精神上的同情而已，凡有利於國民黨的革命政策的行動，我必不顧利害，以勇敢犧牲的精神來幫助他。我現時所能做的事，就是將《新聞報》變作鼓吹國民黨政策的言論報。」[17] 陳秋霖這番話，成為他聲明帶領《香港新聞報》實行「報變」的最後通牒。

　　7 月 19 日，《香港新聞報》正式改版為《中國新聞報》，並且發表陳秋霖、黃居素、陳孚木、古愛公等四人聯合署名的《我們的宣言》，坦誠宣佈：「我們經過幾個月的觀察，終於給國民黨的奮鬥精神與孫中山大公無私忠誠為公的人格感化了。我們反而覺得我們以前所立的地位，是偏重個人，尤其覺得拿空論來反對有主張、有組織的革命黨，實在太無意義。」「因此，我們不怕以今日之我與昨日之我挑戰，聯合社內外幾位同志，發表這篇宣言，以為我們今後革命救國事業的開始。」

　　宣言首先反省「聯省自治」實踐失敗的教訓，從而得出重回國民黨的結論：「我們從前相信解決中國問題，要先零碎解決而後總解決，但是這種辦法實在有許多難行的地方。年來四川、湖南、廣東各省自治派之失敗，已經說明這種主張之不對，不過是些畏難久安的政治家一種自欺欺人之說。我們現在明白了，相信做偉大事業而建造國家的，決不能分道揚鑣、各自為政的瞎幹，應得有一個堅實不變的主張，與計劃和一個組織完備的團體。而適合這原則的，就是一個國民黨，因此我們覺得有加入國民黨，與他合作之必要。」「舉目國中，可稱為革命黨的，只有國民黨。我們既主張革命，不加入國民黨，尚有何道可從？」

　　宣言進而宣佈信仰與擁護三民主義：「我們數月來，加了一番研究的

---

[17]　〈陳秋霖忠告陳炯明書〉，《廣州民國日報》，1924 年 7 月 21-22 日，第 6 版。

功夫，對於國民黨三民主義，已由認識而入信仰。我們認定能醫中國之痼病的，只有國民黨三民主義為最上選。」「故從今日始，便要努力成為三民主義擁護者。」

值得指出的是，陳秋霖等人雖然在宣言中實際上表明從此與陳炯明劃清界限、分道揚鑣的政治立場，但是這些倒戈者不僅沒有因為政見轉向，而反目成仇地抨擊乃至詆毀昔日上司陳炯明，反而在宣言中以與人為善的態度，由衷表示對陳炯明品格與勞績的尊重，以及希望他盡早與國民黨復合的期待。宣言這樣寫道：「我們對於陳競存（筆者按：陳炯明，字競存），我們相信他的主張，與我們相距並不甚遠。他那樸素的品格與以往許多為國之勞績，我們仍始終尊重。有人說他投北，這是冤枉他。我們可以保證他並沒有這種思想。他不特沒有這種思想，他痛恨北方政治的黑暗，比我們更徹底。至於他現在未能與國民黨合作，也許自有他的苦衷，但我們為著個人私誼與國家前途計，都極希望他和他的同志鼓其勇氣，下定決心，於最近的將來重新加入國民黨合作。」[18]

7 月 21 至 22 日，《廣州民國日報》以《陳秋霖忠告陳炯明書》為題，分兩天全文連載陳秋霖寫給陳炯明的信函。該報按語稱：「《香港新聞報》社長陳秋霖覆致陳炯明一函，勸陳與孫合作，利害是非，言之極詳。炯明利害念重，能否聽此忠言，固未可知。然秋霖君自漳州辦《閩星報》以來，言論思想，頗為有識者所其中。該函雖為炯明個人而發，實不啻為炯明一類人之當頭棒喝。」21 日，該報還以《新聞報大覺悟之宣言》的標題，以及「深悔為東江陳軍效力之非，努力為三民主義擁護者」的副標題，全文轉載陳秋霖等人的宣言。該報按語評論此宣言說：「其一種改過遷善、不顧利害感情之真誠，滿溢於字裏行間，不能不令人心折。吾粵連年戰爭，

---

[18]　〈新聞報大覺悟之宣言〉，《廣州民國日報》，1924 年 7 月 21 日，第 6 版。

與吾國民治之未能實現，由於陳黨之誤入迷途者半，由於國民不瞭解國民黨之真相者亦半。今反對民黨最力之陳黨機關報竟有此大覺悟擁護三民主義，未始非吾國否泰剝復之機。」

這兩則按語都強調陳秋霖等人的「改過遷善」對於陳炯明派系「當頭棒喝」的意義，從側面佐證孫中山與國民黨高層堅持以公開悔過，作為孫陳調和的先決條件的傳聞。陳秋霖信函與報社同寅倒戈宣言的公開發表與轉載，應視為國民黨方面處理孫陳調和論的成功範例。儘管這一範例未能最終喚回陳炯明與孫中山及國民黨冰釋前嫌，可是它畢竟以香港「報變」的成果，給國民革命前夕的孫陳關係乃至粵港關係都留下難以磨滅的印記。

香港「報變」後，《中國新聞報》成為國民黨在香港主辦的又一家報刊。和當時國民黨在港的其他報刊一樣，《中國新聞報》也樂意刊載香港早期中共黨人撰寫的文章。早在 1924 年 2 月 9 日，中國社會主義青年團香港地委秘書彭月笙致函團中央劉仁靜稱：「《香江晨報》聞說是民黨中人辦的（不是歸港分部管轄的）。」「現時香港還有《聯義社月刊》和《勞動週刊》，都是民黨中人辦的，我們和他都有很好感情。我們若有文章，他們也樂為刊載的。」[19] 此後，團香港地委在同年度的工作報告中，繼續總結與國民黨在港報刊的關係：「在出版界有《聯義月刊》（國民黨機關報）、《海員月刊》、《勞動週刊》，最近的《香江晨報》、《中國新聞報》均有登載我們的言論。至於《僑務教育》雜誌、《真善美》雜誌，均在我們同志手中，替他編輯。」可惜，這些報刊迄今均已失傳，遂使今人不能重睹當年國共兩黨在香港首次合作的風采。

1925 年 6 月 11 日晚上 11 時，香港警署查封《中國新聞報》，逮捕編輯人員，罪名是連續報導從上海蔓延全中國的五卅運動，有在香港煽動罷

---

[19]　《廣東革命歷史檔彙集》甲 1，第 327-328、409 頁。

工、罷市之嫌。7月14日，已經返回廣州主持《廣州民國日報》工作的陳秋霖，由廣東國民政府委任為監察院監察委員。8月20日上午9時，他與廖仲愷在位於廣州原惠州會館（今越秀南路93號）的國民黨中央黨部大門，被兇徒開槍暗殺，相繼中彈身亡。

第二節　廣州「赤化」與港商分化

香港報刊渲染廣州「赤化」

　　早在1922年9月22日，香港英文《士蔑西報》披露孫中山密謀建立中、俄、德三國聯盟的計劃之時，香港的英文報刊就公開抨擊孫中山存在親布爾什維克主義的傾向。1924年1月國民黨「一大」在廣州召開，孫中山和國民黨公開實行聯俄、容共和扶助農工等政策舉措之後，《香港華字日報》等中文報刊也加入猛烈抨擊孫中山等國民黨領導人「勾結共產黨」、實行「赤化」的行列。

　　1924年2月22日，《香港華字日報》刊載《孫政府勾結共產黨與共產黨內幕》的報導，根據記者在廣州採訪「國民黨某主任」的言論，梳理出該黨「何以偏向共產之路」，即採取容共政策的幾項原因。其中也有道出實情，而非無理攻擊者，茲摘引如下：

　　一是「廖仲愷、胡漢民等，震於赤俄成功之易，三民、五權成事之難，於彷徨四顧之中，不能不易轍改轅」。意指國民黨領導人鑑於本黨三民主義、五權憲法的革命目標，一直難以實行，遂借鑑蘇俄革命成功的經驗，

改行聯俄政策。

二是「中山以為與北庭對抗，非取得友邦同情不可。雖屢向英、美宣傳，俱如石沉大海，即如最近關餘一事，可為明證。環顧列強之中，尚有新興之俄，孑然無友，可為己助。故屢遣蔣介石往聘，赤俄代表亦足跡不絕於廣州。此中山表同情於共產者一」。意指孫中山的聯俄，是由於英、美列強拒絕給予援助所致。於是，孫中山在 1923 年 8 月派蔣介石率領「孫逸仙代表團」訪問蘇聯，尋求蘇聯的軍事和財政的援助。以上兩項，說的都是國民黨聯俄而容共的外因。

三是「老黨人閱世漸深，多具暮氣。革命主義，漸成口頭禪；原日精神志氣，喪失殆盡。中山對之，殊不滿意，轉而希望於一般新青年。嶄新之社會主義青年團人物，遂乘機中選。此輩日夕進言，中山性本易於衝動，亦以為社會革命，易於政治革命，此其表同情於共產者二」。意指孫中山鑑於國民黨的老黨員們喪失昔日的革命精神，遂轉而寄希望於新進青年，因而決定採取容共政策，這就道出國民黨容共的內在原因。

這些原因概括，分別說出當年孫中山與國民黨領導人決策接納共產黨人加入國民黨，實行黨內合作的真實緣由。

不過，這篇報導進而報導的情形，就和事實大相逕庭：「共產黨勢力，頓覺膨脹於廣州，黨中央執行委員會，竟佔大多數。」其實，國民黨「一大」選舉的中央執行委員會 24 名中央執委當中，中共黨員只有 3 名；17 名候補執委當中，中共黨員只有 7 名，那裏稱得上「佔大多數」呢？

當時，誇大和渲染國民黨容共之後，共產黨在國民黨乃至在廣州社會生活中具有主宰一切的影響力，是《香港華字日報》等香港報刊的宣傳主旋律。同年 3 月 5 日，《香港華字日報》開始連載《廣州共產黨之內幕及其計劃》的長篇報導，宣稱：國民黨中，「汪精衛、胡漢民、廖仲愷、鄒魯諸人（即元老派）變為共產化」。在廣州，「共產空氣濃厚如此，怪不得劉震寰（筆者按：劉是駐粵桂軍將領）謂：敝國士民，沐浴新潮，涵濡赤化也」。

這篇報導進而預言廣州「赤化」之後，將面臨商店被收歸國有、資本家慘遭殺戮的可怕情景：「彼輩（筆者按：指中共）既以廣州市為大本營，第一政令，即令一切商店，收歸國有，撥由店伴掌管，驅逐殺戮店主。店伴必多為其煽動，因人人以為發財機會至。雖有少許商團，必難抵禦。而資本家必俱慘遭殺戮，因共產黨員向工人運動，鼓吹階級爭鬥，謂階級間勢不兩立。此種印象，深入工人腦筋，一遇變亂，必肆行殺戮矣。」[20] 該報導虛構此番血腥殺戮的「階級爭鬥」情景，顯然是在香港與廣東製造恐共輿論，鼓動粵港商人反對孫中山和國民黨的容共政策。

在渲染廣州「赤化」的各類虛假報導中，最荒誕的，莫過於指稱孫中山加入共產黨。同年 2 月 26 日，《香港華字日報》刊載一篇論說文章，劈頭直言：「孫中山已入共產黨，並利用現在地位，以實行所謂共產辦法，迄至今日，已為一般人所共見共聞，當不待著者證明也。」[21] 如此言之鑿鑿，卻又不肯說出證據，乾脆宣稱「已為一般人所共見共聞，當不待著者證明」，著實是造謠的高招。

這裏，需要對孫中山實施容共政策的真實動機作一簡略的辯證。孫中山接納共產黨人以個人身分加入國民黨，目的是以「容納群材」的胸襟，引入新鮮血液以改組國民黨，增強國民黨的革命活力，以便按照他在國民黨「一大」時起草的「國民政府建國大綱」重申的革命三程序，在軍政時期，「以黨建國」；在訓政時期，「以黨治國」；在憲政時期，「還政於民」。也就是說，孫中山的容共本意，並不是打算自己帶領國民黨要員去加入共產黨，而是希望以此加強國民黨的力量，通過國民革命，實現國民黨的全面執政和推行三民主義。因此，他一面告誡非議容共政策的鄧澤如等國民

---

[20]　〈廣州共產黨之內幕及其計劃〉，《香港華字日報》，1924 年 3 月 5 日。

[21]　〈廣東與共產〉，《香港華字日報》，1924 年 2 月 26 日。

黨人「切不可疑神疑鬼」，一面向他們明確表示：「陳（獨秀）如不服從吾黨，我亦必棄之。」[22]

針對國民黨容共之後出現的種種流言，孫中山和國民黨反覆聲明：「無論其指本黨為共產主義，抑或為資本主義，皆與本黨主義毫不相關，與本黨救國之本心渺不相涉。茲為總括之言，正告國民曰：國民黨之本體不變，主義不變，政綱之原則不變。」[23]

可是，如此「三不變」的剖白，卻不能打消粵港商人擔心孫中山和國民黨「赤化」的恐懼和戒心。原因是當時國民黨基於討伐陳炯明與準備北伐的軍事需要，召集各省討賊聯軍，雲集廣州及毗鄰地區，導致財政入不敷支。廣州政府被迫向商人增收苛捐雜稅，同時變賣廟宇、寺觀、試館、書院書屋、宗祠、會館以及其他無主公共場所的公產，用作軍費開支。這就嚴重損害粵港商人的經濟利益，促使香港報刊渲染孫中山與國民黨要員「赤化」並陸續推行「共產」的種種謠言，在廣東不脛而走，越傳越加劇廣東各地富商們的反抗心理。與港商血脈相連的粵商迅速聯合起來，利用自己組建的商團武裝，對抗孫中山領導的國民黨政權，從而在1924年夏秋間釀成轟動粵港兩地的「廣州商團」事變。

廣州商團事變與港商的向背

粵省商團成立於1911年底，其逐漸發展壯大，是民國以來連年戰亂、兵匪橫行，導致廣東商人購械組團以圖自保的結果。20世紀20年代初，商團武裝遍布全省百數十埠，總人數號稱10萬人，加上與之聯團的各屬民

---

[22]　《孫中山全集》第8卷，第458-459頁。

[23]　〈國民黨中央執行委員會闢謠〉，《廣州民國日報》，1924年4月8日。

團,更號稱 20 萬之多。其中,廣州商團有常備軍 4,000 人, 後備軍 4,000 人,據說每人有長、短槍各一支。城郊商團與城中商團的武裝力量,合計有 27,000 人。

1924 年國民黨全面推行聯俄容共政策之後,廣東政府在政治上動員工農勞苦大眾的能力大為加強,由此導致代表工人利益的工會和保護資本家利益的商團不時發生衝突;再加上外省討賊聯軍就食廣東,軍紀渙散,敲詐勒索商人之事不勝枚舉;遂使擔心國民黨「赤化」進而剝奪商人利益的廣東各地商團,一齊聯合起來,通過此起彼伏的罷市風潮,鍛煉商人對抗國民黨政權的決心。進而宣佈在當年 8 月 13 日舉行「全省聯團」,組織廣東省商團聯防總部,推舉滙豐銀行買辦、原廣州總商會會長陳廉伯擔任聯防總部總長、陳恭受等為副總長。

陳廉伯(1884-1944),祖籍廣東南海縣,早年在香港皇仁書院讀書,其後擔任滙豐銀行廣州分行買辦。1919 年出任廣州商團團長,1921 年擔任廣州總商會會長。1923 年 10 月,聚集商團,抗拒廣州市政廳拆賣西關雞欄孖廟,辭去廣州總商會會長職務。11 月,被廣州市公安局以附逆罪通緝,一度逃離廣州。不過,他反而因此獲推舉為全省商團聯防總部的總長,成為帶領廣東商團對抗孫中山與國民黨的商人領袖。

8 月 9 日,丹麥商船「哈佛號」將陳廉伯先前在歐洲洽購的價值上百萬元的軍火運抵廣州。孫中山聞訊,派大本營副官鄧彥華率艦將「哈佛號」扣押,查明船上載有各式長短槍 9,000 多支,子彈 300 餘萬發,分裝 1,129 箱。次日,孫中山下令黃埔軍校校長蔣介石,將該船以及船上運載的軍火一起押至黃埔。陳廉伯等人隨即潛逃廣州沙面租界,匿居香港,同時鼓動廣州及各地的商團舉行長期罷市,要求發還被扣押的軍械。持續兩個多月的廣州商團事件由此生發開來。

在廣東商團與國民黨政權的較量中,反映港商主流觀念的《香港華字日報》旗幟鮮明地站在商團這一邊,不僅及時報導事態的發展,而且接連

發表指導性的評論文章，不斷為商團出謀劃策。其激烈的政治主張，就是藉口「反共產」、「反客軍」，倡議廣東商團「以武力改造政府」，推翻孫中山和國民黨的政權。

8 月 16 日，該報發表評論文章，建議廣東商團以反共、反客軍之名，與廣東政府作「死裏求生」的較量。該文稱：「報載共產黨徒，以商人若有槍自衛，則共產主義，無由實行，故力爭此械撥歸工團農團之信服共產黨者，以為赤衛軍之用。由此可知軍械一案，非政府與商人之爭，實乃客軍與人民之爭，共產與反共產之爭。商人之爭此械，並非反抗政府，乃預防客軍作惡，抵制共產實行。使此大幫軍械而落於客軍或共產派之手，則廣東全省更將糜爛，將無子遺矣。政府而不恤民意，助客軍為虐，促共產進行，則吾民惟有以死裏求生，作大範圍之民眾運動。」[24]

9 月 24 日和 25 日，該報以《廣東商團反抗暴力政府大計劃》為題，全文發表順德縣樂從鎮商團提出的「粵省商團聯團自衛章程議案」。強調該議案「主張此後救粵責任，由商團負起，以武力改造政府」，盛讚議案是「廣東平民政治運動史壓卷之作」。因為該議案提出商人恪守的四項「正義」，聲明「有欲打擊予之抱持者，即認其為敵，可以出於一戰」。這些「正義」是「（一）我商人之兩肩對於各種義務，已擔任盡力至極，實不能再加以重壓；（二）我商人所居係處第三者之地位，其依據正義行動，係本乎自決自動，而無一毫被動的原因；（三）我商人於國家機體中係最良好的分子，有如物體迸碎時，此良好分子當須保留，更不能隔斷其與他之良分子互相結構，以造回此物體；（四）我商人依據正義行動，實出於應時勢之邀求，於中國數千年來，此為開始第一幕。」

---

[24]　〈政府壓迫商團感言〉，《香港華字日報》，1924 年 8 月 16 日。

10 月 10 日，該報在報導廣州及毗鄰地區的商團再度決定舉行罷市的消息時，進一步鼓動商團利用軍械被扣事件，推翻孫中山。該報導稱：「蓋多數心理，以為不乘械潮而倒孫，則挽救粵局再無機會。故以爭械始，而以倒孫結，實為全省商民對付械案之決心。」[25]

值得指出的是，一直和國民黨保持密切聯繫的香港各工會團體，卻在廣東商團與孫中山的較量博弈當中，堅定不移地支持孫中山和國民黨，顯示在廣東國民革命的初潮中，香港的工人和商人的主流政治意向呈現背道而馳的分化趨勢。8 月下旬，香港工團總會 160 多個工會團體聯名發表通電，譴責「內亂匪首陳廉伯、陳恭受等，假藉商團名義，私運大宗軍械，謀傾我革命政府，擾我全粵市民」。通電力數陳廉伯等人挪用賑濟水災捐款以作謀亂之資、軍械被扣後煽動罷市、唆使商團殺戮廣州、江門、新會、佛山等地工人等罪狀，呼籲孫中山「以謀亂之罪治之，則不特地方之幸，抑亦國家之幸，即工等亦讎仇可復矣」。[26]

10 月 10 日，廣州工團軍、農團軍及其他民眾舉行慶祝民國雙十節國慶遊行，途經西壕口時，遭到商團軍阻截並開槍射擊，打死數名遊行民眾。

當日，孫中山在韶關北伐大本營致電廣東省長胡漢民等人，認為商團罷市和陳炯明軍隊相互呼應，「是叛跡顯露，萬難再事姑息」。次日，他決定成立革命委員會，自任會長，委任國民黨要員許崇智、廖仲愷、汪精衛、蔣介石、陳友仁，以及身兼國共兩黨黨籍的譚平山為革命委員會全權委員，授命該委員會委員可以會長孫中山的名義，「便宜行事，用種種方法打消商團罷市，並立即設法收回『關餘』」。[27]

---

[25] 〈矢在弦上之二次罷市〉，《香港華字日報》，1924 年 10 月 10 日。

[26] 〈僑港工團對扣械案之通電〉，《廣州民國日報》，1924 年 8 月 30 日。

[27] 《孫中山全集》第 11 卷，第 167、172 頁。

14 日夜晚 9 時，留守廣州大元帥府的胡漢民收到孫中山發來的急電，囑其轉達楊希閔、許崇智、劉震寰、范石生等討賊聯軍將領，要求他們在 24 小時之內，收繳商團槍支。15 日凌晨，各路討賊軍、大本營警衛軍、工團軍和黃埔軍校學生軍等，分別向商團軍據守的西關地區發起進攻，經過一天的巷戰，迅速擊潰缺乏實戰經驗的商團軍。至此，擾攘兩個來月的廣州商團事變完全平息。[28]

同年冬，《香港華字日報》報社收集有關這一事件始末的相關報導，印成《廣東扣械潮》一書，意欲為廣東商團最終被鎮壓而鳴冤叫屈。而今，該書成為史學家重新審視這一事件的第一手資料集。

當年，孫中山和國共兩黨對於廣州商團事變的定性是：這是一場得到英帝國主義和陳炯明叛軍支持的「反革命叛亂」。依此定性的邏輯推理，在持續兩個月的商團事變過程中，尤其是在商團被圍攻的緊要關頭，英方或陳軍本應給予商團實質性的支援。可是，實際上他們並未派出一兵一卒，來介入這一事件。這就令後世史家殊難延續當年孫中山和國共兩黨關於商團「叛亂」的蓋棺定論。

有關廣州商團事變研究的最新成果表明，「從目前所見英國外交部的有關檔案來看，英國政府並未參與軍火的採購和運送」。不過，英國在華要員當中，確有一些人參與或支持陳廉伯購買軍火以圖推翻孫中山及其領導的廣東革命政府。其中，陳廉伯通過滙豐銀行廣州分行的代表德冠西（J. E. B. de Courcy）的幫助，在歐洲購買武器軍火；此舉得到滙豐銀行總經理史提芬及其繼任人巴羅（A. H. Barlow）的支持和給予貸款；得到港督司徒拔的

[28]　有關廣東商團及此次事變的由來，可參見邱捷：〈廣州商團與商團事變——從商人團體角度的再探討〉，北京：《歷史研究》，2002 年第 2 期；敖光旭：〈「商人政府」之夢——廣東商團及「大商團主義」的歷史考查〉，北京：《近代史研究》，2003 年第 4 期。

默許;還得到英籍中國海關總稅務司安格聯(F. W. Aglen)、英國駐廣州代理總領事翟比南(Bertram Giles)等人的支持。1924 年 8 月 29 日,翟比南還向廣東政府發出最後通牒,聲稱如果廣東政府派軍進攻商團,英國海軍將全力對付。但是,這些英國在華要員支持商團對抗孫中山的個人行為,都遭到英國政府不同程度的反對、批評甚至譴責。[29] 由於英國政府堅持中立政策,英方最終對國民黨平定商團事變採取袖手旁觀的態度。

令後世史家掩卷晒笑的還有:當年陳廉伯動用他在滙豐銀行工作時精心編織起來的國際商業網絡,不遠萬里到歐洲買來價值上百萬元的大批軍火,亦即引發商團事變的那批被扣軍械,竟然是一堆用過 30 多年的爛銅爛鐵!早在 1924 年 7 月 19 日,當運載這批軍械的「哈佛號」輪船駛入英屬殖民地科倫坡港口時,英方人員就發現船上裝運的長槍都是 1890 年製造的,「是已經被使用到老掉了牙齒的陳年老貨」。而且,長槍和短槍是德國造,子彈卻是法國造。「子彈與槍對不上號,不是爛銅爛鐵是甚麼?看來這批軍火都是歐戰(筆者按:即第一次世界大戰)的剩餘物資,被收買爛銅爛鐵的商人,高價賣了給廣州商團。黃埔軍校校長蔣介石在扣查這批軍械之後,也頗為不屑地向孫中山報告說:「商械並不精銳」,「保管此槍,徒成怨府,而毫無補益」。顯然,購買這批軍械的陳廉伯,已經成為歐洲軍火商戲弄的冤大頭。而且,在廣州的英國人私下也瞧不起陳廉伯及其率領的商團武裝,認為這是「一個缺乏墨索里尼般領袖才華來率領的法西斯組織」,「就

[29] 張俊義:〈英國政府與 1924 年廣州商團叛亂〉,《中國社會科學院近代史研究生青年學術論壇》,1999 年卷,第 48-63 頁,北京:社會科學文獻出版社,2000;鍾寶賢:《香港華人商會與華南政治變動》(*Chinese Business Groups in Hong Kong and Political Change in South China,1900-1925*),紐約:St Martin's Press,1998,第 107-125 頁。黃宇和:《中山先生與英國》,第 509-554 頁,還詳細論述在華多名英國要員支持陳廉伯購買軍火以掀起推翻孫中山及其政府的商團事件,以及英國政府斥責這些要員的史實。

是說，廣州商團是群龍無首的烏合之眾」。[30]

那麼，和商團同處反孫陣營的陳炯明及其軍隊，又如何對待商團事變呢？當時，陳炯明困守東江，他自 1923 年初退出廣州、辭去粵軍總司令職務之後，一直沒有宣佈重新就職，「只知徜徉於海陸豐山水之間」。《香港華字日報》記者認為他「太避嫌，太消極，太愛惜嘴爪，結果遂陷於進退失據的地位」。陳軍其他將領，「始則互相觀望，繼則互相排擠」。於是，在商團事變期間，陳軍「始終不聞出一兵，發一言」。此外，商團「大腹賈，只知擘大喉叫討孫，一說及錢之一字，則一毛不拔」，這也是陳軍官兵不願為商團賣命的原因。[31] 既然英方和陳軍都不願對商團事變給予實際的軍事援助，不自量力的商團又怎能抵擋興起於廣州的國民革命初瀾？

商團事變平息後，香港海員工會曾經舉行會議，表態支持廣東革命政府。10 月 18 日，蘇兆徵在海員工會發表演講，說：「現觀於雙十節遊行，工黨被商團剖體之慘，同深憤慨。惟其用意，無非欲借外人，反對革命進行，致有罷市之舉。此等舉動，欲傾覆政府，實為愚不可及。」「其所反對政府，無非借助外力，謀充省長，甘做亡國奴而已。」他呼籲工人「將此事解釋（給）各商家，互相聯絡，則可挽此殘局，共濟時艱也。」[32]

與此相反，香港華商總會則表現出偏袒參與商團事變的逃港商團人士的態度。據報導：「廣州市民自經此次謀亂之後，市民為其波累者不少。香港華商總會日前派員來省，視察情形，因謀賑濟之方。於是，紛電各埠僑胞募捐款項，滙交華商總會查收。華商總會得款後，即以之撥交逃港商

[30] 黃宇和：《中山先生與英國》，第 596-597、617 頁。

[31] 〈北京政變後之東江專軍〉，《香港華字日報》，1924 年 10 月 28 日。

[32] 蘇兆徵 1924 年 10 月 18 日演講錄，《海員工會月刊》，香港：1925，轉引自盧權、褟倩紅：《蘇兆徵》，廣州：廣東人民出版社，1993，第 145 頁。

團分派。廣州被災商民，聆此消息，以該會藉名籌賑商團，對於確係被災者反漠然不顧，故咸不滿意於該會。」[33] 刊載這篇報導的《廣州民國日報》使用的標題是：〈香港華商總會以賑款接濟商團，廣州被災商民宜向該會質詢〉，明確表露國民黨方面對於香港華商總會只顧賑濟逃港商團人士，卻不願賑濟廣州災民的不滿。

香港華商總會的偏袒態度代表香港華商的主流向背。因此，當國民革命初瀾在廣州激蕩之後，香港商人不再像辛亥廣東光復之後那樣，踴躍捐助廣州政權；甚至也不再像一年前，即 1923 年初承諾資助孫中山裁兵以謀和平統一那樣，表達願意捐助之意。可是，這並不意味所有的港商從此都不再支持孫中山及其領導的革命事業。事實上，就在廣州被反孫報刊傳媒渲染為「赤化」之時，香港仍然有一些富商大賈繼續成為廣州革命政府的財政支撐者。只不過，他們資助的主要方式已經隨著時局的發展，而發生前所未有的變化。由於國民黨政權從 1923 年以後一直在廣州持續運行，不再像民國初建時期的廣東軍政府和護法政府那樣旋起旋滅，繼續資助中山革命的港商們，不必再向已經難以籌款的香港及海外華僑募集資金，他們轉而直接參與管理廣東的財經工作，通過發揮自己運籌資本、管理財務的專長，就地在廣東拓展革命政府的收入來源，以便盡量解決財政緊絀的困難。當然，在此過程中，他們也公私兼顧，將自己的生意和財富延伸到國民黨控制下的廣東。

這些在廣州加入國民革命行列的港商，在《香港華字日報》等報刊的描述中，稱為國民黨內的「資本派」。最先為首的兩個人，就是 1922 年 12 月由孫中山任命為廣東省財政廳廳長的楊西巖，以及同時由孫任命為廣東省鹽運使的伍學晃。楊、伍二人自清末在香港加入同盟會以來，一直是中

---

[33]　《廣州民國日報》，1924 年 11 月 13 日同題文。

山革命的贊助者和支持者。此外，1923 年 4 月 28 日，孫中山還頒發大元帥令，任命港商李亦梅、李煜堂、吳東啟、林護、徐儀峻、余斌臣、雷蔭蓀、黎海山、吳業創、林澤生、馬永燦、蔡昌、王國璇、郭泉、林暉庭、李星衡、伍香題、伍于簪等，擔任中央財政委員會委員。

　　1923 年初，孫中山還派人在香港，聯絡曾經在北洋政府主管財經事務的舊交通系首領梁士詒，希望其襄助廣東國民黨政權，得到梁的贊成。隨後，梁派遣舊交通系要員葉恭綽、鄭洪年到廣州，擔任國民黨政權的財經要職。於是，國民黨內的「資本派」又增加具有全國財經管理工作經驗的新人。

　　居港舊交通系的要員參加廣州革命政府的簡況如下：[34]

　　梁士詒（1869-1933），字翼夫，號燕孫，祖籍廣東三水縣。清末進士出身，1907 年任郵傳部鐵路總局局長及交通銀行幫辦。1912 年 3 月任袁世凱的總統府秘書長、交通銀行總理等職。當時，其權力及財氣之大，人稱「二總統」或「小財神」。1916 年袁世凱死後，梁因參與洪憲帝制而受到通緝，一度匿居香港。1918 年，重新擔任交通銀行董事長。由於梁士詒在清末民初掌管全國鐵路及交通銀行，時人將他和他的部屬稱為交通系。1921 年 12 月，梁士詒出任北洋政府總理。3 個月之後，即到 1922 月 1 月，被直系軍閥吳佩孚驅逐下台。同年 5 月，他和交通系要員葉恭綽等再遭通緝，梁又匿居香港。其門生、部屬葉恭綽、鄭洪年等，隨之聚居香江。

　　葉恭綽（1881-1968）、鄭洪年（1876-1958），兩人的祖籍均為廣東番禺縣。葉曾任北洋政府交通部總長，並署理交通銀行。鄭於 1906 年在南京的暨南學堂擔任首任堂長（筆者按：即後來暨南大學的第一任校長），其

---

[34]　詳見莫世祥：〈梁士詒與舊交通系的再起〉，《結合與更替》，廣州：廣東人民出版社，1997，第 278-291 頁。

後任北洋政府交通部次長兼鐵路督辦等職。他們「目擊直系禍國，亦多趨向西南（筆者按：即轉向國民黨），欲有以自效。」

1923 年 2 月，孫中山在香港與各界人士聚會期間，邀請梁士詒一起到廣州，「共襄國事」。梁「以身在局外，尤易聯絡，因允以葉（恭綽）、鄭（洪年）二氏佐之」。[35] 此外，梁還在香港向外國商人聯絡，試圖為廣東政府洽借外國貸款。

同年 4 月，葉恭綽、鄭洪年等舊交通系要員來到廣州。當時，適值桂系軍閥沈鴻英部在廣州發動兵變，槍炮聲震撼廣州城。孫中山對葉恭綽說：「君若怯，可先歸香港。」葉答：「本來共患難，如怕死，即不來矣。」孫「大喜，旋熟商籌餉各策，諄諄以財政部長相屬。」「時環境極困，餉源幾近於枯竭」，可是，葉、鄭二人「毅然任之」。5 月 7 日，孫中山頒令任命葉恭綽為陸海軍大元帥大本營財政部部長，鄭洪年為財政部次長。二人就職之時，孫特地在大元帥府召集黨、政、軍要員，舉行歡迎宴會，盛讚舊交通系要員來助，「為本黨成功之兆」。[36]

葉、鄭二人冒險前來加盟，頗得孫中山信任。他在委任葉、鄭的同日，改任楊西巖為大本營內政部次長，伍學晃為大本營建設部次長，隨後又任楊西巖兼任禁煙督辦。實際上是讓葉、鄭二人居於主管廣東財政大權的第一線，讓楊、伍二人分別負責具體的財經事務。

1923 至 1924 年間，掌管廣東財經大權的「資本派」們，提出「培元氣，剔中飽」的理財方針，以及整理紙幣、維持金融、交涉關餘等辦法，在開拓財源、加強管理、接濟軍餉等方面，相繼採取一系列的政策措施，陸續取得一定成效。其中，能夠落實的開源措施，主要是整頓和加強鹽運稅收；

---

[35]　《三水梁燕孫（士詒）先生年譜》影印本，台北：文海出版社，1974，第 55 頁。

[36]　俞誠之：《葉遐庵先生年譜》，遐庵年譜滙稿編印彙編，1946。

對鴉片貿易採取寓禁於徵的辦法，加收重稅；加收貨物貿易稅捐；拍賣廣州市內的街坊廟宇、道觀佛寺等公共產業、公用土地以及附逆敵產等。但是，「資本派」的政策舉措在執行過程中，受到軍隊截留稅款、商人反對加捐、民意反對拍賣公產、國民黨內部派系鬥爭牽制等多種因素的阻撓和破解。他們主張的交涉關餘，更因列強反對而落空。

楊西巖兼任的禁煙督辦，直接負責取締當時依然流行的鴉片貿易事務，屬於有心人士覬覦的肥缺。他因此備受攻擊和非議。1924 年 3 月 17 日，孫中山頒佈命令：「禁煙督辦楊西巖辦理不善，流弊滋多，著即免職，聽候查辦。」不過，頒令之後，楊西巖實際上仍然以此職務，繼續處理禁煙事宜。3 月 31 日，孫中山再次頒佈命令，稱：「前禁煙督辦楊西巖，被控辦理不善，流弊滋多，業經免職查辦在案。茲據財政委員會查明，尚無實據，應予撤銷，毋庸置議。」[37] 這道撤銷前一命令的命令，反映出孫中山對楊西巖的信賴和對此前非議楊西巖的無奈。

1924 年 9 月 18 日，第二次直奉戰爭爆發。孫中山認為，這是聯合北洋軍閥派系中力量較弱的奉系和皖系，集中打擊控制北洋政府的直系的有利時機。鑑於舊交通系與皖系、奉系關係密切，孫中山在這年的 9 月和 10 月，相繼免去葉恭綽、鄭洪年的職務，「另有任用」。即派他們北上，聯絡皖、奉軍閥和各方勢力，共同對付直系軍閥。

同年 10 月 20 日，擔任大本營建設部次長的伍學晃因病在香港留醫。11 月初，他不幸病逝於香港。孫中山聞訊頗為悲痛。11 月 10 日，他下令大本營秘書處致函內政部部長徐紹楨，稱讚伍學晃「志慮忠純，才識諳練，歷年革命，效力不遑」。「彌留之際，猶殷殷以討賊為念」。要求內政部「從

---

[37] 《孫中山全集》第 9 卷，第 606、672-673 頁。

優議恤，用示篤念老成之至意」。徐紹楨認為，伍學晃「受命於艱危之際，毀家紓難，懋著勳勞」，應該「從優比照部長月支俸，給予一次過兩個月恤金二千元，並特令頒給治喪費一千元，以示崇德報功之意。」於是，孫中山下令財政部新任部長古應芬照此撥款撫恤。[38]

同日，孫中山批准楊西巖辭去大本營內政部次長的職務。至此，從香港來的「資本派」四巨頭，都相繼離開主管廣東財經工作的領導職位。

第三節 「和平、奮鬥、救中國」

1924 年 11 月孫中山過港北上

1924 年 10 月 23 日，早已與國民黨人建立秘密聯繫的直系將領馮玉祥，率部在北京發動政變，軟禁北洋政府總統、直系軍閥曹錕，迫使北洋政府下令停止第二次直奉戰爭。隨後，馮玉祥、胡景翼、孫岳等政變將領召開軍事政治會議，決定邀請孫中山北上主持大計；在孫中山到來之前，先請寓居天津的皖系首領段祺瑞出面維持；將參加政變的部隊改組為中華民國國民軍，請段祺瑞出任國民軍大元帥。

孫中山在廣東韶關北伐大本營得知北京政變的消息，決定應邀北上，與皖系、奉系等北方各派勢力，會商和平統一的建國方略；同時將國民黨

---

[38]　《孫中山全集》第 11 卷，第 300-301 頁。

對於時局主張和三民主義的精神，傳播到北方。11 月 10 日，他發表《北上宣言》，申明：「國民革命之目的，在造成獨立自由之國家，以擁護國家及民眾之利益。」「對於時局，主張召集國民會議，以謀中國之統一與建設。」[39]

11 月 13 日上午，孫中山偕同宋慶齡以及隨行人員，登上「永豐號」軍艦，離開廣州，取道香港，啟程北上。下午途經黃埔軍校時，他特地登岸視察，並在校長蔣介石的陪同下，檢閱軍校第一期畢業生的戰術演習。將近傍晚，他才乘坐「永豐艦」，在蘇聯巡洋艦「波羅夫斯基號」的護衛下，駛往香港。當晚 12 時，「永豐艦」與蘇聯巡洋艦抵達香港外海。

14 日早晨 7 時，「永豐艦」進泊香港鐸也碼頭對開水面，受到香港聯義社、工團總會、中華海員工業聯合會總會，以及各界人士租用的 20 多艘船隻的夾道歡迎。這些船隻「各皆遍佈番旗及黨旗，一時旗幟飄揚，招展於海面，真大觀也」。「永豐艦」泊碇後，孫中山一行換乘東洋輪船公司的小輪，轉往停泊在附近的日本「春洋丸」郵船。歡迎孫中山過港北上的 20 多艘小輪，也隨即環繞在「春洋丸」郵船周圍。歡送的人群相繼登上郵船，向孫中山致敬話別。孫中山在郵輪大會客室裏，先後接見專程前來送行的省港軍、政、工、商各界人士百數十人。他「身服黃絨企領西裝，咖啡色皮靴，器宇軒昂，精神奕奕，與各人一一握手見禮」。「各人並向帥座（筆者按：指孫中山）行一鞠躬禮，帥座回禮」。

其間，聯義社和海員工會的代表分別向孫中山獻頌詞。聯義社的頌詞是：「孫大元帥睿鑑：頃悉霓旌北上，整頓殘棋，貫徹初衷，光垂漢族。此行北上，奠定中原，敝社同人，敢為前途馨香祝頌也。謹祝中華民國萬歲！孫大元帥萬歲！中華民國十三年十一月十四日聯義社全體同人鞠躬。」

---

[39] 《孫中山全集》第 11 卷，第 295、297 頁。

海員工會的頌詞是：「維中華民國十有三年十一月十四日，值孫大元帥北行過港之期，敝會同人，逖聽之餘，不勝歡忭。故不揣固陋，用掇片言，以留去思，殆亦表示愛戴之微忱焉矣。夫時至今日，人心之陷溺，人道滅矣；外人之壓迫，國際絕矣；軍閥之專橫，國幾不國矣。處此風雨飄搖之秋，正是千鈞一髮之候，非有雷霆萬鈞之力，奚能奠國家於磐石之安乎？幸而北方軍閥一方面之覺悟，變化之機，令人莫測，未始非革命之效果，由南而北所致也。惟此次我公北上，運籌國是，挽茲狂瀾，庶足以展長駕遠之思，對於吾等海員工界前途，間接而翼一線之光歟。爰為之頌曰：壯哉孫公，主義始終。三民五憲，貫徹始終。熱誠愛國，竭智盡忠。南北宗旨，如馬牛風。河圖變化，軍閥內訌。此次北上，操縱群雄。由南而北，革命之功。願符斯頌，百福駢臻。中華海員工會聯合總會全體鞠躬。」

　　其間，孫中山還接受香港《中國新聞報》的記者採訪。

記者問：孫先生北上，行止如何？

孫答：此番北行，在滬或小作逗留，即北上入都，行程或無甚變更。

問：孫先生此行，建國計劃，如何實施？

答：自曹（錕）、吳（佩孚）倒後，中國政局已大有轉機，我們亦即認為在北方發展之開始。中國官僚軍閥，為禍已深。澄清政治，固在必行。然尤注重於思想學術方面，故此行第一步功夫，即注重宣傳，務期將北京之思想界完全改造，將舊日之復辟陳舊官僚，剗除淨盡。於是國民革命始易著手，而本黨主義始有實現之希望。你們（指記者）做宣傳功夫，尤當注意此點。

問：先生北上後，北伐軍是否仍繼續進行？

答：北伐軍現已深入贛境，節節勝利。一方我們北上，在政治思想做功夫；（另一方）北伐當然積極進行，長驅直搗鄂、蘇。

孫中山隨後反問記者：香港反對黨的論調，對我們北上，想必抱著懷疑，

或是竟說我不能進京？

記者說： 此層無甚表見。但香港的反對報紙是沒有價值的。不特對先
生北上懷疑，就是向來對於國民黨主義也懷疑。這是精神墮落的
言論，我們可不理會。

此番訪談大約 15 分鐘。這番問答表明，孫中山對於自己北上和北洋軍
閥中的皖系、奉系周旋，其實做好文、武兩手的準備。

大約 9 時 30 分，「民新影畫公司黎民偉，並親與技員攜帶影畫機到船，
將是日情形攝影。尚有各照相館，如葆光、名苑等，攝影相機到攝影者，
指不勝計」。

孫中山接見眾人之後，偕夫人宋慶齡在船旁甲板散步。「黎民偉君乃
親自用攝影機將情景逐段攝取」。黎民偉還請送行的百數十名各界人士，
跟隨孫中山和宋慶齡身後，「從容作送行狀，由甲板自東而西，用攝影機
架高逐一攝影，製為畫片，藉留紀念」。當年黎民偉拍攝的影片，依然流
傳至今，遂使後人得以瞻仰孫中山最後一次香港之行的歷史畫面。

「春洋丸」預定在正午 12 時起航，因此送行的人群在 11 時 30 分陸續
下船，同時「將預備送行之生花球、串炮等搬上日輪，爆竹多至數籮」。
待到開船時，「該船主日人乃命船員將爆竹在船尾連續燃放」。孫中山與
夫人及隨行人員則「立於船旁，揭帽揚巾，向歡送各小輪表示謝意」。「小
輪、電輪之送行者，亦皆揚巾誌別，有如雪片紛飛，掌聲如雷鳴，並頻呼
孫總理萬歲！國民黨萬歲！」[40]

此次孫中山北上過港，擔任迎送主角的是國民黨的海外交通部——聯

---

[40] 〈大元帥北上過港各界歡送之盛況〉，《廣州民國日報》，1924 年 11 月 17 日。

孫中山與夫人宋慶齡在「春洋丸」郵船上的合影。

義社以及海員的工會組織。這與清末民初時期港商在迎送孫中山過港活動中擔任主角的情形，形成鮮明的對比。它表明，廣州的國民革命及其激發的商團事變，已經導致香港的商人和工人兩大階層在是否繼續支持中山革命的問題上分道揚鑣。以海員為主體的香港工人，從此成為廣州國民革命在香港的有力支持者。

面對香港工界團體燃放鞭炮，歡送孫中山一行過港北上的情景，《香港華字日報》在次日刊載《孫文去矣》的長篇報導，不無醋意地評論說：「港例非得官廳允許，不准燃放炮竹。『春洋丸』之海員乃要求船主在船燃放炮竹一事，未知船主允許否？」該報導還全文轉載被取締的商團殘餘勢力在廣州散發的兩份反孫傳單，其中詛咒孫中山是「廣東之禍魁、人道之蟊賊、土匪之領袖、革命之罪人」，誣告他「禍國禍粵」的十一條罪狀：動搖國體、妄行共產、縱兵殃民、摧殘民治、破壞金融、抽剝民財、大開煙館、摧殘

教育、蹂躪實業、破壞司法、鏟滅商民。[41]該報堅持反對乃至詆毀孫中山與國民革命的立場，顯示當時港人的政治分化已經截然對立、營壘分明。

孫中山逝世後的香港哀思

1925 年 3 月 12 日，一個驚人的噩耗傳遍中華大地：當天上午 9 時 30 分，孫中山因患肝癌，醫治無效，病逝於北京鐵獅子胡同行轅。據當時守候在他身邊的人憶述，他在彌留之際，猶口呼：「和平」、「奮鬥」、「救中國」、「國民會議」、「同志奮鬥」等語。

在此前一天，他自知不起，相繼簽署國事遺囑、家事遺囑和致蘇聯政府遺書等三份文件。其中，國事遺囑的全文是：

余致力國民革命凡四十年，其目的在求中國之自由平等。積四十年之經驗，深知欲達此目的，必須喚起民眾及聯合世界上以平等待我之民族共同奮鬥。

現在革命尚未成功。凡我同志，務須依照余所著《建國方略》、《建國大綱》、《三民主義》及《第一次全國代表大會宣言》，繼續努力，以求貫徹。最近主張開國民會議及廢除不平等條約，尤須於最短時間促其實現，是所至囑。

孫中山逝世的消息引起各地民眾的哀悼。在廣州，國共兩黨和軍、政、工、學各界立即舉行各種哀悼活動，眾人還決定在廣州興建孫中山紀念堂。在商議紀念堂選址過程中，港商楊西巖決定將先前孫中山劃撥給他，作為

---

[41]　〈孫文去矣〉，《香港華字日報》，1924 年 11 月 15 日。

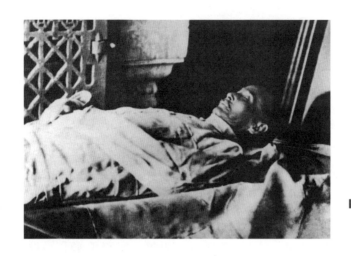

1925 年 3 月 12 日，
孫中山病逝於北京，
享年 59 歲。

回報他借款贊助革命的越秀山南麓舊總統府的地段，用作為興建孫中山紀
念堂的地址。這就成為延續至今的廣州中山紀念堂的由來。

關於此事，《廣州民國日報》報導說：「孫大元帥紀念堂地點，前本
定於西瓜園之舊商團會所，嗣因多數人意見，以舊商團會所地點既不適宜，
且與孫大元帥有無歷史上之關係，主張改建於舊總統府。現經中央黨部議
決照行，即以總統府為孫大元帥紀念堂地址。但總統府地段，前經楊西巖
劃抵借款，現既收回，不能不撥還其他地段，故仍以舊商團會所為交換地
段。查商團會所地段原係官有，商團前此不過借用，並非商團自置，故楊
因兩方地價之比較，亦樂於交換云。」[42]

在香港，據《香港華字日報》在 13 日刊載的〈停工廣告〉，香港的報界、
漢文排字界休業一天，以表哀悼。20 日，該報在〈香港新聞〉欄內，刊載〈學
生以身殉孫郎〉的報導，稱：勵豪學校學生邱星海，時年 21 歲。他平時極
為崇敬孫中山，認為能救中國者，只有孫一人。他曾對朋友說，如果孫有

---

[42]　〈孫先生紀念堂地點之決定〉，《廣州民國日報》，1925 年 4 月 25 日。

不測，他必以身殉。13 日，他得知孫中山逝世的消息。16 日，他自殺身亡。因崇敬偉人而以身殉，這種極端的做法實在不足為訓。不過，它反映出孫中山逝世在香港一名普通學子心中造成的傷痛。

繼承與實踐孫中山的遺願，才是對孫中山的最好悼念。香港工會團體舉行的追悼活動，便沿此方向而展開。可是，這一正當的悼念活動卻遭到香港大批警察的驅散和破壞。

據《香港華字日報》報導，3 月 15 日，香港工團總會發出通告，要求所屬工會結隊到總會，舉行追悼孫中山大會。16 日，追悼會正式舉行。會場「當中懸孫中山肖像，四周繞以生花、電燈，供以檀香。各工團是日聯袂到祭，有乘摩托車者，有排隊執旗者，有沿街演說者，由朝至晚，迄無停止」。

不過，據說由於追悼會的主辦者「於事前未先請准政府，遽爾結隊遊行」，加上「有某某商家上見警司，謂有工人強迫商店停止工作、休息一天」，「警司遂認定此為違例。立由警局派出中、西、印三大隊警差，偕同七號警局之差弁前往彈壓，不准結隊遊行。卒將集賢起落貨工會辦事人陳耀初、何浩然兩人拘去，連所有頭牌、白旗幟、挽聯等一併執去。」此外，七號警局幫辦拔地格蘭親自到工團總會附近，「勒令在街演說者散去。中有兩人不允離開，且實行抗拒。幫辦怒，又拘之。連集賢工會兩人，一併帶回七號警局，准每人以銀一百元，具保出外候訊」。次日，陳耀初、何浩然被判每人罰款 25 元。在街上演說的陳耀（廣東香山人，在石岐恒昌號輪船當廚師）、徐文江（廣東香山人，在港為打磨工人），則被判每人罰款 15 元，另外每人還須交保單 100 元。[43]

港英警察大舉破壞香港工會組織悼念孫中山的活動，可謂冒天下之大

---

[43]　〈工團追悼孫中山情形〉，《香港華字日報》，1924 年 3 月 18 日。

第六章　國民革命的初瀾　*– 415 –*

不贅。而「某某商家」竟因工人要求停工、參加悼念孫中山的活動,就向警署告狀,可謂見利忘義。其結果,都只會激發香港工人贊同國民革命、反抗英國殖民統治的民族主義情緒。

其實,此次香港工團總會悼念孫中山的活動,是香港的國共兩黨聯合策動的結果。工團總會和華工總會是當時香港的兩大工會集團。其中,工團總會與國民黨的關係最為密切。它擁有 70 多個行業工會,以手工業工會居多。香港海員工會也加入工團總會。1925 年初,國民黨成立港澳總支部籌備委員會,其成員主要由香港工團總會的職員組成。身兼國共兩黨黨籍的李義寶和林君蔚也是該委員會的成員。

據中共香港黨組織保存至今的檔案史料,孫中山病逝的噩耗傳到香港之後,香港多個工會隨即在門前下半旗誌哀。國共兩黨在香港的組織馬上磋商,籌備舉行追悼活動。3 月 13 日晚上,根據「老 K」(筆者按:即國民黨)港澳總支部籌委會的決定,香港工團總會召集全體大會,討論召開追悼孫中山大會的有關問題。香港中共黨、團組織也派人參加,力主選擇寬闊的場所,召開全港追悼大會。可是,工團總會職員膽小怕事,擔心引致港英當局的彈壓,只決定於 16 日在工團總會會所開哀祭會,令所屬各工會工人罷工一天,到會參加致祭。經與會的聯義社代表力爭,工團總會同意在哀祭會場外面舉辦演講,宣講孫中山宣導中國民主革命的豐功偉績。

16 日上午,香港工人悼念孫中山的哀祭會在工團總會會所舉行。工人們滿懷對中國民主革命先行者孫中山先生的哀思,從四面八方湧向會場。國共兩黨成員站在會所門外用木凳搭起的簡陋講演台上,向來往民眾分別演講「中山死後之國民黨」、「中山死後之國民責任」、「中山死後之工農階級」、「中山死後之帝國主義」等內容。動員群眾化悲痛為力量,繼承孫中山遺志,促進中國國民革命。香港街頭因而響起「打倒帝國主義」、「打倒軍閥」的口號聲。如此激烈的政治呼喚,自然引來「中、西、印三大隊警差」的彈壓。由於警察阻撓演講和追悼孫中山的活動,激起在場民

眾的憤慨和抗爭，雙方隨即發生衝突。警察進而毆打民眾，拘捕反抗者，禁止哀祭會繼續舉行。

當年國共兩黨在港組織不顧港英政府的阻撓和破壞，堅持策動香港工人悼念孫中山的活動，此事至今還未載入史冊。本書因而摘錄當年社會主義青年團香港地委寫給團中央的報告，以供今人瞭解這段塵封已經大半世紀的歷史：

十六日，港工會工人果多休息一天，列隊到場致祭。大學生（筆者按：指中共黨員）與我們均有到會。但此時工團職員始說會場在四樓，人多地窄，恐生危險，遂叫我們在地下門口木凳上講演。講演者多三義學校（筆者按：指國民黨）宣傳員。我們同志講得極憤，群眾遂愈聚愈多，路為之塞。先為英差（筆者按：指英籍員警）以阻路干涉，次為英探（筆者按：指英籍探員）要卸下掛在門口之中山遺像。當時群眾更憤，自十一時至二時餘仍不散去。

我們因要再去持平肉行工會追悼會講演，遂離此地。我們到肉行工會不久，即聞有英、華、印三隊員警，再到工團講演處強行解散集會，棍擊拳打，蠻橫無比。是時，有二人起而反抗，一為紅磡機器工人，一為方由深圳來港之兵士。二人卒為員警捕去，群眾亦因無人主持，不得不散。是夜，警探仍大隊四出戒備。

被捕二人，工團總會方面並不理會，且發出傳單，聲明「英政府並無干涉工團，只拘去肆口謾罵之無意識者二人問話」。經聯義社之嚴詞詰責，亦詐作不聞。卒之，二人每被罰款十五元，機器工人為其叔保出，兵士則有聯義社捐款保出。另被捕去之集賢工會工人，亦由自己贖回。

現在，工團總會分子如集賢工會、木匠工會、海員工會等，均不滿意於工團總會之職員，工團總會職員亦時不滿意於我們的主張。……又，大學生（筆者按：指中共黨員）林君蔚家裏昨為華探前去詢問一切，適君蔚

不在家。君蔚說警探所以知其地址者，或為工團所告訴云。以上為此次事件之經過，至全港追悼大會，恐非即時所能辦到。

再，港工會之單獨舉行追悼會的，十七日有聯義社、同德（苦力）工會。二十日有海員工會。我們均有派人去講演，依照團體宣傳政策，聽眾皆表同情。又和大學生（筆者按：指中共黨員）同去運動香港《勞動週刊》，出一孫中山紀念專號。其中文章：一、孫先生三十年奮鬥的史略，二、中山死後之民族解放運動，三、中山死後國民加重的責任，四、中山死後與國民黨，五、致全港同胞書等，是我們和大學生共同擔任的。此特號已分派各工會團體。[44]

顯然，港英政府的阻撓和破壞，並不能阻止國共兩黨在香港發動工人，舉行悼念孫中山的活動，反而激發反抗英國殖民統治的民族主義能量和響應廣州國民革命的情緒，進而將香港工人和內地革命連結在一起。

這時，香港海員工會的「激烈派」領袖蘇兆徵，正作為香港海員工會的代表，和省港各工會代表一起組團，在北京參加國民會議促成會全國代表大會。在經歷哀悼孫中山的傷痛之後，他經由中共在北方的最高領導人李大釗介紹，亦有說經由中共負責工運的領導人鄧中夏介紹，在北京加入共產黨。在此前一年，香港海員工會的另一位「激烈派」領導人林偉民，已經在蘇聯莫斯科加入中共。至此，曾經是國民黨忠貞之士的林偉民、蘇兆徵這兩位香港的工運領袖，都在孫中山逝世前後相繼加入中共。在他們的影響和帶領下，香港海員工會乃至香港各大工會加入廣州國民革命的政治取向漸成定局。

---

[44]　〈團香港地委給團中央的報告〉（1925 年 3 月 23 日），《廣東革命歷史檔彙集》甲（2），第 133-134 頁。

這年 4 月，蘇兆徵在上海與鄧中夏等人磋商，決定由全國鐵路總工會、中華海員工業聯合總會、漢冶萍總工會、廣州工人代表會等四大團體，發起全國第二次勞動大會。5 月 1 日，大會在廣州舉行。會議通過工人階級必須及時將經濟鬥爭轉為政治鬥爭、必須參加民族革命運動並爭取領導地位等議案，決定成立中華全國總工會。會議選出中華全國總工會的 25 名執行委員，其中有香港海員工會的林偉民、蘇兆徵和譚華澤。曾經領導香港電車工人罷工的香港電車工業競進會代表何耀全，也當選為執委。經執委會推選，林偉民擔任中華全國總工會執委會委員長，劉少奇任副委員長，鄧中夏任秘書長兼宣傳部長，李啟漢任組織部長。執委會的這些領導者都是身兼國民黨籍的中共工運領袖，從而使中共實際上取得全國工運的領導權。由於林偉民、蘇兆徵、譚華澤等人進入全國總工會的執委會，香港海員工會隨之成為全國總工會的核心團體。

5 月 30 日，上海公共租界巡捕房悍然開槍鎮壓反對帝國主義的示威遊行，打死學生、市民 10 多人，打傷數十人，造成震驚全國的五卅慘案。為了反擊列強的囂張氣焰，聲援上海人民的反帝愛國鬥爭，國共兩黨決定發動香港工人和廣州沙面租界的工人舉行聯合大罷工。

6 月 13 日，中華全國總工會發佈組織省港罷工委員會的啟事，宣佈經與國民黨中央工人部協商，特在廣州太平南路 45 號海員俱樂部內，設立省港罷工委員會臨時辦事處，負責有關罷工的接待、募捐、宣傳、庶務等事宜。此時，國民黨工人部部長由該黨左派領袖、黨中央常務執行委員廖仲愷兼任，中共廣東區委工委書記馮菊坡任該部秘書，處理日常部務。

同月 19 日夜晚 9 時，香港的海員、電車、排字印務等三行業工人首先舉行罷工，拉開此後持續一年零四個月的省港大罷工的序幕。

廣州興起的國民革命初瀾，終於在香港引起巨大的迴響。

孫中山在國事遺囑中期待的「喚起民眾」的情景，在他逝世之後迅速爆發的省港大罷工中，得到前所未有的大展現。

後記

本書為紀念辛亥革命 100 周年而作。

有人問：既然辛亥革命已經過去 100 年，還值得今人大張旗鼓，加以紀念？還值得作者勞心費力，翻查故紙堆，爬梳整理出一段早已塵封的陳年往事？

作者答：今人不是崇尚民主是普世價值嗎？100 年前，辛亥革命建立的共和制度，正是中國走向民主的第一步。如果說，民主共和值得中國幾代人去爭取、去建設、去完善；那麼，今人只有知道 100 年前的先行者們做過甚麼，才能更好地明白自己應該怎麼繼續做下去。這就是紀念辛亥革命 100 周年的原因所在，也是本書寫作的原動力。

問：既然辛亥革命值得紀念，就應該大加讚揚。你偏要說清末孫中山、楊衢雲、謝纘泰和興中會曾經贊同何啟、胡禮垣的「君民共主」即君主立憲的革新主張，這不是和現有的眾多史書和傳媒宣傳唱對台戲嗎？

答：歷史應該秉筆直書，紀念也不應該只唱讚歌而粉飾歷史。昔日的相關史書，多受國父孫中山「天生革命」的宣傳觀點影響，有意貶抑興中會中原屬輔仁文社的楊衢雲、謝纘泰一派。不過，近年新出的介紹楊衢雲、謝纘泰事蹟的論著，多少也受「天生革命」論的影響，迴避二人與孫中山及興中會同寅都有過的贊同君憲革新主張的史實。實際上，最早揭示孫中山和興中會經歷從改良到革命演變的學者，是美國的史扶鄰教授。本書不過延續他的研究，具體剖析興中會同寅曾經在君憲革新和共和革命的二元選項當中，作出擇一決定的政治演進過程。1903 年，是孫中山和一批先前贊同過君憲革新主張的救國志士開始堂堂正正地揭櫫共和革命大旗的關鍵

年份。1905 年中國同盟會成立與孫中山倡導三民主義之後，共和革命思想才從君憲革新思潮中徹底分離出來，變成推動千萬人實踐的時代大潮。

問：「天生革命」論的宣傳不好嗎？它使歷史變得簡單多了。

答：將複雜的歷史簡單化，勢必導致複雜的逆反後果。「天生革命」論否認革新（改良）是革命先導的歷史真相，由此導致而今有人以為，如果孫中山等人不進行共和革命，而使清政府順利進行「清末新政」改革；或者在民國以後不再堅持捍衛共和的歷次革命，而使袁世凱和北洋政府平穩施政，那麼，當今的中國一定更加美好。這種觀點，正是當今「告別革命」論否定辛亥革命必要性和合理性的反映。

其實，這些「如果」，孫中山及其領導的政團、政黨都嘗試過。他們是在接連嘗試均遭失敗之後，才起而革命和堅持革命的。早在 19 世紀末，孫中山及其朋友就嘗試上書權貴，呼籲改良。未遂後，香港興中會又以造反舉義，敦促朝廷革新。失敗後，還繼續試圖聯合李鴻章等洋務派漢族督撫，實踐何啟等人主張的君憲革新方案。民國後，孫中山也一度退出政壇，不問政事，專注於倡導修建鐵路與振興實業。孫中山及其戰友一而再、再而三地嘗試過革新、改良的方案，直到 1923 年孫中山在香港大學演講時，還申明：「其實中國式之革命家，不過抱溫和主義，其所主張者非極端主義，乃爭一良好穩健之政府。」可是，無論是清朝統治者，還是民國後的軍閥政治，都相繼扼殺孫中山乃至所有愛國進步人士的革新、改良嘗試。由此激發的共和革命，便在清末民初連綿不斷，參加革命的人數和階層越來越多，革命波及的範圍越來越大，傷亡也越來越慘烈。有鑑於此，若將近代中國的困局歸咎於孫中山領導的共和革命，而不反省革命為何發生、為何持續、為何吸引越來越多的人前仆後繼，不譴責激發這些革命的清朝統治者和民國軍閥，豈非咄咄怪事？

問：那麼，「告別革命」論對歷史研究有何影響？

答：20 世紀 90 年代中期，「告別革命」論者在香港著書立說，風靡時

論。其學說明確反對的，實際上是當代中國的歷次政治運動，尤其是毛澤東在「文化大革命」期間倡導的「堅持無產階級專政下繼續革命的理論」。不過，有論者進而將此觀點引入辛亥革命與民國史的研究，作為否定辛亥革命及民國後歷次革命的價值評判依據。這固然有助於反省孫中山等革命先行者們所作所為、所思所想的缺失，但亦有苛責前人未能締造盡善盡美的民主共和制度以澤披後人的意味。由此導致的正面和負面的效應，需要細加鑑別與取捨。在歷史研究中，導入「告別革命」論，以對抗「天生革命」論或「革命神聖」論，其實是以新的極端，叛逆舊的極端。兩者都不利於客觀探究歷史的真相。

問：通常以為香港人在英國殖民統治下只會逆來順受，甘當順民，你卻在書中敘述港人與港英政府博弈、抗爭的好些事例，這些事例和中山革命在香港有甚麼關係？

答：孫中山及其領導的政團、政黨在香港長期堅持的歷次革命活動，其目標當然只是推翻統治中國內地的清王朝和其後的軍閥政治。可是，港英政府卻根據內地官府的要求，經常壓制革命黨人在香港的活動，這就激發革命黨人與香港華人反抗殖民管治的民族主義情緒，從而引起革命黨人對港英政府的合法博弈，還不時引起港人自發的反抗外國壓迫的杯葛、騷亂乃至暴力抗爭。前者有清末民初的革命黨人聘請律師，挫敗港府引渡內地革命起義的首領給內地官府懲處的行動；後者有 1908 年的銷毀日貨騷亂，1911 年 11 月港人狂歡辛亥革命勝利時部分華人喊出的「打鬼佬」、「殺洋人」的吼聲，1912 年底至 1913 年初的抵制電車公司運動。更震撼的，還有 1912 年 7 月李漢雄刺殺港督梅含理。此事雖然未遂，港府也力圖否認李漢雄行刺是出於政治目的，可是一個曾經在香港醫院工作過的青年，竟然敢對華人長期敬畏的港督行刺，僅僅這件事的本身就足以說明：中山革命在香港的地火般長期運行，已經點燃港人反抗外國殖民管治的火焰。儘管這些火焰不足以推翻港英政府的統治，卻足以推翻當代有些人隨口批評港人

在港英政府統治下從無抗爭的觀點。

問：有兩幅歷史照片在香港頗為流行，本書卻避而不提其中令人感興趣的故事。這是為甚麼？

答：本書在寫作過程中遵循言之有據的史學研究原則，所以對歷史照片也秉持以其他史料相互引證校讎的研究方法。我們不妨具體討論這兩幅歷史照片的情形。

問：本書雖然在第 92 頁引用楊衢雲、孫中山與日本友人的合影，為何卻有意不提後來蔣介石願意出 100 萬元，以收買和銷毀這張照片和底片的故事？

答：多謝你的提問，給我提供解釋的機會。你說蔣介石試圖出高價以收買和銷毀楊、孫二人與日本友人合影的故事，出自《陳潔如回憶錄》一書。陳潔如曾是蔣介石的第三位夫人，1961 年離開上海，旅居香港。兩年後，她提供口述、日記和中文的自傳手稿，由李蔭生 (William Yinson Lee) 主要負責撰寫此回憶錄，李時敏 (James Zee-Min Lee) 負責編制人名與地名註釋表。關於此回憶錄的撰寫及出版，陳之岳在該書《撰寫內幕、塵封秘聞及「出土」過程——出版代序》中敘述頗詳。對於該書的價值，陳之岳和眾多研究者的評論一樣，是「文字平平，史事錯謬不少」。[1]

筆者認為，該書所述 1927 年國民黨定都南京之後，蔣介石與陳果夫等國民黨要員密商以高價購買和銷毀楊衢雲、孫中山與日本友人合影一事，[2]純屬虛構的小說家言，而非信史，所以本書毋須提及此事。

原因首先是謝纘泰在 1927 年響應國民黨管轄下的廣州革命紀念會徵集黃花崗七十二烈士遺跡的號召，主動公開楊衢雲、孫中山與日本友人合影

---

[1]　《陳潔如回憶錄》，北京：中國友誼出版公司，1993，第 2 頁。

[2]　見《陳潔如回憶錄》，北京：中國友誼出版公司，1993，第 129 頁。

等照片，並且懇求國民黨當局將楊衢雲骸骨遷葬內地，不存在他就照片之事與蔣介石等國民黨領導人進行交易的問題。1927 年 8 月 6 日，香港《華僑日報》以整版的篇幅，刊載謝纘泰寫給該報主筆的信，以及謝提供的 5 張歷史照片和 1900 年孫中山就追悼楊衢雲事致謝纘泰函的影印件。謝纘泰在致該報主筆的信中說：「頃閱報載，廣州革命紀念會徵求七十二烈士家族狀況一則，鄙人緬懷往事，痛切心脾。楊衢雲為鄙人肝膽至交，乃革命舊同志，由非洲及南洋、日本各路回國，設帳於香港結志街五十二號。清政府派探拘捕暗殺，而楊烈士即在此時被害矣。是時為西曆一千九百零一年正月十號，即庚子年十一月十二日也（筆者按：應為二十日）。遺骸葬於香港英國墳場第六千三百四十八號。楊烈士進行革命事業，其績最偉，而鮮有人知者。鄙人最樂乘此機會，願望各同志倡議，將楊烈士骸骨遷回國內，擇適宜之地安葬，俾得永垂不朽。尤望中華民國全國報界得知楊烈士當日革命之地位重要，革命之功偉大，未可泯滅無聞。聯請政府存案，永留紀念。考楊烈士實為我國革命發起要人，鄙人已俟二十六年之久，至今始得乘此機會，將當日要函及映片等實據，宣佈於眾，俾各得查考實績，發揚潛德，則鄙人對於友誼可完責任也。謝纘泰啓。」

其次，《陳潔如回憶錄》一書聲稱蔣介石等人之所以要出高價來收購和銷毀照片，是楊衢雲坐在第一排正中，孫中山卻站在第二排，宛如「擔任楊氏秘書」。這種說法，其實是以現代人的權位觀念，來解釋近代歷史人物的價值觀，不足為訓。須知 1898 年楊衢雲從南非到日本，與孫中山會合之時，孫中山早已在日本橫濱等地建立起興中會分會，並且在日本友人當中樹立中國革新派領袖的影響力。坦率地說，當時楊衢雲是投奔孫中山而去。因此，照片中楊坐孫立的形象，與其說是反映出楊尊孫卑的地位，毋寧說是孫仍尊楊為兄長的表現。值得注意的是，照片中唯一站在最後第三排的人，正是將照片裏的中日志士聯絡在一起的核心人物、日本友人宮崎寅藏。誰能因為他站在最後的位置，就指稱他在這群人中地位最低呢？

最後，《陳潔如回憶錄》一書聲稱，當時陳果夫在談論處置該照片時，說：「站在我們的領袖孫先生旁邊的是日本已故首相犬養毅，他被日本狂熱的愛國分子所暗殺。」這番話徹底暴露出該書作偽的大破綻。本來，照片中的日本友人就沒有犬養毅。而且，犬養毅被殺於 1932 年。陳果夫怎麼可能在 1927 年國民黨定都南京之後不久，就提前 5 年說出犬養毅被暗殺了的話呢？綜上所述，關於該照片的謠傳可以休矣。

問：還有一張照片，在香港的孫中山史蹟展覽中展出，註明是 1912 年孫中山在何啟陪同下與港府官員的合影。可是本書不但不引用此合影，而且有意不提孫中山在何啟陪同下見港府官員的事情，這是為甚麼？

答：你說的這張照片，其實不是 1912 年孫中山、何啟與港府官員的合影，而是 1902 年孫中山在越南河內與法國官員的合影。1986 年出版的《孫

▌ 此圖轉載自中山大學孫中山圖片網頁。

中山在港澳與海外活動史蹟》圖片集，標明該照片是「孫中山赴越南河內參觀工業博覽會期間，與河內法國官員合影（1902 年 12 月）」。[3] 你還可以從中山大學的孫中山圖片網頁上，看到這張照片的原始說明。此外，筆者查閱 1912 年孫中山在香港活動的報刊報導，也沒有看到他獲得港府官員接見的消息。因此，本書不認同該照片是 1912 年孫中山及何啟與港府官員的合影。

問：本書雖然還原孫中山與興中會同寅並非天生的革命者，但對孫中山逐漸成為中國革命領袖，卻不時表露敬意，是否仍屬尊孫情結？

答：任何學者都難免對研究對象產生感情。梁啟超所說的筆端常帶感情，其意境大概也在於此。孫中山之所以成為當時人尊敬的革命領袖，是時局塑造及其個人奮鬥的結果。楊衢雲和黃興等人英年早逝，謝纘泰等人急流勇退。可是，眾多卓有才華的職業革命者，以及香港和內地的一批又一批知識精英、富商、工人和學生，不顧身家性命，毅然接踵而至，追隨孫中山及其三民主義革命。筆者作為後世學人，自然對中國共和革命的先行者孫中山懷有至深的敬意。如同本書所述，筆者也將敬意獻給所有在香港為中國共和革命事業而探索、奮鬥、獻身的仁人志士。

然而，敬意不是讚歌，客觀、冷靜地展示歷史的全過程，始終是本書的主旋律。

---

[3]　吳倫霓霞等編輯：《孫中山在港澳與海外活動史蹟》，中山大學孫中山研究所、香港中文大學聯合書院出版，1986，第 170 頁。

大事記

1883 年

11 月	孫中山入讀香港聖公會拔萃書院。
年底至下年初	孫中山在綱紀慎會堂,接受美國傳教士喜嘉理牧師洗禮,正式信奉基督教。

1884 年

4 月	孫中山入讀香港中央書院,1886 年畢業。

1887 年

4 月	何啟在香港英文《德臣西報》上發表〈中國之睡與醒—與曾侯商榷〉,反駁曾紀澤等清朝官員不思政治改革的觀點。
6、7 月	胡禮垣將此文譯成中文,更名〈曾論書後〉,予以刊行。
10 月初	孫中山入讀何啟等人創辦的香港西醫書院。

1890 年

孫中山上書在家鄉廣東香山縣養病的原清朝駐美國使臣鄭藻如,主張興農、戒煙、興學。

1891 年

3 月 27 日	孫中山參加教友少年會的成立聚會,會後撰成〈教友少年會記事〉一文,發表在同年上海廣學會出版的《中西教會報》。

1892 年

3 月 13 日	楊衢雲、謝纘泰等人在香港上環的結志街百子里 1 號 2 樓,成立輔仁文社。
同年秋	楊衢雲經尤列介紹,結識孫中山等「四大寇」。

7月23日	西醫書院舉行首屆畢業典禮,港督羅便臣向孫中山等人頒授畢業證書及獎品。當晚,西醫書院舉行首屆畢業生晚宴。港督致賀詞,孫中山代表畢業生致謝詞。
秋天	孫中山在澳門開業行醫。

1893 年春　　孫中山到廣州冼基另設東西藥局,繼續行醫。同年初冬,他與友人在廣雅書局內的南園抗風軒議論時政,商議成立團體。

1894 年

年初	孫中山放棄廣州醫務,回到家鄉翠亨村,撰寫上李鴻章書。
6月	他和陸皓東抵達天津,求見李鴻章未遂。
11月	孫中山在美國檀香山組織近代中國的首個反清政治團體——興中會。
	何啟開始撰寫〈新政論議〉,提出「行選舉」、「設議院」的君憲革新構想。該文於次年由何啟、胡禮垣二人聯名發表。

1895 年

1月	孫中山與檀香山興中會部分成員一起乘船返回香港。
2月21日	孫中山與楊衢雲等人合組香港興中會,會所設於中環士丹頓街13 號。
3月	興中會諸人密謀在廣州發動反清起義,孫中山負責在廣州策動起義,楊衢雲負責在香港接應。其間,孫中山曾要求日本駐港領事給予武器援助,並表示起義後將建立共和國。
5月30日	香港英文《德臣西報》謝纘泰致光緒皇帝的公開信,敦促清朝進行憲政改革。
9月30日	興中會推舉楊衢雲為會長。
10月26日	清兵查抄興中會設在廣州的起義機關,逮捕陸皓東等人,起義密謀失敗。清朝官府隨即發佈通緝孫中山、楊衢雲的公告。
11月2日	孫中山、陳少白、鄭士良三人離開香港,流亡日本。

| 11月7日 | 參與起義密謀的興中會會員陸皓東、朱貴全、丘四在廣州被處決。不久，被捕的興中會員程奎光、程耀宸也被折磨致死。 |
| 11月13日 | 楊衢雲離開香港，前往越南西貢，其後輾轉流亡南非。 |

1896 年

| 3月4日 | 香港政府下令驅逐孫中山、楊衢雲、陳少白出境，5 年內禁止在港居留。 |
| 10月11日 | 孫中山在英國倫敦被誘禁於清朝駐英國公使館。同月 23 日，清使館在英國朝野壓力下被迫將其釋放。 |

1897 年

| 8月中旬 | 孫中山在日本致函香港政府輔政司駱克，質詢被港府禁止進入香港之事。次年 4 月和 7 月，英國下議院議員戴維德兩度在眾議院質詢英國殖民大臣，要求說明放逐孫中山的理由。 |

1898 年

| 3月下旬 | 楊衢雲從南非到日本橫濱，與孫中山等興中會員會合。 |
| 農曆6月 | 謝纘泰感憤於外憂內患，製作警醒國人認清列強瓜分中國的《時局全圖》（ The Situation in the Far East ）。 |

1899 年

| 7月19日 | 謝纘泰請楊衢雲在日本出版該圖的彩色版。 |
| 9月 | 湖南哥老會、廣東三合會和興中會的代表在香港成立興漢會，公推孫中山為總會長。 |

1900 年

| 1月中旬 | 陳少白在香港中環士丹利街 24 號創刊發行《中國日報》。 |
| 1月下旬 | 楊衢雲回到香港，決定讓孫中山出任興中會會長。興中會同寅隨即密謀在廣東舉行起義。 |

6月17日	孫中山乘船途經香港，在船上與楊衢雲、謝纘泰等人商議惠州起義以及與李鴻章接洽「兩廣獨立」事宜。
7月17日	孫中山乘船泊靠香港，等待李鴻章途經香港時與之會談。次日，孫中山獲悉李鴻章北上的消息，決定發動惠州起義。
8月	孫中山、楊衢雲、謝纘泰、鄭士良等人聯署，向港督卜力提出含有君主立憲色彩的平治章程。
9月20日	卜力收到可能出自在港興中會成員或參與興中會活動的何啟、胡禮垣等人撰寫的請願書。
10月5日 至11月1日	興中會員鄭士良領導惠州三洲田起義。

1900 年

何啟和胡禮垣將兩人合作完成的多篇政論文章滙輯成書，取名《新政真詮》，在香港出版。次年，上海格致新報館予以重印。

1901 年

| 1月10日 | 傍晚，楊衢雲被廣東官府派人暗殺於香港結志街 52 號。 |
| 8月27日 | 鄭士良在酒宴席間突感不適，旋即倒斃。 |

1902 年

1月28日 至2月4日	孫中山在香港居留。
7月	謝纘泰、洪全福在香港德忌笠街 20 號 4 樓設立起義總機關，準備在次年 1 月 28 日（農曆十二月三十日），在廣州發動起義。印製的起義文告宣佈「行歐洲君民共主之政體。天下平後，即立定年限，由民人公舉賢能為總統，以理國事。」
	同年，香港政府再度頒佈驅逐孫中山出境的法令，為期 5 年。

1903 年

| 1月25日 | 洪全福及謝纘泰之弟等前往廣州，準備指揮起義。但清軍隨即在廣州破獲起義機關，逮捕數十人，處死 10 餘人。 |

4月1日	謝纘泰與英國在港報人肯寧漢（Alfred Cunningham）聯合創辦英文《南清早報》（後改名《南華早報》），從此退出以武力造反來革新中國的政治運動。
5月	上海大同書局出版留日學生鄒容撰寫的小冊子《革命軍》。不久，香港《中國日報》報社將其翻印發行，改書名為《革命先鋒》。
11月	孫中山在美國檀香山重組革命組織，稱為「中華革命軍」。他制定入盟誓詞：「驅除韃虜，恢復中華，建立民國，平均地權。」
12月	孫中山在美國檀香山發表演說及文章，公開闡述共和革命的主張，駁斥保皇言論。

1904 年冬　　李自重與陳少白、李紀堂等人在九龍城的龍津義學創辦宣傳革命的光漢學校，1906 年秋被迫停辦。

1905 年

7月30日	孫中山與黃興、宋教仁等 12 省 80 多名中國留學生，在日本東京召開中國同盟會籌備會議。
8月20日	中國同盟會舉行正式成立大會，推舉孫中山為總理，黃興為庶務，協助總理主持本部工作。決定以「驅除韃虜，恢復中華，建立民國，平均地權」，作為同盟會的政治綱領
9月8日	孫中山派馮自由、李自重二人，到香港、廣州、澳門等地建立同盟會組織。
10月中旬	孫中山與同盟會多名會員乘船途經香港。孫中山在船上主持香港同盟會員的入盟儀式。幾天後，同盟會香港分會正式成立，陳少白為會長；鄭貫公為庶務；馮自由為書記；黃世仲為交際，會所設於士丹利街 24 號《中國日報》社長室。
12月	黃興抵達香港，入住《中國日報》報館。不久前往廣西桂林，在該地建立同盟會組織。

1906 年

4月16日	孫中山乘船途經香港，勸告陳少白、鄭貫公二人和解。

10 月初	馮自由接替陳少白，擔任《中國日報》社長及同盟會香港分會會長。
	同年，女同盟會員梁綺川等人在香港中環結志街 25 號創辦實踐女校。
1907 年初	孫中山、黃興等同盟會領導人決定在粵西的欽州、廉州和粵東的潮州、惠州等地，同時發動起義，相互呼應。
3 月 15 日	孫中山和同盟會本部要員乘船靠泊香港，同行的黃興、汪精衛等人在香港登岸。
4 月	香港政府沒收《中國日報》在香港發行的同盟會機關報《民報》臨時增刊《天討》。
5 月 22 日	同盟會香港分會策動廣東潮州黃岡起義。
6 月 2 日	同盟會香港分會策動廣東惠州七女湖起義。
10 月	港府頒佈禁止在港進行反清革命宣傳的法令。
	同年，港府第三次頒佈禁止孫中山入境的法令，為期 5 年。
1908 年	
2 月	香港高等法院宣判先前被清朝廣東官府要求引度的潮州黃岡起義首領余既成無罪釋放。
11 月 1 日	香港島發生抵制銷售日貨的群眾騷動，港府出動軍警鎮壓。隨後頒佈法令，賦予太平紳士擁有平定騷亂的職權，甚至可以入屋拘捕和搜查軍械武器。
12 月 7 日	同盟會香港分會支持葛謙等人密謀的「保亞票」起義失敗。
1909 年	
8 月 13 日	孫中山在倫敦致函英國政府殖民地部，要求准許他回香港探望妻子和家人。
	同年年底，香港政府將惠州七女湖起義首領孫穩引渡到廣東，孫穩隨即遇害。

1910 年

2 月 11 日	同盟會南方支部策動的廣州新軍起義失敗。
4 月	同盟會員劉思復等在香港般含道 16 號，成立「支那暗殺團」

1911 年

4 月 8 日	同盟會員溫生才在廣州刺殺清朝廣州將軍孚琦。
4 月 27 日 （農曆三月 廿九日）	黃興領導的廣州「黃花崗」起義失敗。
8 月 13 日	女同盟會員林冠慈在廣州炸傷廣東水師提督李準。
9 月 28 日	香港政府頒佈驅逐令，驅除在九龍從事革命活動的孫中山之兄孫眉出境。
10 月 8 日	香港四邑商工總局改選董事會，其領導成員均為同盟會員。
10 月 10 日	武昌起義爆發。
10 月 25 日	同盟會員李沛基在廣州炸死新任廣州將軍鳳山。
11 月 6 日	香港報界公社接獲上海來電，稱「京陷帝奔」，港人隨之大舉慶祝。
11 月 8 日	兩廣總督張鳴岐表示願意辭職。次日，張鳴岐逃往香港，廣州各界集會宣佈廣東光復。香港商人隨即掀起捐助廣東軍政府的熱潮。
12 月 21 日	孫中山乘船抵達香港，登岸與各界歡迎人士會晤。下午，乘船前往上海。

1912 年

1 月 1 日	孫中山在南京就任中華民國第一任臨時大總統。
4 月 1 日	孫中山正式解職，讓位於袁世凱。
4 月 24 日	孫中山、胡漢民等人乘船抵達香港，因港府阻撓，未能登岸。
5 月 18 日	孫中山與家人從廣州乘火車抵達香港。22 日，與家人離港前往澳門。

6月15至18日　孫中山再度抵港作短暫居留。

7月4日　　　新任港督梅含理在前往大會堂途中，被曾經在香港工作的李漢雄暗殺，幸而無恙。

11月18日　　香港電車公司和渡船公司宣佈拒不收中國硬幣，引起華人抵制。抵制活動直到次年 2 月才平息。

1913 年

6月20　　　孫中山再次居留香港，與胡漢民等密商發動「二次革命」。
至25日

5月9日　　　香港銀業行、疋頭行、綢緞行、參茸行的商人通電支持袁世凱「善後大借款」。不久，香港其他行商也群起通電擁袁。

7月18日　　　陳炯明宣佈廣東獨立，加入「二次革命」的行列。同月 26 日，香港華商總會及三十一行商聯合致電袁世凱，「急盼中央派兵痛剿」。香港錫業行商董李伯南通電稱「非誅孫（中山）、黃（興），無以安天下」。

8月3日　　　袁世凱政府密電香港特務機關，指示暗殺即將取道香港，前往廣州的孫中山。孫中山聞訊改道，避過此劫。

8月14日　　　港督梅含理宣佈永遠不准發動「二次革命」的孫中山、黃興、陳炯明、胡漢民、岑春煊等人進入香港。

9月3日　　　香港警察拘捕國民黨在港報刊《實報》的主筆陳仲山（即陳自覺）。

1914 年

2月底　　　港督梅含理逼迫何啟稱病，從香港立法局退休。

7月8日　　　孫中山在日本東京創立中華革命黨。同年夏秋，他陸續派遣中華革命黨人，在香港建立秘密機關，在廣東發動反袁（世凱）討龍（濟光）起義。

9月4日　　　香港警探破獲中華革命黨在港秘密機關。

| 10月24日 | 中華革命黨駐港機關先後通過上環干諾道 19 號公慎隆商號、德輔道中 131 號德昌隆商號，接受海外滙款。 |

同年，孫中山派中華革命黨人趙植芝、區玉、李拔南等在香港重組聯義社，並在各大遠洋輪船上陸續建立中華革命黨分部。

1915 年

| 7月17日 | 鍾明光由中華革命黨駐港機關派遣，在廣州刺殺龍濟光，不幸未遂被捕。同月 19 日，就義於廣州。 |
| 10月中旬 | 中華革命黨人在香港創辦《現象報》，次年初停刊。 |

同年年底，中華革命黨籍的香港海員護送原雲南都督蔡鍔，從上海乘坐亞細亞皇后號輪船，取道香港，前往越南，最後返回雲南，發動反對袁世凱洪憲帝制的護國戰爭。

同年，孫中山及中華革命黨駐港機關聘請律師，為被港府監禁並欲引度到廣東的洪兆麟辯護。洪於次年獲釋。

1916 年

| 6月6日 | 當晚，香港傳來袁世凱已死的北京電訊，港人多燃放鞭炮慶祝。香港警察視此舉為違法，抄錄違例的門牌號數，共 400 餘家。 |

1917 年

| 7月6日 | 孫中山和章太炎、陳炯明、朱執信、許崇智等人，在上海乘坐海軍軍艦南下廣州，拉開護法運動的序幕。 |

1919 年

| 10月10日 | 孫中山等人在上海公佈中國國民黨規約，通告將中華革命黨改組為中國國民黨，宣佈「本黨以鞏固共和、實行三民主義為宗旨」。 |

1920 年

| 2月 | 孫中山派遣國民黨人李綺菴在香港設立機關，運動廣東江防艦隊及廣東各地民軍，準備發動討伐當時統治廣東的桂系軍閥的起義。孫中山的兒子孫科也奉命在澳門峨眉街 10 號設立辦事處，參與負責籌款與討桂事宜。 |

3月29日	護法軍政府七總裁之一的伍廷芳，攜帶「關餘」巨款，離開廣州，匿居香港。此舉是孫中山和國民黨策動的討桂之役的關鍵一環。
4月9日	伍廷芳發表通電，公開表示與把持軍政府的桂系決裂。同月16日，他抵達上海，加入孫中山和國民黨的討桂行列。
8月下旬	朱執信奉孫中山之命，潛回香港，和孫科、馮自由、周之楨等人一起，在中環海旁的東京旅館2樓設立指揮機關，發動廣東民軍起義。
10月1日	孫中山在上海密電孫科，稱先前將兩架飛機運抵汕頭之後，再於本月4日運送兩架飛機到廣東，囑設法在香港或澳門登陸。此後，從澳門起飛的飛機飛往廣州，轟炸廣東督軍公署。
10月29日	洪兆麟、李福林等部粵軍佔領廣州，桂系在廣東的統治隨之土崩瓦解。

1921年

3月6日	孫中山親自命名的中華海員工業聯合總會在香港德輔道中137號3樓成立。
4月7日	國會非常會議通過「中華民國政府組織大綱」，選舉孫中山為大總統。
5月5日	孫中山在廣州就任中華民國正式政府大總統（俗稱護法政府「非常大總統」）。在此前一天，香港華民政務司頒發告示，禁止香港華人舉行慶祝孫中山就任大總統的活動。當天，港府又頒佈告示，警告居民不要響應廣州政府在香港籌款的呼籲。

1922年

1月12日 至3月8日	香港海員工會領導海員舉行大罷工，罷工得到香港其他行業工人的響應。孫中山和廣東護法政府是海員罷工的支持者，發動和領導這場罷工的，是海員工會領導層的國民黨員。
6月16日	陳炯明所轄軍隊發動政變，推翻孫中山領導的廣州正式政府。孫中山率領海軍艦隊堅持平叛。
8月8日	謝纘泰在香港給孫中山發出英文公開信，勸其退往上海。

8月9日	孫中山和蔣介石等隨行人員乘坐英國軍艦,離開廣州。次日上午抵達香港,轉乘「俄國皇后號」郵船,前往上海。
8月14日	英國陸海軍聯合情報局香港總部致函上海情報局,要求報送有關孫中山與國民黨要人在上海活動的情報。其後,上海方面發送的情報涉及孫中山與國民黨要員在上海的活動,以及香港海員工會與上海海員工會的互動等。
8月29日	孫中山委任鄧澤如為國民黨廣東支部部長,在香港設立討伐陳炯明的指揮機關,籌措討陳之役。
8月下旬	孫中山在上海主持中共領導人李大釗、陳獨秀、蔡和森、張國燾、張太雷等,以個人名義加入國民黨的事宜。
9月22日	香港英文《士蔑西報》以整版篇幅,公佈陳炯明軍隊繳獲的孫中山指示國民黨要員洽商建立中、德、俄三國聯盟的密件。同月29日,孫中山秘書處發表英文書面聲明,反駁香港報刊指責孫中山「親布爾什維克主義」的言論。
10月19日	鄧澤如、古應芬等國民黨人在港設立討伐陳炯明辦事處。同月26日,孫中山派鄒魯為其駐港特派員,鄧澤如為理財員。同月底,鄒魯等人聯絡進駐西江地區的滇桂聯軍,準備開展討陳之役。
12月20日	孫中山任命港商為楊西巖廣東省財政廳廳長、港商伍學晃為廣東省鹽運使。

1923 年

元旦	滇桂討賊聯軍沿西江大舉東進。粵軍第一、第三師倒戈起義,反攻陳軍。
1月中旬	滇、桂、粵討賊聯軍兵臨廣州城郊。同月15日,陳炯明在廣州被迫發表下野通電,率兵退守惠州。
1月26日	孫中山和蘇聯駐華全權大使越飛發表聯合宣言,宣告國民黨正式確立聯俄的政策。

2月17日	孫中山等人乘船從上海抵達香港，入住港商楊西巖家中。同月18日，港督司徒拔在總督府設非官式午宴，歡迎孫中山及其隨從。當天下午，孫中山來到香港富商何東的家中，喝茶敍談。20日上午，孫中山應香港大學同學會的邀請，在香港大學的大禮堂作公開演說。當天下午，出席滙豐銀行總裁史提芬主持的歡迎茶會。當晚，在楊西巖家中，邀請香港巨商和工界領袖舉行茶話會。
2月21日	孫中山偕同在港的國民黨文武職員約200人，乘船離開香港，前往廣州。
3月31日	孫中山在廣州河南的大元帥大本營宴請應邀前來的數十名港商。
4月28日	孫中山任命港商李亦梅、李煜堂、吳東啟、林護等18人，擔任中央財政委員會委員。
5月7日	孫中山任命從香港前來加盟的舊交通系要員葉恭綽為大元帥大本營財政部部長，鄭洪年為財政部次長。
	同年冬，香港海員工會改選幹事會。「激烈派」林偉民、蘇兆徵等人實際掌握工會領導權。

1924 年

1月18日	廣州鐵路局局長、港商簡讓之病逝。2月29日，孫中山頒令追贈他為陸軍少將。
1月20日 至30日	孫中山在廣州主持召開中國國民黨第一次全國代表大會，已經加入國民黨的中共黨人也作為與會代表，參加會議。國共合作的國民革命由此展開。
	同年春夏之交，中共在香港的團組織和黨組織相繼建立，其成員陸續以個人身分加入國民黨，實行黨內合作。
4月12日	中共在香港的團組織策動陳炯明派系在香港的機關報《香港新聞報》20多名排字工人停工離港，試圖迫使該報停刊，結果遭到香港軍警的彈壓。

6月25日	孫中山派代表汪精衛、廖仲愷來到香港,與陳炯明的代表秘密會商孫、陳復合事宜。
7月17日	《香港新聞報》主筆陳秋霖公開致函陳炯明,宣佈要將該報變成宣傳國民黨政策的言論報。19日,該報正式改版為《中國新聞報》,宣佈服膺三民主義。此事在香港稱為「報變」。
10月15日	廣東政府遵照孫中山指示,出兵平息廣州商團事變。香港工會團體支持孫中山和廣東政府的行動,香港商會團體則支持和同情廣州商團。
11月初	擔任大本營建設部次長的港商伍學晃因病在逝世。11月10日,孫中山下令內政部部長徐紹楨從優撫恤。
11月14日	孫中山與夫人宋慶齡等人乘船北上,途經香港,受到香港聯義社、海員工會等各界團體的迎送。

1925 年

3月12日	孫中山病逝北京。
3月16日	香港工團總會舉行追悼孫中山的哀祭會,國共兩黨成員在街頭呼籲繼承孫中山遺志,開展國民革命。香港政府竟然派出大批警察彈壓。由此激發的反抗能量,終於在同年6月引爆省港大罷工。

參考文獻與論著

英國殖民地部檔案 C.O.129。

香港：《士蔑西報》（*Hong Kong Telegraph*）
  《中國日報》、《中國旬報》
  《孖剌西報》（*The Hong Kong Daily Press*）
  《南華早報》（*South China Morning Post*）
  《香港華字日報》
  《德臣西報》（*The China Mail*）

上海：《民立報》
  《民國日報》
  《申報》

廣州：《廣州民國日報》

丁文江等 ：《梁啟超年譜長編 》，上海人民出版社，1983。

《三水梁燕孫（士詒）先生年譜》影印本，台北：文海出版社，1974。

〈上海公共租界工部局警務處情報選譯——有關孫中山在滬期間政治活動部分〉，
上海：《檔案與歷史》，1986 年第 3 期。

尢列：〈楊衢雲略史〉（1927），《廣東文物》中冊，香港：中國文化協進會，
1941。

中共廣東省委黨史研究委員會辦公室：《蘇兆徵研究史料》，廣州：廣東人民出
版社，1985。

中國近代史資料叢刊《辛亥革命》第 1、7 冊，上海人民出版社，1957。

內田良平著、丁賢俊譯：〈中國革命〉，《近代史資料》總 66 號，北京：中國社
會科學出版社，1987。

王韜：《弢園尺牘》，北京：中華書局，1959。

王韜：《弢園文錄外編》，瀋陽：遼寧人民出版社，1991。

王韜：《漫遊隨錄》，長沙：嶽麓書社，1985。

白浪庵滔天（宮崎寅藏）原著、黃中黃譯錄：《孫逸仙》，台北：文星出版社，1962 年影印版。

伍廷光編：《伍廷芳歷史》，上海：國民圖書局，1922。

《朱執信集》上集，北京：中華書局，1979。

佚名（即朱執信）：〈論中華革命黨起義之經過〉，北京：《近代史資料》第 61 輯。

沈雲龍主編：〈近代中國史料叢刊續編第二十七輯〉，《胡翼南先生全集》影印本，台北：文海出版社，1976。

《辛亥革命史料選輯》，長沙：湖南人民出版社，1981。

《辛亥革命與廣東》，廣東文史資料第 68 輯，廣州：廣東人民出版社，1991。

《周雍能先生訪問記錄》，台北：中央研究院近代史研究所，1984。

林忠佳等編：《〈申報〉廣東資料選輯》，廣州：廣東省檔案館，1995。

林鋒源：〈贛寧之役資料散輯〉，北京：《近代史資料》，1962 年第 1 期。

俞誠之：《葉遐庵先生年譜》，遐庵年譜滙稿編印會編，1946。

故宮博物院明清檔案部等編：《清代檔案史料叢編》第 1 輯，北京：中華書局，1978。

《胡翼南先生全集》，香港胡氏後人重印，1983。

《革命文獻》第 45、47、51 輯，台北：中國國民黨中央委員會黨史委員會。

《孫中山全集》第 1-11 卷，北京：中華書局。

《孫中山紀念館展覽圖錄》，香港：孫中山紀念館，2006。

孫科：〈八十述略〉，台北：《傳記文學》雜誌，總第 137-139 號，1973。

宮崎滔天著，林啟彥改譯：《三十三年之夢》，廣州：花城出版社，1981。

〈時局圖題詞〉，《近代史資料》，1954 年第 1 期，北京：科學出版社，1954。

郝盛潮主編：《孫中山集外集補編》，上海人民出版社，1994。

《馬林在中國的有關資料》，北京：人民出版社，1980。

馬超俊：《中國勞工運動史》，上海：商務印書館，1942。

康德黎夫婦著、鄭啟中等譯：《孫逸仙與新中國》（*Sun Yat-sen and the Awakening of China*），上海：民智書局，1930。

張天化編：《血花集》，上海：民智書局，1928。

〈清政府鎮壓孫中山革命活動史料選〉，北京：《歷史檔案》，1985 年第 1 期。

陳錫祺主編：《孫中山年譜長編》，北京：中華書局，1991。

陳鏸勳著、莫世祥校注：《香港雜記・外二種》，廣州：暨南大學出版社，1996。

陸丹林：《革命史譚》，重慶：獨立出版社，1945 年。

陸燦：《我所瞭解的孫逸仙》中譯本，北京：中國和平出版社，1986。

章士釗：〈疏《黃帝魂》〉，《辛亥革命回憶錄》第 1 集，北京：中華書局，1962。

研究著作

尹建明：《香港海員大罷工》，北京：中國國際廣播出版社，1996。

王賡武主編：《香港史新編》，香港：三聯書店，1997。

史扶鄰（Schiffrin, Harold Z.）：《孫中山與中國革命的起源》（*Sun Yat-Sen and the Origins of the Chinese Revolution*）中譯本，北京：中國社會科學出版社，1981。

史扶鄰：《孫中山：勉為其難的革命家》（*Sun Yat-sen, Reluctant Revolutionary*）中譯本，北京；中國華僑出版社，1996。

《回顧與展望—國內外孫中山研究述評》，北京：中華書局，1986。

伊斯特‧莫麗絲（Esther Morris）：《梅夫人傳：斯人、斯土與香港九十年史》（*Helena May: the Person, the Place, and 90 Years of History in Hong Kong*），香港：梅夫人婦女會（The Helena May），2006。

安德葛（G. B. Endacott）：《香港史》（*A History of Hong Kong*），香港，1973。

余齊昭：〈孫中山文史考補〉，中山文史編輯部：《中山文史》第 35 輯，政協廣東省中山市委員會：1994。

余繩武等：《19 世紀的香港》，北京：中華書局，1994。

余繩武等：《20 世紀的香港》，北京：中國大百科全書出版社等，1995。

吳相湘：《孫逸仙先生傳》，台北：遠東圖書公司，1982。

李吉奎：《孫中山與日本》，廣州：廣東人民出版社，1996。

李谷城：《香港〈中國旬報〉研究》，台北：文史哲出版社，2010。

李金強：《書生報國》，福州：福建教育出版社，2001。

俞辛焞：《孫中山與日本關係研究》，北京：人民出版社，1996。

段雲章：《孫文與日本史事紀年》，廣州：廣東人民出版社，1996.

韋爾什（Frank Welsh）著、王皖強等譯：《香港史》，北京：中央編譯出版社，2007。

韋慕廷（C. Martin Wilbur）：《孫中山——壯志未酬的愛國者》（*Sun Yat-sen: Frustrated Patriot*）中譯本，廣州：中山大學出版社，1986。

桑兵：《庚子勤王與晚清政局》，北京：北京大學出版社，2004。

馬兗生：《孫中山在夏威夷：活動和追隨者》，北京：世界知識出版社，2003。

梁啟超：《李鴻章傳》，武漢：湖北人民出版社，2004。

莫世祥：《護法運動史》，南寧：廣西人民出版社，1991；同書，繁體字版，台北：稻禾出版社，1991。

莊士發：《清代天地會源流考》，台北：台灣故宮博物院，1981。

陳定炎、高宗魯：《一宗現代史實大翻案——陳炯明與孫中山、蔣介石的恩怨真相》，香港：吳興記書報社，1997。

陳建華：《革命的現代性：中國革命話語考論》，上海古籍出版社，2000。

陳劉潔貞（Chan Lau Kit-ching）：《中英與香港》（*China, Britain and Hong Kong*），香港：中文大學出版社，1990。

章洪：《香港海員大罷工》，廣州：廣東人民出版社，1979。

斯坦頓（W. Standon）：《三合會或天地會》（*The Triad Society or Heaven and Earth Association*），香港：1990。

曾銳生（Steve Tsang）編：《政府與政治》（*Government and Politics*），香港：香港大學出版社，1995。

萊斯布里奇（H. J. Lethbridge）：《香港的穩定與變化》（*Hong Kong: Stability and Change*），香港：1978。

黃宇和：《中山先生與英國》，台北：台灣學生書局，2005。

黃宇和：《孫逸仙倫敦蒙難真相》，台北：聯經出版事業公司，1998。同書簡體字修訂版，北京：世紀出版集團、上海：上海書店，2004。

黃朗正：《聯義社社史》，香港：義聲出版社，1971。

奧而伯特（D. R. Allbert）：《銀行家和外交家在中國（1917-1925）》（*Bankers and Diplomats in China 1917-1925: the Anglo-American Relationship*）London: Frank Cass, 1981。

楊國雄：《香港身世：文字本拼圖》，香港各界文化促進會：2009。

鄒魯：《中國國民黨史稿》，重慶：商務印書館，1944。

歐德理（E. J. Eitel）：《歐西於中土：從初期到 1882 年的香港歷史》（*Europe in China: the History of Hong Kong from the Beginning to the Year 1882*），1895 年香港出版，英國牛津大學出版社 1983 年再版。

蔡榮芳：《香港人之香港史（1841-1945）》，香港：牛津大學出版社，2001。

鄭大華：《晚清思想史》，長沙：湖南師範大學出版社，2005。

鄧澤如：《中國國民黨二十年史跡》，上海：正中書局，1948。

盧權、褟倩紅：《蘇兆徵》，廣州：廣東人民出版社，1993。

薛君度：《黃興與中國革命》（中譯本），長沙：湖南人民出版社，1980。

羅香林：《國父之大學時代》，重慶：獨立出版社，1945。

鍾寶賢（Stephanie Po-yin Chung）：《香港華人商會與華南政治變動 1900-1925》（*Chinese Business Groups in Hong Kong and Political Change in South China*, 1900-1925），New York: St Martin's Press, 1998。

研究論文

戈止義：〈對《一八九四年孫中山謁見李鴻章一事的新資料》之補正〉，上海：《學術月刊》，1982 年第 8 期。

王興瑞：〈清季輔仁文社與革命運動的關係〉，《史學雜誌》創刊號，重慶：1945。

朱正生：〈也談孫中山與「興中會」〉，北京：《近代史研究》，1993 年第 4 期。

吳志華：〈香港總督的美意──港英政府對孫中山革命運動的態度〉，林啟彥等編：《有志竟成──孫中山、辛亥革命與近代中國》下冊，香港：中國近代史學會，2005。

吳倫霓霞、莫世祥：〈粵港商人與民初革命運動〉，北京：《近代史研究》，1993 年第 5 期。

吳倫霓霞：〈孫中山早期革命運動與香港〉，《孫中山研究論叢》第 3 集，廣州：中山大學學報編輯部，1985。

吳倫霓霞：〈興中會前期（1894-1900）孫中山革命運動與香港的關係〉，《中央研究院近代史研究所集刊》第 19 期，台北：中央研究院近代史所，1990。

沈渭濱：〈一八九四年孫中山謁見李鴻章一事的新資料〉，《辛亥革命史叢刊》第一輯，北京：中華書局，1980。

邱捷：〈廣州商團與商團事變──從商人團體角度的再探討〉，北京：《歷史研究》，2002 年第 2 期。

〈孫中山先生與近代中國學術討論集〉第 2 冊，《中華民國開國史》，台北：孫中山先生與近代中國學術討論集編輯委員會，1985。

桑兵：〈庚子孫中山上書港督卜力述論〉，林啟彥等編：《有志竟成──孫中山、辛亥革命與近代中國》下冊，香港：中國近代史學會，2005。

袁鴻林：〈興中會時期的孫楊關係〉，《紀念辛亥革命七十周年青年學術討論會論文選》，北京：中華書局，1983。

袁鴻林等：〈謝纘泰與「中國號」飛艇〉，北京：《中國民航學院學報》，1984年第 2 期。

張俊義：〈20 世紀初粵港政局之互動〉，《嶺南近代史論：廣東與粵港關係（1900-1938）》，香港：商務印書館，2010。

張俊義：〈英國政府與 1924 年廣州商團叛亂〉，《中國社會科學院近代史研究生青年學術論壇》1999 年卷，北京：社會科學文獻出版社，2000。

敖光旭：〈「商人政府」之夢——廣東商團及「大商團主義」的歷史考查〉，北京：《近代史研究》，2003 年第 4 期。

莫世祥：〈《香港華字日報》中的孫中山軼文研究〉，北京：《近代史研究》，1994 年第 3 期。

莫世祥：〈「兩廣獨立」與三洲田起義研究〉，中國史學會編：《辛亥革命與 20 世紀的中國》，北京：中央文獻出版社，2002。

莫世祥：〈也談國共兩黨和香港海員大罷工——兼糾正馬林報告中的不實之詞〉，北京：《近代史研究》，1987 年 5 期。

莫世祥：〈中共早期黨、團組織在香港的最初建立與發展〉，《昨天的革命》，香港：新苗出版社，1999。

莫世祥：〈香港「報變」考——陳炯明在港機關報倒戈事件始末〉，《嶺南近代史論——廣東與粵港關係（1900-1938）》，香港：商務印書館，2010。

莫世祥：〈孫中山香港之行——近代香港英文報刊中的孫中山史料研究〉，北京：《歷史研究》，1997 年第 3 期。

莫世祥：〈梁士詒與舊交通系的再起〉，《結合與更替》，廣州：廣東人民出版社，1997。

莊政：〈孫文學說名字號考述〉，《近代史資料》總 98 號，第 251 頁，北京：中國社會科學院出版社，1999。

陳三井：〈香港《中國日報》的革命宣傳〉，《孫中山先生與辛亥革命》，台北：中華民國史料研究中心，1981。

陳建明：《孫中山早期的一篇佚文——〈教友少年會紀事〉》，北京：《近代史研究》，1987 年第 3 期。

賀躍夫：〈輔仁文社與興中會關係辨析〉，陳勝粦主編：《孫中山與辛亥革命史研究 慶賀陳錫祺先生九十華誕論文集》，廣州：中山大學出版社，2001。

黃彥：〈興中會研究述評〉，《回顧與展望——國內外孫中山研究述評》，北京：中華書局，1986。

蔣永敬：〈辛亥革命前十次起義經費之研究〉，張玉法：《中國現代史論集》，第 3 輯，台北：聯經出版事業公司，1982。

鄭會欣：〈也談同盟會第一次籌備會議人數〉，北京：《歷史檔案》，2006 年第 2 期。

鄭憲：〈中國同盟會革命經費之研究〉，張玉法：《中國現代史論集》，第 3 輯，台北：聯經出版事業公司，1982。

黎澍：〈孫中山上書李鴻章事蹟考辨〉，北京：《歷史研究》，1988 年第 3 期。

責任編輯　　任秀雯

書籍設計　　陳務華

書　　　名　**中山革命在香港**（1895-1925）

著　　　者　莫世祥

出　　　版　三聯書店（香港）有限公司

香港鰂魚涌英皇道 1065 號 1304 室

Joint Publishing (Hong Kong) Co., Ltd.

Rm. 1304, 1065 King's Road, Quarry Bay, Hong Kong

發　　　行　香港聯合書刊物流有限公司

香港新界大埔汀麗路 36 號 3 字樓

印　　　刷　陽光印刷製本廠

香港柴灣安業街 3 號 6 字樓

版　　　次　2011 年 7 月香港第一版第一次印刷

規　　　格　16 開（170mm × 238mm）452 面

國際書號　ISBN　978-962-04-3123-4